债券基金实操指南

利用固收类基金进行稳健的财富管理

何　羿◎著

中国铁道出版社有限公司
CHINA RAILWAY PUBLISHING HOUSE CO., LTD.

图书在版编目(CIP)数据

债券基金实操指南 ：利用固收类基金进行稳健的财富管理 / 何羿著 . -- 北京 ：中国铁道出版社有限公司，2025. 9. -- ISBN 978-7-113-32272-4

Ⅰ. F830. 91-62

中国国家版本馆 CIP 数据核字第 2025K2C788 号

书　　名：债券基金实操指南：利用固收类基金进行稳健的财富管理
ZHAIQUAN JIJIN SHICAO ZHINAN：LIYONG GUSHOULEI JIJIN JINXING WENJIAN DE CAIFU GUANLI

作　　者：何　羿

责任编辑：马真真　　**编辑部电话：**（010）51873459
封面设计：宿　萌
责任校对：安海燕
责任印制：赵星辰

出版发行：中国铁道出版社有限公司（100054，北京市西城区右安门西街 8 号）
网　　址：https://www. tdpress. com
印　　刷：河北宝昌佳彩印刷有限公司
版　　次：2025 年 9 月第 1 版　2025 年 9 月第 1 次印刷
开　　本：787 mm×1 092 mm 1/16　印张：21　字数：410 千
书　　号：ISBN 978-7-113-32272-4
定　　价：99.00 元

推荐序

近年来，债券基金是金融市场风头正盛的投资产品，其总规模在 2019 年约 4 万亿元，而到 2024 年就已经突破 10 万亿元，是同期增幅最大的品种，获得了业内外的普遍关注。债券基金的火热现象和近年整体市场利率中枢下行、固定收益类资产对应的价格明显上涨有关，也与我国经济结构的转变、居民投资兴趣逐步走向更加标准化的金融市场有关。所谓“春江水暖鸭先知”，对债券基金这一品种的深入观察和研究，可以为经济从高速发展转向高质量发展这一宏大课题提供宝贵的洞见和启示。

债券市场分析的先驱悉尼·霍默在其著作《利率史》中写道：“在每一个国家，随着民族或者文化的发展和兴旺，利率会不断下行。”他所说的利率下行其实正发生在我们所处的这个伟大时代，体现在不断完善和壮大的金融市场之中，只不过我国发生的此类转变和过往数千年历史中的同类变化有一处重大不同：在当下的中国，任何一个普通投资者，不论是否为金融专业人士，不论其可投资金额的多寡，不论其生活的地域在沿海还是内陆、城市还是乡村，也不论其是善于理解新生事物的年轻人还是相对保守的老年人，都可以通过规范、清晰、低门槛的公募债券基金和便利的互联网基金销售平台，分享利率下行带来的债券价格上涨红利。

2023 年 10 月，中央金融工作会议首次提出了要做好科技金融、绿色金融、普惠金融、养老金融、数字金融“五篇大文章”。而债券基金的蓬勃发展也正是做好这五篇大文章的现实载体。在这一背景下，恰逢其时地推出一本介绍债券基金及其研究方法的读物，通过“知识的普惠性”推动金融投资品种的普惠性，是大有裨益的。

本书在已出版的姊妹篇《债券实操指南：交易、研究与量化投资》的基础上，介绍了债券基金过往 20 年的演进历程，从定性和定量两个角度提出了较为完善的债券基金择优体系，比较了不同债券基金品种的优劣，并提出了一套基于个人需求构建投资方案的稳健框架。

希望读者通过本书的学习，能够掌握必要的债券基金投资和研究知识，也能够基于自身需求找到真正合适的债券基金品种，为实现人生理想奠定坚实的财富基础。

秉持善良愿望和美好祝愿，是为序!

何德旭
中国社会科学院财经战略研究院院长
2025 年 3 月 30 日

自序

2017年，当我初入资产管理行业之时，通过债券投资获取稳定收益的，主要是少数投资者和金融机构。当时的公募债券基金尚未充分发展，市场中规模最大的固定收益类投资品种是起购金额为几十万元的非标信托类产品，而我所在的证券公司资产管理部运作的私募类债券资管产品的起购金额更是高达100万元，且单一产品最多只能接纳200个客户。投资的高额门槛与显著的排他性，与大众迫切的投资理财需求形成了鲜明对比。这种反差催生了市场中的拼单现象（即几名个人投资者将资金集中，以一人名义进行投资）及委外模式（即银行和理财机构汇集众多散户资金，形成一个大资金池进行投资）。更为严重的是，职业掮客的涌现和层层嵌套等乱象也随之滋生，这些行为极大侵蚀了广大老百姓作为原始投资人的应得收益。

2018年，《关于规范金融机构资产管理业务的指导意见》实施后，固定收益类产品作为稳健型投资产品的代表，逐步从“王谢堂前燕”走入“寻常百姓家”。这一过程的典型体现就是起购金额在百元以内的公募债券基金和货币基金的大规模发展与普及。稳健理财不再是一个家庭积攒多年储蓄、经过多番讨论后决定的大事，而成为每月工资入账即可手机转账购买，每晚睡前通过App查看收益的日常生活的一部分。费率高昂的私募类产品逐步让位于公募类产品，需要费心规划到期时间的封闭式产品逐步让位于灵活申赎的开放式产品，理财经理办公室的纸质合同逐步让位于手机上的一键下单和定投功能。时代与科技的进步，为每个人带来了前所未有的便捷。然而，随着便捷性的提升，投资者也迎来了新的责任。为了获取更多收益并减少投资过程中的波动，投资者必须学会对每一个决策负责，对资金每日的涨跌负责。

我发现，大多数公募基金的个人投资者就好像广阔平原上的孤树，被公众号、媒体意见领袖、基金公司营销材料及亲朋好友的建议所包围，哪个方向的风吹得更加猛烈，他们就不由得朝哪个方向倾斜。但是，由于私人财产的私密性和对隐私的重视，他们又无法完全依赖任何一方的意见。或许经过充分的试错与积累，每个人的投资组合都能茁壮成长。但在初期，若能提供一些养料与支撑，就能起到雪中送炭的效果。自入行以来，我一直从事债券相关工作，且一直重点负责这一品种的投资研究。依托自身经验，并汲取了同业的宝贵经验，2022 年 1 月，我创作的《债券实操指南：交易、研究与量化投资》出版，受到不少业内前辈的好评和激励，也广受大众读者的喜爱。目睹市场格局变迁，我渴望创新，将传统投资的严谨与新时代的大众需求相结合，遂再度提笔撰写《债券基金实操指南：利用固收类基金进行稳健的财富管理》。本书汇聚我多年积累的知识，将以专业、客观、公正的态度陪伴读者走过投资旅途中的漫长时光，直至实现富足。

借此机会，衷心感谢广大读者的真诚鼓励与支持。欢迎通过我的微信（Bond_and_Bonded）或邮箱（2958043129@qq.com）提出宝贵建议或参与交流讨论，以不断完善这两本书。我愿带着大家的期待继续前行，努力创作更优质的作品。

何 羿

2025 年春

目录

第一篇　登高望远：从债券到债券基金

第一章　债券基金发展全览

第一节　债券基金的早期发展 / 2

第二节　2012 年前后出现的三类创新型基金 / 6

第三节　从探索到逐步转入正轨 / 11

本章小结 / 18

第二章　债券基金的构建、特性和分类

第一节　债券基金的构建模式 / 20

第二节　从稳定运作的优质债基到全能型顶尖债基 / 25

第三节　发掘优秀债券基金的起点：合理的分类 / 32

本章小结 / 44

第三章　债券基金的运作体系

第一节　公募基金的监管过程 / 45

第二节　债券基金的研究优选离不开信息披露 / 54

本章小结 / 80

第二篇　庖丁解牛：债券基金择优分析体系

第四章　债券基金的评估框架：业绩比较基准

第一节　作为业绩比较基准的债券指数 / 82

第二节　债券基金战胜基准指数的方式 / 92

第三节　债券基金的“不可能三角” / 103

本章小结 / 109

第五章　债券基金的定性分析和择优方法
第一节　好基金公司是好债券基金产品的孵化器 / 110
第二节　如何选择更有价值的基金经理 / 123
第三节　基金经理、基金公司和债券基金的对应关系 / 131
本章小结 / 134

第六章　债券基金的定量分析方法
第一节　债券基金的量化评价指标 / 135
第二节　债券基金的收益来源和 Campisi 归因模型 / 153
第三节　债券基金的七因子拆分归因方法 / 156
本章小结 / 170

第三篇　校场点兵：熟练掌握债券基金品种

第七章　纯债债基：债性纯粹的低风险产品
第一节　短期纯债债基：优秀的理财型投资品种 / 172
第二节　中长期纯债债基：获取超额回报的利器 / 181
第三节　指数债基：稳健的被动投资品种 / 193
本章小结 / 200

第八章　混合债基：股债配合，相互成就
第一节　“固收＋”并不等于“固收” / 201
第二节　混合一级债基 / 205
第三节　混合二级债基 / 219
第四节　可转债债基 / 230
本章小结 / 236

第九章　货币基金：流动性管理利器
第一节　货币基金的概览和种类 / 237
第二节　货币基金的负债端管理和资产端管理 / 240
第三节　货币基金的优选 / 251
本章小结 / 256

第四篇　扬帆起航：做好实盘投资的准备

第十章　构建低风险的投资理财方案
第一节　评估个人的投资需求和风险承受能力 / 258

第二节　构建具有较稳定表现的投资理财方案 / 264
第三节　构建应对特定需求的场景型投资理财方案 / 273
本章小结 / 284

第十一章　基于经济和市场走势调整投资理财方案
第一节　基于宏观场景的资产配置调整思路 / 285
第二节　基于估值的资产比价方法 / 294
第三节　基于历史场景的资产走势调整案例 / 299
本章小结 / 309

第十二章　优化债券基金交易，做到“省”和“快”
第一节　“省”：债券基金的投资成本优化 / 310
第二节　“快”：债券基金的交易速度优化 / 323
本章小结 / 326

01

第一篇

登高望远：从债券到债券基金

自 1981 年财政部重启国债发行，债券投资便以相对较高的票息收益，成为居民财富保值增值的“压舱石”。然而，由于柜台债券成交量有限，且中国人民银行（简称央行）主导的银行间市场对个人投资者而言门槛较高，因此，债券基金和货币基金等固定收益（简称固收）类资管产品，成为广大居民间接参与债券投资、共享债市红利的重要途径。本篇将聚焦债券基金的构建过程，从顶层设计、历史发展等多维度入手，将读者引入债券基金投资的大门，探索其背后的逻辑与机遇。

第一章　债券基金发展全览

虽然从近年规模和增速来看，债券基金是基金行业中无可争议的顶梁柱，但债券基金的发展仅是中国基金行业发展的一个支流。当下，债券基金行业的现状，既有崭新的顶层规划，也体现着中国基金业发展的传承，并在当前诸多因素影响下不断演化和发展。本章将从中国债券基金的发展历史入手，按照时间线索介绍市场的主要参与者——基金公司、投资者、销售和服务机构，并以数据和图表的形式，展现他们当前是如何对债券基金市场形成影响的。希望读者通过本章的学习，能够打破时间和空间维度，跳出个人投资者的视角，获取对债券基金更全面的了解。

第一节　债券基金的早期发展

基金投资是财富管理的主要方式之一。基金将各类能够产生收益的资产打包成组合，由专业的基金管理机构进行集中的投资管理；投资者则通过购买基金份额①，实现所投资产的利益共享和风险共担，最后力图实现财富保值增值的目的。基金投资的资产可以是金融资产（如股票、债券、外汇、股权等），也可以是能源、艺术品等其他资产。而证券投资基金则是全部投资于金融资产的基金中的一个大类，仅投资于金融资产中在证券交易所市场或银行间市场公开交易的股票、债券、货币和衍生品等标准化资产。中国证券投资基金的发展，是以主要投资于股票的权益类基金为开端，债券、货币等其他类型基金持续接力、齐头并进、共创辉煌的过程。

一、中国基金行业的初始发展（1992 年至 2001 年）

国内最早的投资基金可以追溯到 1992 年前后由央行总行和各地分行批准成立的武汉证券投资基金、深圳市天骥基金和淄博乡镇企业投资基金，但当时的基金发展还在探索

① 基金份额，即向投资者公开发行的，表示持有人按其所持份额对基金财产享有收益分配权、清算后剩余财产取得权和其他相关权利，并承担相应义务的凭证。

阶段，主要依赖地方性基金法规，存在法律关系不清和监管不力等问题，而且除了投资股票，还大量投向股权等非标准化资产，并非严格意义上的证券投资基金。1997 年 11 月，国务院证券委员会颁布了《证券投资基金管理暂行办法》，为基金业的规范发展奠定了法律基础。1998 年 3 月，由南方证券主导的南方基金和由国泰君安证券主导的国泰基金相继成立，并分别于同月发行了基金开元（现转型为南方沪深 300ETF）和基金金泰（现转型为国泰金泰）。这两只属于封闭式证券投资基金，即在规定期限内不接受申购和赎回，但投资者可以在交易所进行基金份额的转让交易。这两只基金和同年发行的其他基金均为股票基金，主要投资方向为 80%的股票，仅 20%是债券（当时指国债）。

1998 年，试点发行的封闭式基金合计五只，每只规模限定在 20 亿元，其发行受到了市场的热烈追捧。在封闭式基金成功试点的基础上，2000 年 10 月，中国证券监督管理委员会（简称证监会）发布并实施《开放式证券投资基金试点办法》。2001 年末，华安创新、南方稳健和华夏成长三只开放式基金成立。在开放式基金的运作期内，投资者可以随时进行份额的申购和赎回，避免了面对心仪的基金时难以买入的问题。这三只基金由基金管理人根据市场情况自行决定投资组合中各类资产的比例，属于混合基金[①]，但在实际运作中股票配置比例仍然很高，大多数时间维持在 50%以上。

二、债券基金的诞生和早期发展（2002 年至 2012 年）

中国第一只债券基金是 2002 年 9 月 20 日成立的南方宝元债券型基金（简称南方宝元债券），该只基金在名称中首次包含“债券型基金”字样，且在投资范围中明确约定“债券投资在资产配置中的比例最低为 45%，最高为 95%；股票投资在资产配置中的比例不超过 35%”。而同年 10 月 23 日成立的华夏债券投资基金（简称华夏债券），明确规定，“投资于债券的比例不低于基金资产总值的 80%”。这两只基金产品通过对投资债券的比例进行明确约定，保证了基金的债券属性，在 2001 年至 2002 年股市偏熊、上证指数下跌 35%左右的背景下，也获得了较好的市场认同：南方宝元债券和华夏债券的成立规模均为 50 亿元左右，居当年发行基金规模的前两名。但整体来看，此时处于起步阶段的证券投资基金市场，仍以股票和含股票比例更高的混合基金为主导，债券基金的发行数量和规模并未出现大幅增长，如图 1-1 所示。

2003 年 10 月 28 日，十届全国人大常委会第五次会议审议通过了《中华人民共和国证券投资基金法》（简称《证券投资基金法》），并于 2004 年 6 月 1 日施行，证券投资基金发展走上更快的轨道。此后，受益于股票市场 2005 年至 2007 年末的牛市，股票基金发行数量大幅提升，混合基金的数量也较 2002 年有了明显的增长，而债券基金的数量在 2007 年之前一

① 关于基金的类型和分类方法，请参见第二章第三节较为完整的介绍，下同。

直在底部徘徊，且此时新发行的债券基金也基本以投资范围中包含股票打新、可转债二级交易的混合一级债基①，包含股票及可转债打新和二级交易的混合二级债基为主②。

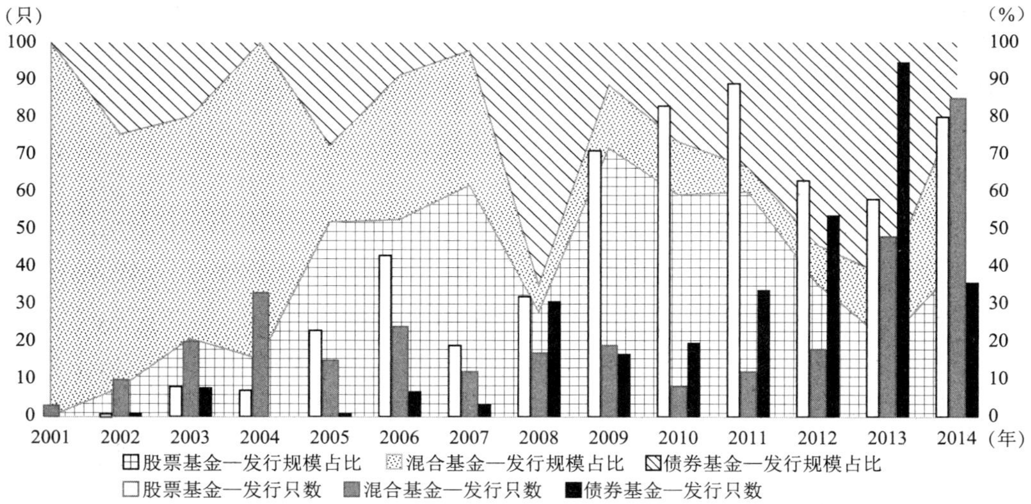

图 1-1　2001 年至 2014 年各类基金的发行情况

数据来源：WIND。

2005 年，博时基金发行了“博时稳定价值”、易方达基金发行了“易方达月月收益”，这两只基金均为中国基金市场对不包含股票和可转债的纯债债基的首次试水，希望通过把组合久期③约束在三年以内、主要投资于中短债的方式，在权衡风险和收益时，获取安全收益。虽然这两只基金和 2006 年发行的其他几只中短债基金一度受到投资者的追捧，但随着股市逐步走热，对债券基金的规模产生一定虹吸效应，这几只基金在 2007 年进行了转型，基于“为维护基金持有人利益，提高产品的市场竞争力”等原因，取消了对组合久期的约束，并将股票或可转债纳入投资范围。

对于纯债债基另一个较早的尝试是 2006 年嘉实基金发行的“嘉实超短债”，与上述两只基金不同，该基金在没有转型的情况下坚持运作到了今天。虽然在发行之初，嘉实超短债的投资策略是“在货币市场基金（简称货币基金）投资策略基础上的增强型投资策略，一方面将基金的大部分资产投资于货币市场工具……另一方面，通过价值挖掘，将一小部分资产投资于收益率较高的固定收益类投资工具”，其仅作为货币基金的增强而诞生，但这种类型的

① 债基为“债券基金”的简称，以下涉及具体品种时，统一用“债基”。

② 由于现代意义上的纯债债基在当时尚未出现，因此混合一级、二级债基为主流品种。混合一级债基在当时也被称为普通债基或一类债基，混合二级债基在当时也被称为二类债基，能通过“打新”进行收益增强的混合一级、二级债基，在当时也被称为强债基金。以上称谓现已基本不再使用。

③ 组合久期由基金中所有债券的久期加权平均得来。久期一般约等于期限。

基金慢慢形成了债券基金中一大细分品类“纯债债基”中的短期纯债债基。

2008 年是债券基金大发展的一年，债券基金的总规模一度达到 1 500 亿元。当年的新发行数量为 31 只，大幅超过了 2007 年的两只，且发行规模占全年总发行量的 63%。但是，此时发行的债券基金仍然以可参与股票或可转债的混合一级、二级债基为主，且随着后续股市的反弹，债券基金的新发规模和数量占比很快回落，总规模也在 2009 年再次回落到 1 000 亿元以内。

读者不难发现，在发展前期，债券基金似乎一直被笼罩在股市和股票基金的光芒下。虽然比例有所约束，但此阶段发行的债券基金的投资范围也都会或多或少地包含股票。这一现象的产生，原因之一是基金公司相信权益市场能增厚收益的管理理念，以及当时债基产品普遍管理费等费率较高，需要额外方式为投资者增收；另一主要原因是当时这些债券基金可以参与股票的打新或增发，而当时的打新被认为是一种稳定性非常高且收益也非常高的回报增厚策略，对于基金公司而言，只要适当扩大投资范围，将股票或可转债加入其中，就能通过打新为投资者捡到很多“免费的午餐”①。2012 年，在股市打新过热的背景下，为了保护散户在内的中小投资者的利益，进一步引导新股定价回归合理水平，同时让债券基金的运作与其中低风险的投资品种定位相匹配，保护基民的利益，中国证券业协会发布了《关于首次公开发行股票询价对象及配售对象备案工作有关事项的通知》（中证协发〔2012〕150 号），叫停混合一级债基参与股市打新活动。至此，混合一级债基失去了其名称原有的含义，该类产品无法再通过一级市场参与股票打新。此后，混合一级债基和纯债债基的主要差异变为：混合一级债基可以在二级市场买卖可转债，纯债债基不能。2013 年，中国证券业协会发布了《关于发布〈首次公开发行股票承销业务规范〉的通知》（中证协发〔2013〕231 号），进一步将混合二级债基移出可参与打新的名单，但保留了混合二级债基在二级市场买卖股票的特性，这也成为它和其他债基的主要差异。此后，所有的债券基金都不能通过打新这一方式进入股市，债券基金这一产品的发展朝着更加突出“债性”这一方向进行。

在混合一级债基无法参与打新后，2012 年当年发行的 54 只债券基金中，有 10 只属于中长期纯债债基，虽然这个子类别的名称中包含“中长期”的字样，但更多是为了与 2005 年已发行的、通过组合久期约束形成的短期纯债债基相区别，实际上大多数的此类产品并不会对组合久期进行约束。此外，这些品种与短期纯债债基一样，在投资范围中也不包含可转债或股票，实际业绩表现主要体现债券市场的影响，属于真正意义上的“纯”债债基。

虽然纯债债基的发展滞后于混合一级、二级债基，且早期以短期纯债债基试水，中长期纯债债基后续跟进（中间还有不少波折），但如今，纯债债基（尤其是中长期纯债债基）已占据所有债券基金 85%以上的规模，成为无可争议的主流品种。

① 打新对基金产品的收益贡献有多种测算方式，具体数据略有差异，但其显著的增厚效果属于当时业内共识。

第二节　2012 年前后出现的三类创新型基金

在债券基金艰难转型，逐步增强债性，塑造纯债基金这一新品类的过程中，基金公司也在不断探寻投资品种创新的其他方向，尤其是在短期债基投资领域，尝试开发新的产品，以应对客户需求。

在这一领域进行的探索，有其独特的时代背景。2008 年金融危机后，为了应对外部环境对国内经济可能的不良影响，央行在相当长的时间内维持了较为宽松的货币政策，短期债券整体收益率水平较低，对大众的吸引力并不大。但是，从 2009 年年中开始，随着经济逐步回暖，通货膨胀（简称通胀）逐步回升，央行慢慢退出了宽松的货币政策。2011 年 7 月，央行第一次通过公开市场正回购操作回笼资金，标志着货币政策正式转向收紧。2009 年至 2013 年年中，以 1 年期国债为代表的短期债券收益率从历史低点提升到了历史性高位，最高达到约 4.3%的水平；以 5 年期国债为代表的中等或更长期限的债券收益率提升幅度却相对较小，如图 1-2 所示。

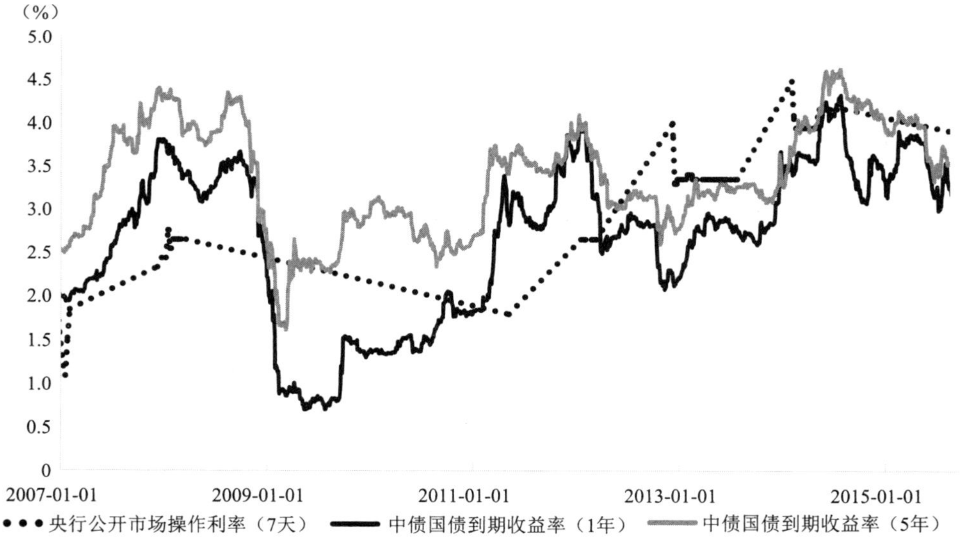

图 1-2　央行公开市场操作利率在 2011 年后带动短期债券利率上行

数据来源：WIND。

在短期债券收益率大幅上行，中期及以上期限债券收益率上行幅度有限的情况下，购买长期债券带来的收益增厚效果并不十分明显。以 5 年期国债为代表的中期限债券在过往的 20 多年中，收益率一般较以 1 年期国债为代表的短期限债券收益率高 0.5%以上，在2012年前后，收益率的利差却基本在0.5%以内徘徊，甚至一度出现1年期国债收益率更高的情况，如图1-3所示。

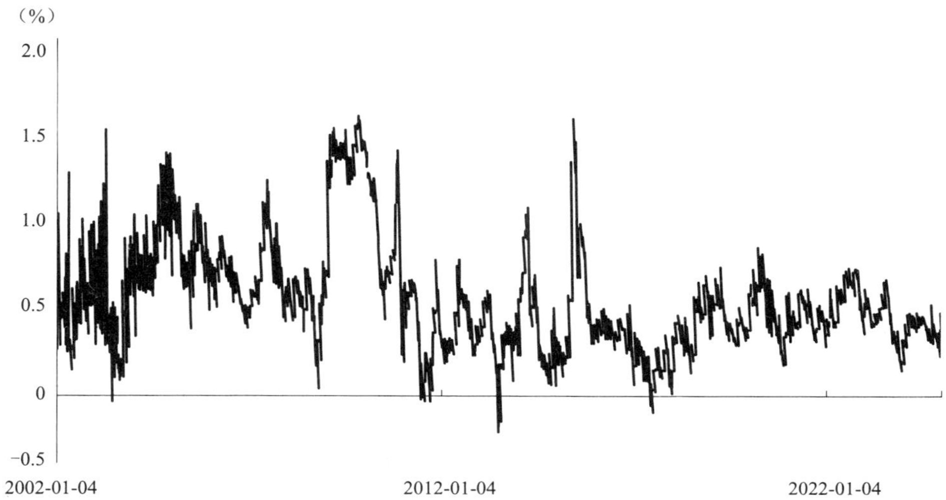

图1-3　国债收益率利差走势

数据来源：WIND。

在当时短期收益率吸引力较高的异常情况下，各种以短期债券、存款、债权等为底层资产的固收类投资产品大行其道。2009年至2014年，银行理财产品规模增长了近6倍（如图1-4所示），信托公司资金池产品的规模都出现了爆发式增长。基金公司也迫切需要拿出稳健的竞品来满足投资者的需求。

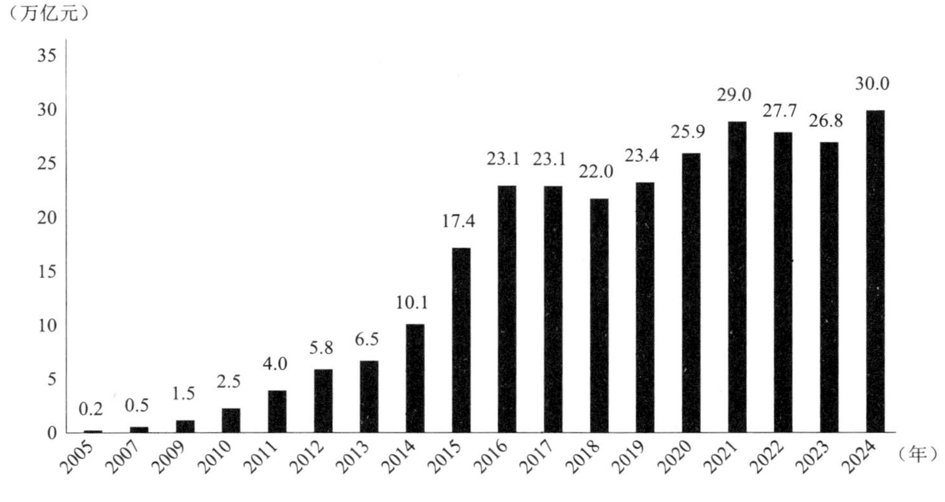

图1-4　银行理财产品规模

数据来源：兴业证券。

一、受牵连早夭的分级债基

2010 年，基金公司尝试发行分级债基。由于当时银行理财产品和信托产品能够投资于债权、优先股等非标准化资产，而债券基金仅能投资于债券等标准化证券资产，在收益上没有任何优势，于是，分级债基通过把收益分为 A 类优先级和 B 类劣后级两种份额的方式提高了投资者的实际杠杆率。A 类份额约定享受略比银行存款高一些的收益，但优先分配，波动更小；B 类份额享受剩余的收益。由于当时各期限债券的收益率一般均高于银行存款，B 类份额的投资者往往在承受更高波动的情况下，可以享受更高的债券收益。分级债基于 2012 年开始大量发行，并在 2014 年前后达到规模的高峰。该类产品大多设计为在交易所上市交易的封闭式或定期开放品种，虽然能够通过提高杠杆率以增加收益，但投资者的日常交易依赖交易所提供的流动性，并不能承受大容量资金的日常进出。2014 年至 2015 年，股票牛市期间，分级股基被大量用于市场投机，因此从 2015 年开始，监管机构暂停审批新发分级基金，分级债基受此波及，发行也趋于停滞。2016 年末，证监会批复沪、深证券交易所发布的《分级基金业务管理指引》，规定 30 万元以下的散户不能再买入分级基金。分级债基的规模进一步缩小。2019 年末，最后一批分级债基转型为不分级的上市型开放式基金（LOF），或因规模过小而清盘。至此，分级债基这一品种告别历史舞台①。

二、盛极一时后被引导转型的短期理财债基

基金公司推出的另一个尝试性竞品是 2012 年上市的短期理财债基。与分级债基不同，短期理财债基通常在非交易所的场外发行，而且以 7 天至 3 个月为一个期限封闭运作，封闭期之间是投资者可以申购和赎回的开放期；而分级债基大多在交易所场内交易，封闭期往往高于 3 个月，绝大多数投资者通过在交易所内向其他投资者买卖的方式实现投资和离场。此外，短期理财债基可以采用摊余成本法②进行估值，投资者每日可以获取相对稳定的债券票息收益；分级债基一般采用净值法进行估值，投资者每日获得收益的小部分是票息收益，而大部分来自债券收益率波动带来的浮盈或浮亏。所以，虽然在偏牛的债券市场，分级债基收益体验远好于短期理财债基，但在震荡市场和偏熊市场，短期理财债基的持有体验更好。短期理财债基在大多数时间都能提供 3%以上的较高持有收益，如图 1-5所示。

---

① 根据相关规定，所有分级基金都需在 2020 年末前清理整改，后过渡期延期至 2021 年末。因此，现在已不存在分级基金。

② 摊余成本法、净值法等不同估值方法对债券基金的影响，请参考《债券实操指南：交易、研究与量化投资》第 3 章。

图 1-5 短期理财债基平均七日年化收益率

数据来源：WIND。

短期理财债基是一个比较受投资者欢迎的投资品种，2018 年上半年，规模一度达到7 000亿元的高峰。但是，其也蕴含了一定的风险：以摊余成本法估值的债券基金如果在偏熊的市场遇到大额赎回，可能会出现实际交易价格显著低于摊余后成本价，导致出现净值单日大幅亏损，甚至因为无法卖出基金中的债券而难以应对投资者赎回的情况。2018 年 4 月，在对资产管理产品进行净值化改造的思路下，央行和证监会等机构联合发布的《关于规范金融机构资产管理业务的指导意见》（银发〔2018〕106 号），俗称资管新规，也将短期理财债基纳入整改范围。同年 7 月，证监会发布《关于规范理财债券基金业务的通知》，对当时存量的短期理财债基进行了细分整改。整改后，部分具有资金池属性的产品规模逐步萎缩，最后清盘，其余产品大多转型为开放式净值化的短期纯债债基。

三、兴盛至今的货币基金

在应对投资者短期内资产保值增值需求方面较为成功，且延存至今的尝试是货币基金。虽然该品种最早出现于 20 世纪 70 年代初的美国，且在 2004 年我国就成立了三只货币基金，但这个品种在 2008 年之前和债券基金等产品一样，仍然处于较为边缘化的位置，规模一直徘徊在千亿元附近。然而，从 2009 年开始，因为央行开始收紧货币政策等原因，短期债券和存款的收益率开始上行，货币基金作为期限最短且采用摊余成本法估值的固收类基金，非但收益表现没有受到利率上行的影响，其以“七日年化收益率”为代表的展示业绩反而很快跟随上行。从 2011 年开始，货币基金平均七日年化收益率大多跟上了存款利率，并从 2012 年开始一直高于同期定期存款利率，如图 1-6 所示。很快，这一品类迎来大放异彩的时刻。

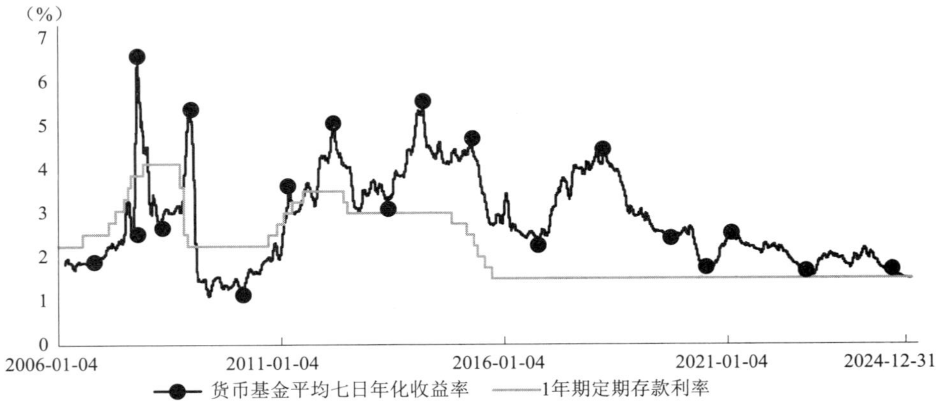

图 1-6　货币基金平均七日年化收益率和 1 年期存款利率对比

数据来源：WIND。

2013 年，天弘基金和支付宝合作，将旗下的货币基金“天弘余额宝”上架到支付宝的余额宝板块。将资金投入余额宝不仅能享受货币基金的活期收益，还可以直接用于支付宝软件的日常消费扣款。这一便捷模式恰逢当时以淘宝为代表的网上购物热潮，仅在一年左右的时间里，余额宝就拥有了超过 1.2 亿的用户，累计规模超过 5 000 亿元。2018 年，天弘余额宝的规模超过 1.6 万亿元，成为市场规模最大的货币基金。余额宝的成功也带动其他货币基金和支付平台纷纷跟进，包括微信零钱通、京东小金库等，进一步推动了货币基金的规模发展和支付的边界拓展。

另一个促进货币基金大发展的事件是交易所场内货币基金的发展。2013 年，华宝兴业基金①在上交所推出中国首只上市交易型货币基金“华宝添益”。投资者在交易所进行股票交易之余，可以用闲置资金进行活钱管理，获取活期利息，而且场内货币基金是 T+0 交易，时效性很高，完全不影响投资者对股票和其他基金的交易。此外，场内货币基金还可以用作保证金融资，进一步降低投资者的融资成本。诸多优势使得场内货币基金成为备受欢迎的基金产品，目前市场已经有 32 只产品，总规模接近 2 000 亿元。

但是，在一路顺利发展的过程中，货币基金也隐藏了一定风险，尤其是和短期理财债基类似——在偏熊市场中遇到赎回时，摊余成本法基金产品会面临特有的流动性风险。2015 年 12 月，证监会出台了《货币市场基金监督管理办法》，规范了货币基金的整体产品设计和运作。在 2016 年末的债券市场大跌中，部分货币基金发生流动性危机，货币基金风控愈发受到监管重视。2017 年，证监会发布《公开募集开放式证券投资基金流动性

① 2017 年后，改名为华宝基金。

风险管理规定》，其中对货币基金的流动性管理进行了细化规定。自2018年开始，监管机构在推动存量产品转型的同时，暂停审批基金公司新发的摊余成本法货币基金，并积极推动发行了一批浮动净值型货币基金，以探索流动性风险更小的货币基金产品。2023年2月，证监会联合央行共同发布《重要货币市场基金监管暂行规定》，对规模超过2 000亿元的超大型货币基金施以更加严格的监管，为该品类未来更加健康、可持续地为投资者提供活期收益保驾护航。

第三节 从探索到逐步转入正轨

大多数成功的事物，均要经历厚积薄发的过程。虽然为了应对理财竞品的冲击，2012年后低风险基金产品线的焦点一度被分级债基、短期理财债基及货币基金三类产品所占据，但债券基金本身也在默默发展和不断完善，并迎来了它的春天。

一、2012年至2019年：在牛熊切换、竞品挤压、新规转型中默默发展

如果于2012年初展望债券基金后续的发展，大多数投资者和从业人员应该都是乐观的：首先，在监管机构剥离打新功能后，基金公司大力推广中长期纯债债基这一崭新品种；其次，分级债基、短期理财债基等创新品种给债券基金这一大类引来了较多流量，债券基金新发和存量规模均明显上涨；最后，2011年股市的大幅下跌也助长了投资者的避险情绪，进一步提升对债券基金品种的关注。因此，2012年至2013年，债券基金发行量大幅提升，一度抢占了股票基金的风头，占比接近全部基金的一半。但是，2013年年中开始的“钱荒”大幅且快速地扭转了债券市场原本的偏牛行情。在商业银行票据融资挤水分导致的抛售和央行把控货币总阀门的背景下，以回购利率和短期债券利率大幅上升为开始，其他各类型债券利率也纷纷上行，债券价格亏损，债券基金净值随之下跌。此时，搭上互联网便车的货币基金、短期理财债基和线下销售能力更强的银行理财等摊余成本法产品具有估值方法优势，展示业绩反而上升，分流了大量资金。在此背景下，债券基金规模持续缩水至2014年。

2014年至2015年是股市的牛市，但债券市场在当时也默默经历了一波牛市。在2013年“钱荒”中被推到极高位的债券收益率在之后的两年多时间里，经历了明显的下行，在票息收入和资本利得的双重加持下，以债券基金指数为代表的整体债市在2014年获得了18%的收益率，在2015年获得了10%的收益率。但是，这么高的债券基金收益率并没有获得“出圈”的影响力，部分原因当然是同期股票基金29%、35%的收益率盖过了债

券基金的光芒，但更大的原因也在于，当时的基金公司、信托公司和证券公司的资产管理部门都在大力推动私募类的债券产品，比如固收类的基金专户、券商资管计划、信托计划等。对于这些产品的发行公司和投资经理而言，这些产品管理费率高，通常可以收取超额业绩报酬，组合中可以把债券、收益凭证和票据等其他固收资产、债权等非标资产结合，而且对这些资产的信用资质要求也较低，可以通过配置弱资质的周期行业企业的债券获取更高的收益。而对于投资者而言，这些产品虽然起投金额往往高达几十万元甚至100万元，但是由于当时很多资产管理机构还能够进行显性或隐性的刚兑保证，投资收益看起来更加稳健。此外，许多私募产品采用了“资金池”型产品架构，大大鼓励了期限错配，投资者申赎的期限也非常灵活。

在资产管理机构和投资者这一推一拉的共同青睐下，私募类债券产品的规模大幅扩张。根据中国证券投资基金业协会（简称基金业协会）年报，以基金公司为例，2014年末，其公募债基合计规模为0.34万亿元左右，基金专户中固收类产品的规模在0.5万亿元左右；到了2015年末，其公募债基合计规模为0.7万亿元左右，而基金专户中固收类产品的规模在1.4万亿元左右；至最高峰的2016年末，公募债基合计规模为1.8万亿元左右，而基金专户中固收类产品的规模则达到3.8万亿元以上。

在私募类，尤其是刚兑型固收产品的挤压下，公募债基的规模一直处于缓慢、悄悄增长的环境。如图1-7所示，在2015年股市大跌后，债券基金没有出现明显的规模增长。2016年至2017年又是债券的熊市，债券基金在这两年的收益甚至不如货币基金。但在2018年，两个有利的转机出现了，一个是前文提到的资管新规的发布，明确要求资管产品要坚决做净值化转型，清理当时流行的刚兑型产品，对私募类的固收产品（如基金专户、券

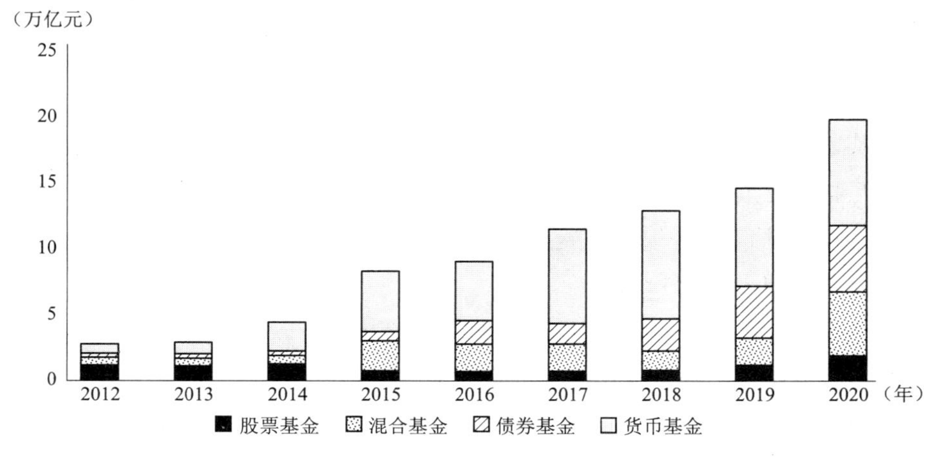

图1-7　2012年至2020年主要类型公募基金的规模

数据来源：WIND。

商资管产品等）是很大的打击。事实上，至 2024 年，私募类资管产品是资管新规出台以后规模大幅缩减的唯一品类，从 2016 年的峰值 33.5 万亿元下降了近 62%，如图 1-8 所示。

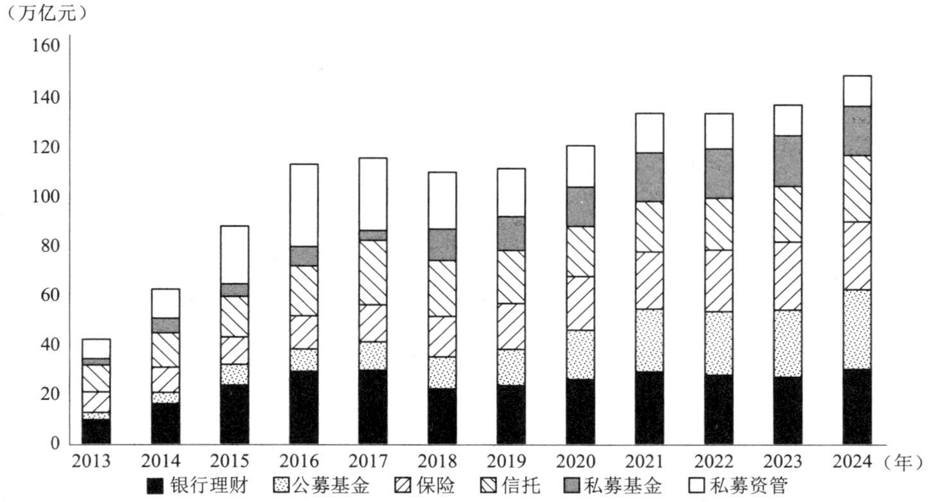

图 1-8　2013 年至 2024 年各类型资管产品规模

数据来源：笔者根据 WIND、中国理财网、中国证券投资基金业年报综合整理。

另一个对债券基金发展的利好因素是，2018 年受到外部因素影响，股市出现大跌。在股债“跷跷板”效应、货币政策等诸多因素作用下，债券市场很快走出 2017 年的熊市，反转走牛。随后，在 2019 年的牛市中出现了更加明显的规模增长①。此外，考虑到基民对摊余成本法估值产品仍然有强烈的需求，自 2019 年初开始，遵循资管新规要求的、具有1 年或更久封闭期，且采用摊余成本法估值的债券基金得以发行。这类产品受到个人和机构投资者的一致欢迎，规模扩张非常迅速，以至于限购成为该类产品的常态。

二、2020 年至今：在长期牛市和互联网快车推动下蓬勃发展

目前，购买基金已成为一件非常方便的事情，只要拿出手机，打开最常用的基金销售平台 App，动动手指就可以完成选基、下单、支付和收益查阅等操作，轻松完成基金购买的全部流程。这一过程如此顺滑，对很多年轻基民而言，似乎投资基金本该就是如此自然、便捷。但其实在 2019 年及以前，投资基金的渠道与此大不相同。

很久以来，中国最大的基金销售场所是商业银行，然后是证券公司，最后才是以天

① 历史来看，投资者参与投资基金的行为，相较当年的收益情况，一般有一年至两年的滞后。例如，2006 年至 2007 年债券牛市，2008 年债券基金规模才出现明显扩大；2014 年至 2015 年债券牛市，2016 年债券基金规模才出现明显扩大。

天基金为代表的互联网销售机构。大多数基金的下单和交易发生在银行网点的理财柜台，由银行理财经理，根据最近市场行情和基金考核指标，向客户现场推荐基金或理财产品进行投资。由于大型商业银行都有自己的理财部门，也会发行以低风险固收类为主的理财产品（其与同为低风险的债券基金有竞争和替代的关系），所以在以银行网点为主要销售场所的基金销售中，理财经理往往优先推荐固收类银行理财和股票基金，构建从低风险到高风险的投资产品线，而债券基金的营销则被相对弱化。

在这种情况下，2019 年及以前，尽管经历较长牛市，债券基金整体业绩表现也很抢眼，但是主要申购规模来源于机构投资者，普通个人投资者占比很小。在销售渠道并不畅通的情况下，甚至出现个人投资者先购买银行理财，银行理财再把钱汇聚起来购买债券基金的“套利”空间。但谁也没想到，这种现象会在几年间发生剧变。

2016 年，支付宝 App 上线基金销售功能，通过子公司蚂蚁基金的牌照，开始销售公募基金。上线后的前两年，蚂蚁基金的销售规模增长并不明显，至 2018 年有一波小爆发，但仍以前文提到的余额宝等货币基金的销售为主。其间，蚂蚁基金通过运营理财社区、接入基金经理直播等方式，持续输出优质营销内容，逐步积累了客户和口碑。2019 年，在余额宝规模基本稳定的情况下，蚂蚁基金的整体收入达到 30%以上的增长，主要由非货币的其他基金带来，如图 1-9 所示。

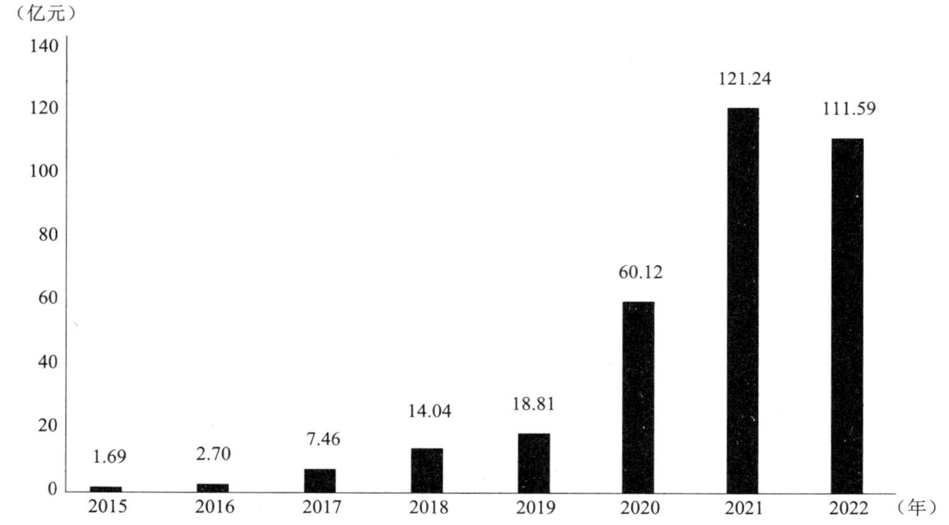

图 1-9　2015 年至 2022 年蚂蚁基金营业收入

数据来源：笔者根据恒生电子年度报告整理，2015 年为支付宝并购前原公司数据。

2020 年，投资者开始使用手机 App 解决投资需求。同年，蚂蚁基金推出“蚂蚁理财金选”栏目，其首先将全市场所有类型的基金，按照自身分类标准进行细分，然后基于长期年化收益率、最大回撤等客观指标对细分品类进行打分，最终筛选出优质产品，推荐给投资者。这一举动相比销售激励导向的银行理财经理的基金推荐，更加客观，赢得了投资者真金白银的信任。这一年，蚂蚁基金的基金销售规模悄然爆发，虽然具体数据无从得知，只能通过净利润的增长推测大致规模，但至2021年基金业协会首次公布基金销售机构排名时，大家震惊地发现，仅展业五年的蚂蚁基金，其销售的非货币基金保有规模①竟然超越了已经在基金销售领域展业近20年且一直被认为地位难以撼动的招商银行，达到8 901亿元，且其中相当部分都是固收类基金，见表1-1。

表1-1 首次公布的基金销售规模数据（部分）：2021年一季度

单位：亿元

排　名	机构名称	股票＋混合公募基金保有规模	非货币市场公募基金保有规模
1	招商银行股份有限公司	6 711	7 079
2	蚂蚁（杭州）基金销售有限公司	5 719	8 901
3	中国工商银行股份有限公司	4 992	5 366
4	中国建设银行股份有限公司	3 794	4 101
5	上海天天基金销售有限公司	3 750	4 324
6	中国银行股份有限公司	3 048	4 572
7	交通银行股份有限公司	2 381	2 483
8	中国农业银行股份有限公司	2 268	2 468
9	上海浦东发展银行股份有限公司	1 656	1 708
10	中国民生银行股份有限公司	1 512	1 566

数据来源：基金业协会官网。

除了蚂蚁基金，2020年规模巨幅增长的互联网基金销售平台是天天基金。根据天天基金的母公司东方财富披露的数据，2020年其基金销售额相比2019年增长了97%。天天基金对基金投资者较为突出的贡献，同时也是对债券基金发展起到重大影响的贡献，是其自2016年开始代销的大部分基金仅收取一折申购费（即原费率的10%，优惠了90%）。目前，市场中的债券基金的A份额普遍需要0.3%～0.8%不等的申购费率，一折优惠可以在下单之初就帮投资者节省0.27%～0.72%的一次性开支。百分之零点几的申购费率，虽然对习惯高风险高收益的股票基金投资者不值一提，但考虑到债券基金的票息收益近年仅在3%左右，基金销售渠道的让利显著优化了债券基金的投资体验。在天天基金带头降费后，蚂蚁基金、腾安基金（腾讯理财通）等互联网销售平台纷纷跟进，最终带动各大银行、券商等传统

① 非货币基金保有规模是衡量基金销售机构地位的主要指标，也是基金业协会披露的重点指标。

渠道也降费至一折。至此，对投资者降费和让利成为全基金销售行业的主流。

在基金规模增长大潮中，债券基金无疑是最受益的品种。除了上述的降费因素，还有其他三个原因。首先，以债券基金为代表的低风险、稳健型投资产品对于普遍风险厌恶的投资者而言，具有天然的吸引力，是其财富管理中最重要的一环。而这些互联网基金销售平台并不代销低风险的银行理财，这块天然需求自然被债券基金分走。其次，债券基金长期存续，基金经理实名管理，展示长期业绩，能够培育品牌效应和口碑，各类数据分析相较滚动发行的银行理财更加透明，具有可追溯性和可比性。最后，投资者通过社区运营、直播、公众号文章等方式进行互动，有更高的参与感和获得感。而且，全市场排名榜单也打造了一个相对公开客观的参考体系，增加了投资者购买基金的信心。

互联网营销变革带来的规模效应巨大。根据基金业协会官网公布的数据，目前有两个口径的基金销售规模，即全部非货币基金保有规模，以及股票和混合基金保有规模。由于目前国内基金中基金（FOF）、房地产投资信托基金（REITs）等其他品类规模极小，将全部非货币基金规模减去股票和混合基金规模的结果，约等于债券基金销售规模。蚂蚁基金的债券基金销售规模一骑绝尘，带动了招商银行的销售规模在2022年以后也有所提升，且显著高于第四名及之后的传统银行机构，如图1-10所示。

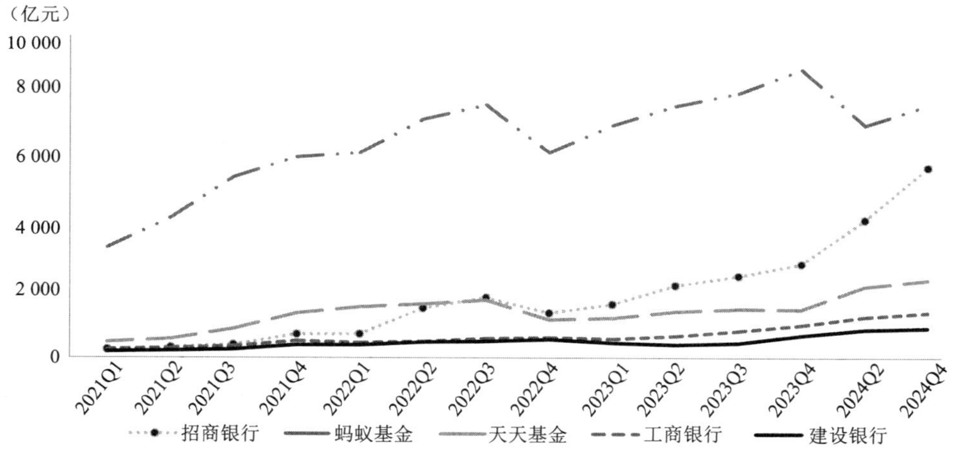

图1-10 前五大基金销售机构非货币、股票、混合基金销售规模

数据来源：笔者根据基金业协会官网公开数据整理。

这种互联网平台主导的销售模式和新的投资者特性，也大大影响了债券基金后续的创新和发展。2019年及以前，由于个人投资者投资债券基金规模整体较小，基金公司对个人投资者申赎债券基金的习惯和规律并不熟悉，往往认为个人投资者持有的债券基金份额是相对稳定的，一个投资者的赎回很可能被另一个投资者的申购所对冲，所以，对2020年开始从互联网平台涌入的大量个人投资者，并没有用基金产品限购等方式控制基金规模的扩张速度。但是，在2020年5月开始的债牛见顶回落后，由于个人投资者，尤其是来自互联网的投资者，其集中赎回带来了债券基金规模的短时间急剧缩小，基金经理不得不通过卖券应对赎回，一度造成了市场“踩踏”。这是近年来对债券基金的第一次流动性考验。虽然后来因为债牛的回归，债券基金规模重新扩张，并平稳度过了2021年，但是在2022年末，债券市场再次大跌，又一次引发了投资者对债券基金的赎回潮。基金公司痛定思痛，在和主要互联网销售平台沟通之后，开始逐步转为发行持有期[①]和滚动持有这两种新型短债债基，投资者只有持有约定的7天至120天以后才可以赎回，充分避免了短期趋势性申赎对基金经理进行投资管理的负面影响，且锁定时间并不长，也不太影响投资者的用资需求，而且鼓励了长期投资，减小了短期申购赎回对收益的损害。

此外，自2020年之后，基金经理也更加频繁地使用限制单投资者单日申购最大金额、设置具有赎回费的份额、控制最大单一投资者占比等方式，稳住投资者，避免大幅波动，以更加稳定的组合为投资者提供更好的收益体验。2023年8月至9月的债市大跌中，债券基金整体并未显著受到投资者集中赎回带来的不良影响，业绩更加平滑稳健。例如，代表全体债券基金业绩水平的中证债券型基金指数（简称中证债基指数）在2020年5月至6月的最大回撤为1.5%左右，2022年末“赎回潮”中的最大回撤为1.1%，这在一定程度上体现了流动性管理的进化，如图1-11所示。

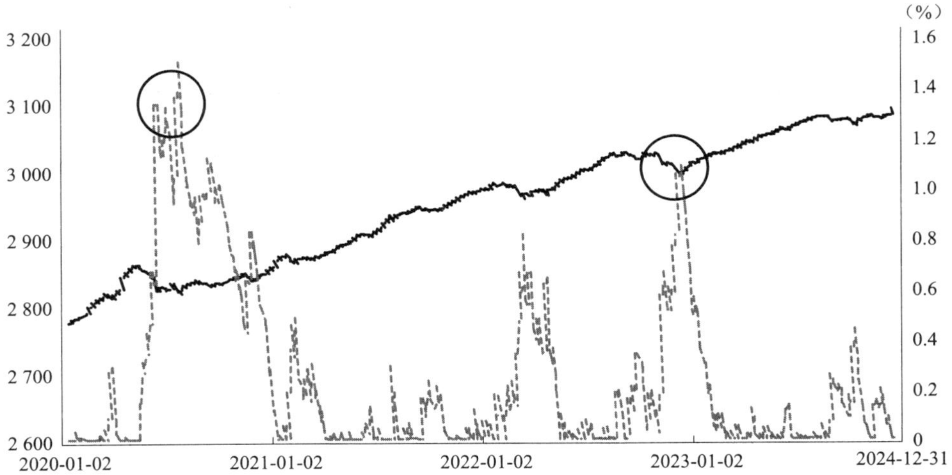

图1-11 中证债基指数走势和数次市场波动

数据来源：WIND。

① 最早的持有期债基于2013年发行，但在2020年之前主要是长期持有债基。6个月以内的短期持有债基和滚动持有债基是2020年的创新产品。

本章小结

本章主要是对中国债券基金发展20多年的总结，基本涵盖了对这一品类产生较大影响的市场变化和重大事件。不难看出，债券基金从一开始的小众产品、股票基金的辅助产品，经历了私募和摊余成本法产品大扩张的探索期，在受到资管新规等监管规范的影响后，搭上互联网平台这一快车，最终走向更加贴合个人投资者需求、更加普惠、更加稳健的低风险投资道路。笔者根据过往细分的债券基金品种、变化，按照时间维度整理了债券基金产品的变革历史（如图1-12所示），供读者参考。

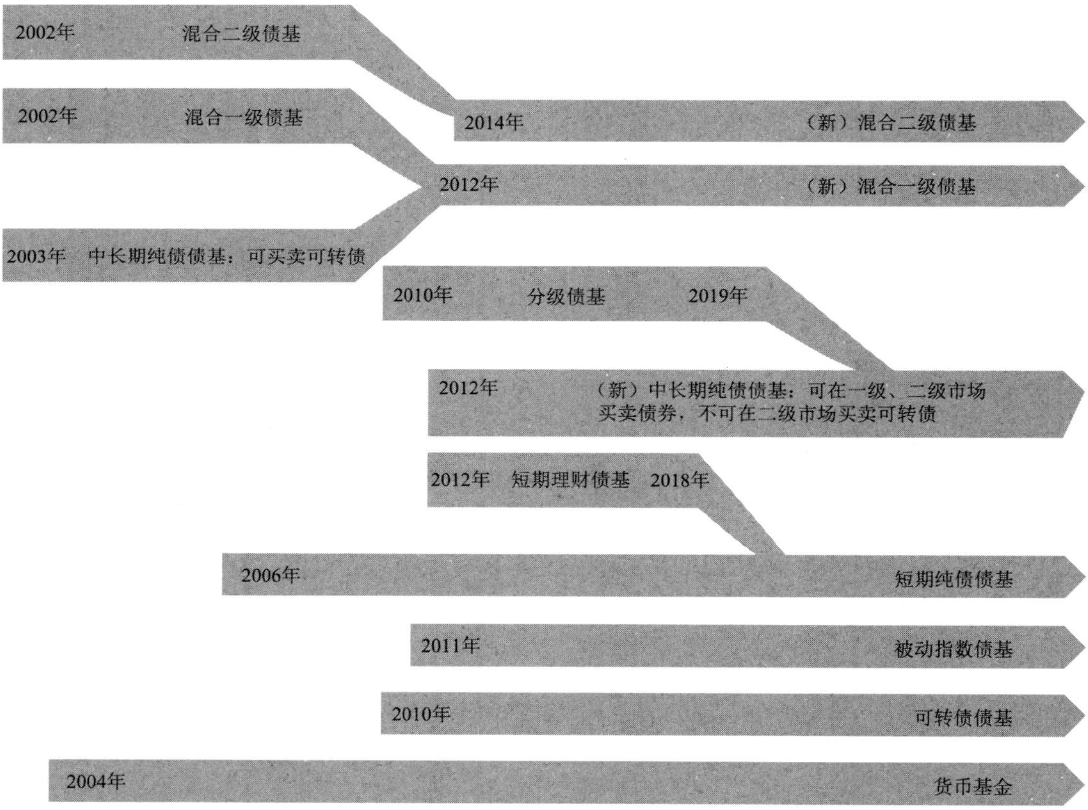

图1-12 债券基金产品发展和变化汇总

读者可以看到，除了前文提到的几类主要债券基金产品，还有几类默默发展的其他债券基金产品，如可转债债基、被动指数债基等，在各个大类中，还有一些在图1-12中未能标注的更加细分的类别，读者可能也见过诸如同业存单指数基金、封闭式债基、场内货币等。那么，这些细分品种有什么独特的属性，与其他主流品种如何区分，在整个债券基金市场中处于什么位置，有什么样的风险收益特征呢？别急，这些问题会在第二章中详细解答。

第二章　债券基金的构建、特性和分类

本章将从产品构造的角度，帮助读者从之前繁杂的历史和类别名词之中解脱出来，找到当前各类债券基金产品的主要差异及其业绩表现的特性，让读者构建起对各类产品的基本认知。基于基础认知，就可以正式学习科学投资债券基金的起点：债券基金的分类。

第一节　债券基金的构建模式

对于大多数已经习惯了投资存款、股票、国债等基础资产的个人投资者而言，基金是更加新颖且复杂的投资方式。与一般只有 A、C 两种份额的股票基金不同，债券基金份额有时甚至包含 A、B、C、D、E、F 等数种，足以让刚开始接触这一品类的个人投资者感到困惑，不知如何比较选择。但其实，在进行债券基金乃至全部基金的投资决策时，应该把基金本体研究优选和具体的份额选择区分开来，A～F 中任意份额的基金，都只是母基金本体的费率差异化分支。对母基金本体的研究和优选，应该是投资决策的重中之重。本节重点研究母基金本体的结构和产品设计方式，旨在明晰基金内部哪些部分是决定收益的关键所在。

若要读懂债券基金的基础构建模式，可以从简易版的报表说起。基金的定期报告及其中含有的数据，是了解基金表现的关键信息来源，但初学者第一次打开基金定期报告文件时，都不免被其庞大的篇幅和晦涩的语句吓得望而却步。因此，本部分仅选取资产负债表，并将其大幅简化，以帮助读者了解一只债券基金的基本构造。至于更加深入的报表解读和数据分析方法，则留到后续章节进行阐述。

正如本书开头曾提到的，债券基金可以简单地理解为债券和其他资产的组合，就好像把一堆债券用一张牛皮纸包扎起来，形成一个整体，但包扎形式大有讲究，牛皮纸内也别有洞天。此处，笔者草拟了一份简易的混合二级债基资产负债表（如图 2-1 所示，其他债券基金的资产负债表与其大同小异，如纯债债基仅需去掉股票科目），供读者参考。

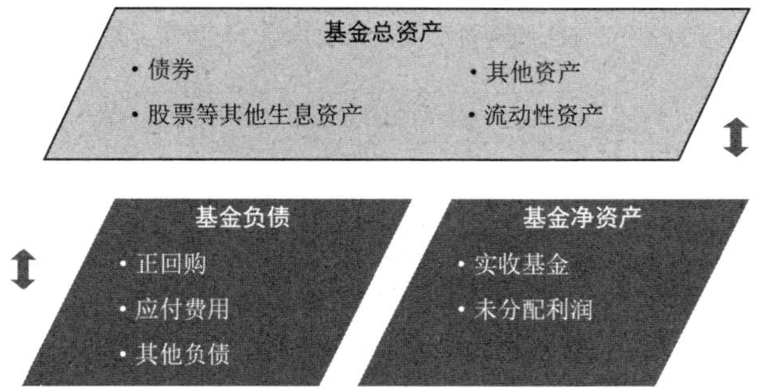

图 2-1 简易的混合二级债基资产负债表（基金总资产＝基金负债＋基金净资产）

一、资产负债表拆解：基金总资产

针对未系统学习过金融和会计知识的普通基金投资者，有必要对基金资产负债表中的主要科目进行简单介绍。绝大多数基金都有与图 2-1 类似的资产负债表，但债券基金之所以称为债券基金，是因为债券类资产的总额占基金资产总额的 80％以上；如果股票类资产的总额占基金资产总额的 80％以上，则为股票基金；如果债券类或股票类资产占比均不到 80％，则为混合基金。如图 2-2 所示，在上述混合二级债基的资产构成中，债券占比不低于 80％，股票占比不超过 20％，而且组合可以在二级市场买卖可转债、可交债；此外，与绝大多数债券基金一样，该产品还可以配置一定的资产支持证券（俗称 ABS），这类资产流动性不高，基本可视为买入后持有以获取票息收益的债券；最后，尚未使用的资金可以投放在买入返售资产（即逆回购项目）中，以获取短期利息收益，再剩余的零散资金则被归集到货币资金、银行存款等活期资产中，利息较少或没有利息；结算备付金、存出保证金等科目，一般是交易所等要求必须储备的资产，占资产的比重极小，基金经理无法对其进行主动调整，投资者在研究时一般也无须多加关注。在对各类资产科目有了基本了解以后，可以在此之上讨论它们的归类、意义和产生收益的方式。在基金资产中，除备付金、保证金、清算款和申购款等杂项科目之外的所有资产，可被称为生息资产。

在全部生息资产中，除逆回购和货币等之外的资产被称为主要仓位，其占比体现了基金经理对后续市场的信心，而且这些资产产生的票息收益和资本利得收益，在绝大多数情况下都远超活期收益。所以，当基金经理看好市场时，会提升整体仓位，相应预留的货币资金或逆回购的比例就会降低；反之，如果基金经理保留了较多的货币资金或逆回购资产，则隐含的信息就是，基金经理不看好市场的价格变动，认为价格下跌带来的资本亏损会大于票息收益和活期收益的差额，所以将组合调整成“持币待购”的状态①。

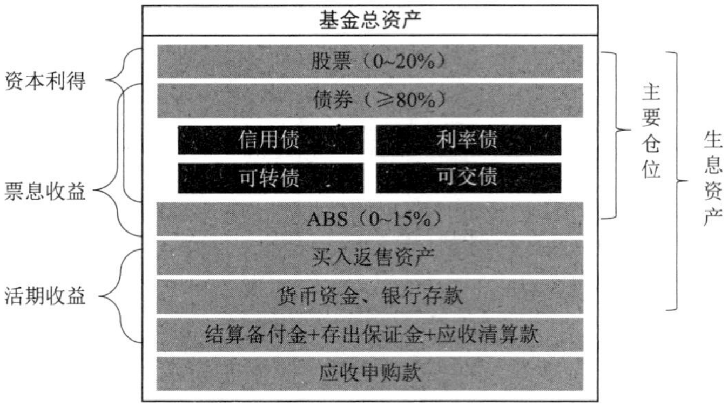

图 2-2　各类型资产归类和产生收益的方式

二、资产负债表拆解：基金净资产

在会计领域，有一个既基础又至关重要的原理：资产＝负债＋所有者权益。这一原理在基金的产品构建中同样适用，只不过因为基金只有投资者，即份额持有人，所以“基金净资产”这一项目基本等同于会计中的“所有者权益”。具体而言，基金净资产代表的是基金运作中全体该基金投资者所有的总金额。那么，基金净资产÷基金份额总数＝基金当前单位净值。这也是基金运作的基本原理之一。

基金净资产可分为实收基金和未分配利润两个部分（如图 2-3 所示），乍一看“利润”二字似乎彰显了基金为投资者创造收益的能力，而“实收基金”似乎字面意义是指基金投资者一开始投入的本金，所以很多对会计学并不了解的投资者在研究基金时会错误地以实收基金和未分配利润的相对大小来衡量基金创造收益的能力和业绩的好坏。但其实并非如此，由于基金在成立日的初始单位净值为 1，而随着基金收益的增长，假设单位净值增长至 1.5，此时该基金的实收基金和未分配利润的比值则为 1∶0.5左右。假设自此之后基金不再有任何收益变化，而此时恰有投资者大额申购，则其申购资金会按照 1∶0.5 的比例，分别划入“实收基金”和“未分配利润”这两个科目。而如果基金发生分红，每份额分红 0.3 元，且选择

图 2-3　基金净资产的构成

① 债券基金成立后的 6 个月内是建仓期，债券占总资产比例可以低于 80%，股票基金同理。此外，在基金遇到大额赎回等事件干扰时，也可能出现仓位被动低于正常范围的情况，但基金管理人一般需要在 10 个交易日内进行调整。

的分红模式为红利再投资，则未分配利润中的部分会转入实收基金，那么实收基金和未分配利润的比值变为 1.3∶0.2。由此可知，这两个科目的绝对值和相对比值，可以在基金本身没有发生收益变动的情况下，仅由投资者申赎或分红行为导致相应的变化。所以，在基金研究和优选的过程中，对于基金净资产，仅看总数即可，切不可望文生义。

三、资产负债表拆解：基金负债

基金总资产与基金净资产的差额，即为基金负债。负债，顾名思义，就是基金应该支付，但尚未支付的金额总和。例如，在正常运作中，该基金本身应该支付给基金公司的管理费、支付给托管人的托管费等，此外还有因投资者赎回而需即时支付的赎回款等，如图 2-4 所示。这些负债是日常生成的，由基金本身条款设定所致，可能尚未到划款时间，所以暂时记录在账。对于投资者而言，需要重点了解的是基金经理可以主动调节的负债，这也是基金经理加杠杆投资的主要证据，是基金尤其是债券基金产品运作中的重要一环。

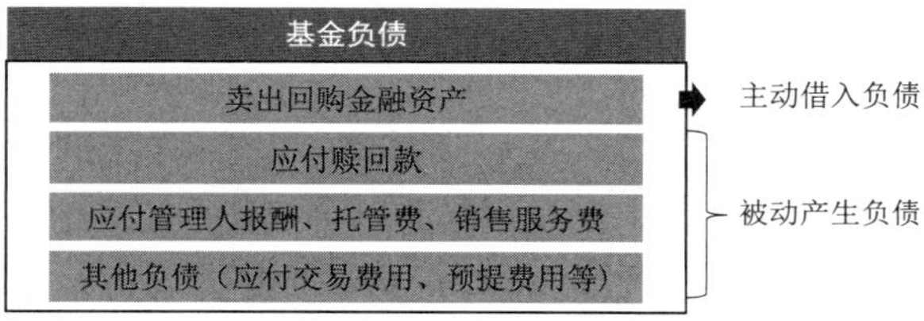

图 2-4　基金负债的构成

基金经理除了使用投资者的资金去配置债券、股票等资产获取收益，还可以将基金中已有的债券抵押出去，借入资金再投资新的资产，这种操作过程就是正回购①，即俗称的“加杠杆”（提升杠杆率）。正回购的总金额将全部计入“卖出回购金融资产”。作为代价，基金需要为正回购支付利息。大多数时候，基金经理会让交易员借入短期的正回购，并配置相对长期的债券等资产，而由于正回购的期限短，利率水平低于债券票息收益，通过正回购加杠杆的方式可以很好地放大债券基金的收益。但由于支付的利息是刚性、固定的，而买入用于生息的债券本身价格可能因为市场而发生波动，所以，“加杠杆”这一操作会增大基金日常收益的波动性。

根据《关于规范金融机构资产管理业务的指导意见》第二十条的相关规定，每只开放式公募产品的总资产不得超过该产品净资产的 140%，每只封闭式公募产品、每只私募产品的总资产不得超过该产品净资产的 200%。而风险定位较低的货币基金，有单独的法

① 正回购和逆回购可同时存在。正逆回购的具体交易模式、场所等的介绍，可以参考《债券实操指南：交易、研究与量化投资》第 5 章。

规规定了更低的杠杆率限制。这些规定约束了基金的加杠杆行为，将上述“增大收益的波动性”控制在可控的范围内。

四、基金产品的设计理念：资产—负债匹配是债券基金的运作基础

虽然适度通过正回购配置大量资产，保证基金整体杠杆率保持在相关法规约定的上限内，是基金经理的职责，但也存在基金经理无法直接控制的因素：基金总资产＝基金负债＋基金净资产，在负债不变的情况下，如果净资产发生大幅缩减，即出现投资者大量赎回的情况，也会导致杠杆率超限的情况出现，基金经理需要动用总资产中的货币资金等流动性仓位应对赎回，甚至可能需要在几日内变卖总资产中的主要仓位以凑足投资者赎回款，在市场流动性紧张的情况下，变卖的价格可能大幅低于合理价格，从而导致基金产品出现明显的净值波动。

所以，对于基金经理，乃至基金公司而言，管理运作一个基金产品，最核心和基础的就是有效的资产—负债匹配管理。只有根据负债的特性，比如投资者一般持有的期限、申购和赎回的规律及规模，才能选择最优的资产组合，并在该类型的负债结构下，提供最优的回报。以上论述对于债券基金、货币基金等低风险的固收类基金品种尤为重要。因为对主动选股的权益类基金而言，经过过往 20 多年的牛熊切换和市场大幅波动，以及股票本身的高风险特征，许多权益类基金的投资者都能够形成长期持有、定投、止盈和价值投资的习惯，或至少认同上述操作是合理且理性的。但是，对债券基金，尤其是短债、货币等低风险品种的投资者而言，在投资时或多或少地在该类产品投资中带入一些现金管理的诉求，其在生活中需要开支时，会优先赎回债券基金、货币基金，而且由于债券基金相对偏低的风险定位，投资者对亏损的预期和耐受程度也较低，如果债券基金出现连续或较大的回撤，很可能造成恐慌性的投资者集中赎回。这种赎回的冲击在目前国内债券主要依托银行间市场逐笔成交、流动性有限，且交易量受到人工交易员的负荷限制的情况下更为突出。如后续章节中会提到，近年中国债券基金市场已经出现过数次该类全市场范围内的赎回导致的收益波动，虽然后续收益很快反弹并抹平亏损，但是对投资者长期持有的鼓励教育和如何更稳健地进行资产—负债管理，是基金经理和基金公司需要长期学习并推进的议题。

但是，好在除了基金经理依靠自身技能对基金进行资产—负债管理，基金公司的内控制度，以及相关监管法律法规也对其进行一系列的支持和指导，以控制基金的资产—负债匹配运作保持在健康范围内。对基金资产—负债管理产生影响的内控和监管文件如图 2-5 所示，基金经理以此为抓手和底线，就可以将基金整体，尤其是基础的资产－负债匹配管理，运作得更为健康，并在资产—负债合理匹配的基础上施加更加复杂且高级的

投资策略，为投资者创造更好的收益体验。

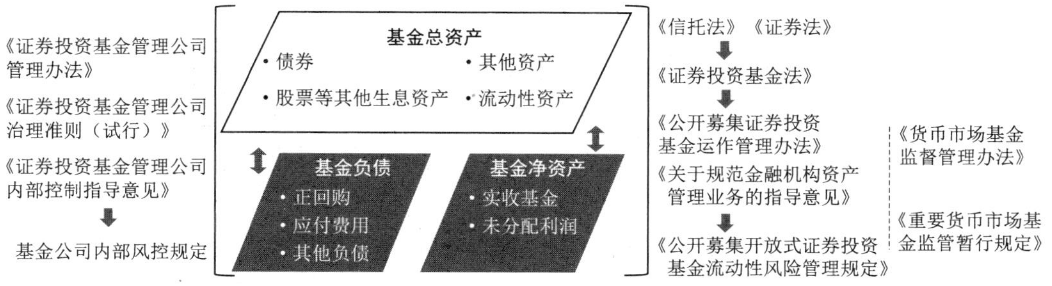

图 2-5 对基金产品的资产—负债管理产生影响的内控和监管文件体系

此外，公募基金是一个受到严格监管的行业，基金经理只能在各种内外部指标的约束下进行投资管理，图 2-5 列举的只是在债券基金和货币基金这两种固收类基金的资产—负债管理中涉及的相关法律法规。事实上，在基金的推广、销售、募集、发行、信息披露、交易等各个环节，以及其他各基金类型下，也都有类似的详尽法律法规予以规范，对此会在第三章中详细说明。

第二节 从稳定运作的优质债基到全能型顶尖债基

只有在有效、稳健、合规的资产—负债管理的基础上，基金经理才能在该基金产品管理中，施展各类型的投资策略。在债券基金中，以能够同时进行债券、股票和可转债配置的混合二级债基为例，其所能实施的主流策略如图 2-6 所示。

对于纯债债基而言，其主要策略有票息策略、骑乘策略、久期调节策略和信用挖掘策略等。对于可以在二级市场买卖可转债的混合一级债基，则可以拓展到可转债量化、主动选券等策略。对于可以配置股票的混合二级债基，则可以加入主动选股、行业轮动等股票策略。

如果读者看过笔者写的《债券实操指南：交易、研究与量化投资》，或者在投资理财、股票期货领域有一定积累，可能会对此感到好奇。因为在《债券实操指南：交易、研究与量化投资》中列举的投资策略除图 2-6 所示之外，还有诸如市场套利、波段交易、垃圾债策略等。另外，还有很多在股票市场较为流行的策略，比如量化选股、高频交易、市场中性等。但是，由于公募基金是一个面向公众的强监管投资品种，许多策略其实在公募基金中无法实施。例如，因为公募基金严格控制日内反向交易，所以很难进行债券的高频波段交易。此外，虽然债券基金中的混合二级债基可以投资股票，但可能由于投资者接受度或市场沿革的原因，部分股票策略极少在这一基金品种中出现，如量化选股等。

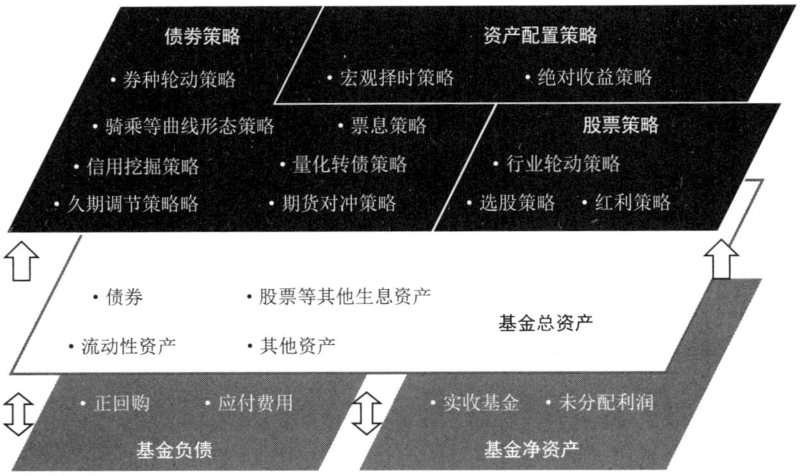

图 2-6　混合二级债基的主流投资策略

在其余可供选择的投资策略中，基金经理也不会长期同时使用所有策略，而是会综合考虑该基金产品的主要销售渠道，以及该渠道下的主要投资者诉求、风险承受能力、预期持有时长等因素，然后选择相应的策略。如果主要客群来自互联网渠道或银行渠道，是追求稳健收益的个人投资者，那么对一只纯债债基而言，合理的策略选择就应该是以票息、骑乘等为主的债券策略。如果是混合二级债基，则可以加上绝对收益等资产配置策略。但如果是以机构投资者为主的产品，且主要大客户都通过直销渠道的销售人员直接沟通，那么则可以采用一些更加激进且高波动的久期调节、券种轮动策略（债券）和行业轮动策略（股票）。

一、投资管理：用多个策略共同构建稳定的债券基金收益特征

对于基金经理而言，在做到较为稳健的资产—负债相匹配的基础上，进阶的要求就是基于主要基金持有人的需求、该基金产品的定位，在满足监管和合同等要求基础上，熟练运用最合适的策略，努力创造让目标投资者满意的收益。如果能用清晰的策略，长期管理一个产品为投资者创造超额收益，那么该基金产品和对应的基金经理完全可以称得上优秀了。因为哪怕是一些策略较为简单，投资者需求较为清晰的产品，想要管好也并不容易，尤其是债券基金和货币基金等固收类基金。正如前文提到的，大多数债券基金和货币基金产品都或多或少地具有流动性管理的属性，投资者日常的申购赎回导致基金规模和可用资金处于持续变动的状态，基金经理需要经常调节资产配置方案将基金整

体维持在监管规定和内部控制约束之内，这就不可避免地与日常实施投资策略产生相互影响。以最简单的票息策略为例，如果投资者短期内持续进行较大金额的申购，导致基金资产中应收申购款占比过高，而基金经理一时无法动用该项目配置生息资产，则会摊薄产品整体的票息收益。即使是定开、封闭式债基等规模较为稳定的品种，也会面临一只股票基金不会遇到的问题：债券的再投资问题。债券与股票不同，存在付息和兑付的概念，随着时间的流逝会不断产生现金流，直到兑付日一次性产生大笔现金流。基金经理需要使用现金流不断进行新的投资，而市场行情也在持续变化，可供购买的债券和之前到期兑付的债券很可能出现明显的特质差异。同样以票息策略为例，一只债券基金如果在2017年年中配置了一只5年期国债，到期收益率约为3.5%。如果持有该债券到2022年年中到期，再想购买一只5年期国债，则收益率可能已经下降到2.6%的水平，这会严重影响产品的整体票息收益。

如果债券基金采用了更为复杂的策略，如券种轮动策略或久期策略，则基金经理需要考虑的因素会更多，除了上述的资金流处理和再投资操作，策略之间的相互影响也会让债券基金的管理更为复杂。例如，如果一个基金经理根据城投债和商业银行金融债的相对性价比分析，判断当前金融债的利差已经过薄，性价比过低，需要把债券基金中持有的部分中高评级的金融债切换为中低信用评级的城投债。他可能需要两周到一个月的时间完成卖出金融债，并在之后买入相同金额、相同久期的城投债的操作。但是，如果在其实施上述操作的一周左右，公布的宏观经济数据出现重大转折，则基金经理需要在三天至四天的短期内维持较长的久期以获取收益率下行带来的资本利得。而如果继续实行原计划，可能会因为卖出金融债后，买入城投债需要时间较长，造成组合“真空期”，错过这三天至四天的行情。为此，他不得不采取额外的应对措施，比如在卖出金融债后的同日快速买入一些流动性好且供应量大的国债来填补仓位，并利用国债作为优良抵押物，在正回购中仅需支付较低利息的方法，借入资金慢慢买入原计划中的城投债。

如果是能够配置股票和可转债的混合二级债基，策略之间的影响可能会更加明显。股债资产的互相作用会对整体组合的业绩表现产生难以捉摸的影响。在投资领域有一定经历的读者可能很熟悉“股债‘跷跷板’效应”这个词语，意思是股票和债券的收益经常呈现负相关性，一个涨，另一个就可能会跌。混合二级债基（其他很多所谓的“固收+”产品也一样）的设计理念包括利用股债负相关性，让日常的股债涨跌在一定程度上互相抵消，进而使得投资者的收益体验更为平滑、稳定。但是，深入研究就会发现，这一现象其实并不稳定，会随着宏观经济和市场流动性松紧改变而发生变化。只有在市场流动性较为宽松的时候，股债“跷跷板”效应才较为明显：在宏观经济强的时候，股强债弱；在宏观经济弱的时候，股弱债强。而如果市场流动性较为紧张，那么很可能出现股债同涨同跌的走势，两个较为明显的例子是：2013 年“钱荒”中，股债市场同时走熊；2014 年至 2015 年，股债市场因为央行宽松的货币政策和棚改货币化投放资金，而走出了双牛格局。

回到上文混合二级债基管理的例子，如果基金经理原本希望采用资产配置策略中的绝对收益策略，他的思路可能就是用债券和股票的负相关性，采用长久期的 30 年期国债平滑股票部分的波动，同时采用债券加杠杆后较为稳定的票息和红利风格股票的分红，为组合提供确定性较高的底仓收益。如果基金经理事先对股债的波动率和相关性进行了统计，并维持较为合适的比例，那么根据统计结果，这种策略应该在至少一半的时间内能够取得理想的效果，平时仅需根据宏观经济状况对股债比例进行微调即可。但是，如果宏观经济状况发生变化，流动性收紧，则可能出现股债相关性逆转，变为同向波动，导致叠加后形成较大的回撤。基金经理需要同时降低股债仓位，或转为短久期债券、价值股等偏防御资产，或直接切换为现金、逆回购等安全资产。然而，这种控制波动的操作又会影响组合原本的票息和分红等底仓收益。如果在资产配置策略中同时又加入了选股策略，则要考虑是否需要为了降低整体股票仓位而抛售那些自身是有独特增长潜力的个股。如果同时又加入了信用挖掘策略，则要考虑低信用资质的债券流动性较差，具有比股票更慢的抛售速度，可能会影响股债整体减仓的节奏等。

二、打造优质债基：提炼并调整影响债券基金收益和风险的主要因素

考虑到一只债券基金之上同时运作叠加的策略数量可能很多，受到共同的到期现金流、投资者需求和市场变化影响，彼此之间又会产生影响，牵一发而动全身，哪怕仅稳定操作几个策略，和谐共存创造合力也并不容易。一种更好的协调多种策略相容运行的方法是，寻找驱动这些策略背后的共同影响因素，对其加以梳理和衡量，并对基金整体在这些因素上的敞口暴露进行控制。在股票组合的分析中，可以采用一种量化的因子投资方法，从股票组合中提炼出公因素，并对其进行控制。如 Barra 风险因子体系中就含有市场的贝塔因子、市值因子、盈利因子和成长因子等。在债券基金乃至所有债券组合的投资管理中，也可以采用类似的方法，将组合中所有单个债券的影响归集为多个公因素：久期、斜率、凸性、信用和流动性因素、货币因素、可转债因素，以及无法被精准衡量的其他残余因素等。通过对上述因素进行综合管理的方式进行系统化的有效组合管理和多策略叠加，在以机构投资者主导的债券领域是绝对主流的方法。

每种因素都有其独特的风险属性和贡献收益的方式。如久期、斜率和凸性，这三者为债券基金引入了利率风险，同时又带来了最基础的、约等同于国债利率的票息收益。信用因素为组合引入了信用风险，但又能增加信用利差的票息收益。类似的，流动性风

险对应了流动性溢价带来的票息收益；货币因素对应再投资风险，但能带来逆回购和存款的利息收益；可转债的存在引入了估值风险，但也能带来期权收益，其与可转债正股价格变动收益合并后体现为债券基金的可转债资本利得。此外，如果是可以投资于股票的混合二级债基，则还有股票的市场风险等，能够带来股票的分红和资本利得收益①。对上述各类公因数和风险的定量估算，会在第六章详细论述。

以混合二级债基为例，基金管理中可叠加运作的所有策略带来了多种独特的风险，这些风险最后都会合并体现为基金净值的回撤和波动。同时，这些风险也能够带来各种类型的收益，这些收益最常见的形式是基金利润表中的所有收入项，即票息收入、资本利得收入等，这些收入扣除债券基金的各类支出（管理费、销售服务费、托管费、信息披露费等）和日常运作中的正回购利息及债券交易费用后，即形成基金投资者的收益，这些收益除以基金的份额总数，即可算出基金每日净值的增长，具体如图 2-7 所示。

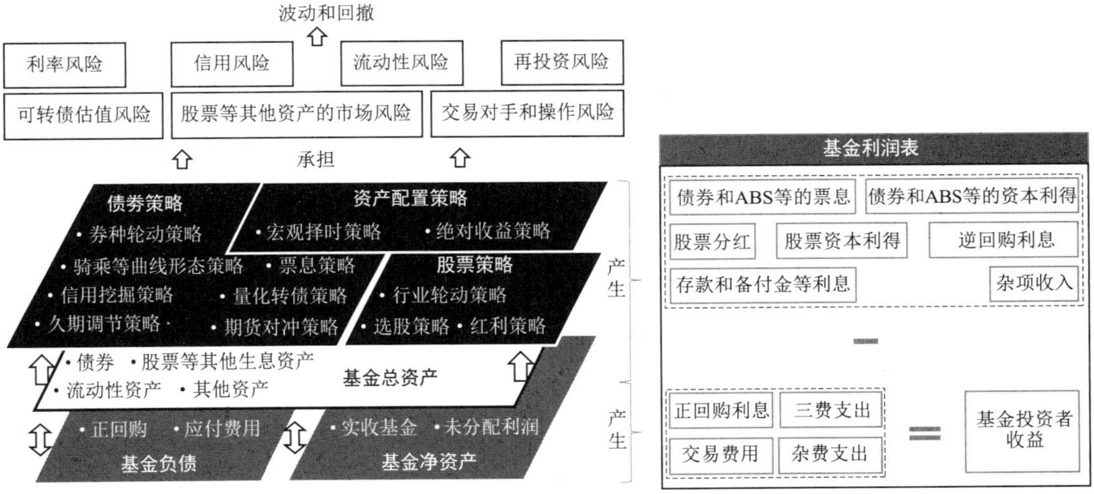

图 2-7 影响混合二级债基收益的主要风险及其带来的收益

读者不难发现，图 2-7 基金利润表中展现的收益科目和上文提及的各个风险因素带来的对应收益略有不同，比如票息收益中没有更细地拆分利率风险带来的、约等同于国债利率的无风险收益②，信用风险带来的信用利差收益等。主要原因是基金利润表需要符合

---

① 股票的市场风险可以按照因子拆分的方法再进行详细分解，是一个复杂度高于债券因子拆分的体系，考虑到债券基金是本书主题，对股票的分析方法不做过多阐述。

② 在债券领域，“无风险收益”是最常用的名词，一般可以认为是国债利率。此处“无风险”的提法，仅突出国债是没有信用风险、不会违约的资产，不代表其没有利率风险；相反，持有 10 年或 30 年等长期国债承受的利率风险很高，价格波动很大。

会计准则，其展现的信息和投资归因生成的信息会有所差异，两者无法用一一对应的方式进行重新构建和转换，导致债券基金的研究者很难通过利润表倒推基金的收益来源、各项因子暴露，进而推测债券基金中各项策略的施展情况，这客观上对基金的定量研究造成了一些困难。本书会在第六章讨论基金报表中经实践可以直接提取、分析的多个指标和其适用的场景，此外必须辅以旁听基金经理路演、分析基金经理的署名文章等方法综合解决并提升基金研究质量。

除了在投资端用公因子对债券基金各类风险敞口进行综合控制，基金公司也能通过其他方法解决多种策略共同运作对基金管理造成的困难。第一种方法是同时聘任多个基金经理挂名管理，其中一个是主基金经理，负责整体资产配置决策和某几个核心策略，其他基金经理根据该主基金经理划分的操作空间（如金额、可用风险敞口等），在约束下操作其他细分策略。第二种方法常见于混合一级、二级债基，即基金公司分别为该类基金产品的股票、债券仓位聘任一个基金经理，分仓管理，互不干涉。在多基金经理挂名时，具体是何种分工方式暂时并不记录于定期报告等格式文件，但在销售渠道的直播路演、营销材料中多会有所提及。多基金经理的分工方法具体如何影响债券基金产品的业绩表现，以及投资者如何据此选择心仪的债券基金，会在第五章详细讲解。

最后，由于大多数基金，尤其是债券基金的目标客户画像、主要销售渠道、计划施展的投资策略和最终大致应该实现的风险收益特点会在基金成立之初的产品设计环节基本确定，并在后续运作过程中根据效果进行调整和转型，因此基金经理和基金公司也会通过限购、设置较长的赎回费淡出时长（达到一定持有时长门槛后，赎回费率不断降低）等方式“劝退”那些需求与该产品定位不匹配的投资者。相对于资产端指标约束、策略端的因子和风险敞口约束及基金经理人选优化，对投资者资金的负债端优化和约束的操作自2020年债券基金规模快速增长以来变得十分普遍。例如，2024年5月，一只真实存在的开放式短期纯债基金，对所有持有不满半年就赎回的投资者收取1.5%的赎回费，且暂停所有50万元以上的单日大额申购，这在客观上“劝退”了那些持有巨额资金“快进快出”的机构投资者，能够维持基金本体规模的稳定，保护了已买入该基金且持有时间更加稳定、规模更零散的个人投资者。

三、穿越牛熊：呈现全能型顶级债基的尝试

除了投资者需求和所匹配策略较为明晰、简单的债券基金，也有一些债券基金定位更加宽泛和普适。这在一定程度上是由基金行业较为激烈的业绩排名和考核压力导致的，另外也是基金公司基于经营和产品布局的考虑。因为市场行情无时无刻不在发生变化，

投资者需求也可能随时改变，而基金研究往往会从三年或更长时间的跨周期维度对基金产品和基金公司的表现进行评估。例如，一个基金公司布局了一个稳健低风险的票息策略的债券基金产品，同时布局了一个高风险的超长利率债策略的债券基金产品，前者在债券熊市表现较好，后者在债券牛市表现较好，但如果拉长到三年跨越牛熊周期的评价维度下，这两个产品的业绩表现可能均会显得比较平庸。所以，为了在业绩比拼中获得竞争优势，基金公司迫切需要推出在牛熊市场都能有较为优秀表现的全能型基金产品。退一步讲，由于牛熊行情的切换速度较快，难以把握，基金投资者往往也希望能够买到并持有跨越牛熊的基金产品。因此，综合考虑，每个基金公司基本都会布局几个可以采用图 2-6 中的各种策略增厚收益的基金产品，且同时面向多个平台、各类投资者进行销售。由于管理难度较大，往往由投资能力较强的资深基金经理管理，这种产品往往成立时间较久，有较为出色的历史业绩，基金研究人员也往往称之为“旗舰产品”或“拳头产品”。真正做好一个“旗舰产品”是非常难的：如果能在管理这种全能型基金产品的过程中，确实呈现了超越牛熊周期的优秀业绩，在各类市场环境下都展现出明显的超额收益，那么该基金经理基本达到了行业顶尖水平。为了推出这样的产品，基金公司也会在各个维度给予配合，个别公司甚至会对该类产品进行限购，将这类产品的规模控制在便于基金经理操作的范围内①。基金研究领域也将这些过分推崇业绩而放弃申购易得性的基金称为“橱窗基金”。从基础的资产—负债匹配，到进阶的通过清晰策略实现超额，再到最高级的全策略穿越牛熊的三种债券基金择优层次如图 2-8 所示。

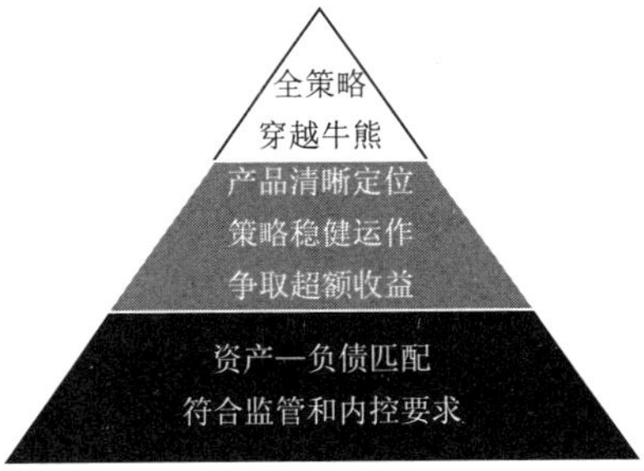

图 2-8 债券基金的三个层次

以上对债券基金所配置的资产、策略、产生收益的方式，以及不同的产品定位作了大致的描述，并提出了三种不同层次品质基金的优选标准。至此，读者可能会产生三个疑问：一是，如何判断一个债券基金产品的定位及其当前采用的策略；二是，如何发掘优秀的基金，最好是找到一个真正的“旗舰产品”；三是，如何投资这些基金产品。

第一个问题揭示了一条关键认知：基金研究和优选的出发点应该是合理的基金分类，这点在下面一节进行详细论述；第二个问题在第二篇中讲解；第三个问题涉及基金优选和投资策略两个维度，在第四篇中讲解。

① 基于目前债券市场需要场外逐笔交易的现实，以及交易员的人工交易负荷和当前大多数债券的发行规模，据笔者的观察，一只债券基金合意的规模在 10 亿元至 100 亿元。

第三节 发掘优秀债券基金的起点：合理的分类

对于绝大多数投资者而言，进行基金研究是为了发掘更优秀的基金，提高投资收益率，实现财富保值增值，创造更美好的生活。相信读者在学习债券基金的研究和评价方式时，也是基于这一朴素的目标。但是，在基金评价和择优的道路上无法绕开一个技术性话题，即基金的合理分类。这是由当前基金行业大发展后，基金数量庞大，且基金投资者需求的多样性决定的。对于不同的投资者，他们眼中最好的债券基金可能具有完全不同的样貌。为了避免出现将苹果和草莓放在一起比较的问题，把数量庞大的可选基金进行细分是必不可少的环节。

一、一级分类：监管确立的基于资产投向的通用大类科目

在对基金进行分类评价方面，以证监会为首的监管机构已经通过系列文件给予了纲领性指导。例如，2009 年出台，并于 2020 年修订的《证券投资基金评价业务管理暂行办法》，根据第三章“基金评价业务”的相关规定，对基金进行评价需要考虑基金的投资方向、投资范围、投资方法、业绩比较基准和风险收益特征。从事基金评价时，不得对不同分类的基金进行合并评价。在设计具体的基金分类时，应该以相关法律、行政法规和证监会的规定为标准，可以在此基础上进行细分，且每个分类包含 10 只及以上的基金。此外，基金业协会也在 2010 年出台了《证券投资基金评价业务自律管理规则（试行）》，并提出“基金评价机构不得频繁调整其基金评价标准、方法、内控制度、业务流程和基金分类方法，原则上一年内调整次数不得超过 1 次”。

根据证监会官网的分类方法：按投资标的划分，可分为债券基金、股票基金、货币基金等①；按基金运作方式不同，可分为封闭式基金和开放式基金；按投资理念不同，可分为主动型基金和被动型基金。此外，还有特殊类型的基金，包括交易型开放式指数基金（ETF）、LOF、保本基金 、合格境内机构投资者基金（QDII 基金）、分级基金等。此外，证监会发布的《公开募集证券投资基金运作管理办法》对按照投资标的划分的基金类型进行了细化规定，即其第三十条规定：“基金合同和基金招募说明书应当按照下列规定载明基金的类别：（一）百分之八十以上的基金资产投资于股票的，为股票基金；（二）百分之八十以上的基金资产投资于债券的，为债券基金；（三）仅投资于货币市场

① 参考证监会官网文章《证券投资品种——证券投资基金》。

工具的，为货币市场基金；（四）百分之八十以上的基金资产投资于其他基金份额的，为基金中基金；（五）投资于股票、债券、货币市场工具或其他基金份额，并且股票投资、债券投资、基金投资的比例不符合第（一）项、第（二）项、第（四）项规定的，为混合基金。”

以上基本确定了在国内证券投资基金领域按照基金合同等材料中记述的投资范围进行基金分类的主流方法，且对具体的基础科目进行了划分：股票基金、债券基金、货币基金、基金中基金、混合基金。上述分类也被称为一级分类，被基金研究者共同采用。但是，基金数量众多，因基金合同、投资策略和公司产品定位导致的差异造成彼此之间不可比，仅依靠基础的几个大类难以实现具体的基金比较和择优，因此在共用的一级分类的基础上，还需要对其进行二级、三级，甚至四级分类。

二、二级和三级分类：从持牌基金评价机构的专业精神到基金销售机构的通俗主义

二级以上的细分类别具体如何划分，不同的基金研究机构有不同的做法。目前，持牌的基金评价机构有七家：银河证券、海通证券（后并入国泰君安）、招商证券、天相投顾、上海证券、济安金信和晨星资讯。每家基金评价机构都有自己的分类体系，根据基金评级牌照的规定，它们的分类方法和最终结果在中国证券业协会官网均有公开披露，下面进行简单展示和分析比较，具体见表 2-1 至表 2-6。

表 2-1　银河证券基金分类体系的债券基金分类科目

一级分类	二级分类	三级分类
债券基金	纯债债基	长期纯债债基
		中短期纯债债基
		短期纯债债基
	普通债基	普通债基（可投转债）
		普通债基（二级）
	可转换债基	—
	短期理财债基（摊余成本法）	—
	指数债基	—
	债券型分级子基金	优先份额子基金
		进取份额子基金
	其他债基	—

表 2-2 海通证券基金分类体系的债券基金分类科目

一级分类	二级分类	三级分类
债券基金	主动债券开放型	偏债债券型
		准债债券型
		可转债债券型
		纯债债券型
		短债债券型
		短期摊余成本法债券型
		中期摊余成本法债券型
		长期摊余成本法债券型
	指数债基	复制债券指数型
		增强债券指数型
		债券 ETF
		债券 ETF 联接
	主动债券封闭型	偏债债券封闭型
		准债债券封闭型
		可转债债券封闭型
		纯债债券封闭型
		封闭摊余成本法债券型
		封闭混合估值法债券型

表 2-3 招商证券基金分类体系的债券基金分类科目

一级分类	二级分类	三级分类
债券基金	主动债券型	短期纯债型
		中长期纯债型
		复合债券型
		转债债券型
	指数债券型	债券 ETF
		债券 ETF 联接
		标准债券指数型
		债券指数增强型

表 2-4　天相投顾基金分类体系的债券基金分类科目

一级分类	二级分类	三级分类
债券基金	纯债债基	短期纯债债基
		中长期纯债债基
	混债债基	可投转债债基
		二级债基
	可转债债基	—
	指数债基	利率债指数债基
		信用债指数债基
		可转债指数债基

表 2-5　上海证券基金分类体系的债券基金分类科目

一级分类	二级分类	三级分类
债券基金	主动投资债基	长期纯债债基
		中短期纯债债基
		短期纯债债基
		普通债债基
		可转债债基
	指数投资债基	标准指数债基
		增强指数债基

表 2-6　济安金信基金分类体系的债券基金相关科目

一级分类	二级分类	三级分类
纯债型	—	—
一级债		
二级债		

数据来源：笔者根据基金业协会官网公开信息整理。

各家专业的基金评价机构对债券基金的分类结果，虽看似不完全一样，但仔细分析不难发现，其实大同小异。首先，排除目前已经极为边缘或转型后不再存在的分级债基和短期理财债基等产品；然后，暂且搁置仅因开放方式（开放式或封闭式）和估值方法（默认的净值法和摊余成本法）差异而单独分类的一系列债基品种。这些类别的数量和规模目前仅占少数，后面章节会讨论开放方式和估值方法对债券基金的影响。对于其余核心和主流的债券基金品种，主要基于两个不同的投资理念：基金经理主动管理的债券基金和对标基准指数被动管理的指数债基。指数债基的投资范围和风格仅与其所跟踪的指数有关，只有在其跟踪的指数和权重完全一致时才可进行比较和优选。笔者认为，仅根据投资管理模式将其分为被动型指数债基和指数增强债基即可，无须根据投资范围进行三级分类，这点与主流基金评价机构的分类思路基本一致。

对于主动管理的债券基金而言，虽然其一般也有指数构成的业绩比较基准，但与指数债基不同，管理中的主要目标不是缩小对指数的跟踪误差，而是在收益上超过业绩比较基准，同时兼顾一些风险指标，如最大回撤等。由于债券、可转债、股票及其下属的细分品种的长期收益和风险特征明显不同，所以对于主动管理的债券基金而言，根据其投资范围进行分类就尤为重要了。

在债券基金一级大类基础上，虽然海通证券、招商证券、上海证券在二级分类的划分时考虑了主动和被动的划分；而银河证券和天相投顾则按照投资范围，划分纯债和可投股票的混债/普通债这些二级分类，形成了主要差异。但是，其实大多数基金评价机构的三级分类相似度是较高的，即债券基金下属的三级分类主要包括短债、中长期纯债、混合二级债基、混合一级债基、可转债债基等。可以认为，“应该根据投资范围进行三级分类”的共识度是较高的。在监管法规已经根据投资范围对一级分类进行明确的情况下，笔者认为二级分类也应该按照投资范围划分为纯债债基、混合债基是较为合理的。虽然投资理念的主动和被动也是一种独立的划分维度，但不应该掺入其中。

此外，考虑到绝大多数读者阅读本书是为了更好地投资债券基金，接触基金相关信息的场景主要发生在通过基金销售机构购买基金时，所以，本书在介绍基金分类乃至按照类型依次论述时，需要兼顾基金销售机构的分类方法和主流媒体的通行称呼。相关规定也明确提到，基金公司和基金销售机构可以根据销售适当性目的对其销售的基金进行独立分类。这是因为基金评价用途的分类与基金销售中对“货架”进行的分类，并不完全相同：前者以对全市场所有的基金研究、选优为目的；后者仅需覆盖销售的有限数量的基金，需要考虑面向普通基金投资者的通俗易懂需求，且需要清晰体现不同类别对应的风险等级。此外，也不能苛求全部基金销售机构均配备专业的基金研究人员去完成与持牌基金评价机构相同深度的分类工作。所以，当前各个基金销售机构的基金分类，一般是更加简洁且直观的体系。为了便于读者将本书学到的、专业的基金研究知识在实际基金投资中结合应用，下面也将各大主流基金销售机构的分类体系提供给读者（见表 2-7 至表 2-11），以供参考。

表 2-7 天天基金网的债券基金分类科目

一级分类	二级分类
债券型	长债
	中短债
	混合一级
	混合二级
指数型	固收

表 2-8 蚂蚁基金的债券基金分类科目

一级分类	二级分类	三级分类
债券型	短债	—
	中长债	中长债
		指数
	混债	—

表 2-9 腾讯理财通的债券基金分类科目

一级分类	二级分类
债券型	长债
	中短债
	混合债券
指数型	债券

表 2-10 招商银行的债券基金分类科目

一级分类	二级分类
债券型	中长期纯债
	短期纯债
	混债一级
	混债二级
指数型	债券

表 2-11 万得基金的债券基金分类科目

一级分类	二级分类	一级分类	二级分类
债券型	中长期纯债型	债券型	可转换债券型
	短期纯债型		被动指数债券型
	混合债券型一级		增强指数债券型
	混合债券型二级		

据此可见，基金销售机构的分类体系更加直观，且相似度较高。

三、博采众长：本书采用的债券基金分类体系

本书在涉及具体细分债券基金类别的名称选用方面，在与监管文件口径保持一致，且保留持牌基金评级机构分类结果严谨性的基础上，结合基金销售机构的分类方法和运用，以及市场通俗称呼，为读者呈现一套完整的债券分类体系（见表 2-12），并与全书章节排布保持一致。需要说明的是，尽管目前全国有 400 余家基金销售机构，且采用的分类体系不尽相同，但本书仍力争做到读者在面对任意一家销售机构时，若看到某种冷门的基金分类名称，均可直接在本书中找到对应的细分类别和分析方法，或者在简单的询问

后，能够快速应用本书介绍的分析体系。

表 2-12 本书采用的债券基金分类体系

一级分类	二级分类	三级分类	主要特征
债券型	纯债债基	短期纯债债基	• 主要投资标的：利率债、信用债皆可。 • 期限：超短债，80%以上投向 270 天以内债券；短债，80%以上投向 397 天以内债券；中短债，80%以上投向 1～3 年债券。 • 不可投资于可转债、股票
		中长期纯债债基	• 主要投资标的：利率债、信用债皆可。 • 期限：没有限制。 • 不可投资于可转债、股票
	混合债基	混合一级债基	• 主要投资标的：80%以上投资于债券（含可转债），不可投资于股票（可转债转股产生的除外）。 • 期限：没有限制
		混合二级债基	• 主要投资标的：80%以上投资于债券（含可转债），可投资于股票（≤20%）。 • 期限：没有限制
		可转债债基	• 投资标的：80%以上投资于可转债，可投资于债券、股票（≤20%）。 • 期限：没有限制

根据债券基金是否可以投资于股票和可转债这两类具有权益属性的资产，将债券基金分为纯债债基和混合债基。主要原因在于含权资产的收益、风险特征与纯债相差极大，股票波动远大于债券。虽然同属债券基金，混合债基和纯债债基一样，需要将 80%以上的资产投资于债券，但只要有很少的股票仓位，就会显著改变该基金的业绩特征①。并且在可转债市场扩容后，可转债这类资产的权益属性显著提升，其走势越来越趋于跟随股市而非债市。一种粗略但有效的经验折算公式是其波动等同于 60%～80%仓位的股

① 根据笔者选用宽基指数的测算，只要含有 5%以上的股票仓位，那么该债券基金每日是涨还是跌，就主要取决于股市涨跌，而非债市涨跌。若用个别低波动、低估值股票测算，可能会导致数值存在差异，但不会改变结论。

票[①]。基于这两点考虑，将不可投资于股票和可转债的纯债债基，以及可投资于这两类资产的混合债基形成独立的二级分类。

1. 纯债债基

纯债债基中，在不含权益类资产的情况下，所有债券基金的表现均受到债券市场的影响。由于公募债基主要投资于AA＋及以上评级的债券，整体上较好地规避了信用风险。因此，基于其投资范围，可以将债券期限长短带来的利率风险视为刻画这类基金特征的主要依据。270天、397天和1～3年等期限限制导致这些对应类别下的基金每日业绩波动可以近似地按照一个期限系数（久期）进行折算，那么相同期限下的细分基金品种内部也就有了互相比较、优选的良好依据。同时，目前普遍采用的债券估值方法是在无风险利率基础上叠加信用利差和插值估算，导致相比之下纯债债基主要投资的债券券种内部差异显得很小：一只1～3年期限的国开行债基的每日净值走势会与一只1～3年期限的城投债债基的走势类似，而与一只7～10年期限的国开行债基的走势不同，这就导致在纯债债基二级分类下，本书与其他主流分类方法均基于债券期限进行三级分类。

2. 混合债基

混合债基中，股票和可转债类资产的波动性较大，会显著影响债券基金的业绩表现，且可转债的波动率仅相当于股票的60％～80％，所以仅能投资于纯债和可转债的混合一级债基，以及能投资20％以内股票的混合二级债基应该形成两个独立的三级分类。而可转债债基要求可转债投资比率须在80％以上，客观上对组合中权益属性资产比例约定了较高的下限，形成独特的产品特征，且可转债债基也可以投资不超过20％的股票，进一步加大了其波动。诚然，一只混合二级债基也完全可以通过配置较高比例可转债的形式，最终形成与可转债债基相同的资产配置方案，但在实践中这些极端情况较为少见。就混合一级债基、混合二级债基、可转债债基三大类整体而言，由于投资范围和投资限制不同，三者的风险收益特征差异是较为明显的。

可转债债基的风险在混合债基中是最大的，统计结果显示，其过往十年的年化波动率达到了38％左右，混合二级债基的年化波动率只有12％左右，而仅投资于债券（含可转债）、不投资于股票的混合一级债基的年化波动率最低，在6％左右，仅为混合二级债基的一半。由此可见，混合债基下三级分类的基金品种，确实因投资范围、投资限制不同呈现出显著的整体特征差异，如图2-9所示。

---

① 笔者选用宽基的中证转债指数和全A指数进行波动率对比后得出的结果，与业内类似测算得出的结论大致吻合。个别溢价率较低的可转债可能表现更接近债券，仅作为例外情况请读者注意，但不影响此处整体结论。

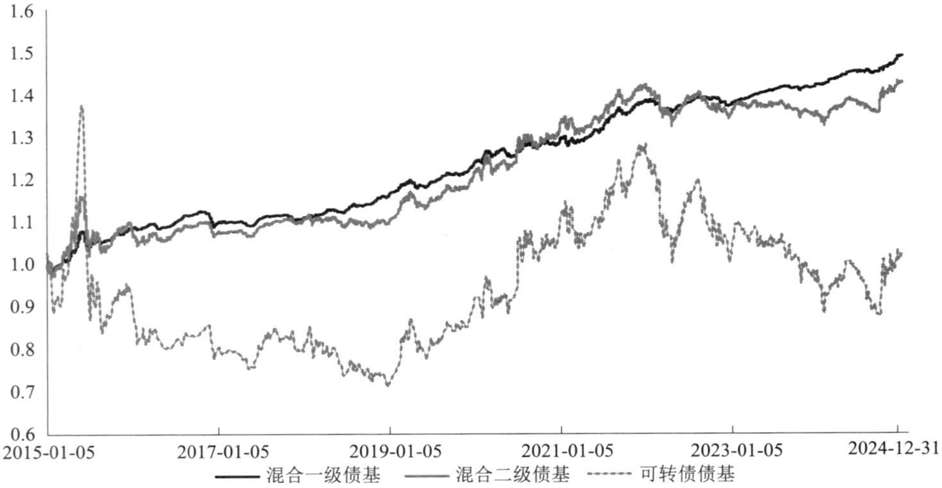

图 2-9 混合债基三个品种的过往业绩表现

数据来源：WIND，原始数据经过重定基处理。

虽然上述基金分类主要适用于主动管理的债券基金，而指数债基并不适用该分类，通常采用基于投资理念的分类方法（见表 2-13），但本书并未将投资理念差异纳入分类体系，而是通过独立章节对指数基金进行专门论述。

表 2-13 基于投资理念的债券基金分类

一级分类	二级分类	三级分类
债券型	主动债基	—
	指数债基	被动指数债基
		指数增强债基

四、较为小众的事后分类法：以晨星资讯为例

一些细心的读者可能会发现，在本节开头提及的基金评价机构共有七家，但笔者仅展示了六家的基金分类方法，并未展示晨星资讯的分类方法。这主要是因为这六家基于投资范围的分类是事前分类法，即按照基金合同和招募说明书记述的投资范围进行分类。而晨星资讯采用的则是事后分类法，即基于基金的实际组合持仓进行分类，与其他公司的分类方法有明显差异。

事后分类法最大的优势在于，其解决了事前在基金合同中约定的投资范围和投资限制是一个具有调节余地的区间的问题，避免了处于区间上沿的一类基金与处于区间下沿的另一类基金发生重叠。例如，一只债券基金的合同规定，除了 80％的资产必须投资于

债券，还可以在二级市场买卖股票。根据事前分类法，其应该被归为混合二级债基的范畴，但若因基金公司内部定位和基金经理的投资策略设计，导致实际投资运作中连续多期未进行任何股票投资，而是仅投资于债券（不包括可转债），则按照事后分类法，其应该被归于纯债债基。同理，事前分类法下的可转债债基也完全可以通过不配置股票的形式，最终拥有与事前分类法下被归为混合一级债基相同的资产配置方案，那么按照事后分类法，它们应该被归为同一类别。

这种情况在实践中并不少见，而且很多情况下并非基金经理基于投资判断而做出的短期决定，而是由基金公司内部的产品线规划和主要投资者需求的长期方案所致。这种情况下，采用事后分类法有助于更好地排除这些客观因素干扰，真正发掘优秀的基金经理和基金产品。

晨星资讯的事后分类法将债券基金分为两个大类和七个细分类别（见表2-14）。在分类中，充分考虑了股票的高波动性对债券风险收益特征的影响，以10%为界限，对股票仓位进行了进一步细分，0～10%为普通债券，10%～20%为积极债券。此外，其也充分考虑到不含权益类资产的债券基金中，主要配置信用债的产品和主要配置利率债的产品可能存在的差异，并对此进行了细分，最后将既可以配置利率债也可以配置信用债的，且没有稳定特征的债券基金品种归于“纯债”这一科目。

表 2-14 晨星资讯事后分类法的债券基金部分

大 类	晨星资讯分类	说 明
债券基金	积极债券	主要投资于债券的基金，其债券投资占基金资产比例≥80%，纯股票投资占资产净值比例≤20%；其股票类资产占资产净值比例≥10%
	普通债券	主要投资于债券的基金，其债券投资占基金资产比例≥80%；其股票类资产占资产净值比例<10%，且不符合短债基金的分类标准
	纯债	主要投资于债券的基金，其债券投资占基金资产比例≥80%，不投资于权益类资产或可转换公司债券（可分离交易可转债的纯债部分除外），且不符合利率债、信用债和短债基金的分类标准
	利率债	主要投资于国债、政策性金融债、央行票据等利率债品种的基金，其债券投资占基金资产比例≥80%，不投资于权益类资产或可转换公司债券（可分离交易可转债的纯债部分除外），且不符合短债基金的分类标准
	信用债	主要投资于企业债、公司债、中期票据、短期融资券、金融债（不含政策性金融债）等信用债品种的基金，其债券投资占基金资产比例≥80%，不投资于权益类资产或可转换公司债券（可分离交易可转债的纯债部分除外），且不符合短债基金的分类标准

续表

大　类	晨星资讯分类	说　明
债券基金	短债	主要投资于债券的基金，仅投资于固收类金融工具，且组合久期不超过 3 年
可转债债基	可转债	主要投资于可转换公司债券（包括可分离交易可转债）的基金，其投资于股票和权证等权益类资产的比例不高于基金资产的 20%

数据来源：笔者根据基金业协会官网公开信息整理。

综上所述，事后分类法具有独特的优势，并对我国基金研究领域产生了深远影响。然而，这种方法要求研究者具备长期收集、跟踪和分析大量数据的能力，通常需要依赖庞大的研究团队及完善的数据分析系统才能实现。因此，在实践中，事前分类法仍然是主流方法，包括基金金牛奖在内的许多奖项都是基于事前分类法的标准来评选的。而且，事前分类法仅需通过阅读基金合同及招募说明书即可完成。所以，在基金销售渠道筛选或购买基金时，读者直接参考事前分类法更具实操性。

五、债券基金的开放模式

截至 2024 年 12 月 31 日，全市场 3 700 多只债券基金中，只有四只封闭式基金，开放式基金已经成为主流。这意味投资者更加青睐能够方便进行申购和赎回的债券基金品种，在获取收益的同时保持资金使用的灵活性和便利性。但投资者的这种需求，在一定程度上也给基金经理进行投资组合管理带来了挑战。尤其是目前国内债券市场大多数品种的流动性仍弱于股票，资金频繁进出迫使基金经理被动买卖债券，这在某种程度上也会影响基金的收益。

为了解决这一问题，基金公司的产品设计人员在开放式基金这一大类中设立了申赎规则各异的诸多小类。在 3 700 多只开放式基金中，有 1 000 多只是定期开放，而非每日开放。在剩余每日开放的基金中，也可以分为完全无限制、含有持有期限制、含有滚动持有期限制等。债券基金的开放模式和差异具体见表 2-15。

表 2-15　债券基金的开放模式和差异

基金类型	开放模式	子类别	特　征	估值方法	杠杆率上限
开放式债基	每日开放	无限制	每日可申购，申购确认后即可赎回	一般采用市值法	140%
		持有期	每日可申购，申购确认后需持有对应持有期的天数，持有期满后任一交易日即可赎回	一般采用市值法	140%

续表

基金类型	开放模式	子类别	特　征	估值方法	杠杆率上限
开放式债基	每日开放	滚动持有	每日可申购，申购确认后需持有对应持有期的天数，期满后到期的当日可赎回； 当日未赎回的自动进入下一持有期	一般采用市值法	140%
	定期开放		具有封闭期和开放期两个时间阶段，在开放期内可办理申购和赎回，封闭期内无法申赎； 部分基金含有受限开放期设计，在封闭期内的个别指定天数可以为投资者办理有限的赎回	大多数采用市值法；约有 190 只基金采用摊余成本法	在开放期为 140%；在封闭期可达 200%
封闭式债基			封闭式运作，封闭期满后清算终止，或转为开放式基金	采用摊余成本法和市值法	可达 200%

如无特殊标注，大多数债券基金为开放式基金中的每日开放基金，且无持有期限制。而对于持有期、滚动持有、定期开放或封闭式基金而言，大多数会在其基金简称中通过诸如“定开”“××月持有”“3 年封闭”等字眼说明其开放类型和相关持有期、封闭期长度，但也不尽然。投资者需要自行查阅招募说明书中的介绍，才能确定该基金真实的开放模式。

对基金经理而言，更加严格的持有期或封闭期设定可以降低投资者申赎频率，提高基金规模的稳定性，方便进行流动性管理。对投资者而言，也能通过基金估值方法的便利和更高的基金杠杆率限制获得更好的收益体验。对于定期开放式债基和封闭式债基，在非开放时间最高可以采用 200%的杠杆，基金经理通过加杠杆购买债券可以获取更多的票息收益。此外，部分定期开放式债基和全部的封闭式债基均能采用摊余成本法进行估值，可以有效减小基金净值的波动，更加适合对风险比较厌恶的投资者。

而相比之下，持有期和滚动持有债基普遍都没有摊余成本法和更高的杠杆率这两项良好条件。从基金经理创造收益的手段来看，它们和其他每日开放式债基并无二致；和定期开放式债基相比，优势仅在于可以每日申购，而不用如同定期开放式债基般等到开放期才能进行购买。

本章小结

本章从债券基金最基础的运作方式——资产—负债匹配出发，阐述了在此基础上实施的投资策略及其带来的基金收益和风险特征。我们了解到，发掘优秀基金实际上就是寻找资产与负债稳定匹配，策略实施良好，甚至能通过各种策略穿越牛熊提供超额收益的产品。此外，学习了发掘优秀基金的起点——基金分类。在参考了诸多主流分类方法的情况下，综合市场现状，笔者汇总整理了一套通用的分类体系，这也是本书基金研究部分的主要脉络。

在本章中，读者已经多次见到证监会、基金公司、基金销售机构、基金合同等名词，这些基金领域的"基础设施"对基金的实际运作具有不可忽视的影响。下一章将探索这些基金运作的基石，并且考虑到债券基金的主要收益来源是票息收益，对资金占用时间、资金成本较为敏感，在论述时会更加注重这些"基础设施"的微观结构和运行效率，从而帮助读者从更高视角、更轻松地学习债券基金的研究、投资和交易等内容。

第三章　债券基金的运作体系

前两章介绍了中国债券基金发展的过往峥嵘，并从构建、运作和分类等角度捋清了债券基金的当前风貌，想必读者对债券基金这一产品已经有了直观认识。在更进一步了解债券基金的具体分析方法并将其应用于投资之前，还需要了解债券基金投资运行的环境，包括所有影响它的利害相关体、成文的法规及需要定期发布的信息等。这些概念虽然看似对通过债券基金获取更高收益没有直接影响，但实际上任何细微的变化都有可能对微观层面的产品运行产生重大影响。当然，作为公募基金的一部分，债券基金监管和信息披露等内容与其他基金产品类似，因此本章主要强调对债券基金有独特影响的部分。

第一节　公募基金的监管过程

无论是创业还是金融资产投资，都伴随着市场风险与道德风险。市场风险是不可避免的；而道德风险则源于信任缺失，这种风险不仅无助于增加回报，反而需要投资者保持高度警觉来防范。因此，在追求更高收益的同时，如何有效管理和控制这些风险成为关键问题之一。正是基于这样的背景，作为一种受到严格监管的投资工具，公募基金应运而生。

一、公募基金的运作：严格监管下，职能明确的多机构协同体系

公募基金投资的债券、股票等资产，具有较高的市场波动风险，但由于其整体运作处于非常严密的监管体系之中，因此运作过程更加安全，可能存在的道德风险比绝大多数投资品种或许都要低。这种安全性的最主要保证是公募基金投资过程中，所有参与机构的持牌要求、涉及人员的资质管理要求，以及资金和数据流转的限定要求等。

当投资者想购买基金时，无论是通过基金管理人自营的 App 或柜台以直销方式购买，还是通过基金销售机构以代销方式购买，抑或在基金投资顾问的帮助下通过转入策略的形式进行基金投资，都在证监会的监管体系内，如图 3-1 所示。图 3-1 中虚线框内的个体，都需要获取证监会审批的相应牌照才能开展业务，任何个体都无法与其他没有牌照

的个体进行业务合作，这保证了基金投资流程的闭环。

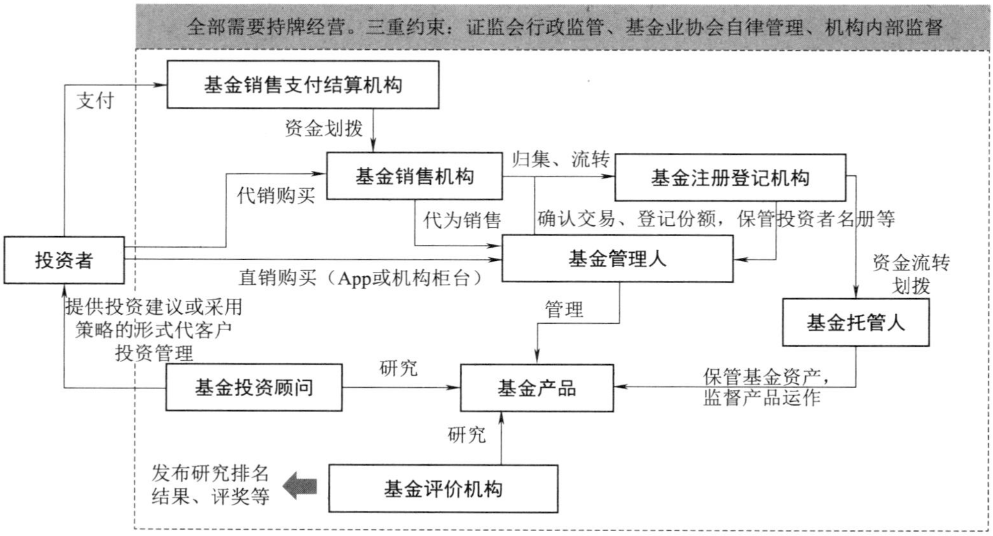

图 3-1　投资公募基金的运作流程图

1. 基金管理人

基金管理人是对基金进行管理运行的法人机构，包括基金公司，如易方达基金、广发基金、华夏基金等，以及其他获取公募基金牌照的资管公司等。基金管理人通过产品设计、募集，并聘任基金经理，设置交易、风控和估值核算等部门对基金进行日常管理。截至 2024 年第四季度，以基金管理规模排名为序的前十大基金管理人如图 3-2 所示。

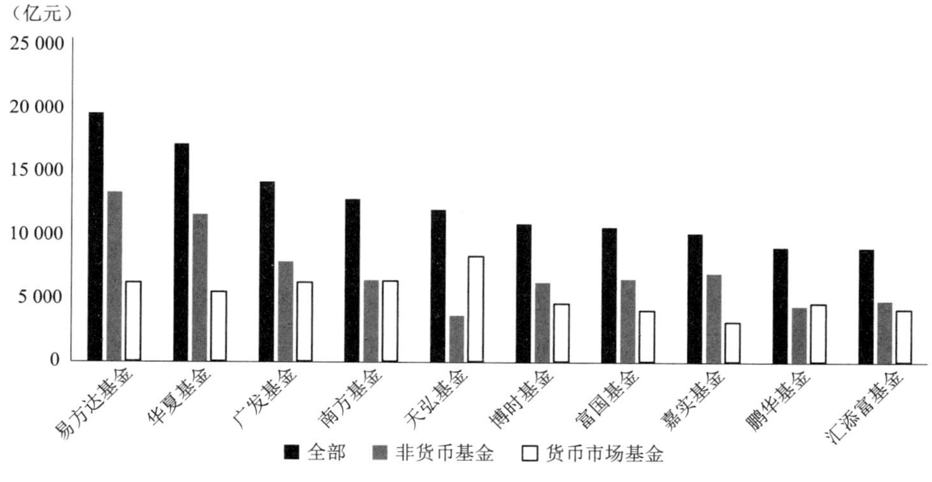

图 3-2　前十大基金公司公募基金管理规模

数据来源：WIND。

2. 基金销售机构

基金销售机构分为直销和代销两类。直销方式下，基金销售机构是基金管理人本身，通过自营的App和柜台销售等形式直接向投资者销售基金。代销方式是指销售机构和基金管理人签订代销协议，代为向投资者销售基金并赚取销售佣金。代销机构包括蚂蚁基金、腾讯理财通等独立基金销售机构，也包括招商银行等商业银行，中信证券等证券公司，中国人寿保险等保险公司，期货公司和证券投资咨询机构等。目前，全部非货币公募基金中，45%左右的规模由基金公司直销带来，剩余均为代销。截至2024年末，以非货币基金销售保有规模排名为序的前十大基金销售机构如图3-3所示。

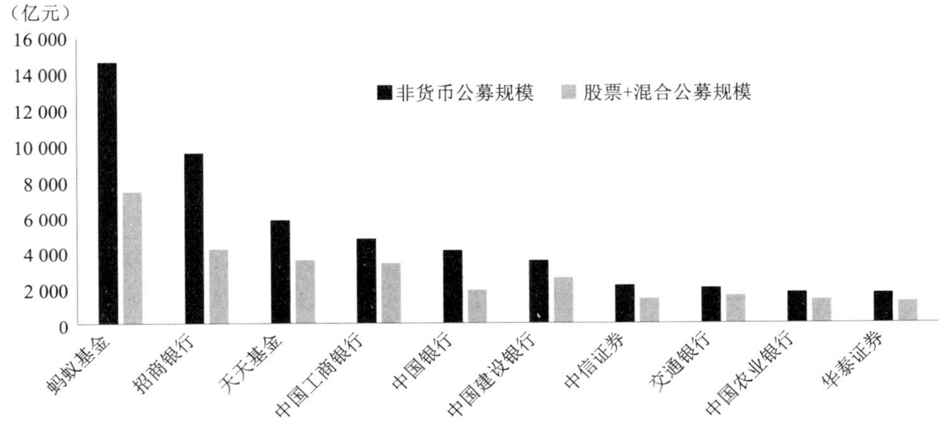

图3-3 前十大基金销售机构保有规模

数据来源：WIND。

3. 基金注册登记机构

基金注册登记机构（俗称TA），主要负责对全部销售渠道的投资者持有份额进行确权和记账，具体包括投资者持有基金份额的登记、基金交易确认、代理发放红利和建立并保管基金份额持有人名册等事宜。有了统一的注册登记机构，单个投资者通过多个销售渠道购买的同一基金的总份额数就能够实现穿透汇总统计。同时，这也有助于对基金销售中产生的资金流转和份额变更进行确认，从而更好地保护投资者的权益。起初，各家基金公司都自行负责投资者份额的注册登记，为此需要自建一套TA系统（即自建TA）。自2002年起，中国证券登记结算有限责任公司（简称中登）开始向各基金产品提供付费代为记账服务（俗称中登TA）。截至2024年末，约13%的公募基金采用了中登TA。

4. 基金托管人

基金托管人是保管基金资产、代理清算交割、进行估值核算（并与管理人复核）的基金当事人，同时需要根据基金合同的约定，对基金管理人的投资运作进行监督，并负责帮助投资者召开基金持有人大会等工作。基金托管人的准入条件非常严格，只有商业银行、证券公司和中登可进行托管业务，且需额外申请托管牌照。强制采用独立第三方托管，是公募基金安全运作的重要保障，也是基金等标准化投资产品与非标产品（非强制托管）的重要区别之一。截至2024年第四季度，占有76%左右的公募基金托管市场份额的前十家机构均为商业银行，具体如图3-4所示。

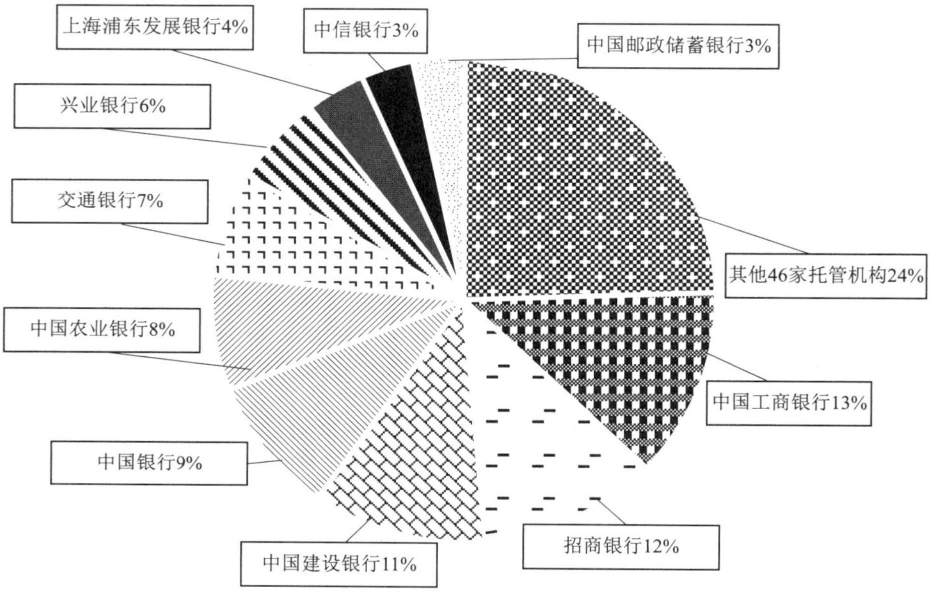

图3-4　公募基金托管人分布（以托管基金个数计）

数据来源：WIND。

5. 基金销售支付结算机构

基金销售支付结算机构在基金销售中提供的服务，与支付宝、银联等支付机构在互联网购物中提供的支付服务类似。由于申赎过程中涉及资金在多个机构及不同账号间的流转，基金销售支付结算机构能够确保资金安全、及时且高效地进行划付，从而避免低效的银行账户间手动转账可能引发的一系列问题。能够从事基金销售支付结算业务的机构，必须是获得基金销售资格的商业银行，或者是获得支付业务许可证的支付机构。目前，国内获得基金销售支付结算牌照的支付机构包括银联、支付宝和财付通等。

6. 基金评价机构

基金评价机构在介绍基金分类时已有所涉及。目前，持牌的基金评价机构有七家：银河证券、海通证券、招商证券、天相投顾、上海证券、济安金信和晨星资讯。此外，还有三家媒体机构能够参与基金评奖：《中国证券报》、《上海证券报》和《证券时报》，分别设立金牛奖、金基金奖和明星基金奖，以每年一次的更新频率，颁发给过往三年、五年、七年或十年中表现优秀的基金产品和在各自领域表现优秀的基金公司。

7. 基金投资顾问

如果说基金评价机构主要对单一基金的资质做出优选和评定，2019 年开始试点的基金投资顾问业务则在此基础上更进一步：持有基金投资顾问牌照①的机构可以接受投资者的委托，辅助或代理投资者作出具体基金品种、数量和交易等投资决策，并收取一定的费用。这种接受委托代理投资决策的业务模式主要是通过构建基金组合策略，并以投资者风险承受能力和偏好等特征，为其匹配最合适策略的形式开展的。基金投资顾问业务是国内基金投资领域发展到一定阶段的结果：投资者的需求往往无法通过仅投资一只或少数几只基金来满足，而是需要投资“一篮子”基金，借助充分的风险分散及精细化的策略设计，才能更好地满足其需要。截至 2024 年末，已有 57 家机构获得基金投资顾问业务试点资格，见表 3-1。

表 3-1　获基金投顾试点资格机构名单

机构类型	获批机构简称
基金及基金子公司	嘉实财富、南方基金、华夏财富、中欧财富、易方达基金、博时基金、广发基金、汇添富基金、银华基金、兴证全球基金、招商基金、工银瑞信基金、交银施罗德基金、华安基金、鹏华基金、富国基金、华泰柏瑞基金、景顺长城基金、民生加银基金、申万菱信基金、万家基金、建信基金、国泰基金、国海富兰克林基金、农银汇理基金
独立基金销售公司	盈米基金、蚂蚁投顾、腾安基金
证券公司	中信建投证券、华泰证券、国泰君安证券（现国泰海通证券）、申万宏源证券、银河证券、国联证券（现国联民生证券）、渤海证券、中信证券、招商证券、国信证券、兴业证券、东方证券、安信证券、浙商证券、光大证券、平安证券、中银证券、山西证券、东兴证券、南京证券、中泰证券、华安证券、国金证券、东方财富证券、财通证券、华西证券、华宝证券、华创证券、中金财富证券

数据来源：资本市场标准网。

二、机构、产品和从业人员三个维度均有严密的法规和规范约束

1. 机构层面

七类机构除了须在证监会监管下持牌运营，每类机构还需遵守证监会出台的一系列

① 由于截至 2024 年末，基金投顾还在试点过程中，此处“牌照”以“试点资格”的形式存在，待试点转常规后，才成为正式的牌照资格。

规定或指导意见；此外，作为基金行业的自律组织，基金业协会也会对其具体业务规范进一步细化和约定，见表 3-2。

表 3-2 七类机构的主要相关监管法规、指导意见及协会自律规则

机构类型	文件名称
基金管理人	《证券投资基金管理公司管理办法》（证监会令第 166 号）
	《基金管理公司投资管理人员管理指导意见》（证监会公告〔2009〕3 号）
	《证券投资基金管理公司公平交易制度指导意见》（证监会公告〔2011〕18 号）
	《基金管理公司开展投资、研究活动防控内幕交易指导意见》（证监会公告〔2012〕38 号）
	《证券投资基金管理公司治理准则（试行）》（证监会公告〔2025〕5 号）
	《证券投资基金管理公司内部控制指导意见》（证监基金字〔2002〕93 号）
基金销售机构	《公开募集证券投资基金销售机构监督管理办法》（证监会令第 175 号）
	《证券投资基金销售机构内部控制指导意见》（证监基金字〔2007〕277 号）
	《证券投资基金销售适用性指导意见》（证监基金字〔2007〕278 号）
基金注册登记机构	《证券投资基金销售结算资金管理暂行规定》（证监会公告〔2011〕26 号）
	《中国证券登记结算有限责任公司证券账户业务指南》（中国结算发〔2022〕66 号）
	《中国证券登记结算有限责任公司特殊机构及产品证券账户业务指南》（中国结算业〔2023〕1 号）
基金托管人	《证券投资基金托管业务管理办法》（证监会令第 172 号）
基金销售支付结算机构	《证券投资基金销售结算资金管理暂行规定》（证监会公告〔2011〕26 号）
	《基金销售结算资金划转流程》（证监会公告〔2011〕26 号）
基金评价机构	《证券投资基金评价业务管理暂行办法》（证监会令第 177 号）
基金投资顾问	《公开募集证券投资基金投资顾问业务管理规定（征求意见稿）》

2. 产品层面

除了对所有在基金行业内展业的机构加以严格的资质要求和制度规范，证监会对公募基金产品本身也进行了较为严格的监管。所有的公募基金产品发行均需报送证监会审批，而私募基金发行仅需在基金业协会进行备案即可。此外，证监会和基金业协会对公募基金产品如何设计、如何运作、如何监督、如何进行信息披露，以及如何参与多种细分类型资产的投资，也进行了严格规范。笔者对此进行了汇总，具体见表 3-3。除此之外，还有单独发送给基金公司的窗口指导。

表 3-3 基金产品运作相关制度规定和规范

发布机构	文件名称
证监会	《公开募集证券投资基金风险准备金监督管理暂行办法》（证监会令第 94 号）

续表

发布机构	文件名称
证监会	《公开募集证券投资基金运作管理办法》（证监会令第 104 号）
	《货币市场基金监督管理办法》（证监会令第 120 号）
	《公开募集证券投资基金信息披露管理办法》（证监会令第 166 号）
	《公开募集开放式证券投资基金流动性风险管理规定》（证监会公告〔2017〕12 号）
	《中国证监会关于证券投资基金估值业务的指导意见》（证监会公告〔2017〕13 号）
	《公开募集证券投资基金宣传推介材料管理暂行规定》（证监会公告〔2020〕59 号）
	《证券投资基金信息披露编报规则第 5 号——货币市场基金信息披露特别规定》（证监会公告〔2020〕66 号）
	《证券投资基金参与股指期货交易指引》（证监会公告〔2022〕43 号）
	《公开募集证券投资基金证券交易费用管理规定》（证监会公告〔2024〕3 号）
证监会证券基金机构监管司	《证券投资基金信息披露编报规则第 1 号——主要财务指标的计算与披露》（证监基金字〔2003〕104 号）
	《证券投资基金信息披露编报规则第 2 号——基金净值表现的编制与披露》（证监基金字〔2003〕104 号）
	《证券投资基金信息披露编报规则第 3 号——会计报表附注的编制及披露》（证监基金字〔2004〕72 号）
	《证券投资基金信息披露编报规则第 4 号——基金投资组合报告的编制及披露》（证监基金字〔2004〕72 号）
	《关于基金投资非公开发行股票等流通受限证券有关问题的通知》（证监基金字〔2006〕141 号）
	《关于证券投资基金投资资产支持证券有关事项的通知》（证监基金字〔2006〕93 号）
	《关于完善证券投资基金交易席位制度有关问题的通知》（证监基金字〔2007〕48 号）

3. 从业人员层面

完善的监管体系（见表 3-4）也约束着基金从业人员的行为。直接参与基金管理、销售、托管等业务的人员，必须通过基金从业资格考试并取得基金从业资格；同时，直接面向投资者进行宣传推介和基金销售等工作的人员，必须是基金销售机构正式聘任的员工。

表 3-4 基金从业人员相关制度规定和规范

发布机构	文件名称
证监会	《基金管理公司投资管理人员管理指导意见》（证监会公告〔2009〕3 号）
	《基金行业人员离任审计及审查报告内容准则》（证监会公告〔2020〕20 号）

续表

发布机构	文件名称
基金业协会	《证券投资基金销售人员职业守则》（中基协发〔2012〕15号）
	《基金从业人员证券投资管理指引（试行）》（中基协发〔2013〕32号）
	《基金从业人员执业行为自律准则》（中基协发〔2014〕26号）

三、公募基金的运作需遵照严格的流程：以债券基金的申赎为例

在业务机构持牌经营、基金产品严格规范、从业人员持证上岗的要求下，公募基金的日常运作也有一整套完整的流程。所有的持牌业务机构内部都有合规部门对核心业务的运行进行监督，保证其运行的规范性，从而减小可能发生的操作风险和道德风险。

基金托管人有保管基金资产，并监督基金运作的职责，一旦资金进入托管账户，被不法手段直接窃取的概率是很低的。而且，投资者在申购和赎回基金时，都会发生资金从投资者账户流入基金的托管户，以及资金从托管户流回到投资者账户的流程，其中需要经过基金销售机构、销售支付结算机构和注册登记机构等多个环节，历经多个账户，为了保障资金安全，避免发生各种风险，《证券投资基金销售结算资金管理暂行规定》的附件《基金销售结算资金划转流程》对账户资金流转和信息流转进行了严格的方向规划和时间约束。

1. 债券基金申购流程

以一笔成功确认的债券基金申购订单为例（如图3-5所示），对有清晰时间约束的业务运作流程进行演示，其中信息流以灰色箭头显示，资金流以黑色箭头显示。可以看到，当投资者在任一开放申购的工作日（T日）15点前向基金销售机构提交的申购订单，会由基金销售支付结算机构生成划款指令，从投资者银行账户首先划入支付机构监管账户，再于下一个工作日（T+1日）12点前划入基金销售机构的销售归集总账户[①]。同时，在基金销售支付结算机构确认扣款成功后，会将扣款结果通知代销机构，并发送订单至基金注册登记机构的TA系统。根据当天基金产品的开放状态和开放规则，TA系统确认这笔申购是否成功，并将结果发还至基金销售机构。一旦基金注册登记机构确认申购成功，虽然资金尚未划入基金托管户，但持有人名册中就已经把此次申购记录在案了，这也是“应收申购款”科目的由来。

---

① 如果是通过基金销售机构分支机构申购的资金，在T+1日还有基金销售机构的销售归集分账户流转入销售归集总账户的环节。如果销售机构没有与支付机构合作，则流程会变更为投资者银行账户直接划入销售归集分账户。

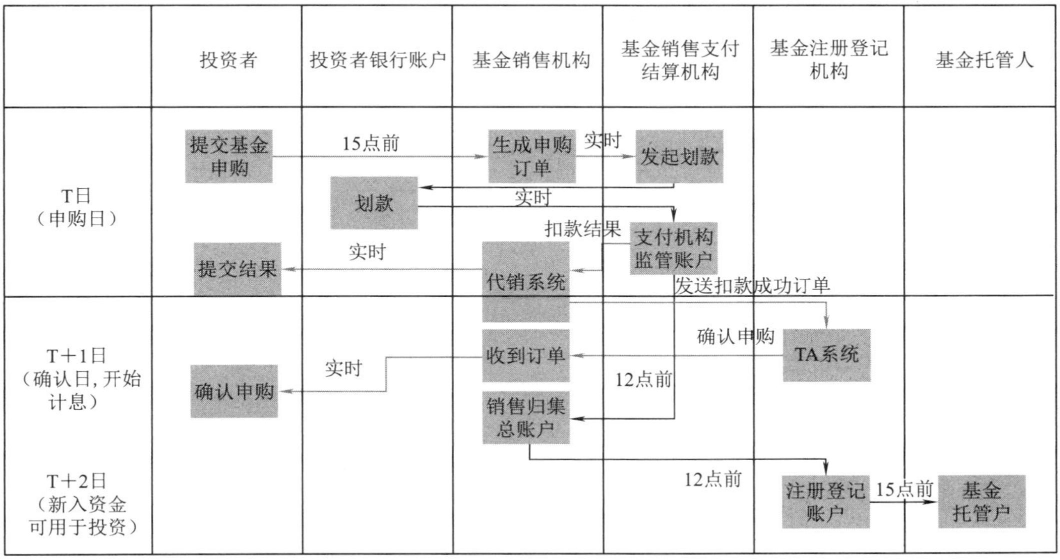

图 3-5　债券基金申购流程

基金销售机构在收到申购成功的确认后，会在 T+2 日 12 点前将资金从销售归集总账户划入注册登记账户，注册登记账户在 15 点前将资金划入基金托管户。由于债券基金于 17 点进行主要交易场所“银行间市场”的交收，所以对于基金经理而言，这笔在 T 日被划走的投资者资金是在 T+2 日才可用的。

2. 债券基金赎回流程

债券基金赎回流程的资金流向是申购流程的逆向，但信息流向类似，都是由投资者发起后，基金销售机构生成指令并提交基金注册登记机构确认，最后交基金托管机构划款，如图 3-6 所示。在这两个流程中，持牌基金业务机构之间的资金流转均是定向的，且是在事前明确约定的账户之间进行的划拨，大幅降低了个别业务人员私自转账、窃取投资者资金的风险。

作为集中记账的负责人，基金注册登记机构在基金申赎流程中起关键作用。因为同一基金产品可能同时通过直销和多家代销机构销售，且销售时间分布不均，而代销机构之间是业务竞争关系，各自经营客户，无法进行信息联通，如果在几家销售机构同时出现独立的客户大额赎回，则汇总后在基金产品层面可能触发巨额赎回[①]等可能对基金经理

① 根据《公开募集证券投资基金运作管理办法》第二十三条的相关规定，单日合计赎回量超过基金总份额的 10%为巨额赎回。基金管理人可以在巨额赎回发生时对超出部分延期办理。但此属于极端事件，基金管理人（基金公司）的延期办理赎回不但影响自身声誉，也可能对投资者造成不必要的恐慌影响。经笔者多方考证，在中国公募基金历史上因巨额赎回导致延期办理的事件只有几次。

操作和组合流动性应对产生较大压力的事件，所以，需要一个集中记账人把好总阀门，汇总负责基金的申购和赎回申请。

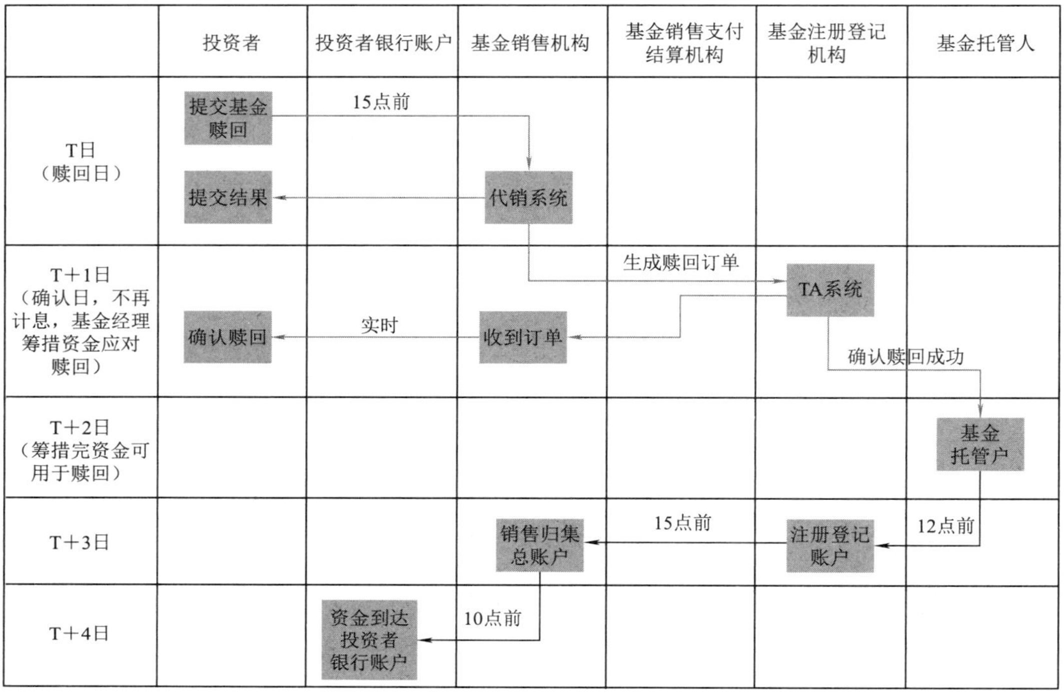

图 3-6　债券基金赎回流程

第二节　债券基金的研究优选离不开信息披露

基金的信息披露，即基金市场上的有关当事人在基金募集、上市交易、投资运作等一系列环节中，依照法律法规向社会公众进行的信息披露。对于投资者而言，日常获取的关于一只基金的信息来源是多种多样的，包括新闻报道、基金销售机构展示的基金产品宣传页和信息页面、基金公司公开组织的基金经理路演等。这些信息或多或少、或远或近，都可以在法律法规规定的信息披露渠道中找到来源。

一、公募基金的信息披露体系

根据《公开募集证券投资基金信息披露管理办法》第二条的规定，基金信息披露义务人应当以保护基金份额持有人利益为根本出发点，并保证所披露信息的真实性、准确性、完整性、及时性、简明性和易得性。目前，我国的基金信息披露制度体系以《证券投资基金法》为上位法，具体见表3-5。

表3-5 我国的基金信息披露制度体系

层 级	文件名称
国家法律	《证券投资基金法》
部门规章	《公开募集证券投资基金信息披露管理办法》(证监会令第166号)
规范性文件	《关于实施〈公开募集证券投资基金信息披露管理办法〉有关问题的规定》(证监会公告〔2020〕66号)
	《证券投资基金信息披露内容与格式准则第1号——上市交易公告书的内容与格式》(证监会公告〔2020〕66号)
	《证券投资基金信息披露内容与格式准则第2号——年度报告的内容与格式》(证监基金字〔2004〕72号)
	《证券投资基金信息披露内容与格式准则第3号——半年度报告的内容与格式》(证监基金字〔2004〕72号)
	《证券投资基金信息披露内容与格式准则第4号——季度报告的内容与格式》(证监会公告〔2020〕66号)
	《证券投资基金信息披露内容与格式准则第5号——招募说明书的内容与格式》(证监会公告〔2020〕66号)
	《证券投资基金信息披露内容与格式准则第6号——基金合同的内容与格式》(证监会公告〔2020〕66号)
	《证券投资基金信息披露内容与格式准则第7号——托管协议的内容与格式》(证监基金字〔2005〕203号)
	《证券投资基金信息披露编报规则第1号——主要财务指标的计算与披露》(证监基金字〔2003〕104号)
	《证券投资基金信息披露编报规则第2号——基金净值表现的编制与披露》(证监基金字〔2003〕104号)
	《证券投资基金信息披露编报规则第3号——会计报表附注的编制及披露》(证监基金字〔2004〕72号)
	《证券投资基金信息披露编报规则第4号——基金投资组合报告的编制及披露》(证监基金字〔2004〕72号)
	《证券投资基金信息披露编报规则第5号——货币市场基金信息披露特别规定》(证监会公告〔2020〕66号)

续表

层　级	文件名称
规范性文件	《证券投资基金信息披露 XBRL 模板第 1 号——季度报告》(证监会公告〔2008〕36 号)
	《关于公布〈证券投资基金信息披露 XBRL 模板第 2 号——净值公告〉的公告》(证监会公告〔2012〕5 号)
	《证券投资基金信息披露 XBRL 模板第 3 号——年度报告和半年度报告》(证监会公告〔2010〕5 号)
	《证券投资基金信息披露 XBRL 模板第 4 号——基金合同生效公告及十一类临时公告（试行)》(证监会公告〔2010〕32 号)
	《公开募集证券投资基金信息披露 XBRL 模板第 5 号——基金产品资料概要》(证监会公告〔2020〕66 号)

落实到具体的披露材料方面，首先，基金管理人应披露基金合同（及基金合同摘要)、基金招募说明书（及基金招募说明书摘要)、基金产品资料概要、基金合同生效公告、基金份额发售公告、基金募集情况等。在运作过程中，基金管理人需定期更新基金招募说明书（及基金招募说明书摘要)、基金定期报告（包括基金半年度报告、年度报告、摘要和季度报告）等。每个工作日需要披露基金净值信息、基金份额申购和赎回信息等，这些高频信息不仅是投资者买卖基金的依据，也为基金研究分析提供了重要信息来源。此外，如果对基金的申赎状态进行调整，或遇到影响投资者利益的重大事件，还需要及时披露临时报告。特别是当市场或媒体流传消息可能产生误导性影响或对基金价格产生较大波动时，基金管理人也有义务进行澄清。其次，基金托管人有义务披露基金托管协议、基金合同，并复查审核基金管理人披露的募集说明书、基金净值等信息，并在基金管理人出具的半年度报告和年度报告中出具托管人报告等。最后，不论是基金管理人、托管人，还是投资者自行召集基金份额持有人大会的，相关信息也应该提前公告。

各项披露材料，在业务部门撰写后，都需交机构内部合规部门审核后才能发出，而重要材料如基金合同、定期报告等，发布流程中均需提交证监会。为了保证措辞严谨性，减少不必要的反复修改，上述披露材料中含有大量经过讨论、基本定型的格式文本，这些严谨的条款虽然可能对基金相关权利确认、运作中的职责划分和解决法律纠纷等方面具有不可替代的作用，但对投资者针对基金，尤其是债券基金的研究、择优等方面的需求，可能并没有很强的指导作用。因此，在充分了解基金信息披露体系的基础上，下面提供一套方法，试图从冗长复杂的报告材料中提炼出有价值的信息和指标，并作为债券基金研究方法的优质原材料。

二、从信息披露体系中提炼对债券基金研究、优选和投资有帮助的信息

从信息披露体系中能够获取的信息，可以分为两类，具体如图 3-7 所示。

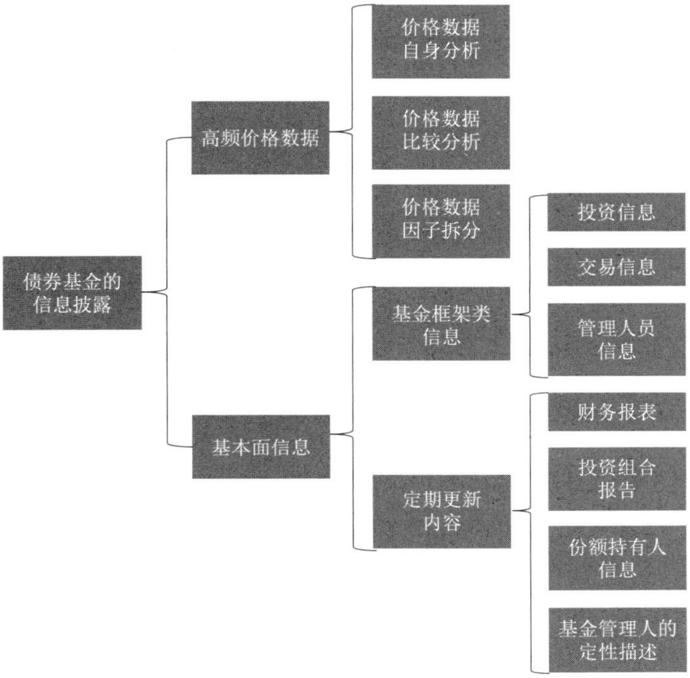

图 3-7　从信息披露体系中获取的债券基金研究原材料

1. 高频价格数据

从信息披露中获取的第一类数据是高频价格数据（如基金管理人在官网公布的净值、累计净值等），这类数据较为简单，仅是几个简单数字的时间序列，但投资者可以从中挖掘出丰富的信息。首先，可以通过数据自身分析获得相关指标。例如，基金的每日累计净值除以上一日累计净值并减去 1，可以计算出日涨跌幅度；截取时长一年的每日累计净值数据，则可以计算出最大回撤、年化收益率、波动率和夏普比率等指标。其次，可以对相同的数据进行多个同类基金比较。例如，分析一只基金的波动率在同类型基金中的相对位置（分位数水平）。最后，可以将基金的数据用一系列驱动因素或影响因素进行分析。例如，将一只债券基金的累计净值数据用债券指数进行分析，拆分出基金收益中来源于久期、信用等风险暴露的成分。以上三种分析方法会在第二篇详细讲解。

价格数据的更新频率是每个工作日，最为高频，因此是最简单易得的数据。对于

债券基金而言，每天 17 点是银行间市场的交易结束时间，17 点后基金公司陆续收到交易所市场和银行间市场发来的当日全部交易结算数据和中央国债登记结算有限责任公司（简称中债）的估值数据，并根据这些数据和托管行一起进行基金的估值核算工作，并在午夜前对外发布当天的单位净值和累计净值等数据。投资者在 19 点后可以从自己常用的基金销售机构官网或 App 中查询到当天的最新数据，这是最方便的方法。但是，如果要截取一个时间区间的数据进行分析，基金销售机构 App 以展示为主的数据提供方式就无法满足要求了。专业基金研究者可以采用万得、彭博或同花顺 iFind 终端获取这些价格数据和其他海量的分析指标，普通基金研究者也可以通过基金公司官网（相当部分基金公司提供整量的数据下载）和证监会主办的资本市场电子化信息披露平台这两个权威渠道，或诸如英为财情 Investing、基金速查网、新浪财经等商业网站下载完整的价格数据。

2. 基本面信息

从信息披露中获取的第二类数据是源于各种报表的基本面信息。上文提到基金管理人、托管人都有固定需要披露的各类报表，其中不乏对投资者进行基金研究、择优有用的信息。抛开格式文本，在这些成文材料中，一个关键的信息子类是框架类信息：该基金的投资目标、投资范围、投资限制、投资策略等投资信息，该基金的份额类型、申赎规则和费率等交易信息，以及该基金以基金经理为代表的管理人员信息。除框架类信息外，另一个非常重要的信息子类源于基金定期报告，即时效性较强的更新内容，包括财务报表（资产负债表、利润表、净资产变动表和报表附注）、投资组合报告（尤其是投资组合中各类资产占比和具体持仓等）、基金份额持有人信息和利润分配情况（可以分析该基金的负债结构和流动性情况，对债券基金尤为重要）、基金管理人的定性描述（对基金过往运作情况的说明、对未来市场的展望，以及或有投资运作中的重要事件记录）。

基本面信息最全面且权威的渠道是基金公司官网。虽然基金托管人官网也会公布托管协议等数据，但托管协议中所有对基金研究有帮助的信息都能在基金公司官网披露的基金合同和招募说明书等文件中找到，且没有定期更新的内容。

三、债券基金最重要的框架类信息来源：带你通读债券基金合同

图 3-8 是一只债券基金的合同目录示例，读者将此目录与自己关注的债券基金合同进行对比，可以发现，目前在相同大类下的公募基金，合同结构几乎完全一致，仅在细分类型的章节布局上存在少许区别。例如，对于可在交易所上市交易的 LOF 债基或 ETF 债基，则会增加“基金份额的上市交易”内容；对于封闭式债基和 LOF 债基，还会增加

“基金运作方式的变革及相关事项”内容；对于ETF债基，会有“基金份额折算与变更登记”内容。此外，根据基金产品特性，增加“基金份额的封闭期和开放期”“基金份额拆分”“基金合同摘要”等相关内容，而其余章节的内容基本是固定的。这种高度的一致性有助于投资者更好地理解和进行研究，避免了在多个文件间反复比对重复内容。

目录

一、前言……3
二、释义……4
三、基金的基本情况……8
四、基金份额的发售……9
五、基金备案……11
六、基金份额的申购与赎回……12
七、基金合同当事人及权利义务……20
八、基金份额持有人大会……26
九、基金管理人、基金托管人的更换条件和程序……34
十、基金的托管……36
十一、基金份额的注册登记……37
十二、基金的投资……38
十三、基金的财产……43
十四、基金资产的估值……44
十五、基金的费用与税收……49
十六、基金的收益与分配……52
十七、基金的会计和审计……54
十八、基金的信息披露……55
十九、基金合同的变更、终止与基金财产的清算……61
二十、基金份额拆分……64
二十一、违约责任……65
二十二、争议的处理……66
二十三、基金合同的效力……67
二十四、其他事项……68
二十五、基金合同摘要……69

图3-8 债券基金合同目录（示例）

投资者在进行投资研究分析时，其实重点阅读“基金的基本情况”“基金的投资”“基金资产的估值”“基金的费用与税收”“基金的收益与分配”即可，如图3-9所示。而其他内容，格式文本较多，具有区分度的信息很少，可以忽略。

注意，重中之重是“基金的投资”中的投资范围和投资限制，其是对基金业绩表现产生关键影响的条款。例如，是否可以投资于股票、可转债、信用债等大类资产，影响该债券基金的二级分类结果，并决定该债券基金应该与哪些同类基金进行比较；而投资期限的约束，对其风险收益特征具有显著的影响。因此，对于有经验的投资者而言，通过投资范围和投资限制的阅读，可以大致判断在不同时点是否应该投资于该债券基金，以及该基金与其他基金相比可能存在的风险收益差异。

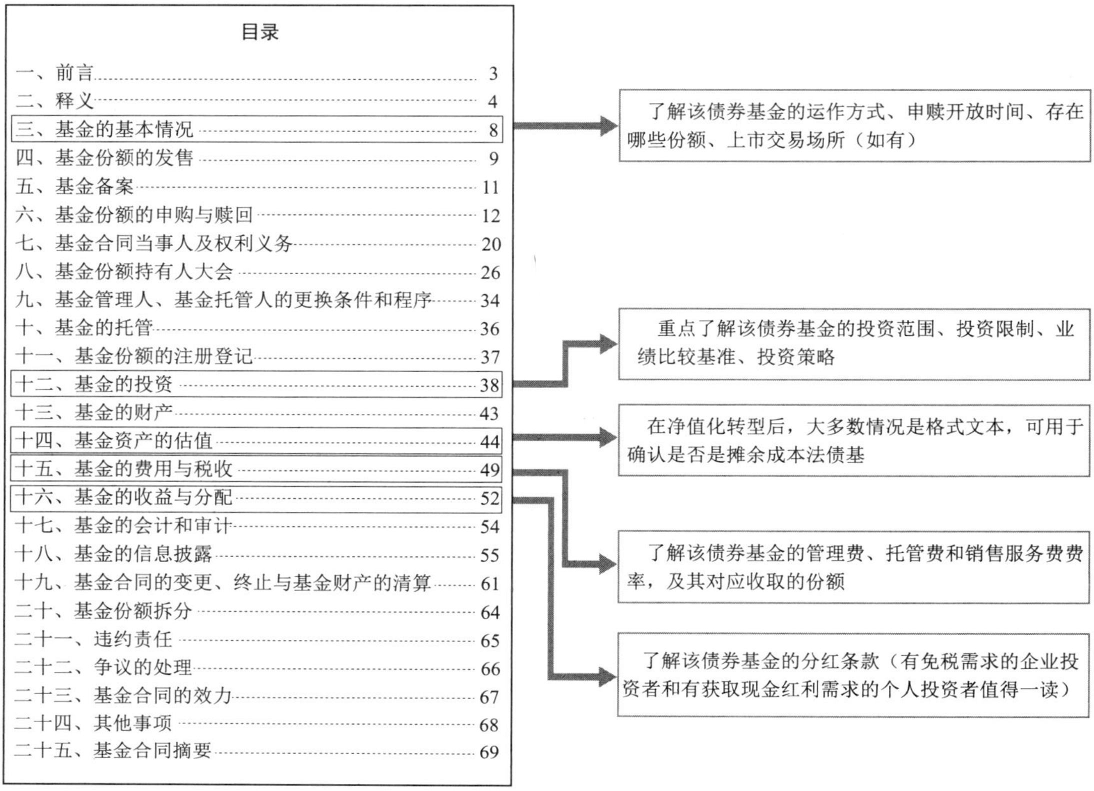

图 3-9　债券基金合同中重点阅读的章节和作用（示例）

（一）“投资范围”的解析

图 3-10 和图 3-11 是两只债券基金的投资范围对比，下面具体分析。

> （二）投资范围
>
> 本基金的投资范围为具有良好流动性的金融工具，❶包括国债、金融债、央行票据、企业债、⊛可转换债券（含可分离型可转换债券）、资产支持证券、债券回购等固定收益品种，银行存款、⊛股票（含存托凭证），以及法律法规或中国证监会允许基金投资的其他金融工具。如法律法规或监管机构以后允许基金投资的其他品种，基金管理人在履行适当程序后，可以将其纳入投资范围。
>
> 本基金各类资产的投资比例为：❷债券等固定收益品种不低于基金资产的80%，其中，⊛可转换债券不高于基金资产的30%；股票等权益类品种不高于基金资产的20%，❸基金保留的现金以及投资于到期日在一年以内的政府债券的比例合计不低于基金资产净值的5%，现金不包括结算备付金、存出保证金、应收申购款等。

图 3-10　A 债基投资范围

> （三）投资范围
>
> 本基金的投资范围包括❶国债、地方政府债、金融债、央行票据、中期票据、次级债、企业债、公司债、(*)可分离交易可转债的纯债部分、资产支持证券、短期融资券、银行存款、债券回购等固定收益类金融工具，以及法律法规或中国证监会允许基金投资的其他金融工具。
>
> (*)本基金不直接在二级市场买入股票、权证等权益类资产，也不参与一级市场新股申购和新股增发，(*)可转债仅投资二级市场可分离交易可转债的纯债部分。
>
> 法律法规或监管机构以后允许基金投资的其他品种，基金管理人在履行适当程序后，可以将其纳入投资范围，其投资比例遵循届时有效法律法规或相关规定。
>
> 本基金投资组合资产配置比例：❷债券等固定收益类资产占基金资产的比例不低于80%，(*)但在每次开放期前三个月、开放期及开放期结束后三个月的期间内，基金投资不受上述比例限制；❸开放期内现金及到期日在一年以内的政府债券占基金资产净值的比例不低于5%，其中现金不包括结算备付金、存出保证金和应收申购款等；(*)封闭期内，本基金不受该比例的限制。

图 3-11　B 债基投资范围

1. 相同部分

黑色画线部分是两只债券基金关于投资范围的基本相同的表述。

（1）1 号画线部分

1 号画线部分的表述基本相同，阐明了这两只债券基金可以投资国债、金融债、央行票据等利率债，以及企业债和资产支持证券等信用债。需要注意的是，虽然 B 债基可以投资于中期票据、公司债、短期融资券等品种，而 A 债基并未提及，但由于这三个品种与企业债一样同属于信用债，所以可以默认能够投资于企业债的债券基金通常也可以投资于上述三类细分的信用债品种，反之亦然。

（2）2 号画线部分

2 号画线部分规定两只债券基金必须将基金资产的 80%及以上比例投资于债券等固收资产。该表述是债券基金作为一级基金大类区别于其他基金的最主要特征，也是所有全称中包含“债券型证券投资基金”的基金产品在投资范围中均会包含的规定。

（3）3 号画线部分

3 号画线部分约定两只债券基金必须配置不低于基金资产净值 5%的一年以内到期的政府债券和现金，这是《公开募集证券投资基金运作管理办法》第二十八条对所有开放式基金的规定，不仅是债券基金，其他基金产品包括股票基金和混合基金等均需要遵此约束，以应对开放式基金可能出现的投资者赎回。虽然 B 债券也有相同的表述，但提到了开放期和封闭期的差别处理，仅需在开放期储备5%高流动性的现金和1年以内政府债券，原因是基金在封闭期不会出现投资者赎回的情况。由此可见，B债基很可能是既有封闭期又有开放期的定期开放式产品。

2. 不同部分

除黑色画线部分的相同点外，也有不同点，主要是灰色画线部分。A债基可以投资于股票和可转债，但股票占比不高于20%，根据基金分类的内容，不难看出A债基属于混合二级债基；而B债基既不能投资股票，也不能投资可转债（可分离转债的纯债部分除外，但2011年以后市场已经没有这个品种的存量了，因此可以忽略），由此可见B债基应该属于纯债债基。

综合来看，通过对投资范围异同对比，可以判断A债基投资范围对应的是混合二级债基中偏低波动定位的产品，B债基投资范围对应的是定期开放式纯债债基。长期来看，A债基应该在经济周期上行、股市表现出众的场景配置；而B债基应该在经济周期下行、债市表现出众且投资者可以持有较长时间的场景进行配置。

（二）“投资限制”的解析

关于基金的投资限制，包含了大量的量化约束指标。例如，开放式基金的总资产不得超过净资产的140%（该指标约束了基金的杠杆率）、需要配置不低于基金资产净值5%的现金或到期日在1年以内的政府债券等。这些条款都是基金经理日常进行投资管理操作时需要重点注意的指标，如果超出约束，不但需要在10个交易日内将其调回正常范围，而且也会影响基金经理的考核，可以说是基金经理的“紧箍咒”。但其实，这些强约束条款本身大多摘自现已成文的监管法规，如图3-12所示。真正属于基金自身特有的约束只有第（1）条，并且在“投资范围”中已经出现过。在已充分了解该债券基金具体分类的情况下，有经验的研究者可以略过“投资限制”的其他格式文本。

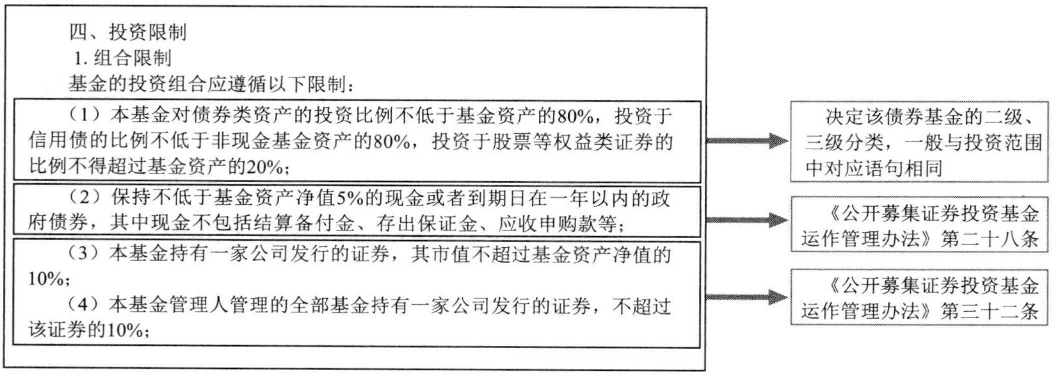

投资限制条款	依据
（5）本基金持有的全部权证，其市值不得超过基金资产净值的3%； （6）本基金管理人管理的全部基金持有的同一权证，不得超过该权证的10%； （7）本基金在任何交易日买入权证的总金额，不得超过上一交易日基金资产净值的0.5%；	《关于股权分置改革中证券投资基金投资权证有关问题的通知》（证监基金字〔2005〕138号）第四条 注：该文件于2016年3月废止，但2016年前成立的基金在合同中仍可能包含该条款，2016年后成立的基金如复用了旧合同模板，也可能存在该条款。下同
（8）本基金投资于同一原始权益人的各类资产支持证券的比例，不得超过基金资产净值的10%； （9）本基金持有的全部资产支持证券，其市值不得超过基金资产净值的20%； （10）本基金持有的同一（指同一信用级别）资产支持证券的比例，不得超过该资产支持证券规模的10%； （11）本基金管理人管理的全部基金投资于同一原始权益人的各类资产支持证券，不得超过其各类资产支持证券合计规模的10%； （12）本基金应投资于信用级别评级为BBB以上（含BBB）的资产支持证券。基金持有资产支持证券期间，如果其信用评级下降、不再符合投资标准，应在评级报告发布之日起3个月内予以全部卖出；	《关于证券投资基金投资资产支持证券有关事项的通知》（证监基金字〔2006〕93号）
（13）基金资产参与股票发行申购，本基金所申报的金额不超过本基金的总资产，本基金所申报的股票数量不超过拟发行股票公司本次发行股票的总量；	《公开募集证券投资基金运作管理办法》第三十二条
（14）本基金进入全国银行间同业市场进行债券回购的资金余额不得超过基金资产净值的40%；本基金在全国银行间同业市场中的债券回购最长期限为1年，债券回购到期后不得展期；	《基金管理公司进入银行间同业市场管理规定》第七条、第八条 注：该文件于2023年3月废止
（15）本基金投资于中小企业私募债券的市值，不得超过本基金资产净值的10%；	《关于证券投资基金投资中小企业私募债券有关问题的通知》（基金部通知〔2012〕21号） 注：该文件于2015年5月废止
（16）本基金投资流通受限证券，基金管理人应事先根据中国证监会相关规定，与基金托管人在本基金托管协议中明确基金投资流通受限证券的比例，根据比例进行投资。基金管理人应制定严格的投资决策流程和风险控制制度，防范流动性风险、法律风险和操作风险等各种风险；	
（17）本基金基金总资产不得超过基金净资产的140%；	《公开募集证券投资基金运作管理办法》第三十二条
（18）本基金管理人管理的全部开放式基金（包括开放式基金以及处于开放期的定期开放基金）持有一家上市公司发行的可流通股票，不得超过该上市公司可流通股票的15%；本基金管理人管理的全部投资组合持有一家上市公司发行的可流通股票，不得超过该上市公司可流通股票的30%； （19）本基金主动投资于流动性受限资产的市值合计不得超过基金资产净值的15%，因证券市场波动、上市公司股票停牌、基金规模变动等基金管理人之外的因素致使基金不符合前述比例限制的，基金管理人不得主动新增流动性受限资产的投资； （20）本基金与私募类证券资管产品及中国证监会认定的其他主体为交易对手开展逆回购交易的，可接受质押品的资质要求应当与本基金合同约定的投资范围保持一致；	《公开募集开放式证券投资基金流动性风险管理规定》第十五条、第十六条、第十七条
（21）法律法规及中国证监会规定的和《基金合同》约定的其他投资限制。 除上述第（2）、（12）、（19）、（20）项外，因证券市场波动、证券发行人合并、基金规模变动中支付对价等基金管理人之外的因素致使基金投资比例不符合上述规定投资比例的，基金管理人应当在10个交易日内进行调整，但中国证监会规定的特殊情形除外。法律法规或监管部门另有规定时，从其规定。 基金管理人应当自基金合同生效之日起6个月内使基金的投资组合比例符合基金合同的有关约定。在上述期间内，本基金的投资范围、投资策略应当符合本基金合同的约定。基金托管人对基金的投资的监督与检查自本基金合同生效之日起开始。	《公开募集证券投资基金运作管理办法》第三十五条、第三十四条
如果法律法规对本基金合同约定投资组合比例限制进行变更的，以变更后的规定为准。法律法规或监管部门取消上述限制，如适用于本基金，则本基金投资不再受相关限制，但须提前公告，不需要经基金份额持有人大会审议。	

图 3-12 投资限制的描述（示例）

注：由于修改基金合同是一个复杂的过程，需召开全体投资人大会，因此，虽然部分规范文件或者条款已经废止，但只要不影响后续操作，它们往往会被保留在合同中。

（三）“业绩比较基准”的解析

业绩比较基准，顾名思义，为基金的业绩成果起到参照和对比的作用。业绩比较基准通常采用合计权重100%的指数构建。根据特许金融分析师协会（CFA）推荐的标准，在选择业绩比较基准时，需要做到以下八点。

（1）事前约定：基准的成分和入选规则是事前约定的，而不是根据事中的发展或事后的结果选出的。

（2）相关性：基准反映投资要求、目标和基金的投资策略。

（3）可量化性：基准的结果可以用数字衡量。

（4）清晰定义：基准的成分可以被明确认定和定价。例如，“沪深300指数”就是一个合适的基准，而“未来一年涨幅最大的同类基金”就不是一个合适的基准。

（5）代表当下可投资的选项：基金管理人对可投资的资产范围有及时的认识。

（6）认定责任：基金管理人选择基准，同时也对基金投资相对于基准的偏离程度负责。

（7）可投资性：基准是适合被动投资的。

（8）完整性：基准是基金所覆盖的市场投资品种的完整代表。

从业者通常将某段时间内基金实现的收益超过其业绩比较基准的部分，称为超额收益。理想情况下，超额收益是基金经理投资管理能力的体现，超额收益越多，说明基金经理主动投资水平越高，基金产品越优秀。但在实践过程中，真正满足上述八项要求的完美基准较难寻觅。在设计基金产品的过程中，基金公司一般选择一个较容易跑赢的基准，以实现纸面上更高的超额收益，所以在进行基金研究中，通常把基金的业绩比较基准作为了解该基金特性的重要手段，把基金相对基准的超额表现作为重要业绩评估指标，但也需要与其他手段和指标一起综合考虑，才能得出合理的结果。

一般债券基金的业绩比较基准由权重总和为100%的债券指数构成。如果是混合一级、二级债基或可转债债基，还会根据所配置对应资产的比例，加入可转债指数或股票指数。此外，所有开放式基金都需要配置5%的现金或1年以内的政府债券，基于这一原因，很多开放式债基的业绩比较基准中也会加入5%的存款利率。如果是货币基金，或部分短债债基、超短债债基，也可能把100%权重的存款利率作为业绩比较基准。

因业绩比较基准存在“事前约定”的特性，导致其可能无法真实反映基金当下状态。例如，图3-13显示的业绩比较基准为90%的中债指数和10%的沪深300指数，但实际组合运作过程中，基金经理很有可能长期配置了85%左右的债券和15%左右的股票，导致其业绩长期呈现与比较基准不一样的特征。此时，就需要在基金合同等事前约定的内容基础上，将季报、半年报、年报和基金产品资料概要中不断更新的内容纳入其中，以补全根据事后组合体现的配置情况分析出的信息。

> （五）业绩比较基准
> 中债新综合财富指数收益率×90%+沪深300指数收益率×10%
> 本基金是债券型基金，其中投资于债券等固定收益品种不低于基金资产的80%，投资于股票等权益类品种不高于基金资产的20%。本基金采用“沪深300指数收益率”和“中债新综合指数收益率”分别作为股票和债券投资的业绩比较基准，并分别赋予10%和90%的权重，基于指数的权威性和代表性以及本基金的投资范围和投资理念，选用该业绩比较基准能够比较真实、客观地反映本基金的风险收益特征。
> 当法律法规发生变化或有更加适合的业绩比较基准时，基金管理人有权对此基准进行调整，并提前三个工作日在至少一种指定媒介上公告。

图 3-13 业绩比较基准（示例）

四、债券基金最重要的组合更新信息来源：带你通读债券基金定期报告

根据《公开募集证券投资基金信息披露管理办法》第十五条、十六条、十七条的相关规定，基金管理人应当在每年结束之日起三个月内，编制完成基金年度报告；在上半年结束之日起两个月内，编制完成基金中期报告；在季度结束之日起15个工作日内，编制完成基金季度报告。从披露信息的权威度而言，基金年度报告中的财务会计报告要经过会计师事务所审计，以具有更高的权威性。从披露信息的广度而言，基金年度报告和半年度报告披露的内容最多，而季度报告披露的内容略少。所以，下面以年度报告为例，为读者讲解通过这类定期报告可以获取哪些有用的信息。

图3-14是一只混合二级债基的年度报告目录，展示的是截至12月31日的一个自然年度的全面信息。从基金研究和投资优选的角度，可以将其中的信息依据其对投研的价值和重要性从小到大，大致分为三类：基金托管、审计、持有人和法务相关信息；基金管理人提供的定性描述；基金产品的财务和组合信息。

（一）基金托管、审计、持有人和法务相关信息

这部分信息主要从防风险的角度对基金进行筛选和把控，主要包括“托管人报告”“审计报告”“重大事件揭示”“影响投资者决策的其他重要信息”等。据笔者考证，有记录以来，托管人在基金的年度报告中基本未提出过异议，审计的会计师事务所出具的也基本是“标准无保留意见的审计报告”，使得这两个章节逐渐呈现格式文本的特征。基金

管理人和托管人及高管受到稽查、处罚或涉及诉讼的章节内容更新频率较高，而且，证监会和基金业协会官网提供了更加及时、高频的关于行政或自律处罚的公告信息，可以集中了解各家基金公司内部控制的质量。因此，在基金的定期报告中，对该部分内容快速浏览即可。

§1 重要提示及目录 2
1.1 重要提示 2
1.2 目录 3
§2 基金简介 5
2.1 基金基本情况 5
2.2 基金产品说明 5
2.3 基金管理人和基金托管人 5
2.4 信息披露方式 6
2.5 其他相关资料 6
§3 主要财务指标、基金净值表现及利润分配情况 6
3.1 主要会计数据和财务指标 6
3.2 基金净值表现 7
3.3 过去三年基金的利润分配情况 11
§4 管理人报告 11
4.1 基金管理人及基金经理情况 11
4.2 管理人对报告期内本基金运作遵规守信情况的说明 12
4.3 管理人对报告期内公平交易情况的专项说明 12
4.4 管理人对报告期内基金的投资策略和业绩表现的说明 13
4.5 管理人对宏观经济、证券市场及行业走势的简要展望 14
4.6 管理人内部有关本基金的监察稽核工作情况 14
4.7 管理人对报告期内基金估值程序等事项的说明 15
4.8 管理人对报告期内基金利润分配情况的说明 15
4.9 报告期内管理人对本基金持有人数或基金资产净值预警情形的说明 16
§5 托管人报告 16
5.1 报告期内本基金托管人遵规守信情况声明 16
5.2 托管人对报告期内本基金投资运作遵规守信、净值计算、利润分配等情况的说明 16
5.3 托管人对本年度报告中财务信息等内容的真实、准确和完整发表意见 16
§6 审计报告 16
6.1 审计报告基本信息 16
6.2 审计报告的基本内容 16
§7 年度财务报表 18
7.1 资产负债表 18
7.2 利润表 19
7.3 净资产变动表 21
7.4 报表附注 22
§8 投资组合报告 47
8.1 期末基金资产组合情况 47
8.2 报告期末按行业分类的股票投资组合 47
8.3 期末按公允价值占基金资产净值比例大小排序的所有股票投资明细 48
8.4 报告期内股票投资组合的重大变动 50
8.5 期末按债券品种分类的债券投资组合 52
8.6 期末按公允价值占基金资产净值比例大小排序的前五名债券投资明细 52
8.7 期末按公允价值占基金资产净值比例大小排序的所有资产支持证券投资明细 52
8.8 报告期末按公允价值占基金资产净值比例大小排序的前五名贵金属投资明细 52
8.9 期末按公允价值占基金资产净值比例大小排序的前五名权证投资明细 52
8.10 报告期末本基金投资的国债期货交易情况说明 53
8.11 投资组合报告附注 53
§9 基金份额持有人信息 60
9.1 期末基金份额持有人户数及持有人结构 60
9.2 期末基金管理人的从业人员持有本基金的情况 60
9.3 期末基金管理人的从业人员持有本开放式基金份额总量区间的情况 61
§10 开放式基金份额变动 61
§11 重大事件揭示 61
11.1 基金份额持有人大会决议 61
11.2 基金管理人、基金托管人的专门基金托管部门的重大人事变动 61
11.3 涉及基金管理人、基金财产、基金托管业务的诉讼 61
11.4 基金投资策略的改变 62
11.5 为基金进行审计的会计师事务所情况 62
11.6 管理人、托管人及其高级管理人员受稽查或处罚等情况 62
11.7 基金租用证券公司交易单元的有关情况 62
11.8 其他重大事件 63
§12 影响投资者决策的其他重要信息 66
12.1 报告期内单一投资者持有基金份额比例达到或超过20%的情况 66
12.2 影响投资者决策的其他重要信息 66
§13 备查文件目录 66
13.1 备查文件目录 66
13.2 存放地点 66
13.3 查阅方式 67

图 3-14　混合二级债基年度报告（示例）

“基金管理人的重大人事变动”需要给予一定关注，尤其是基金公司里兼任高管的明星基金经理、投资总监等角色的离职或入职，对基金公司的长远发展和业绩整体情况会产生一定影响。该类信息往往也会在发生时点，通过基金公司高级管理变更公告及时告知投资者。

（二）基金管理人提供的定性描述

基金管理人提供的定性描述主要包含“基金简介”和“管理人报告”。“基金简介”与基金合同中的内容有较多重合之处，仅简要描述下属不同类型份额的情况和报告时点的份额总数。“管理人报告”是需要着重阅读的内容。下面具体分析。

1. 基金经理和境外投资顾问情况

目前，国内基金公司对公募基金普遍采用基金经理负责制，聘用至少一位基金经理负责该基金的日常投资管理工作，负责将基金的组合形态维持在基金合同的投资约束范围内，同时基金经理也是基金业绩的首要责任人，而基金公司的其他内部人员和组织架构，如投资研究团队、投资总监、投委会等，都对基金经理的管理起辅助和支持作用。所以，基金经理的投资能力、从业经历和对该基金产品投入的精力，都对该基金的表现起重要影响。一般而言，基金经理从业时间越长、经历越丰富，投资能力可能会越强，但也不绝对。与之类似的是其管理职务及管理的基金产品类型和数量：职务的提高、管理基金产品类型的繁多可能是其能力强的标志，但如果超过一定程度，也会分散基金经理的精力，反而会导致其管理的基金产品超额收益水平的下降。“境外投资顾问为本基金提供投资建议的主要成员简介”部分主要适用于权益类基金的 QDII 产品。目前，债券基金尚未有与境外投资顾问合作的历史，所以这部分一般没有关键信息。年报中披露的基金经理和境外投资顾问相关信息具体见表 3-6 和表 3-7（两表均摘自证券投资基金信息披露 XBRL 模板第 3 号《年度报告和半年度报告》）。

表 3-6 基金经理（或基金经理小组）及基金经理助理简介（示例）

姓 名	职 务	任本基金的基金经理（助理）期限		证券从业年限	说 明
		任职日期	离任日期		
×××	基金经理，固定收益部固收投资副总监，公司公募业务固收投资决策委员会委员	2020 年 7 月 16 日	—	7 年	硕士。2012 年 7 月加入××基金管理有限公司。历任固定收益部研究员、基金经理助理、××灵活配置混合型证券投资基金基金经理（2017 年 9 月 8 日至 2018 年 5 月 25 日）、××三个月定期开放债券型发起式证券投资基金基金经理（2019 年 7 月 24 日至 2021 年 1 月 27 日）
××	本基金的基金经理助理	2022 年 11 月 8 日	—	6 年	硕士。2017 年 7 月加入××基金管理有限公司。历任研究员、基金经理助理、××短债债券型证券投资基金基金经理助理（2021 年 1 月 11 日至 2021 年 7 月 14 日）

表 3-7 境外投资顾问为本基金提供投资建议的主要成员简介（示例）

姓名	在境外投资顾问所任职务	证券从业年限	说明
（0565）	（0566）	（0567）	（0568）

2. 组合运作回顾和展望情况

“报告期内基金投资策略和运作分析”是基金管理人对市场的回顾和对基金过往运作的分析，“管理人对宏观经济、证券市场及行业走势的简要展望”是基金管理人对未来情况的判断，如图 3-15 所示。对于那些较少参加基金公司安排的基金经理对外公开路演的投资者而言，定期报告中的这两部分内容是其能够获得的为数不多的主观定性判断信息，理应重视分析，以便从中了解基金经理和基金策略具体的实施情况，以及投资组合当前的形态和未来可能的走势等关键信息。但在实操过程中，某些债券基金定期报告的这两部分内容受关注程度不高，而且披露的信息量很低，读者无法借此了解基金的真实情况。所以，笔者更加推崇那些能够在这两部分透明披露，与投资者充分交流的基金产品。

4.4 管理人对报告期内基金的投资策略和业绩表现的说明

4.4.1 报告期内基金投资策略和运作分析

2023年，利率债总体行情较好，10Y国债收益率在经济基本面、政策节奏和资金情绪等因素扰动下，在震荡走势中依次走出“上行—下行—上行—下行”四个阶段。全年债市围绕增长中枢下移、高质量发展背景下稳增长政策、货币调控与市场行为交织的资金情绪等因素的周期、趋势和节奏进行交易，背后与海内外基本面走向的预期差、国内的经济基本面的体感差、政策定力与市场预期差相关性较强。其中，3月之前在对经济基本面的强预期背景下回调延续，10Y国债利率上行；3月至8月中旬，经济基本面走弱，央行降准降息，“宽货币+弱增长”的组合引发债市收益率快速下行；8月下旬至10月下旬，稳增长政策发力“宽信用”叠加央行重提避免空转套利，银行间资金边际转紧，债市快速调整。10月底至年末，财政扩张落地叠加经济修复斜率渐缓，降准降息的宽货币预期下机构配置力量将收益率持续下拉。

4.5 管理人对宏观经济、证券市场及行业走势的简要展望

新的一年，债市交易或在美国经济软着陆与美国降息周期下人民币汇率压力边际缓解、国内经济平缓抬升以及通胀数据弱修复、增长中枢下移背景下广谱利率下行的交织中展开。本基金债券资产配置主要以中短久期的债券为主，投资信用评级以AAA为主，严格控制信用风险，并适时参与利率债、可转债及权益资产来增厚基金收益。

图 3-15 组合运作回顾和展望信息（示例）

3. 利润分配、持有人数及资产净值预警情况

基金过往的利润分配（俗称分红）的情况一般能够体现一定的规律性，通过过往分红的描述，结合基金合同中的“基金的收益与分配”内容，可以在一定程度上推测未来的分红计划，这对投资者来说是非常重要的信息。基金份额持有人数量和基金资产净值预警大多数时间不会触发，但如果读者发现某只基金定期报告披露显示，该基金超过 20

个工作日基金份额持有人数量都少于 200 人，或基金资产净值低于 5 000 万元，则需要重点注意，因为根据《公开募集证券投资基金运作管理办法》第四十一条的相关规定，如果这种情形持续超过 60 个工作日，有可能面临转换运作方式、与其他基金合并或者终止基金合同等。利润分配、持有人数、资产净值预警相关信息如图 3-16所示。

4.8 管理人对报告期内基金利润分配情况的说明

本基金对本报告期内利润共进行10次收益分配。分别于2023年2月4日公告每10份C级基金份额派发红利0.03元；于2023年3月4日公告每10份A/B份额共计派发红利1 887 859.33元。本基金本期分红已符合相关法律法规及《基金合同》约定。

4.9 报告期内管理人对本基金持有人数或基金资产净值预警情形的说明

本报告期内，本基金未出现连续二十个工作日基金份额持有人数量不满二百人或者基金资产净值低于五千万元的情形。

图 3-16 利润分配和持有人数、资产净值预警信息（示例）

（三）基金产品的财务和组合信息

基金产品的财务和组合信息主要包括“财务报表”“投资组合报告”“基金份额持有人信息”。这三项信息是投资者研究基金的资产—负债匹配情况的重要窗口。也就是说，投资者可以根据这些信息，同高频的基金价格信息分析得到的结果互相验证，进而判断该债券基金使用的投资策略、效果，以及适合在哪些时点进行投资。

1. 基金的财务报表

基金定期报告中披露的财务报表包含“资产负债表”、“利润表”和“净资产变动表”，如图 3-17 所示。对具有一定会计基础的读者而言，不难发现，这种报告方式与企业财务报表中常见的“资产负债表”、“利润表”和“现金流量表”极为相似，“净资产变动表”可以看作“现金流量表”的变体。

资产负债表展示了基金当前全部资产情况，并根据会计科目进行了归类，其主要蕴含的信息在“投资组合报告”中有更加详细的展示。利润表解释了基金净值增长的原因，其主要蕴含的信息是整个报告期净值变动的汇总，在每日的净值增长中充分体现。净资产变动表也包含了关于基金规模变动情况的重要信息，这对投资者衡量基金资产与负债的匹配程度很有帮助。

7.1 资产负债表

会计主体：债券型证券投资基金

报告截止日：2023年12月31日

单位：元

资 产	附注号	本期末（2023年12月31日）	上年度末（2022年12月31日）
资产：			
货币资金	7.4.7.1	227 578 522.13	129 469 700.45
结算备付金		236 428 225.87	105 725 201.73
存出保证金		1 424 970.45	1 494 140.28
交易性金融资产	7.4.7.2	11 171 994 634.53	9 226 265 129.13
其中：股票投资		1 887 016 648.26	1 653 237 606.81
基金投资		-	-
债券投资		9 284 977 986.27	7 573 027 522.32
资产支持证券投资		-	-
贵金属投资		-	-
其他投资		-	-
衍生金融资产	7.4.7.3		
买入返售金融资产	7.4.7.4	-	25 000 000.00
债权投资		-	-
其中：债券投资		-	-
资产支持证券投资		-	-
其他投资		-	-
其他债权投资		-	-
其他权益工具投资		-	-
应收清算款		3 327 828.90	11 016 205.93
应收股利		-	-
应收申购款		30 334 703.54	1 302 323.54
递延所得税资产		-	-
其他资产	7.4.7.5	-	-
资产总计		11 671 088 885.42	9 500 272 701.06
负债和净资产	**附注号**	**本期末（2023年12月31日）**	**上年度末（2022年12月31日）**
负债：			
短期借款		-	-
交易性金融负债		-	-
衍生金融负债	7.4.7.3	-	-
卖出回购金融资产款		2 139 734 641.74	880 297 927.43
应付清算款		45 196 883.23	35 544 771.19
应付赎回款		39 772 817.14	137 819 133.80
应付管理人报酬		5 827 626.09	4 914 953.44
应付托管费		1 665 035.99	1 404 272.44
应付销售服务费		583 011.44	3 829 603.12
应付投资顾问费		-	-
应交税费		322 418.93	279 419.61
应付利润		-	-
递延所得税负债		-	-
其他负债	7.4.7.6	5 059 943.18	5 233 859.34
负债合计		2 241 162 377.74	1 069 323 940.37
净资产：			
实收基金	7.4.7.7	6 874 925 324.48	6 089 681 983.79
其他综合收益	7.4.7.8	-	-
未分配利润	7.4.7.9	2 555 001 183.20	2 341 266 776.90
净资产合计		9 429 926 507.68	8 430 948 760.69
负债和净资产总计		11 671 088 885.42	9 500 272 701.06

7.2 利润表

会计主体：债券型证券投资基金

本报告期：2023年1月1日至2023年12月31日

单位：元

项 目	附注号	本期（2023年1月1日至2023年12月31日）	上年度可比期间（2022年1月1日至2022年12月31日）
一、营业总收入		-187 193 803.35	-298 322 928.10
1. 利息收入		4 512 961.96	2 607 385.24
其中：存款利息收入	7.4.7.10	3 569 930.39	2 200 194.30
债券利息收入		-	-
资产支持证券利息收入		-	-
买入返售金融资产收入		943 031.57	407 190.94
其他利息收入		-	-
2. 投资收益（损失以"-"填列）		-153 747 334.67	-14 771 862.86
其中：股票投资收益	7.4.7.11	-259 915 387.68	-130 491 447.54
基金投资收益		-	-
债券投资收益	7.4.7.12	84 429 414.65	113 958 587.87
资产支持证券投资收益	7.4.7.13	-	-
贵金属投资收益	7.4.7.14	-	-
衍生工具收益	7.4.7.15	-	-
股利收益	7.4.7.16	21 738 638.36	1 760 996.81
以摊余成本计量的金融资产终止确认产生的收益		-	-
其他投资收益		-	-
3. 公允价值变动收益（损失以"-"填列）	7.4.7.17	-39 691 896.40	-286 624 867.63
4. 汇兑收益（损失以"-"填列）		-	-
5. 其他收入（损失以"-"填列）	7.4.7.18	1 732 465.76	466 417.15
减：二、营业总支出		157 958 866.59	64 534 994.52
1. 管理人报酬	7.4.10.2.1	78 089 170.48	29 013 884.68
其中：暂估管理人报酬（若有）		-	-
2. 托管费	7.4.10.2.2	22 311 191.57	8 289 681.34
3. 销售服务费	7.4.10.2.3	16 991 923.39	8 667 630.52
4. 投资顾问费		-	-
5. 利息支出		39 688 905.36	18 073 452.67
其中：卖出回购金融资产支出		39 688 905.36	18 073 452.67
6. 信用减值损失	7.4.7.19	-	-
7. 税金及附加		582 620.58	208 417.15
8. 其他费用	7.4.7.20	295 055.21	281 928.16
三、利润总额（亏损总额以"-"填列）		-345 152 669.94	-362 857 922.62
减：所得税费用		-	-
四、净利润（净亏损以"-"填列）		-345 152 669.94	-362 857 922.62
五、其他综合收益的税后净额		-	-
六、综合收益总额		-345 152 669.94	-362 857 922.62

7.3 净资产变动表

会计主体：债券型证券投资基金

本报告期：2023年1月1日至2023年12月31日

单位：元

项 目	本期（2023年1月1日至2023年12月31日）			
	实收基金	其他综合收益	未分配利润	净资产合计
一、上期期末净资产	6 089 681 983.79	-	2 341 266 776.90	8 430 948 760.69
二、本期期初净资产	6 089 681 983.79	-	2 341 266 776.90	8 430 948 760.69
三、本期增减变动额（减少以"-"填列）	785 243 340.69	-	213 734 406.30	998 977 746.99
（一）综合收益总额	-	-	-345 152 669.94	-345 152 669.94
（二）本期基金份额交易产生的净资产变动数（净资产减少以"-"填列）	785 243 340.69	-	558 887 076.24	1 344 130 416.93
其中：1. 基金申购款	9 631 224 702.85	-	4 231 325 035.27	13 862 549 738.12
2. 基金赎回款	-8 845 981 362.16	-	-3 672 437 959.03	-12 518 419 321.19
（三）本期向基金份额持有人分配利润产生的净资产变动（净资产减少以"-"填列）	-	-	-	-
（四）其他综合收益结转留存收益	-	-	-	-
四、本期期末净资产	6 874 925 324.48	-	2 555 001 183.20	9 429 926 507.68
项 目	**上年度可比期间（2022年1月1日至2022年12月31日）**			
	实收基金	其他综合收益	未分配利润	净资产合计
一、上期期末净资产	2 326 188 461.72	-	943 279 594.15	3 269 468 055.87
二、本期期初净资产	2 326 188 461.72	-	943 279 594.15	3 269 468 055.87
三、本期增减变动额（减少以"-"填列）	3 763 493 522.07	-	1 397 987 182.75	5 161 480 704.82
（一）综合收益总额	-	-	-362 857 922.62	-362 857 922.62
（二）本期基金份额交易产生的净资产变动数（净资产减少以"-"填列）	3 763 493 522.07	-	1 760 845 105.37	5 524 338 627.44
其中：1. 基金申购款	6 654 852 740.93	-	2 871 280 796.42	9 526 133 537.35
2. 基金赎回款	2 891 359 218.86	-	-1 110 435 691.05	-4 001 794 909.91
（三）本期向基金份额持有人分配利润产生的净资产变动（净资产减少以"-"填列）	-	-	-	-
（四）其他综合收益结转留存收益	-	-	-	-
四、本期期末净资产	6 089 681 983.79	-	2 341 266 776.90	8 430 948 760.69

图3-17 基金的三张财务报表（示例）

此外，在报表附注中也涉及很多有研究价值的科目，可以与基金投资组合报告结合使用。例如，与股票基金要求每年末、半年末披露全部持仓，季度末披露前十大持仓股票不同，债券基金的投资组合报告仅要求每年末、半年末、季度末披露基金重仓的前五大持仓债券，披露信息较少。另外，不少基金经理针对这一规则会做重仓债券清单管理，集中持有五只利率债或高评级信用债，使其成为重仓，进而避免低评级信用债被列入报表前五大持仓。这些情况对分析基金的具体债券持仓风格，可能采用的策略，以及信用风险暴露程度造成了一定的干扰，但在报表附注中"因认购新发/增发证券而于期末持有的流通受限证券""期末债券正回购交易中作为抵押的债券"等科目，零散透露了该基金的其他具体持仓，能够帮助读者了解该基金的真实信用风险暴露情况。例如，某只投资者普遍关注的基金前五大重仓债券均为资质较好的AAA级商业银行债券和存单，其财务报表附注中提及的债券却为AA级，如图3-18所示。

7.4.12.1 因认购新发/增发证券而于期末持有的流通受限证券

7.4.12.1.1 受限证券类别：债券

金额单位：元

证券代码	证券名称	成功认购日	受限期	流通受限类型	认购价格	期末估值单价	数量（张）	期末成本总额	期末估值总额	备注
2380***	23××城投专项债01	2023-12-28	1个月内（含）	认购新发证券	100.00	100.03	200 000	20 000 000.00	20 005 945.36	-

8.6 期末按公允价值占基金资产净值比例大小排序的前五名债券投资明细

序　号	债券代码	债券名称	数量（张）	公允价值（元）	占基金资产净值比例（%）
1	19200**	19××银行二级	7 100 000	725 315 514.75	6.00
2	19200**	19××银行二级	7 100 000	722 899 497.27	5.98
3	19280**	19××银行永续债	7 000 000	719 863 551.91	5.95
4	19280**	19××银行二级03	4 400 000	447 130 644.81	3.70
5	1123121**	23××银行CD159	4 530 000	443 616 424.33	3.67

图3-18 报表附注披露的持仓债券明细（示例）

除了透露更多持仓债券，附注还会披露所投债券、资产支持证券和同业存单的信用评级和占比（如图3-19所示），这也有助于辨别不同债券基金的风险暴露情况。虽然目前国内信用评级体系一直饱受"区分度不高""有效性不强"的诟病[①]，但不能完全否认评级结果在排除信用风险时的参考性，且在当前条件下，该项信息是投资者对债券基金进

① 对国内债券信用评级体系现状的描述，可以参考《债券实操指南：交易、研究与量化投资》第3章。

行信用研究为数不多的主要抓手之一。

7.4.13.2.1 按短期信用评级列示的债券投资

单位：元

短期信用评级	本期末（2023年12月31日）	上年度末（2022年12月31日）
A-1	180 711 083.91	947 430 978.09
A-1以下	-	-
未评级	856 307 557.92	1 731 923 646.56
合计	1 037 018 641.83	2 679 354 624.65

注：本表主要列示短期融资券和超短期融资券，债券评级取自第三方评级机构的债项评级，未评级债券列示超短期融资券。

7.4.13.2.2 按长期信用评级列示的债券投资

单位：元

长期信用评级	本期末（2023年12月31日）	上年度末（2022年12月31日）
AAA	9 589 908 215.86	5 449 264 326.37
AAA以下	2 129 513 301.16	1 765 701 336.09
未评级	1 717 215 303.80	762 466 253.00
合计	13 436 636 820.82	7 977 431 915.46

注：本表主要列示除短融和超短融之外的信用债，债券评级取自第三方评级机构的债项评级。

7.4.13.2.3 按长期信用评级列示的资产支持证券投资

单位：元

长期信用评级	本期末（2023年12月31日）	上年度末（2022年12月31日）
AAA	69 477 859.73	-
AAA以下	-	-
未评级	-	-
合计	69 477 859.73	-

注：本基金上年度末未持有资产支持证券。此表中资产支持证券的债券评级取自第三方评级机构的债项评级。

7.4.13.2.4 按长期信用评级列示的同业存单投资

单位：元

长期信用评级	本期末（2023年12月31日）	上年度末（2022年12月31日）
AAA	502 373 566.63	622 180 719.77
AAA以下	-	-
未评级	-	-
合计	502 373 566.63	622 180 719.77

注：本表主要列示同业存单，评级取自第三方评级机构的主体评级。

图 3-19 报表附注披露的债券、资产支持证券和同业存单的信用评级及分布（示例）

除了信用风险，报表附注还提供了对债券基金利率风险的关键衡量指标，如图 3-20 所示，通过两个维度披露基金组合中的利率风险，左边展示了按照各个期限分布的不同利率敏感性资产的总值，将其换算成权重后可以大致判断基金产品的凸性，进而推测基金经理采用的组合管理策略是主要集中在中间的“子弹型”持仓，还是分布在两头的“哑铃型”持仓；右边是利率风险的敏感性分析，是债券领域常见的 DV01① 概念的变体，可以依此大致推测出基金产品的组合久期。

7.4.13.4.1.1 利率风险敞口

下表统计了本基金的利率风险敞口。表中所示为本基金资产及负债的公允价值，并按照合约规定的重新定价日或到期日孰早者进行了分类。

单位：元

本期末（2023年12月31日）	1个月以内	1-3个月	3个月-1年	1-5年	5年以上	不计息	合计
资产							
货币资金	1 426 636.62	–	–	–	–	–	1 426 636.62
结算备付金	27 949 078.69	–	–	–	–	–	27 949 078.69
存出保证金	164 954.53	–	–	–	–	–	164 954.53
交易性金融资产	214 823 104.38	616 816 855.11	11 076 013 792.30	3 957 622 265.64	36 050 000.00	–	15 901 326 017.43
应收清算款	–	–	–	–	–	41 962 365.35	41 962 365.35
应收申购款	–	–	–	–	–	51 974 307.42	51 974 307.42
资产总计	244 363 774.22	616 816 855.11	11 076 013 792.30	3 957 622 265.64	36 050 000.00	93 936 672.77	16 024 803 360.04
负债							
卖出回购金融资产款	3 894 084 872.07	18 409 236.00	298 451.67	–	–	–	3 912 792 559.74
应付赎回款	–	–	–	–	–	9 473 602.80	9 473 602.80
应付管理人报酬	–	–	–	–	–	3 043 065.57	3 043 065.57
应付托管费	–	–	–	–	–	507 177.63	507 177.63
应付销售服务费	–	–	–	–	–	553 344.95	553 344.95
应交税费	–	–	–	–	–	620 857.31	620 857.31
其他负债	–	–	–	–	–	403 557.11	403 557.11
负债总计	3 894 084 872.07	18 409 236.00	298 451.67	–	–	14 601 605.37	3 927 394 165.11
利率敏感度缺口	-3 649 721 097.85	598 407.619.11	11 075 715 340.63	3 957 622 265.64	36 050 000.00	79 335 067.40	12 097 409 194.93

7.4.13.4.1.2 利率风险的敏感性分析

下表为利率风险的敏感性分析，反映了在其他变量不变的假设下，利率发生合理、可能的变动时，为交易而持有的债券公允价值的变动将对基金净值产生的影响。

假设	1.影响生息资产公允价值的其他变量不变，仅利率发生变动； 2.利率变动范围合理		
分析	相关风险变量的变动	对资产负债表日基金资产净值的影响金额（元）	
		本期末（2023年12月31日）	上年度末（2022年12月31日）
	1.基准点利率增加0.1%	−29 651 711.38	−19 657 393.36
	2.基准点利率减少0.1%	29 651 711.38	19 657 393.36

图 3-20 报表附注披露的利率风险相关信息（示例）

① DV01 即当市场的最新估值收益率变动 1 个基点（0.01%）时，债券组合价值的变动量。

以上是基金财务报表和附注中对基金研究有帮助的主要信息列举，目的是帮助读者把报告“读薄”，至于这些信息怎么分析、如何帮助投资、效果如何，会在第二篇详细说明。

2. 基金的投资组合报告

基金的投资组合报告蕴含着基金定期报告中最重要的信息，虽然资产负债表也囊括了基金持有的各类投资品种，但其编写主要从财务严谨性出发，无法突出对投资和研究有显著影响的关键信息。而且，财务报表中很多烦琐的科目如信息披露费、律师费等，是所有基金产品均需承担的，并不在基金经理的主观调节范围内，对基金的业绩表现影响较小，对读者而言参考价值有限。相比之下，投资组合报告中的内容，大多是基金经理主动调整的结果，体现了其投资管理思路和对市场的应对，对基金产品后续业绩表现的影响很大。

基金资产组合情况（如图3-21所示），是对基金全部资产按照投资组合的模型进行了重新分类，把琐碎的科目放入了其他各项资产中，重点突出了各大类金融资产的总金额和占比，所以其也是读者了解组合大类资产布局的主要途径。将任意报告期的资产金额、权重与前几期的金额、权重进行对比，就可以分析出该基金的长期股债配置中枢、债券类资产权重，以及基金经理在报告期中是“加仓”还是“减仓”等关键信息。

8 投资组合报告

8.1 期末基金资产组合情况

序 号	项 目	金额（元）	占基金总资产的比例（%）
1	权益投资	8 645 960 151.69	12.02
	其中：股票	8 645 960 151.69	12.02
2	基金投资	–	–
3	固定收益投资	62 424 246 613.94	86.75
	其中：债券	61 860 595 904.57	85.97
	资产支持证券	563 650 709.37	0.78
4	贵金属投资	–	–
5	金融衍生品投资	–	–
6	买入返售金融资产	–	–
	其中：买断式回购的买入返售金融资产	–	–
7	银行存款和结算备付金合计	309 935 533.20	0.43
8	其他各项资产	573 974 866.13	0.80
9	合计	71 954 117 164.96	100.00

图3-21 期末基金资产组合情况（示例）

（1）股票投资组合

对于含权的混合债基或可转债债基，投资组合报告中后续展示的是“报告期末按行业分类的股票投资组合”“期末按公允价值占基金资产净值比例大小排序的所有股票投资明细”“报告期内股票投资组合的重大变动”等科目。在债券基金的定期报告中，这些科目的设置与股票基金或混合基金定期报告是完全一致的。

所以，在基金资产组合展示了大类资产配置比例后，股票行业分类结果进一步展示了权益中观的内部结构，如图 3-22 所示。目前，所有混合债基，没有股票部分只配置单一行业的基金产品，这点和股票基金完全不同，所以在了解行业权重情况时，要重点了解该基金产品相对于全市场股票的风格偏离程度，以及其重点配置了哪些行业，进而发现该混合债基的权益部分采取了什么样的投资风格（成长、价值还是红利）。

8.2 报告期末按行业分类的股票投资组合

8.2.1 报告期末按行业分类的境内股票投资组合

代 码	行业类别	公允价值（元）	占基金资产净值比例（%）
A	农、林、牧、渔业	74 947 517.64	0.14
B	采矿业	286 269 201.90	0.55
C	制造业	5 122 494 145.66	9.85
D	电力、热力、燃气及水生产和供应业	–	–
E	建筑业	115 047 237.69	0.22
F	批发和零售业	–	–
G	交通运输、仓储和邮政业	1 443 639 629.96	2.78
H	住宿和餐饮业	–	–
I	信息传输、软件和信息技术服务业	793 431 511.18	1.53
J	金融业	374 218 587.87	0.72
K	房地产业	90 754 086.58	0.17
L	租赁和商务服务业	–	–
M	科学研究和技术服务业	322 457 181.83	0.62
N	水利、环境和公共设施管理业	–	–
O	居民服务、修理和其他服务业	–	–
P	教育	–	–
Q	卫生和社会工作	22 701 051.38	0.04
R	文化、体育和娱乐业	–	–
S	综合	–	–
	合计	8 645 960 151.69	16.62

图 3-22 股票投资组合的行业分类和权重（示例）

在了解行业后，可以从年度和半年度的投资组合报告中了解该基金本期配置的全部持股明细和报告期中主要买卖的股票名单及总数，如图 3-23 所示。如果是季度报告，则披露内容较简单，仅会披露“报告期末按公允价值占基金资产净值比例大小排序的前十名股票投资明细”，而非“所有股票投资明细”，“报告期内股票投资组合的重大变动”也会被省略。

8.3 期末按公允价值占基金资产净值比例大小排序的所有股票投资明细

序　号	股票代码	股票名称	数量（股）	公允价值（元）	占基金资产净值比例（%）
1	6000**	××集团	69 408 300	340 100 670.00	0.65
2	6001**	中国××	11 492 859	338 349 768.96	0.65
3	6009**	中国××	3 244 865	322 799 170.20	0.62

8.4 报告期内股票投资组合的重大变动

8.4.1 累计买入金额超出期初基金资产净值2%或前20名的股票明细

序　号	股票代码	股票名称	本期累计买入金额（元）	占期初基金资产净值比例（%）
1	6000**	××集团	502 519 712.44	1.02
2	3010**	×××	375 421 578.18	0.76
3	6012**	×××	346 103 857.88	0.70

8.4.2 累计卖出金额超出期初基金资产净值2%或前20名的股票明细

序　号	股票代码	股票名称	本期累计卖出金额（元）	占期初基金资产净值比例（%）
1	6009**	中国××	391 293 259.13	0.80
2	6017**	中国××	358 113 376.81	0.73
3	3000**	东方××	356 285 696.58	0.72

8.4.3 买入股票的成本总额及卖出股票的收入总额

单位：元

买入股票成本（成交）总额	7 494 782 053.39
卖出股票收入（成交）总额	6 893 903 609.09

图 3-23　基金持有的股票和买卖的主要股票明细（示例）

对于不了解股票市场的投资初学者而言，知道该基金具体持有哪些股票似乎并无太大意义，但对于进阶的投资者而言，单看股票名称，以及持股的变化，就能了解该基金的基金经理采用了何种投资策略、近期可能出于何种原因进行了相应的调仓，进而评估其投资能力。此外，还可以从持仓明细中提取有价值的信息，比如计算全部持股的市值，近几期报告中重仓股变动的频繁程度，了解基金经理的换手率等，辅助进行研究和判断。

（2）债券投资组合

债券基金的纯债部分可以按照其券种类型，分为国家债券、金融债券、企业债券等；并根据其是否具有违约风险，分为利率债、信用债，如图 3-24 所示。对于债券基金而言，债券投资组合的品种分类是判断其投资策略的主要依据，很多研究机构对于纯债债基这一存量规模最大的二级分类，会在此基础上采用事后分类法进行三级分类。例如，仅配置利率债的基金、除 5％的短期利率债要求外全部配置信用债的基金，以及在利率债和信用债之间灵活调节的基金等。一旦一只债券基金选择了上述某个债券品种的配置方法，一般在较长时间内都不会改为其他方法，所以可以将对应种类的债券基金品种放在一起进行研究和优选。

对于混合债基，还可以通过其披露的债券投资组合中可转债和可交换债的占比，判断其整体的波动性和后续业绩走势，正如前文提到的，可转债的波动等于 60％～80％仓位的股票，一只大比例配置可转债的债券基金，其波动会显著大于同二级分类下的其他基金。此外，同业存单的占比也提供了关于基金经理债券仓位的有效信息。由于同业存单一般久期较短，日常波动很小，往往被认为是防御类资产。所以，同业存单占比越高，说明组合的有效仓位越低，基金经理在信息披露的时点对后续债券市场走势态度越谨慎。总之，通过认真查阅“期末按债券品种分类的债券投资组合”数据，不但能了解基金产品的主要债券配置方法、可能的波动程度，还能了解基金经理在报告时点对后续市场的看法，属于必看内容。

8.5 期末按债券品种分类的债券投资组合

序号	债券品种	公允价值（元）	占基金资产净值比例（%）
1	国家债券	560 242 413.39	5.94
2	央行票据	-	-
3	金融债券	1 245 625 980.57	13.21
	其中：政策性金融债	-	-
4	企业债券	1 965 908 210.40	20.85
5	企业短期融资券	-	-
6	中期票据	275 075 516.14	2.92
7	可转债（可交换债）	5 238 125 865.77	55.55
8	同业存单	-	-
9	其他	-	-
10	合计	9 284 977 986.27	98.47

利率债

不含政策性金融债的部分

信用债

图 3-24 债券品种分类和权重（示例）

下一部分是具体的债券明细，包括全部处于转股期的可转债列表和全部资产支持证券投资明细，如图 3-25 所示。但对于其他债券，不论是年报、半年报，还是季报，均只披露前五大持仓，如图 3-26 所示。这种披露方式和股票、可转债等资产的披露完全不同，在客观上降低了债券基金的透明度，也为基金经理进行“重仓管理”创造了空间，需要特别注意，但可以通过阅读财务报表附注中出现的债券名目，对这一问题加以弥补。

8.12.4 期末持有的处于转股期的可转换债券明细

序号	债券代码	债券名称	公允价值（元）	占基金资产净值比例（%）
1	1130**	××转债	483 534 368.40	0.93
2	1180**	××转债	457 086 913.20	0.88
3	1100**	××转债	433 620 893.89	0.83
4	1270**	××转债	360 946 940.02	0.69

8.7 期末按公允价值占基金资产净值比例大小排序的所有资产支持证券投资明细					
序 号	证券代码	证券名称	数量（份）	公允价值（元）	占基金资产净值比例（%）
1	1350**	22×××	1 700 000	171 540 513.77	0.33
2	2602**	23×××	500 000	50 082 109.59	0.10
3	1992**	23×××	400 000	40 786 082.19	0.08
4	2604**	G×××	400 000	40 575 853.15	0.08
5	1990**	××××	400 000	40 206 673.97	0.08

图 3-25 转股期的可转债和资产支持证券明细（示例）

8.6 期末按公允价值占基金资产净值比例大小排序的前五名债券投资明细					
序 号	债券代码	债券名称	数量（张）	公允价值（元）	占基金资产净值比例（%）
1	2300**	23 附息国债**	41 000 000	4 152 127 445.05	7.98
2	2300**	23 附息国债**	14 100 000	1 511 376 688.52	2.91
3	21280**	21××银行二级**	10 800 000	1 106 057 862.30	2.13
4	2302**	23××05	10 400 000	1 089 126 076.50	2.09
5	2323800**	23××二级资本债**	10 200 000	1 037 868 393.44	2.00

图 3-26 其他债券披露的前五大重仓（示例）

在收集了该债券基金持有的债券名单后，一方面，如果这些债券规模庞大，占基金资产净值比重已经很大，则可以用于推测债券部分采用的投资策略。如前五大持仓中具有很多 10 年期或 30 年期国债的活跃券，则基金经理可能积极参与了利率债波动交易策略。另一方面，如果有较多的信用债，则可以根据其主要评级分布、是否存在出现违约可能的债券等，推测该债券基金的信用风险暴露。如果前五大重仓债券中出现了高风险债券，说明其信用风险可能已经藏不住了，其他未进入前五大重仓的债券中，高风险债券可能更多，所以需要对这些基金加以规避。

3. 基金份额持有人信息

债券基金产品的基础是良好的资产—负债匹配，投资组合报告着重披露资产端的情况，基金份额持有人信息则着重披露负债端的情况。

基金份额持有人户数和结构信息，按照不同基金份额下的持有人户数、户均持有、机构和个人投资者分别持有的份额和比例单独展示，并最后给出合并计算的结果，如图 3-27所示。对于基金经理而言，在进行基金管理时，管理的投资组合是一个整体，不论拆分为多少子份额，对其都没有区别，在应对申购和赎回时也一样。所以，在第二篇中分析基金负债端稳定性时，重点强调对“合计”的持有人份额、结构及其变化的分析。一般而言，份额总数维持在合理水平，不出现大幅增加或减少，是负债端稳定的重要标志。机构和个人投资者占比合理，多报告期披露均存在稳定的“基石”投资者，也有助于提升基金的负债结构，最终帮助提升产品收益。

9.1 期末基金份额持有人户数及持有人结构

份额单位：份

份额级别	持有人户数（户）	户均持有的基金份额	持有人结构			
			机构投资者		个人投资者	
			持有份额	占总份额比例	持有份额	占总份额比例
×××债券A	49 879	88 609.06	3 850 580 220.02	87.12%	569 151 127.75	12.88%
×××债券C	47 197	52 020.13	1 982 309 718.40	80.74%	472 884 258.31	19.26%
合计	97 076	70 820.03	5 832 889 938.42	84.84%	1 042 035 386.06	15.16%

10 开放式基金份额变动

单位：份

项 目	××信用增强债券A	××信用增强债券C
基金合同生效日（2015年9月8日）基金份额总额	256 950 951.63	128 409 427.37
本报告期期初基金份额总额	3 054 949 575.65	3 034 732 408.14
本报告期基金总申购份额	5 864 563 287.51	3 766 661 415.34
减：本报告期基金总赎回份额	4 499 781 515.39	4 346 199 846.77
本报告期基金拆分变动份额（份额减少以“-”填列）	-	-
本报告期期末基金份额总额	4 419 731 347.77	2 455 193 976.71

注：总申购份额包含红利再投、转换入份额，总赎回份额包含转换出份额。

图 3-27 基金份额持有人和变化信息（示例）

在基金份额持有人信息部分，值得关注的更新内容是基金管理人的从业人员、高级管理人员、投资和研究部门负责人及基金经理本人持有该基金的数量和比例。一般而言，一只基金得到基金公司、基金经理及高管的持有是非常正面的信号，说明基金公司内部对这只基金很有信心。但根据《关于基金从业人员投资证券投资基金有关事项的规定》，“基金从业人员持有基金份额的期限不得少于 6 个月，高级管理人员、基金投资和研究部门负责人持有本公司管理的基金份额及基金经理持有本人管理的基金份额的期限不得少于 1 年”。在除货币基金以外的大多数基金投资中，基金从业人员的投资往往受到较多约束，灵活度较低。因此，单纯跟随基金经理或基金公司内部人员购买基金，可能并不是一种具有明显优势的投资方式。

以上便是对基金定期报告中重要内容的阐述。上述信息，投资者除了从定期报告原文中查阅，还可以从基金销售机构 App 提供的图形化界面进行查阅，非常便捷。

五、债券基金产品资料概要更新和招募说明书

除了基金合同和定期报告，基金公司还需要披露基金产品资料概要和招募说明书。这两份材料在基金产品的信息发生重大变更时需要在 3 日内更新，或至少每年更新一次。

1. 基金产品资料概要

基金产品资料概要是基金招募说明书针对单一基金份额情况进行简化的版本。其中，投资范围、业绩比较标准、投资组合资产配置等内容都能够在基金合同和定期报告中找到；认购、申购、赎回等费用设置信息值得一读，投资者可以根据自己预计持有的时长选择不同的份额，以优化交易费率。

2. 基金产品招募说明书

基金产品招募说明书是针对所有基金份额在申赎过程中可能影响投资者决策的全部事项（比如基金认购、申购和赎回安排、基金投资、基金产品特性、基金的托管及基金份额持有人服务等），进行披露的材料。其中，框架性的内容摘自基金合同，但在法律效力方面不如基金合同，其更新的投资组合和业绩等内容也可以在基金定期报告中找到，但时效性不如定期报告。所以，对于能够轻松阅读基金合同和定期报告的读者，可以不把招募说明书作为了解基金情况的主要抓手，但它也包含了一些独特的内容（如图 3-28 所示）：“相关服务机构”是对招募说明书发布时点全部代销机构的列举；“基金份额的申购与赎回”涉及对全部基金份额申赎费率结构的图表展示；关于“侧袋机制”，虽然截至 2024 年暂无真正启用过侧袋机制的债券基金，但招募说明书中也会安排专门的章节对“侧袋机制”的运作进行详细讲解。

以上概览了公募基金完整的信息披露体系，依次通读了债券基金合同、定期报告、产品资料概要和招募说明书等披露材料，确定了关键信息所在位置并对其进行了模板化的解构。所有高频价格数据和基本面信息都将成为债券基金择优分析中的有效素材。

目录

第一部分 绪言……1
第二部分 释义……2
第三部分 基金管理人……7
第四部分 基金托管人……19
第五部分 相关服务机构……25
第六部分 基金的募集……55
第七部分 基金合同的生效……56
第八部分 基金份额的申购与赎回……57
第九部分 基金的投资……73
第十部分 基金的业绩……91
第十一部分 基金的财产……95
第十二部分 基金资产的估值……96
第十三部分 基金的收益与分配……101
第十四部分 基金费用与税收……103
第十五部分 基金的会计与审计……106
第十六部分 基金的信息披露……107
第十七部分 侧袋机制……114
第十八部分 风险揭示……117
第十九部分 基金合同的变更、终止和基金财产的清算……124
第二十部分 基金合同的内容摘要……126
第二十一部分 基金托管协议的内容摘要……143
第二十二部分 对基金份额持有人的服务……158
第二十三部分 其他应披露事项……160
第二十四部分 招募说明书存放及其查阅方式……161
第二十五部分 备查文件……162

1. 申购费率

通过基金管理人的直销中心申购本基金A类份额的养老金客户申购费率见下表：

申购金额（含申购费）	申购费率
100万元以下	0.08%
100万元（含）至500万元	0.05%
500万元（含）以上	1 000元/笔

其他投资者申购本基金A类基金份额申购费率见下表：

申购金额（含申购费）	申购费率
100万元以下	0.8%
100万元（含）至500万元	0.5%
500万元（含）以上	1 000元/笔

A类基金份额的申购费用由投资者承担，不列入基金财产，主要用于基金的市场推广、销售、登记等募集期间发生的各项费用。

本基金C类和E类基金份额不收取申购费用。

2. 赎回费率

（1）本基金A类基金份额的赎回费用由基金赎回人承担。投资者申购本基金A类基金份额所对应的赎回费率随持有时间递减，具体见下表：

持有时间	赎回费率
7天以内	1.5%
7天（含）至1年	0.1%
1年（含）至2年	0.05%
2年以上	0

本基金C类和E类基金份额赎回费7日内收取1.5%，7日及以上不收费。

图 3-28　基金产品招募说明书（示例）

本章小结

本章介绍了债券基金运作的监管框架和市场环境，产品构成的核心规则，以及以资产—负债匹配为基础、施加投资策略和基金经理个人能力驱动的运作模式。同时，为读者解析了信息披露体系这一窗口，以窥视债券基金运行的真实情况。带着对债券基金产品的充分认知，下面进入第二篇，依次学习和操练具体的研究分析工具。

02

第二篇

庖丁解牛：债券基金择优分析体系

在全面阐述了公募债基的历史、监管及制度等框架性概念后，本篇将着重介绍对其进行有效分析的研究工具。在掌握各种方法的基础上，结合市场历史场景的模拟与复盘，能够进一步提升方法运用的熟练度，最终形成实际操作能力。需要注意的是，本篇介绍的多种基金研究方法要求读者具备一定的数理分析、统计或编程基础，其理解难度较第一篇有显著提升。

第四章 债券基金的评估框架：业绩比较基准

在我国固收类产品的发展中，曾充斥着摊余成本法计量的保本保收益产品。当时，投资者主要关注绝对收益率，而不需费心进行产品择优。然而，这种模式将大量风险转嫁给没有刚兑能力的投资机构，导致风险恶化。自 2018 年资管新规出台后，这类产品被清理出市场，固收类资产不再提供绝对年化收益报价，而是根据业绩比较基准进行投资管理操作，投资者需分担相应风险。因此，对“优秀基金产品”的评价标准从简单的年化收益转变为超额收益，即相较于其定位，在一定时间内实现更多收益的能力。选择优秀基金的问题也就转化为选择相对基准更加优秀的基金这一问题。本章将进入业绩比较基准的学习，通过对业绩比较基准的研究，可以更容易地寻找超越基准的债券基金，满足各种财富管理需求。

第一节 作为业绩比较基准的债券指数

第三章中简单介绍了业绩比较基准的相关内容。读者了解到基金合同里的业绩比较基准往往采用指数构建，并且一般需要符合事前约定、相关性、可量化性、清晰定义、代表当下可投资的选项、认定责任、可投资性和完整性八项要求。这可以视为狭义的业绩比较基准定义，在解释公募债基这一品类合同中的业绩比较基准指标选取时可充分适用。

广义来看，基金投资领域的业绩比较基准有三类。一是，绝对基准，包括固定数值和区间数值型基准，这在传统的银行理财产品中比较常见。虽然其也是一个年化收益率的数字，但与资管新规出台前的报价不同——该基准只是参考，不是刚兑承诺。在公募基金中，该类基准出现概率不高，且一般定价极为保守，仅作为达标线存在。二是，债券指数基准，即基金合同中选用的以指数构建，满足事前约定等八项要求的狭义基准。公募基金和部分银行理财产品多采用此基准，也是国际认可度最高的业绩基准模式。三是，相对基准，常用于金融机构内部对投资管理人员的考核，也用于 FOF 基金的业绩基准设定，一般以同类产品的平均数和分位数作为参照。如果基金公司将中证债基指数[①]作为基准考核其旗下的基金经理的合格线，则实际上是希望其旗下债券基金经理的业绩表现好于全市场债券基金业绩的平均数。如果 FOF 基金将该指数作为业绩基准，则实际上是希望该 FOF 基金中配置债券基金的收益好于全市场债券基金的平均收益，以体现 FOF 基金经理的选基能力。

因为绝大多数债券基金均采用债券指数基准，而且指数的编制方法可以事前确定，其成分形态基本稳定，更能体现对应债券基金的组合特质，所以下面重点介绍债券指数基准。

指数是衡量市场价格变化的工具，通过设定其成分和编制方式，形成一把持续更新的“标尺”，用以体现市场的走势变化。它不仅帮助投资者对照调整自身的投资方案，还能辅助债券基金经理进行投资组合管理。

一、债券基金使用的基准分布

表 4-1 展示的是截至 2024 年末，全市场所有公募债基的业绩比较基准中，剔除代表权益等其他资产收益成分后，剩余的固收类资产相关的指数使用频率，按照总使用次数由高到低的排序，以及不同债券基金的细分类型的基准使用次数。由于很多债券基金的业绩比较基准由多个指数加权后组合而成，此处进行了拆分，致使合计总数和债券基金总数并不相同。同时，由于被动指数债基可能跟踪各式各样的指数，而且也不以大幅跑赢指数、通过主动管理做出超额收益作为基金产品的设立目标，所以也不统计在内。

表 4-1　全市场债券基金选用基准成分统计[②]

指数名称	短期纯债债基	中长期纯债债基	混合一级债基	混合二级债基	可转债债基	合　计
中债—综合全价（总值）指数	2	799	129	209	2	1 141
中债—综合财富（总值）指数	1	466	97	191	17	772
1 年期定期存款利率	230	420	95	14		759
固定数值	4	252	22	27		305
银行活期存款利率	24	163	26	45		258
中证—综合债指数		119	24	39	9	191

① 债券指数和债券基金指数虽名称接近，但读者需要注意其区别：前者的构成是将一篮子债券打包；后者的构成则是将一篮子债券打包成债券基金后，再对一篮子债券基金进行打包。

② 为了便于读者辨别指数的发布方，虽然习惯上仅中债指数在名称中有连接线，但在表中对中债、中证指数均加入了连接线。

续表

指数名称	短期纯债债基	中长期纯债债基	混合一级债基	混合二级债基	可转债债基	合　计
中证—全债指数		113	37	32	2	184
3 年期定期存款利率	1	141	3	21		166
中债—综合财富（1 年以下）指数	134	15	8		1	158
中债—总全价（总值）指数		66	14	26	1	107
中债—总财富（总值）指数		32	39	33	2	106
中债—综合财富（1～3 年）指数	74	13	11	2		100
中债—总财富（1～3 年）指数	65	6	6	1		78
中债—国债及政策性银行债全价（总值）指数	3	59				62
中证—可转换债券指数			8	11	29	48
中债—信用债总财富（总值）指数		34	8	2		44
中债—新综合财富（总值）指数		7	3	27		37
中债—新综合全价（总值）指数		13	4	9		26
中债—新综合全价（1 年以下）指数	15	2	1			18
中债—综合全价（1～3 年）指数	11	5	1			17
中债—新综合财富（1～3 年）指数	12		5			17
中债—企业债总全价（总值）指数		3	10	4		17
其他债券指数	21	144	30	17	10	222
其他期限存款利率	9	29	7	3		48

表 4-1 中各指数名称的前缀体现了其发布的指数公司的相关信息，并可分为银行间债券指数和交易所债券指数。前者主要由中央国债登记结算有限责任公司（简称中央结算公司、中债或中债登）的下属机构和上海清算所（简称上清所或上清）根据债券的估值价格发布，后者主要由中证指数有限公司（简称中证）和深圳证券信息有限公司（主要发布“国证”等系列指数），根据交易所成交价和银行间的估值价格综合发布。目前，上清和国证等系列指数在公募债基中使用较少，被统计在“其他债券指数”内。

表 4-2 所示的是各家指数发行公司的主要债券和债券基金指数产品线布局，这些系列指数均采用规模加权构建，且都包含覆盖尽可能多的各类资产的宽基指数，以及只覆盖具体某类资产的细分指数。由于指数发布后可以向使用方收取数据费用，投资者也可以付费向指数公司定制具体的指数，指数公司之间有一定的竞争关系，所以各类指数中，不免有近似或重复的指数，且各类细分指数数量繁多，市场认可度的差异也较大。本章

主要介绍在债券基金领域涉及较多的、在全市场认可度较高的主要指数族。

表 4-2　市场主要债券和债券基金指数系列

发布公司	指数系列	成分债券交易场所	参考价格	覆盖资产
中债金融估值中心有限公司	中债	银行间、交易所、柜台	成交价、估值	纯债、存单
上清所	上清	银行间、交易所	成交价、估值	纯债、存单
中证	中证	银行间、交易所	成交价、估值	纯债、可交可转债、存单、债券基金
	上证	上交所	成交价	纯债、可交可转债
深圳证券信息有限公司	国证	银行间、交易所	成交价、做市商中间价、估值	纯债、可交可转债
	深证	深交所	成交价	纯债、可交可转债

1. 中债系列指数

中债—综合全价（总值）指数是使用频率最高的指数，其次是中债—综合财富（总值）指数。所有这些含“综合”字样的指数均是债券类型覆盖最广的指数，一般包含了债券市场中除可转债、资产支持证券和美元债之外其他所有的债券品种。此外，在使用频率最高的前 20 个指数中，还有较多的其他中债系列指数，如“中债—新综合财富（总值）指数”、“中债—总财富（总值）指数”和“中债—信用债总财富（总值）指数”等。

高频出现的指数名称中大多包含“综合”“总”“全”等字样，这是因为目前除指数债基外，主流的债券基金类别均不对具体的投资债券品种进行约束，一个中长期纯债债基或混合二级债基往往既可以投资于国债、政策性金融债（简称政金债），也可以投资于企业债、金融债等其他券种，而对投资范围进行更加严格限定的债券基金很少，所以在业绩比较基准的选用中，以包含较多债券品种的宽基指数为主。

不难看出，中债系列指数的名称相似度较高，仅个别字眼存在差异。事实上，在中债指数设计布局时，采用了一套比较完整的规则，全面覆盖了不同的债券品种、多个角度衡量的市场表现，后续章节会对其进行详细解读。

2. 中证系列指数

除中债系列指数外，中证系列指数是在业绩比较基准中使用频率第二高的指数，其可分为综合债指数、利率债指数、信用债指数和可转债指数。使用较多的综合型债券指数有中证—综合债和中证—全债，其覆盖的债券品种范围和中债—综合指数基本相同，均为除可转债、资产支持证券和美元债之外其他所有的债券品种。但中证—全债指数的成分债券剩余期限必须在1年以上，中证—综合债指数的成分债券剩余期限必须在1个月以上，而作为对比，中债—综合指数的成分债券剩余期限在1天以上即可，包含范围更加广泛，但由于1年以内短期债券的波动较小、票息也低，所以综合来看，这三个指数的走势相似程度很高。

目前，中证—可转换债券指数（简称中证转债指数）是可转债债基中使用频率最高的基准指数，这与其发布时间久、可转债仅在交易所交易、其发布公司中证也是由上交所和深交所出资组建有关。除上述指数外，中证的其他宽基指数在债券基金业绩比较基准中的使用频率并不高，仅在个别专门成分基金和定制基金中采用，用于衡量特定券种的表现。

3. 其他数值基准成分

除中债、中证指数基准外，不同期限的银行存款利率、固定数值基准等，均有较高的使用频率，且这两者结合成混合基准的情况也较多，往往写成“业绩比较基准为：X年期银行定期存款利率＋Y％”等，但由于此类业绩比较基准仅为合格线的参考，此处的“X”和“Y”都不会写得很高，全市场最高的固定数值型基准也仅为“3年期银行定期存款利率＋2％”，采用较多的是“1年期银行定期存款利率”和“1％”的组合。

此外，银行活期存款利率也是业绩比较基准中常见的成分，且大多都是以5％左右的权重出现，搭配占95％权重的债券指数，如“中债—综合指数收益率×95％＋人民币活期存款利率×5％”的形式。不难看出，占95％的债券指数是主要基准，代表对应债券基金的目标投资风格和方向，而设置5％的活期存款利率的原因在于《公开募集证券投资基金运作管理办法》第二十八条的规定，即所有开放式公募基金均需配置“不低于5％的一年以内到期的政府债券和现金”作为流动性储备，所以许多基金在业绩比较基准中对此条款也有所体现。由于活期存款利率较低，这客观上也小幅降低了对应债券基金跑赢基准的难度。

以上是业绩比较基准所有可能的权重成分介绍，下面进入具体的债券指数内部，分析它是怎么构成的，且为什么了解指数的构成模式对选择优秀的债券基金有巨大帮助。

二、债券指数基准的编制方法和内部结构

指数名称多种多样，大多为“综合”“总值”“财富”“全价”等字眼的结合，那么它们具体按照什么规则进行组合和编制呢？下面从目前发布的债券指数数量最多的中债指数家族的设计模式入手，对其的编制方法和内部结构进行分析。对中债指数而言（其他国内发布的指数也一样），仅根据指数名称就能了解其包含的内容（如图4-1所示）：名称前缀的“中债—”说明其为中债发布的指数，接下来的“综合”“信用债”等字样体现该

指数所包含的债券类型，之后的“财富”、“净价”或“全价”体现了指数收益的计算方式，最后括号内的字样体现了成分债券的剩余期限。

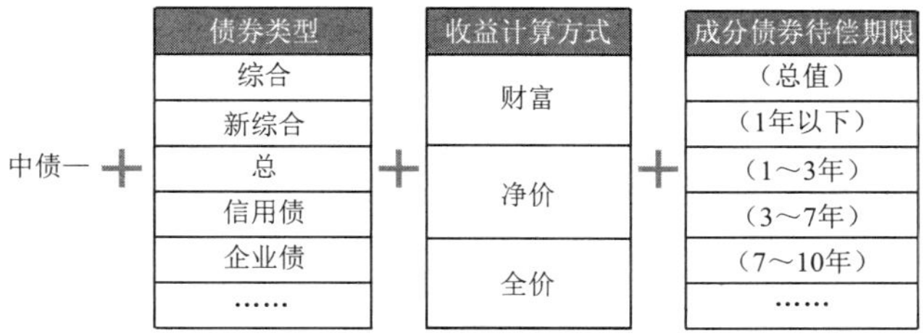

图 4-1 中债指数名称的构成方式

数据来源：《中债指数通用方法论》。

1. 指数的债券类型

中债的指数家族分为总指数族、成分指数族、策略型指数族、外币计价指数族、iBoxx 指数族、绿色系列债券指数族、利率指数族、投资者分类指数族、持仓指数族和定制指数族等。其中，成分指数和分类指数等主要在定制专户、细分的指数基金等中使用，在债券基金中使用最多的是总指数族中的综合指数，即宽基指数。

债券类型属于“综合”的覆盖券种最广，包含除资产支持证券、美元债、可转债之外，在境内债券市场公开发行的债券，主要包括国债、政策性银行债、商业银行债、中期票据、短期融资券、企业债、公司债等。

“新综合”的覆盖范围和“综合”很接近，但是去掉了流通受限债券（如私募债、定向募集债券等），且新综合系列在财富指数的计算中，采用月度作为现金再投资周期，更加贴近实际，而“综合”的现金再投资周期是日度。

如果没有注明债券类型，如中债—总（财富）或中债—总（全价），则其实际覆盖范围为记账式国债、央行票据、政策性银行债。这点时常会造成误解，让人误认为未特别注明的“中债—总”可能是覆盖最广的债券市场宽基指数，但其实这只是个利率债指数，所以需要特别注意。

目前，中债—信用债是覆盖最广的信用债指数，包含企业债、公司债、商业银行债、短期融资券和中期票据等发行主体是企业的、在境内债券市场公开发行的债券，而中债—企业债指数仅覆盖中央企业债和地方企业债，只是中债—信用债指数的一个子集。

此外，中债指数中的债券类型还有很多，如公司债、同业存单和中期票据等，均有单独的指数用于不同类型债券基金的基准。由于使用频率的问题，不予赘述，读者可根据需要自行查看其具体覆盖范围。

2. 指数的收益计算方式

在明确债券类型后，名称中后续记录的就是其收益计算方式，有“财富”、“净价”和“全价”三种类型。如无特别注明，则默认为“财富”。债券的价格由净价和全价这两部分构成①，净价一般用于衡量债券本金部分受到市场利率波动影响后产生的价格变化，可以认为是“债券本金＋资本利得（或浮亏）”；而全价则是在净价基础上，加上随时间流逝而产生的应计利息，可以认为是“债券本金＋资本利得（或浮亏）＋票息”。当票息累积到一定程度时，可以用于购买新的债券，从而将单利变为复利。“财富”就代表这种现金再投资的收益计算方式。如无特别注明，中债的财富指数均为日度复利，而中债“新”的财富指数则为月度复利，更加贴合投资组合管理时的实际情况。

通常情况下，“净价”指数走势是最弱的，“全价”其次，而“财富”指数走势最高，如图 4-2 所示。这也在一定程度上促使更多债券基金选择全价指数作为业绩比较基准，以更容易显示出超额收益。然而，这种不考虑复利的收益计算方式其实并不完全符合债券基金的实际运作模式。此外，由于“综合”债券指数成分中含有较多长期或超长期债券，也包含大部分债券基金无法配置的低评级信用债，债券基金在投资债券的成分上存在先天劣势。采用“综合全价”，而非“综合财富”，可以通过复利计算上的优势弥补这种先天劣势，正负抵消后，反而提高了业绩比较基准的有效性。

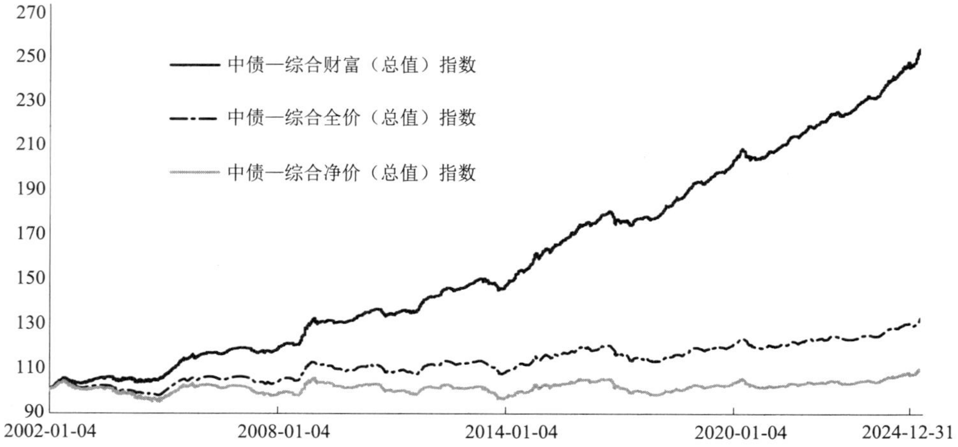

图 4-2　指数走势对比图（以综合指数为例）

数据来源：WIND。

① 关于债券净价、全价，及其根据利率波动而变化的规律等基本概念，可以参考《债券实操指南：交易、研究与量化投资》第 3 章。

3. 成分债券的待偿期限

成分债券的待偿期限，为中债指数名称中括号里的时间跨度。对于综合指数、新综合指数、总指数等宽基指数，一般分为全部包含的（总值）、（1 年以下）、（1～3 年）、（3～5 年）、（5～7 年）、（7～10 年）和（10 年以上）这些区间；对于国债、国开债等部分利率品种，还有（10～20 年）、（30 年）等更长期限的品种。由于大多数情况下，收益率曲线的斜率为正（债券的期限越长，其收益率越高），所以一般而言，债券指数对应的期限越长，其走势也越高，如图 4-3 所示。

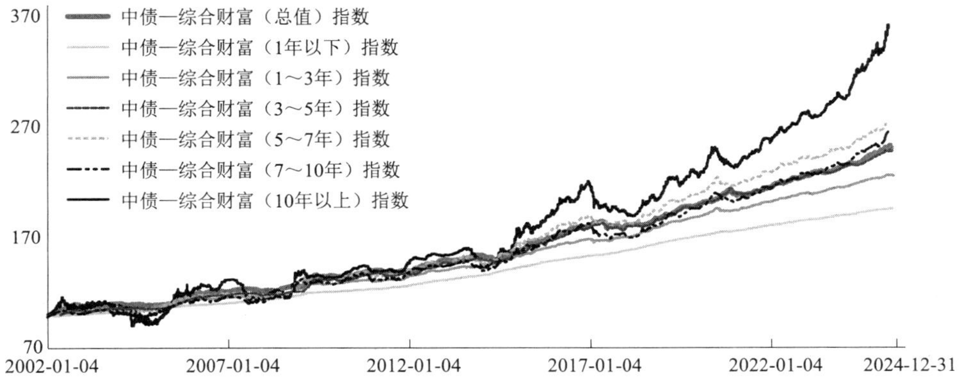

图 4-3　不同期限债券指数走势对比（以综合指数为例）

数据来源：WIND。

可见，作为包含不同券种、期限，且计算现金再投资收益的宽基指数，中债—综合财富（总值）指数的长期收益是极高的，从 2002 年初至 2024 年 7 月的累计收益达到了 144%，年化收益为 4.05%。收益最高是 10 年以上指数，累计收益达到了 230%，年化收益为 5.41%。而 7～10 年指数的长期收益率略低于 5～7 年指数，是由于目前中国债券市场中 7 年以上期限债券主要是利率债和极高评级的信用债，很少有期限超过 7 年的中低评级信用债，所以其信用利差更薄，致使整体收益率略低。

作为对比，仅投资于债券，不含可转债和股票的纯债债基，虽然常以中债—综合系列指数作为基准，但长期年化收益率仅为 3.93%。这主要是因为纯债债基的久期中枢为两年左右，远小于中债—综合财富（总值）指数的 5 年，在债券牛市中，久期越长的指数收益越高。自 2015 年到 2019 年，纯债债基依靠基金经理主动管理的超额收益增厚可以略跑赢中债—综合财富（总值）指数，但在 2020 年开始的牛市中，纯债债基就无法跑赢中债指数了，如图 4-4 所示。

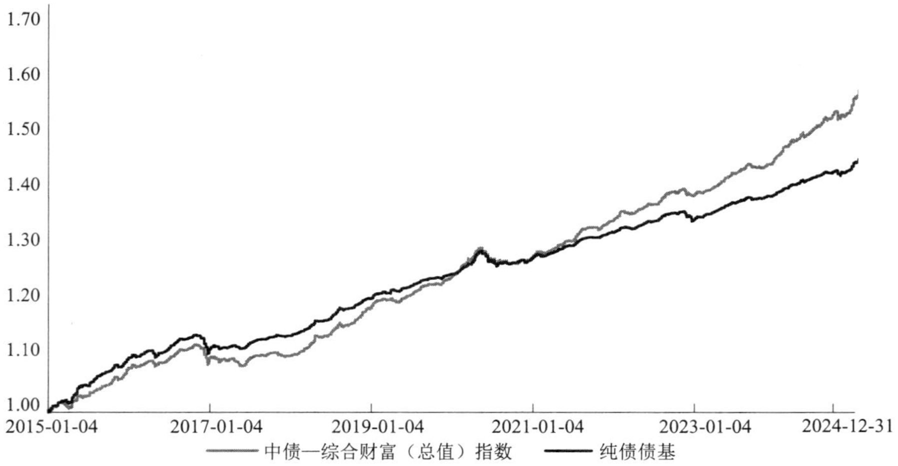

图 4-4 纯债债基和中债—综合财富（总值）指数收益率对比①

数据来源：WIND，原始数据经过重定基处理。

4. 中债指数的内部结构：以中债—综合财富指数为例

债券基金运作的基础是良好的资产—负债匹配，这意味一只优秀的债券基金必须考虑其资产端债券组合的特性和负债端投资者资金申赎的特性。在当前的债券基金市场中，开放式债基占主导地位。无论是封闭式债基或定期开放式债基的封闭期，还是债基赎回费的最长淡出时间，往往都在 3 年以内。正因如此，对于公募债基经理而言，其负债端基本不存在能够稳定持有 3 年的投资者资金。因此，其在进行资产端配置时，倾向于以 1～3 年的债券为主，而且考虑到需要保持组合一定的变现能力，不能配置过多低评级债券。更不用说，由于债券基金的规模有限，一般在几亿元到几十亿元不等，最多也就 100 亿元至 200 亿元规模，而银行间债券市场的单笔交易规模大多在 1 000 万元以上，这意味单一债券占基金总规模比重大多在 0.1%～10%。如果任意一只债券发生爆雷，就可能引发债券基金净值高达数个百分点的明显下跌，给基金公司带来巨大的声誉风险。所以，高收益债策略在公募债基中基本绝迹，公募债基的持仓均以利率债或高评级信用债为主，见表 4-3。

表 4-3 债券基金持仓分布比例

期限 券种	1 年以下	1～3 年	3～5 年	5～7 年	7～10 年	10 年以上
国债	0.972 1%	1.235 7%	1.087 4%	0.267 1%	1.072 2%	0.447 7%

---

① 此处采用仅投资于债券的纯债债基和中债指数进行对比，剔除了可投资可转债、股票的混合一级、二级债基，以保持可比资产的范围一致，且如第一章所述，2014 年及以前债券基金可以通过股票打新增厚收益，从而导致数据的不可比性。

续表

期限 券种	1年以下	1~3年	3~5年	5~7年	7~10年	10年以上
政策银行债	7.477 7%	40.629 9%	18.002 2%	1.175%	1.914 6%	0.04%
地方政府债	0.002%	0.405 6%	0.564%	0.537 9%	0.887 2%	1.047 9%
AAA	6.275 5%	9.152 6%	0.822 4%	2.272 4%	2.097 2%	0.032 8%
AA+	0.381 5%	0.518%	0.284%	0.053 8%	0.024 3%	0.000 5%
AA	0.080 2%	0.103 5%	0.072 5%	0.042 7%	0.001 4%	
AA-	0.000 3%	0.000 7%	0.010 3%	0.003 3%		
A+						
A						0.003 7%
A-						
BBB+						
BBB						
BBB-						
BB+						
BB						
B						

数据来源：WIND，笔者统计。

作为对比，中债—综合财富（总值）指数作为覆盖面最广的宽基指数，其成分债券的分布更加平均，充斥了较多的长久期利率债和地方债。由于期限利差的存在，更长期限分布意味着中债—综合财富（总值）指数更高的收益率。此外，该指数的成分信用债的分布也更广，最低到B级的高收益率债券也有一定数量存世，被统计在中债—综合财富（总值）指数中，见表4-4。由于信用利差的存在，信用债的评级越低，其收益率往往也越高。而且，中债—综合财富（总值）指数含有4万多只债券，足够分散，个别债券就算爆雷，对其净值增长也不会造成明显影响。所以，更高的信用风险暴露也是中债—综合财富（总值）指数收益率比一般债券基金更高的原因之一。

表4-4 中债—综合财富（总值）指数成分券分布比例

期限 债种	1年以下	1~3年	3~5年	5~7年	7~10年	10年以上
国债	4.083 7%	6.554 7%	3.942 1%	3.519 9%	3.089 6%	3.916 7%
政策银行债	3.054 1%	5.519 6%	3.353 7%	2.755 6%	3.977 5%	0.546 8%
地方政府债	1.631 2%	4.612 3%	5.529 3%	5.052 8%	4.789 9%	10.824 7%

续表

期限 债种	1年以下	1～3年	3～5年	5～7年	7～10年	10年以上
AAA	5.752 7%	7.617 7%	2.804 1%	0.868 6%	1.230 2%	0.982 7%
AA+	0.921 4%	1.336 6%	0.803 5%	0.140 7%	0.030 3%	0.005 2%
AA	0.248 5%	0.298 0%	0.157 7%	0.012 2%	0.002%	
AA−	0.002 4%	0.005 7%	0.001 1%			
A+	0.001 3%	0.001 4%				
A	0.000 2%	0.005 9%				
A−						
BBB+	0.000 3%	0.003 7%				
BBB	0.000 3%				0.004%	
BBB−		0.001 2%	0.000 8%			
BB+	0.000 3%	0.001 2%				
BB	0.002 6%	0.000 3%	0.000 9%			
B	0.000 3%					

数据来源：WIND，笔者统计。

第二节 债券基金战胜基准指数的方式

如果把中债—综合财富（总值）这一基准指数看作一个庞大的模拟债券组合，那么它与债券基金持有的债券组合相比，久期更长，分散程度更好，流动性更低，信用风险暴露更高，而且还不用扣减债券基金的运作费用（一般而言，管理费和托管费合计占0.35%以上），长期来看自然能获得较多收益。

经过基金经理的主动管理，债券基金具备多种策略超越基准，为投资者创造超额收益。从根本上说，债券的收益可以分为两类。第一类是相对稳定的票息收益，如果是折价或者溢价在二级市场中买到的债券，则采用买入时的持有到期收益率来衡量这一类收益。第二类是资本利得收益，即债券净价日常随着市场波动而变动的部分。这部分收益与债券的到期收益率的最新市场估值有关。如果买入债券时的到期收益率较高，则说明对应的买入净价较低，若再持有一段时间，待到债券到期收益率的市场估值变低后卖出，则对应的卖出净价就会变高，就能获取资本利得。反之，如果卖出时的到期收益率高于买入时的到期收益率，则会出现亏损。这就是收益率降低，债券市场出现牛市；收益率走高，债券市场出现熊市的原因[①]。但是，票息收益和资本利得收益又受到多项因素的影响，需要进一步拆分分析，如图 4-5 所示。

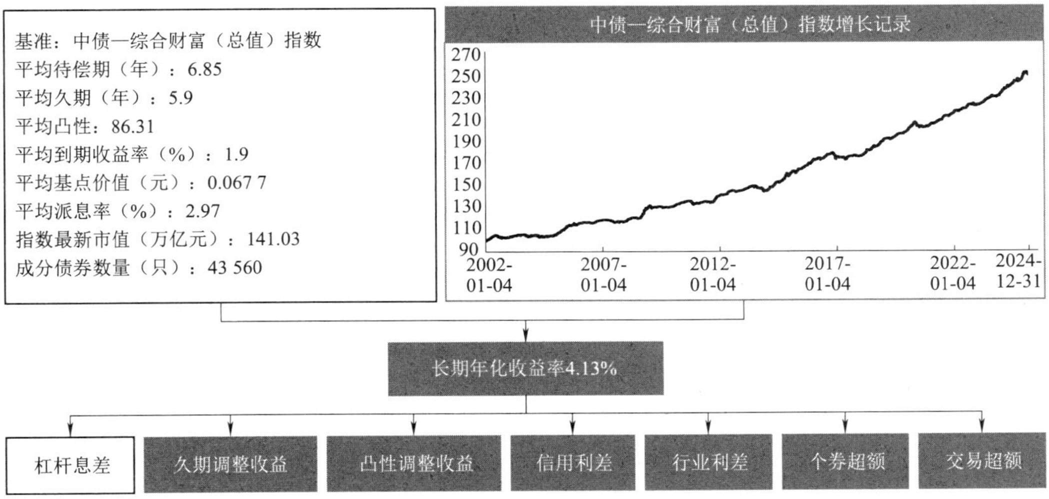

图 4-5　基准指数特性及相对基准创造超额收益的方法

一、获取杠杆息差收益

债券基金创造超额收益的首要手段是提升杠杆率。具体来说，通过正回购操作，将部分债券质押出去，以此借款再配置更多的债券，从而增厚组合的收益。2019 年以前，由于债券收益率较高，而质押借款所付利息相对较低，杠杆息差空间较厚，最高可达到 2%左右。假设维持 30%的杠杆率，那么通过该操作，债券基金可以获取年化 0.6%左右的收益增厚。

但是，2019 年及以后，随着债券收益率中枢下行，而回购利息下行幅度相对较小，息差空间大幅缩减，至 2024 年甚至降到 0.5%左右的水平，如图 4-6 所示，按照 30%的杠杆率，仅能年化增厚 0.15%，所以基金经理很难通过提升杠杆率的方法系统性地增厚债券基金的收益。此外，由于公募债基的杠杆率有上限，开放式债基为 140%，封闭式债基为 200%；日常通过正回购加杠杆配置债券，也减少了基金遇到大额赎回时借款应对的能力，侵占了基金的流动性空间，提升了基金的运作风险，所以无法维持极高的杠杆率长期运行。

① 举一个例子，债券可以被简单假设为一张写明固定利息率的借条。某人急需资金，他向你借款 1 万元，并约定 3 年后还清，每年支付 8%的利息，且不能提前还款。然而，一年后，他的经济状况改善了，不再急需用钱，并且他向其他人借款的利率仅为 3%，那么他之前那张 8%利率的借条就升值了。

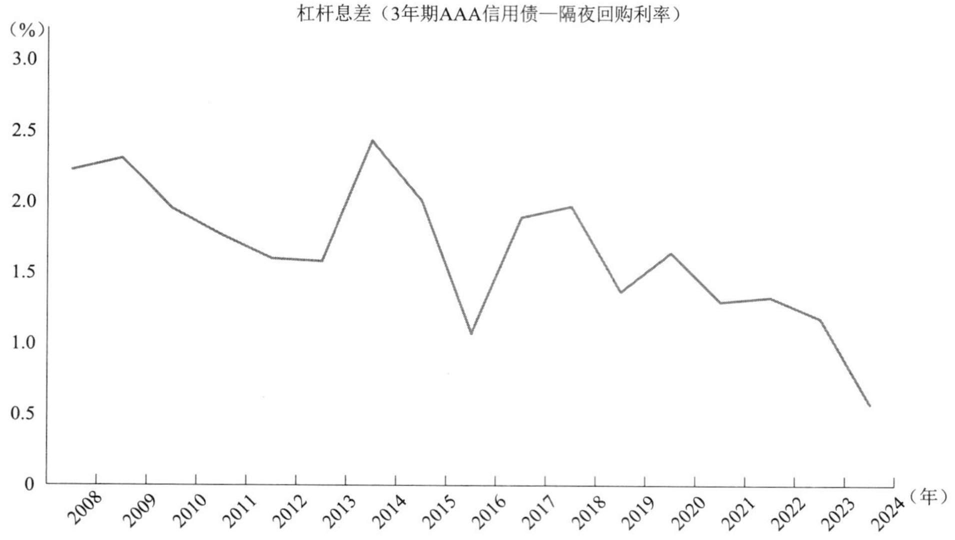

图 4-6 杠杆息差变化

二、久期调整收益：债券基金主动管理的核心成分

对组合久期的调整优化常被认为是债券投资中最重要的内容，也是债券基金创造超额收益、跑赢基准的最主要手段。正如前文提及，中债—综合财富（总值）指数的整体久期远长于大多数开放式债基的久期，由于期限利差的存在，天生就能获得较多的票息收益。同时，在近 20 年里，以 10 年期国债为代表的债券收益率的中枢不断下行，基准指数代表的模拟债券组合凭借久期长的优势，可以获取较多的资本利得。中债—综合净价（总值）指数在过往 20 年中增长了 7%，且其走势和 10 年期国债利率呈现显著的负相关性，如图 4-7 所示。这生动说明了利率下行时，债券的价格会上涨，并且对于久期越长的债券组合来说，其价格上涨也越多。

但是，拉长债券久期在部分市场逆风的时点，也会放大债券组合的亏损，图 4-7 中的 2013 年、2017 年和 2020 年的部分时点，均出现了 10 年期国债代表的收益率中枢上行和中债—综合净价（总值）指数代表的债券价格大幅亏损。所以，对于每日按照市值变动进行估值的净值型产品组合而言，对收益率上行或者下行的准确预测，并根据预测结果，在收益率下行时点，通过适当提升杠杆率①、购入长期债券的办法，可以短暂拉长久期，接近或者超过中债—综合财富（总值）指数的久期水平；而在预测收益率上行时点，通过卖出长期债券、降低杠杆率等方法，可以缩短久期，放大资本利得或者减小债券的浮亏。

① 提升杠杆率也有增加债券基金真实久期的作用，债券基金的真实久期等于该基金持有的债券组合久期乘以债券基金的杠杆率。

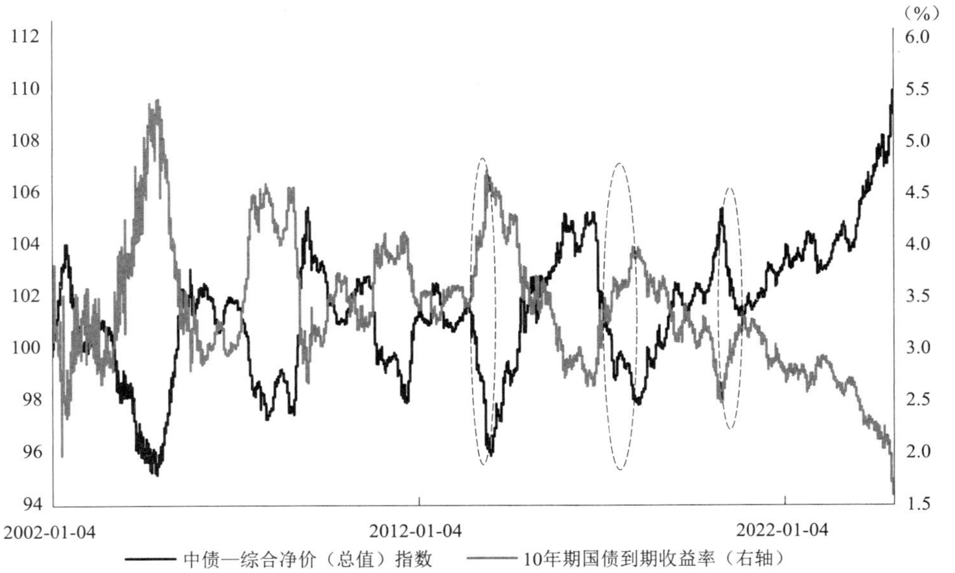

图 4-7 10 年期国债代表的收益率中枢与中债—综合净价（总值）指数代表的价格变动对比

数据来源：WIND。

对于纯利率债的债券基金而言，由于利率债的票息一般比较低，所以久期管理几乎是跑赢大盘、创造超额收益的唯一办法。而对于可投资信用债的基金，或可配置可转债、股票的混合一级、二级债基而言，虽然票息、转债和股票价格波动对基金净值的影响更大，但是优秀的久期管理和未来收益率预测，仍然是达到优秀收益必不可少的条件。

此外，对于采用成本法估值的基金产品而言（如货币基金和摊余成本法债基），基于对未来收益率变化的预测，调整债券组合的平均待偿期限，也能够很好地增厚组合收益。当预测未来收益率上行时，不要急于配置长期资产，而是选择持有短期资产，这样可以预留再投资空间，待利率触顶后再进行配置；当预测未来收益率下行时，则反其道而行之，通过适当加杠杆来配置长期限的资产，这样不论未来持有到期，还是实现资本利得后卖出，都是创造超额收益的好办法。

三、组合凸性调整收益：哑铃型或子弹型持仓的抉择

组合期限分布的调整也是债券基金创造超额收益的方法。凸性可以衡量债券组合的期限分布结构，对凸性的调整可以应对收益率曲线曲率的变化。在收益率曲线变凸时（即短期和长期收益率相对中等期限收益率下行，反之亦然），采用配置短期和长期债券的哑铃型持仓，从而增加在收益率曲线的长端和短端获取相对收益的机会；当收益率曲线变凹时，采用配置中间期限债券的子弹型持仓，从而避免收益率两端上行带来对应期限债券的浮亏，如图 4-8 所示。

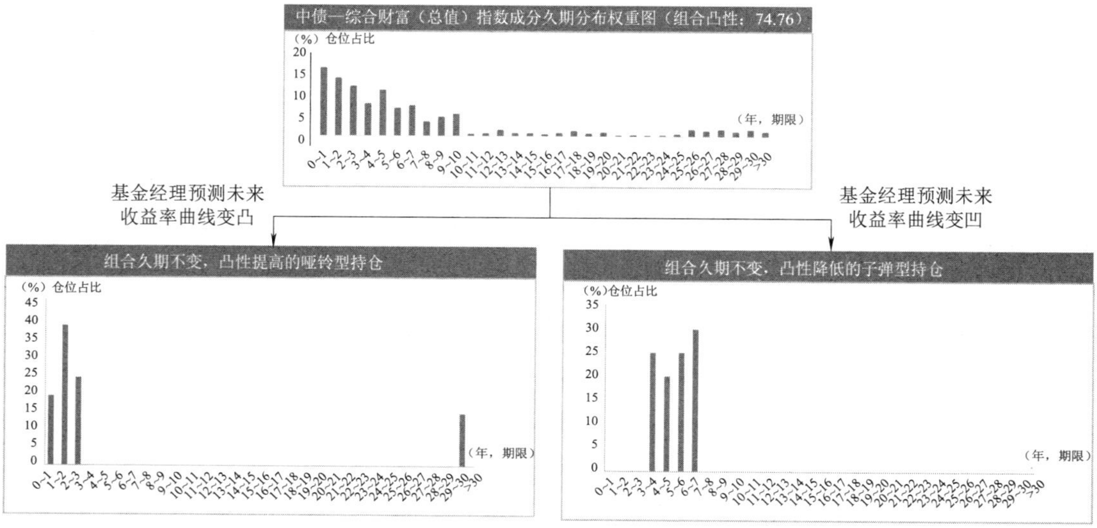

图 4-8 哑铃型和子弹型持仓及基准的对比

此外，当收益率曲线将发生平行移动时，还可以通过减少中等期限债券的配置，增加短期和长期债券配置的方法，提高债券组合的凸性。相同情况下，凸性更大的债券组合，在收益率曲线下行时，获得的资本利得更多；在收益率曲线上行时，承受的浮亏更少。所以，综合来看，面对不断变化的收益率曲线，合理进行组合持仓的期限结构调整，也是债券基金经理创造超额收益、跑赢基准的重要办法。

四、信用利差收益增厚：静态持有和资本利得

创造超额收益的第四种方法就是预测未来各个评级信用利差的变化方向，据此有针对性地调整债券组合中对应各个评级的债券比例。信用利差是信用债券收益率高于以国债、国开债为代表的无风险利率的部分。一般而言，评级越低的债券，其信用利差越大。然而，随着经济的周期性波动、对应评级的发债主体偿债能力的趋势性变化和市场情绪的起伏，各评级债券的信用利差也会有规律地波动。具体来说，在债券牛市，利率处于下行区间，债券基金的规模通常会大幅增加，债券基金经理和其他债市参与者会增加对债券的购买力度。此时，企业在资本市场的融资变得更加容易，偿债能力也因此得到间接提升。在市场情绪乐观且企业偿债能力增强的背景下，中低评级（如 AA＋、AA 或 AA－）信用债的信用利差会显著缩小。相比之下，AAA 级信用债由于其相对无风险利率的信用利差本来就不大，在牛市中信用利差的下降幅度就会相对有限。因此，在牛市期间，中低评级信用债的信用利差通常会比高评级信用债下降得更多。基于这种预期，一些基金经理会提高债券组合中低评级信用债的比例，同时减少高评级信用债的比例，

以期获得更大的资本利得。

相反，在债券熊市，各评级的信用利差都会增加。其中，AAA 级信用债由于流动性较好，且发债企业多为行业龙头、央企或者地方重要国企，其信用状况相对稳定，所以其信用利差上涨幅度相对较小。但是，对于信用评级较低的企业，尤其是民营企业、处于产能过剩或者衰退行业的企业，以及已经失去自身造血功能的企业来说，它们本身的资金流就十分紧张，当债券市场的融资成本上升时，再融资成本的增加对这些企业的压力更大，因此这些中低评级企业的信用利差上升幅度会大幅超过 AAA 级企业。能够准确预测这种未来变化趋势的债券基金经理，会减少债券组合中的中低评级信用债比例，同时相对增加高评级信用债的比例，以降低债券组合可能面临的浮亏风险，如图 4-9 所示。

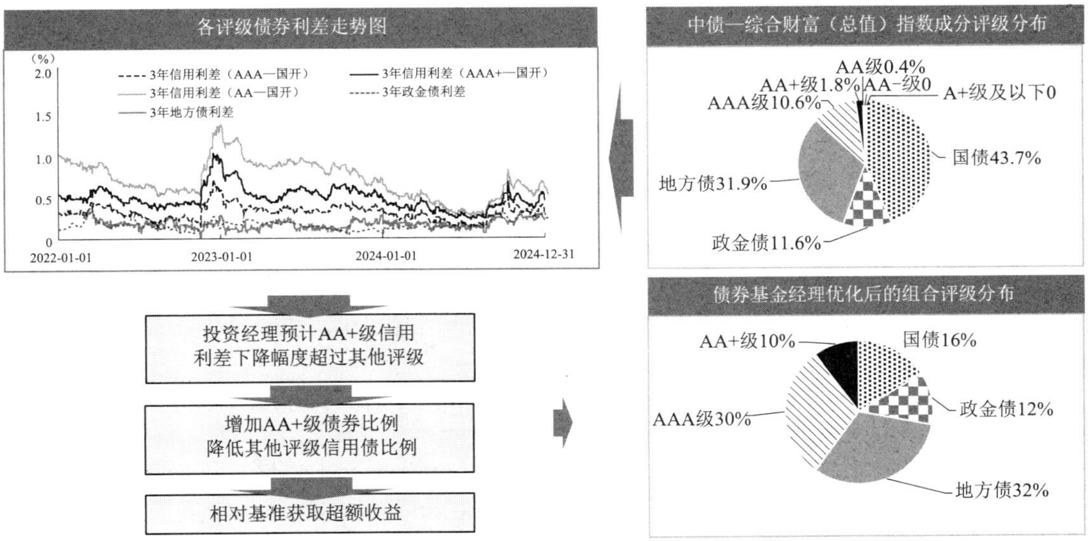

图 4-9　调节各评级债券比例增强收益

2022 年及以前，根据信用利差的变化趋势，适时调整各信用评级的债券比重，是部分公募债基获取超额收益的重要来源。但是，目前配置信用债的债券基金中，以 AAA 级品种为绝对主力，AA＋及以下评级的比重很小，通过信用利差进行收益增厚的比重大幅降低。

五、行业利差增强：景气周期和供求态势分析

对于信用债而言，除不同评级的债券信用利差会发生差异性走势外，不同行业发债主体的信用利差也会在不同的经济环境中发生差异性走势。对于周期性行业，比如建筑、能源、钢铁等，在经济下行时其经营情况受到的利空影响很大，在经济上行时其经营情况受到的利好影响也很大。所以，它们的信用利差也会随之大幅上升或者大幅下降。而

对于非周期性行业，比如医药、城投、公路等，因其上下游供应链及消费者需求相对稳定，在经济下行时其经营情况受到的利空影响较小，在经济上行时其经营情况受到的利好也不是很明显。因此，它们的信用利差随着经济周期变化而改变的幅度也较小。一般认为，购买周期性行业的发债公司采用的是进攻型投资策略；相反，购买非周期性或跨周期性行业的发债公司则采用的是防御型投资策略。

所以，如果基金经理能够精准预判宏观经济走势并准确判断当前所处的经济周期阶段，那么他就可以对债券组合进行适时调整：在经济下行之前，购买受经济下行不良影响较小的跨周期行业债券，以减小信用利差扩大带来的亏损；在经济快速复苏前，购买受到经济上行利好影响较大的周期性行业债券，从而扩大信用利差缩小带来的资本利得。

这种基于周期理论的行业轮动获取更多利差收益的模式在2020年以前确实有效。但是，近年来，因政策调控、市场环境和债券净发行量变化等，周期性波动减弱，非金融行业信用利差均值压缩。同时，投资者需求导致买盘压力较大，除房地产和金融行业外，其他行业信用债均受此影响，信用利差明显收缩。对于债券基金经理而言，其通过行业增厚收益的思路也在随之不断变化。从2020年以前基于周期轮动的行业选择，逐步过渡到净发行量分化、公募债券普遍抛弃房地产债后，在利率债、金融行业的普通债、银行业的二级资本债、城投债和包含其他各类行业的产业债等主要品种中切换轮动，综合分析行业景气度和发行量，利用这几个券种行业利差的相对变化，相对基准获取超额收益。

六、个券筛选收益：信用债选券的衰落和利率债选券的兴起

除行业配置比例选择外，更细分的创造超额收益的办法就是更加细致的个券筛选，在承担类似风险的情况下，获取更多票息收益。个券筛选收益可以分为两类。

1. 信用债选券收益

信用债选券收益，亦称信用挖掘收益。一方面，基金经理可以通过对发债公司的深入调研和精细的财务报表分析，从收益率较高的中低评级信用债中，选取确定不会违约的债券，在不增加信用风险的情况下，获取更高票息。另一方面，基金经理也可以通过类似的公司情况分析，在现有的中低评级信用债中找出经营情况有望改善、信用评级有望调高的发债公司，在评级调高前买入高票息的债券，待评级调高、收益率下降后，再将该债券卖出，从而获取资本利得。

但是，近年来，这两种通过筛选信用债获取超额收益的模式应用显著减少。这一变化主要源于市场环境的改变，特别是房地产行业等高风险领域大量违约案例的出现。基金公司普遍认为，即使经过深入分析，也难以保证选中的债券不会违约，而一旦发生违约，对投资者、基金公司乃至基金经理个人都会造成重大损失，这种风险与收益之间的

不对称性使得这种策略变得不再具有吸引力。此外，当前债券基金普遍倾向于只配置AAA级债券，这进一步降低了通过“评级调升”策略获取超额收益的可能性。因此，在当前的公募债基领域，尝试通过信用债选券来增厚收益的做法已经变得较为罕见。不过，随着企业运作日益规范和财务制度逐步严格，市场对信用风险的评估可能会更加精准，这或许将为挖掘信用收益的策略带来新的机遇。

2. 利率债选券收益

利率债选券收益，主要是通过不同发行时间的利率债或类利率债[①]来实现的。由于市场流动性不同，老券的收益率往往高于新券，从而为选券获利创造了空间。

由于利率债能够提供近似纯粹的无风险收益，直接反映无风险利率的波动趋势，所以许多基于无风险利率变化趋势的波段交易都将利率债作为交易工具。其中，每年新发行的利率债，尤其是1年期、3年期、5年期、10年期和30年期的品种，最受波段交易者的青睐，交易最为频繁。一般来说，新发行的10年期、30年期国债和10年期国开债的流动性最好，流动性利差最小，因此综合收益率也最低。大多数情况下，新发行利率债的收益率都显著低于已经发行一段时间的老券。即使老券距离发行已过去一段时间，其剩余期限比新券更短这种现象依然存在。例如，21附息国债14虽然期限更短，但由于发行时间已经较久，其收益率比2023年至2024年活跃交易的23附息国债23长期高0.05%～0.1%，如图4-10所示。

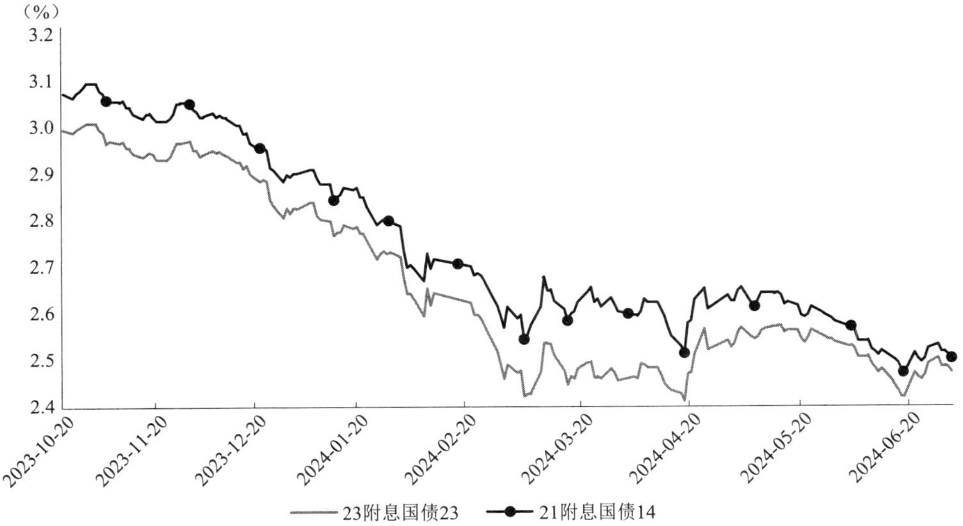

图4-10 新老债券收益率对比

数据来源：WIND。

① 类利率债是业内通俗叫法，并没有明确定义，但一般而言，如五大行、头部央企发行的债券，信用资质与国债、政金债几乎相同，违约概率接近于零，所以有“类”利率之称。

有经验的基金经理可以巧妙利用这种定价差额。例如，原本计划配置30年期国债，但并不直接购买刚发行的30年期国债新券，而是选择信用特征一致、收益率更高的老券，从而在不改变债券基金的久期、凸性和信用暴露等特征的情况下，有效增厚债券基金的整体收益。

七、交易超额：精细化操作

债券基金经理创造超额收益的最后一种途径是提高交易的执行效率，减少交易成本，甚至利用交易价差获取收益。虽然目前债券基金基本都采用持仓债券的中债估值作为每日净值变动的依据，但由于债券市场流动性较弱、买卖双方对市场信息的了解不对称，以及供求关系在特定阶段失衡，实际成交价格可能与中债估值存在显著偏离。

在理想情况下，债券的买单和卖单应该分布在债券的估值两侧，这样长期来看，买方和卖方较为平均地承担了部分交易成本，最终使得债券估值能够较好地体现债券的公允价值。但是，在实际交易中，债券的买单或者卖单可能偏离估值很远，例如，在市场行情高涨时，卖单价格[①]均低于估值收益率；在市场行情萧条时，买单价格均高于估值收益率。如果买方在市场行情高涨时贸然接受卖家低于估值的卖单，或者卖方在市场行情萧条时贸然接受买家高于行情的买单，那么这样的交易会对债券组合造成额外的亏损。相反，如果买方能抓准时机，以高于估值收益率的价格买入目标债券，或者卖方能以低于估值收益率的价格卖出自己的债券，那么会给债券组合的收益带来一笔可观的资本利得。

这种获取交易差价的空间，催生了许多交易型策略，如搓券、做市、套利等，但由于公募债基对反向交易的严格限制，上述在银行或证券公司自营中常见的获利方式往往无法实行。在公募债基领域，利用交易获利的方法主要有两个。

1. 通过一级市场和二级市场的差价交易创造超额收益

目前，国内债券市场的一级发行通常采用招标形式确定债券的票面利率，而二级市场的估值收益率则主要由当天市场国债收益率变动、其他类似债券的收益率和形成的整体利差水平共同确定。这种因定价驱动因素不同导致的定价差异时有发生。很多时候，由于资金价格压力较大、承销团招揽力度不够、一级市场投标不活跃等因素，债券投标生成的票面利率显著高于其上市当天的估值收益率。在这种情况下，债券投资者如果成功投中，就能赚取一笔资本利得。

① 一般而言，债券市场交易均以收益率报价。

近年来，以银行间发行的中期票据①为例，约48%的债券发行时的票面利率均高于其首日估值收益率，其中约6.5%的债券发行票面利率高出其收益估值0.1%以上，尤其是2022年下半年至2023年上半年，票面利率显著高于首日估值收益率的债券数量明显增多，且差额幅度明显提升，如图4-11所示。

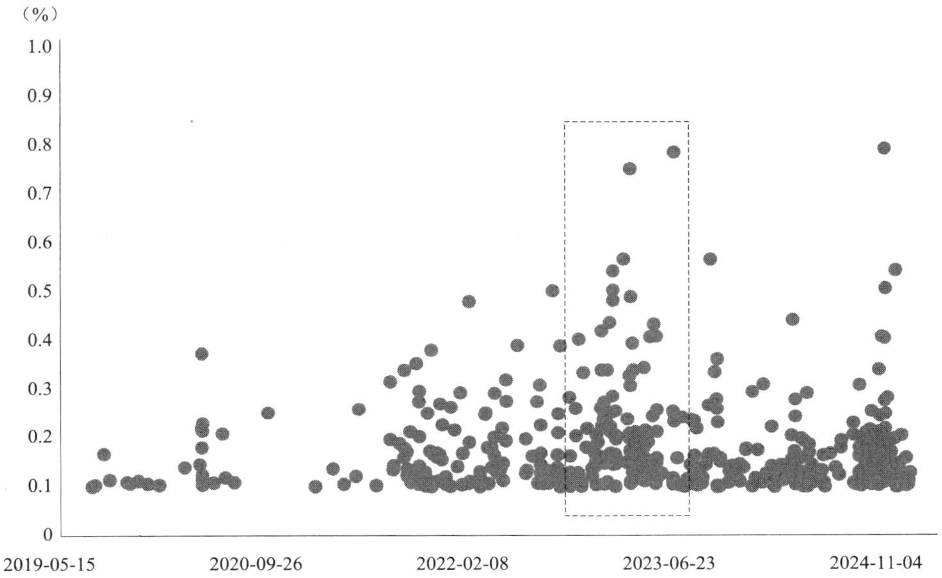

图4-11　中期票据票面利率和首日估值收益率差额

数据来源：WIND。

此外，目前10年期以内国债仍然采用混合式招标的形式发行。如果投标者具备足够的技巧，并且对市场合理收益率有充分的感知，也可以通过在票面利率以上、中标规模以内的方式投标，从而在债券上市首日即获取资本利得，但这需要基金经理具备出色的定价能力、市场感知能力等。本书会在第五章讲解如何分析基金公司和基金经理是否具有在相应领域创造超额收益的能力。

2. 通过交易员更好地执行价格获取超额收益

一般而言，在公募基金中，中长期市场价格的预判和相应的投资决策由基金经理负责，而单日内的价格波动及具体交易执行由交易员负责。对于大多数债券而言，由于单日成交只有寥寥数笔，交易员能够找准机会并充分执行交易就已经合格了。然而，对于回购、利率债活跃券、银行存单等高成交品种，其日内价格波动较大，且交易时

① 银行间中期票据（MTN）是信用债的一种，与银行本票、商业票据不同。关于债券的分类，可以参考《债券实操指南：交易、研究与量化投资》第2章。

段内基本稳定存在最优买价（较低）、最优卖价（较高）和买卖价差（即卖价减买价的区间）。在执行上述品种的交易时，是在日内价格的相对高点成交还是相对低点成交，是在买卖价差区间更靠近买价的低点成交还是更靠近卖价的高点成交，一般都依靠交易员的技术水平。

如图 4-12 所示，在资金面平稳时点，隔夜回购利率日内上下波动可到 0.25%左右，在资金急剧波动市场环境下，如季末、半年末或年末，回购的日内价格波动可达数个百分点。并且，在每一时点下，最优买卖可能也存在 0.1%或更高的价差。这种情况下，交易员能否在一个较好的价格执行交易，直接影响债券基金整体收益。这种交易执行的效果对货币基金、短债基金的影响尤为明显，各家基金公司对交易室的考核严格程度、基金经理对交易员的要求，在很大程度上也决定了这些产品的业绩效果。

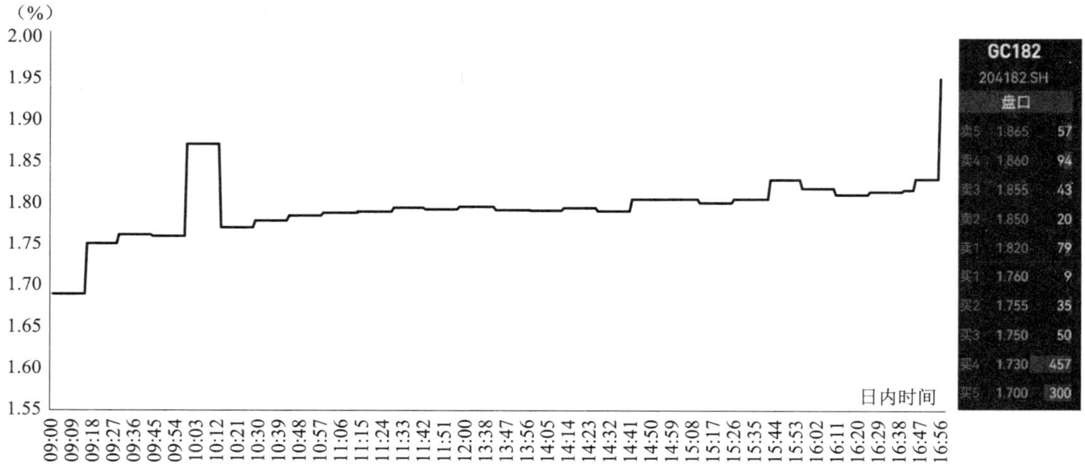

图 4-12 回购利率的日内价格变动和交易价差（示例）

数据来源：WIND。

基于近年国内债券市场变化规律的经验估算，对于既能配置利率债又能配置信用债的纯债债基而言，一只典型的优秀产品相对其基准可创造高达 2%以上的超额收益。其中，可能 0.5%～1%源于基金持有的债券组合久期调整、凸性调整带来的超额收益，0.5%～1%源于信用债行业、评级和债券发行人优选带来的信用利差收益增厚。此外，通过杠杆息差收益，可创造 0.15%～0.6%的超额收益；通过优秀的交易执行，可创造 0.1%～0.2%的超额收益。在进行基金研究时，读者可以结合定性和定量的研究结果，对具体产品的超额收益来源进行感知，进而判断这种超额收益是否可以持续（基金经理、研究员或交易员变动均有可能导致对应超额收益来源的损失），从而优化投资决策。

第三节 债券基金的“不可能三角”

在资产—负债匹配的基础上，基金经理可以通过实施多种策略为债券基金增厚收益，每种策略都会为基金引入独特的收益、风险来源，同时这些策略之间也会互相影响。对于投资者来说，探究每种策略的原理、效果和相互关系，既过于复杂，且没有必要。因此，需要一种更简化的方法来了解在各种投资策略影响下，债券基金综合展现的特征，即债券基金的“不可能三角”。

对于绝大多数开放式、净值法估值的债券基金[①]而言，高收益、低风险、大规模，这三点是极难同时实现的。无论基金经理经验多么丰富，或者其投资策略和组合配置多么精妙，通常情况下，最多只能在这三个方面中的两个上取得优异表现，而难以兼顾第三者。因此，被称为“不可能三角”。尽管这一定律在学术理论层面难以得到直接证明，但通过大量的逻辑推理和实证案例，可以发现它确实反映了市场运作中的一种普遍规律。接下来，基于具体案例来进一步验证这一规律的有效性与可靠性。

一、高收益和低风险的冲突

“投资收益与风险成正比”这一原则在期货和股票市场中得到广泛认同，然而，在债券市场中，这一原则的效果一度并不明显。在资管新规出台前，摊余成本法估值的债券基金产品盛行，许多债券基金产品能够实现高收益且几乎没有回撤的业绩曲线。即使在基金产品普遍采用净值化的今天，一些通过信用下沉策略的债券基金产品依然能依靠低评级信用债的低成交和估值平滑优势，创造出看似高收益与低风险并存的业绩表现，使得许多人忽视了这条投资原则的重要性。

但是，对于在债券市场摸爬滚打多年、历经多轮牛熊周期的投资者来说，他们对那些看似“高收益低风险”的产品保持着一份天然的警惕。他们深知，在市场风平浪静时看似美好的投资机会，往往会在风高浪急之时被轻易摧毁。这是无数过往案例积累的宝贵教训。

下面笔者选取两只真实的债券基金进行对比说明（如图4-13所示），为了排除基金经理主观操作失误导致基金收益和风险的异常表现，挑选的是中短债债基，且经过查验，

---

① 对于摊余成本法估值的债券基金和货币基金而言，由于日常没有净值波动，“不可能三角”可异化为“收益、流动性和规模”。

两者久期中枢均在1.5年上下，债券组合结构也较为稳定。

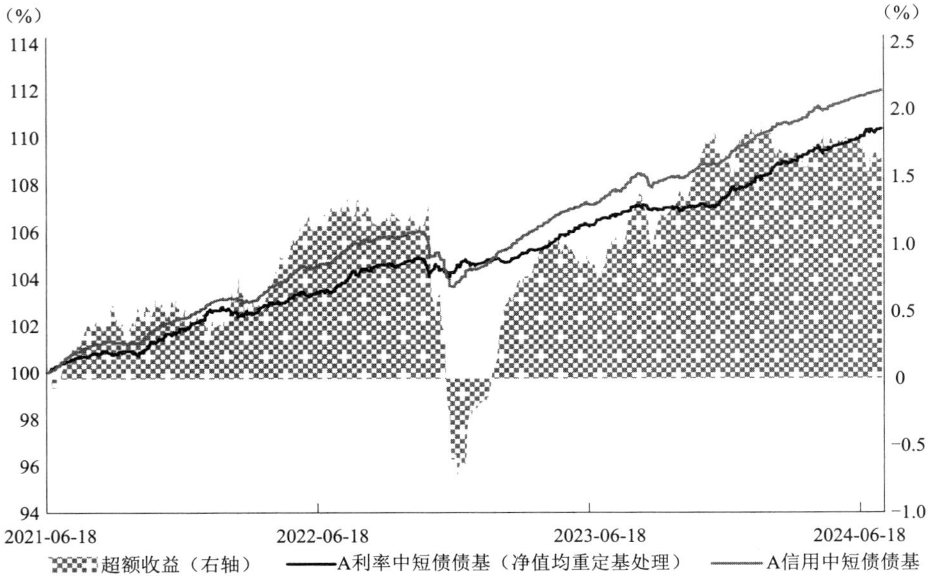

图 4-13 市场极端情况下不同债券基金风险的差异

由图4-13可知，在绝大多数时间，A信用中短债债基的收益率都能跑赢A利率中短债债基，超额收益也一直稳步累加。这主要是因为其底层资产绝大多数仓位配置了信用债，能够获取较多的信用利差。如果于2022年年中时点，基于过往一年的数据对这两只基金进行对比，很容易草率地认为A信用中短债债基就是一个在收益和风险维度全面优于A利率中短债债基的产品。但是，一旦市场因流动性短缺而出现下跌，如在2022年10月至2023年2月被称为"赎回潮"的债券市场大跌中，由于信用债的流动性远不如利率债，在流动性紧张时就需要大幅折价才能卖出，因此，A信用中短债债基相比A利率中短债债基出现了更大的回撤幅度，回吐了自2021年6月以来的全部超额收益甚至更多。鉴于2023年初的下跌幅度超出寻常，且当时市场普遍预期非常悲观，尽管A信用中短债债基的基金经理的管理能力优秀，使得其收益较快修复，但仍有不少投资者被迫在最低点赎回该基金，蒙受了较大损失。

而且，很多时候，并不是所有债券基金都能像A信用中短债债基那样，在基金经理的成功操作下快速实现大幅回撤后的净值修复。例如，B中短债债基是与A信用中短债债基一样采用信用债策略的基金产品，也配置了较多低流动性信用债，且久期也相近，虽然2021年12月至2022年10月的收益很不错，甚至高于A信用中短债债基，但在11

月末便出现了高达 17%的巨幅回撤，并且从此一蹶不振，再也未能恢复元气，具体如图 4-14 所示。

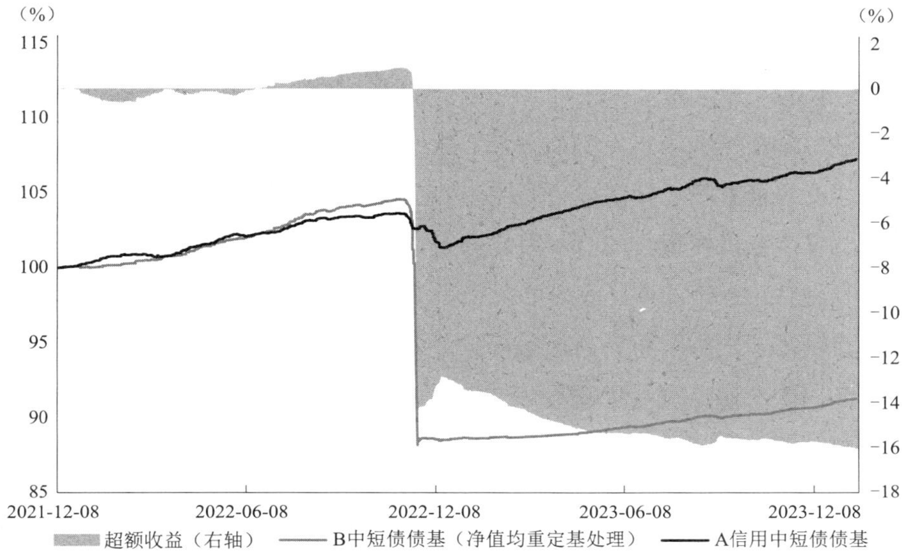

图 4-14　市场极端情况下债券基金出现无法恢复的亏损

二、高收益和大规模的冲突

基金行业以其高度的公开性和透明度著称，其中地域和情感因素对竞争的影响微乎其微。投资者通常不会因为基金公司的地理位置或基金经理的个人魅力而做出投资选择，而是将几乎所有的决策权重放在基金的历史业绩上。随着互联网销售平台的兴起，投资者可以轻松赎回表现不佳的基金，并将资金转移到前景看好的产品中，这一过程的转换成本极低。同时，各销售渠道对于“有潜力”的基金产品进行了充分宣传，这就导致了一种现象：一旦某基金产品在一段时间内表现出色并获得市场关注，它就能迅速吸引大量资金流入。无论是股票基金还是债券基金，都曾有过因阶段性优秀业绩吸引到几十亿元、几百亿元，甚至上千亿元资金的庞大基金产品。

诚然，不少基金产品在规模急剧扩大后，仍能保持非常优秀的业绩表现。换个角度思考，一个基金经理能把基金产品做出骄人的业绩，吸引到百亿元以上的规模，本身就说明了这个基金经理自身过人的能力、才华和市场优势地位。笔者也无意武断地说，规模过大的产品，其业绩一定不好。但是，仅从逻辑推演的角度，基于现有的实证案例，可以负责任地说，至少在债券基金的部分细分类别下，一只债券基金规模如果过大，确实可能对其收益产生负面影响。

在基金研究中，有一个重要的概念“策略容量”，意思是某种投资策略取得理想的收益所能容纳的资金规模。在公募基金领域，策略容量导致基金规模过大时会对业绩产生负面影响的典型案例就是股票“打新”型基金。由于每次新股中签的规模和利润会被基金规模摊薄，所以一旦基金规模超过10亿元的最佳规模，业绩就会随着规模的扩大而不断衰退。在债券基金领域中也有类似现象。由于债券市场具有鲜明的场外市场特征，某一券种日均成交规模有限，且基金公司交易室人工操作可以支持的日均交易量也比较有限，很多债券基金在规模很小的时候可以通过一些特定策略很好地增厚收益，但随着规模的增大，这种特定策略的增厚效果也会被规模摊薄。

从逻辑推理来说，所有需要高换手率的券种轮动、利率债久期调节和股债资产配置策略等，都会因为规模过大，交易室越发难以处理而慢慢失效。但是，在数据实证环节，这种规模对业绩的负面效果往往被基金经理阶段性判断准确度、基金风格是否适合当下市场、基金是否采用限购等影响更大的因素所掩盖，因此很难通过控制变量的方法得出结论。然而，在信用类纯债债基，尤其是短债债基领域，由于超额收益主要源于个券筛选和交易价差，而这类机会总量有限，所以规模的大幅增长对业绩的不良影响也较为明显。

例如，财×××短债债基和兴×××短债债基均以配置信用债为主，以优选、挖掘票息收益较高的信用债为主要超额收益来源。分别负责两只产品的基金经理均未发生变更，且两位基金经理的水平能力、投资理念也比较稳定。此外，由于两只产品均为短债产品，久期调整对业绩的影响也都有限。2020年6月至2022年12月前后，相对兴×××短债债基，财×××短债债基均能稳定地通过信用债选择创造超额收益，而从2023年开始，随着其规模的大幅扩张（一度超过200亿元），其相对兴×××短债债基的业绩超额能力也不断下滑；而反观兴×××短债债基，由于规模一直未突破100亿元，其整体业绩一直稳定在全市场靠前水平，具体如图4-15所示。

虽然规模过大可能对业绩有负面影响，但很多时候，规模过小可能对债券基金也有不良作用。由于债券市场以场外的银行间市场为主要流动场所，具有显著的机构属性，单笔债券交易往往需要在1 000万元以上，而公募债基受到监管约束，单一债券持有比例又不能超过债券基金总规模的10%，所以规模在1亿元以下的债券基金产品在日常交易的过程中往往举步维艰，零散数量的债券既买不到也卖不掉，自然会对业绩造成不良影响。

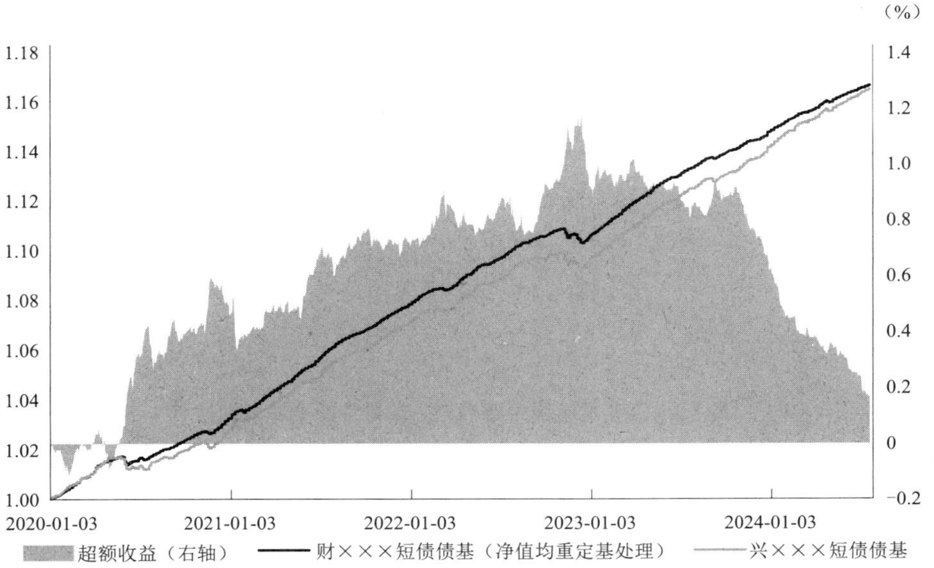

图 4-15　规模过大对信用类基金超额收益的负面影响

三、规模和风险的冲突

“不可能三角”的最后一环冲突是规模和风险的冲突。实证来看，由于债券市场的体量庞大、品种繁多，只要基金产品明确界定投资范围，基金经理审慎操作且严格遵守投资限制，确实可以在规模做到极大的情况下仍然保持相对较低的风险。比如货币基金、短债债基（尤其是利率债短债债基）等，均能在吸纳数百亿元甚至上千亿元的情况下维持相对较小的净值波动。即便如此，基于流动性和债券市场交易容量的原因，管理一只较大规模的债券基金并不是一件容易的事情，尤其是当规模本身的稳定性较差时，会严重增加债券基金的各项风险，并最终体现在其净值的变化中。

如果一只债券基金经常出现较大规模的申购或赎回，基金经理在不断进行相应的债券买卖以应对申赎时，会持续向市场索取流动性，从而承担市场买卖价差的成本。尤其在市场流动性紧张的时点，这种价差成本尤其巨大，基金经理可能被迫低价卖券或高价买券，从而导致业绩异常且负面的波动。将债券基金定期报告中公布的报告期内申购份额和赎回份额的总值，除以其报告期末的合计份额规模，就可以构建衡量该债券基金规模稳定性的复合指标。该指标的最小值为0，代表该债券基金在报告期中既没有申购也没有赎回，规模极为稳定。如果该指标大于300%，则可认为该债券基金的规模极不稳定。从实证来看，基金规模的稳定程度越低，其净值波动的风险就越高。

过往五年的数据显示（见表 4-5），基金的规模波动幅度越大，其平均最大回撤的幅度也越大，在2020年至2021年的牛市或震荡市中，年度申赎总份额和基金本身规模的比值与其平均最大回撤基本成正比；而在“赎回潮”闻名的2022年和市场在第三季度至第四季度出现一定波动的2023年和2024年，这种相关性仍然存在：未发生申赎或申赎规模在基金规模的30%以内的债券基金，最大回撤最小；而超过30%以后，其最大回撤明显增大。虽然并未发生在“>300%”的最高档，主要是因为个别配置股票和可转债较多的混合债基或可转债债基，尽管规模变动不大，但由于股票下跌的影响，在2022年至2024年出现了较大幅度的回撤。这更多体现了市场价格风险而非规模变动带来的流动性风险，整体上不影响此处的结论。

表4-5 各年度不同申赎档位下的债券基金最大回撤

单位：%

申赎合计比例＼年份	2024年	2023年	2022年	2021年	2020年
>300%	−1.83	−1.19	−2.74	−1.82	−3.13
150%～300%	−1.82	−1.69	−3.67	−1.84	−3.03
100%～150%	−2.42	−1.67	−3.03	−1.58	−2.64
60%～100%	−2.09	−1.73	−2.97	−1.12	−2.55
30%～60%	−2.3	−1.67	−2.77	−0.58	−2.57
0～30%	−0.99	−0.68	−1.74	−0.57	−2.17
0	−0.8	−0.53	−1.85	−0.33	−2.31

除最大回撤外，债券基金净值波动率这一指标也体现了其对基金规模变化的敏感性。过往五年的数据显示（见表4-6），申赎幅度超过规模150%基金的波动率（表中上排加粗部分）显著高于申赎幅度低于规模30%基金的波动率（表中加粗斜体部分）。由于大多数投资者天生具有风险厌恶属性，波动率越高，持有体验越差。可以认为，在相同情况下，一只规模稳定性较好的债券基金，其持有体验将显著优于经常遭遇大额申赎、规模稳定性较差的债券基金。

表4-6 各年度不同申赎档位下的债券基金净值波动率

单位：%

申赎合计比例＼年份	2024年	2023年	2022年	2021年	2020年
>300%	**1.91**	**1.18**	**2.04**	**2.47**	**3.47**

续表

年份 申赎合计比例	2024年	2023年	2022年	2021年	2020年
150%～300%	**2.34**	**1.66**	**2.92**	**2.65**	**3.54**
100%～150%	2.52	1.61	2.45	2.27	2.92
60%～100%	2.74	1.7	2.61	1.96	2.64
30%～60%	2.6	1.75	2.41	1.2	2.86
0～30%	***1.29***	***0.82***	***1.29***	***0.96***	***1.71***
0	***0.81***	***0.78***	***1.25***	***0.7***	***2.09***

本章小结

本章以业绩比较基准作为刻画和研究债券基金的抓手，学习了债券基金组合的内部结构，并从中发掘了创造超额收益、提升业绩表现的方式。此外，也认识到债券基金运作的整体性，增厚超额收益的尝试本身也会带来对应特有的风险，同时受到基金规模的制约。这种关系可以被总结为债券基金的“不可能三角”，并基于实例和统计数据，描绘了这三者的冲突关系。

真正好的基金产品，不一定是完美无缺的基金产品，但一定是最符合投资者需求的基金产品。下一章将介绍能够激发债券基金某一方面优势的关键因素，并介绍定性研究分析方法。

第五章　债券基金的定性分析和择优方法

债券基金的形成是人类社会和市场发展的产物，其收益和波动由无数市场参与者共同作用产生。本章将分析债券基金的运作机理及其管理人（基金公司）和操盘人（基金经理）之间的紧密联系，帮助投资者在合适的时点选择适合的债券基金。

第一节　好基金公司是好债券基金产品的孵化器

尽管基金行业已有 20 多年的发展历程，目前债券基金的规模已远超股票基金，但在基金行业初期，主要发展的品种是股票基金和股权投资基金，债券基金则处于辅助地位。由于资源投入的不同及公司业务定位的差异，各基金公司在布局和规划债券基金业务时的策略也各不相同。最终经过多轮牛熊的发展和沉淀，市场逐渐形成了以几家头部基金公司为主导的大而全的主流架构、中部基金公司各具特色的差异化竞争，以及尾部基金公司依赖小团队、核心基金经理与基金产品创造收入的三个层面的市场竞争格局。

深入分析在债券基金领域活跃的基金公司的整体情况，了解它们用于管理债券基金的固收板块的运作结构，以及这些结构如何具体影响基金经理和基金产品的表现，是选择债券基金的重要一环。

截至 2024 年末，在获得公募基金牌照的 202 家基金公司和券商资管中，约有 180 家发行了债券基金产品。其余 22 家出于各种考虑，未涉足债券基金管理业务。在这 180 家展业的基金公司中，竞争格局呈现出明显的头部效应。当前，管理规模最大的前 20 家基金公司（见表 5-1）共持有全部 10.5 万亿元公募债基中的 5.5 万亿元，而规模最小的最后 20 家基金公司合计仅持有 45 亿元的公募债基规模。其中，博时基金、广发基金、易方达基金和招商基金四家公司管理的债券基金规模均超过 3 500亿元。

表 5-1 债券基金规模前 20 的基金公司

单位：亿元

序　号	基金公司	债券基金	货币基金	全部基金
1	博时基金管理有限公司	4 487	4 608	10 917
2	广发基金管理有限公司	3 948	6 252	14 183
3	易方达基金管理有限公司	3 828	6 226	19 585
4	招商基金管理有限公司	3 644	3 223	8 840
5	富国基金管理有限公司	3 276	4 068	10 649
6	永赢基金管理有限公司	3 170	1 780	5 284
7	华夏基金管理有限公司	2 939	5 497	17 142
8	嘉实基金管理有限公司	2 911	3 145	10 176
9	中银基金管理有限公司	2 880	3 024	6 183
10	鹏华基金管理有限公司	2 801	4 627	9 081
11	南方基金管理股份有限公司	2 526	6 367	12 853
12	工银瑞信基金管理有限公司	2 326	4 378	8 400
13	天弘基金管理有限公司	2 322	8 324	12 029
14	汇添富基金管理股份有限公司	2 192	4 149	9 032
15	景顺长城基金管理有限公司	2 104	1 719	5 903
16	兴业基金管理有限公司	2 070	1 252	3 474
17	平安基金管理有限公司	1 829	3 883	6 324
18	国泰基金管理有限公司	1 754	3 176	6 920
19	国寿安保基金管理有限公司	1 734	1 587	3 463
20	上银基金管理有限公司	1 728	656	2 414

数据来源：WIND，截至 2024 年末。

一、基金公司管理规模对债券基金的影响

一般而言，规模越大的基金公司在竞争中越有优势，这主要源于基金公司运营中存在显著的规模效应。由于公募基金行业受到严格监管，需要配备独立的办公场所，以及专职的投资、研究、交易、风控、合规、财务和管理人员。此外，还需配置昂贵的专属系统软件，如彭博、万得终端，同时每年定期采购投资研究专用的数据服务，如中债估值数据、评级数据、交易所的 Level 2 行情数据等，这些费用每年可达数百万元。如果管理的基金规模较小，在当前基金管理费率普遍较低的情况下，许多基金公司甚至无法满足上述基本运营和投研管理开支。然而，这些费用大多不会随着基金规模的扩大而增加。例如，无论基金公司的规模是 10 亿元还是几万亿元，往往只需要 1～2 个基金注册登记岗

的专职人员，操作相同金额采购的注册登记系统就可以完成全部的投资者基金份额登记工作。因此，基金公司管理的基金规模越大，越能够摊薄运营成本。

除基金公司运营外，债券基金的投资和研究也存在显著的规模效应。以债券研究为例，最核心的工作是建立和维护债券发行主体的可投库。根据笔者观察和总结，如果专职研究员少于三人，很难对全市场的债券发行主体进行全面研究和跟踪，最多只能建立一个以国债、政金债为主，辅以部分高评级信用债和极少数中低评级信用债的缩小版债券研究库。当研究员达到七人或更多时，就能够基本覆盖全市场所有的发债主体。如果研究员人数更多，还可以辅助基金经理研究宏观经济、开发利率和衍生品策略，并对海外资产进行覆盖等。这些研究成果在公司内部是可以共享和复用的。在目前的债券市场发展阶段①，无论基金公司管理的债券基金规模是几十亿元还是几万亿元，都需要按照相应规模配备具备充足知识储备和市场经验的研究人员。如果基金公司的规模过小，则很难招聘到扎实的研究团队，从而在债券基金投资管理中缺乏相应的支持，最终影响基金的业绩。

需要注意的是，尽管规模的提升意味着更多的可投入资源，对业绩有正面影响，但这并不意味着规模小的基金公司就无法推出优秀的产品。主要原因有以下两点。

第一，目前可以查阅到的债券基金规模数据仅包括公募债基的保有规模，而绝大多数基金公司除了发行和管理公募债基，还可以发行和管理私募债券专户产品。这些私募产品及其规模通常不会公开披露。相对于公募债基，私募债基的管理费率往往更高，且不少基金公司的私募保有规模也很大，并与公募债基共用研究和交易团队，在充分披露的情况下也可以共用基金经理。因此，这些私募专户能够为基金公司的固收团队贡献较多的收入，并带来相应的研究资源。对于部分券商资管而言，其发展私募债券产品在前，获取公募基金牌照在后。尽管在公募领域并不以规模著称，但公募加私募的整体规模较大，研究资源也非常充沛。

由于非上市公司没有公开数据可供查阅，因此笔者选取了资管业务收入排名前20的上市证券公司名单（见表5-2），供读者参考。一般而言，证券公司的资管业务收入主要包括权益类产品管理费收入、ABS和REITs产品收入，以及债券类资管产品的管理费收入等。然而，在近年的市场行情下，可以认为表5-2的资管收入大多由债券类产品带来。因此，排名靠前的证券公司资管部门往往也拥有较强的研究资源。特别是拥有公募牌照的券商资管部门，其整体机构设置与基金公司基本一致，在债券基金领域能够与大型基

① 基金公司需要的债券研究员数量取决于单个研究员可以覆盖跟踪研究的发债公司数量。在目前计算机软件系统没有颠覆性变革，且债券市场发行人数量在可预见的未来不会大幅增加或减少的情况下，这个数量是相对稳定的。

金公司同台竞技。

表 5-2　资管收入排名前 20 的上市证券公司

单位：亿元

序　号	证券公司	资管收入	公募牌照	序　号	证券公司	资管收入	公募牌照
1	中信证券	114.73	否	11	第一创业	11.45	否
2	广发证券	76	否	12	中金公司	10.96	否
3	国泰海通	46.42	是	13	申万宏源	10.35	否
4	国投资本	28.36	否	14	招商证券	9.24	是
5	兴业证券	25.54	是	15	首创证券	9.09	否
6	中泰证券	22.66	是	16	国信证券	8.52	否
7	财通证券	17.19	是	17	西部证券	7.55	否
8	华泰证券	14.33	是	18	国海证券	7.14	否
9	中信建投	12.56	否	19	国联民生	7.07	否
10	光大证券	11.52	否	20	信达证券	5.86	否

数据来源：WIND，截至 2024 年末。

第二，并不是所有的债券基金产品都依赖强大的研究资源才能取得优秀的业绩。例如，纯利率债策略的纯债债基更多依赖基金经理的个人交易能力。此外，许多基金公司会将其权益团队的选股研究成果共享给固收团队，帮助固收团队创造出优秀的混合二级债基和可转债债基。甚至很多基金采用双基金经理模式，即使债券部分的业绩平平无奇，只要股票部分的业绩出色，也能打造出非常优秀的混合二级债基或可转债债基。

因此，基金公司的管理规模较大只是塑造优秀债券基金产品的条件之一，不能武断地认为只应该购买大基金公司的产品，而完全排除小基金公司的产品。此外，读者也不能忽视第四章提到的内容，即单一基金的规模如果超过一定的策略容量，也会影响基金的业绩。因此，在挑选债券基金时，应根据基金公司和基金产品的具体情况进行具体分析。

二、基金公司在债券基金市场中的竞争地位和变化

正如前文所述，管理规模较大的基金公司可以获得更多的研究资源，从而提高基金的业绩。然而，规模较小的基金公司也可以通过专注于特定类型的债券基金来获得局部优势，打造出顶尖产品。前五大基金公司在可转债债基以外的几乎所有债券基金类型方面占据规模优势，细微差别在于：博时基金的中长期纯债债基和被动指数债基规模较大，

易方达基金的混合一级、二级债基规模较大，而嘉实基金主要在短期纯债债基品类上规模领先，具体见表5-3。

表5-3 排名前20的基金公司的各类债券基金规模

单位：亿元

序 号	基金公司	中长期纯债债基	混合一级债基	被动指数债基	混合二级债基	短期纯债债基	可转债债基
1	博时基金	2 750	50	994	176	592	10
2	广发基金	2 159	425	830	210	337	26
3	易方达基金	1 098	647	594	979	553	0
4	招商基金	2 087	547	130	470	328	0
5	富国基金	1 992	297	715	235	126	23
6	永赢基金	2 181	80	649	29	231	0
7	华夏基金	1 539	156	515	492	251	18
8	中银基金	2 220	61	304	226	109	14
9	嘉实基金	1 713	181	191	137	690	0
10	鹏华基金	1 814	250	454	95	173	59
11	南方基金	1 331	108	726	219	173	32
12	天弘基金	1 227	63	268	413	381	0
13	工银瑞信基金	1 374	107	334	151	314	51
14	汇添富基金	835	394	419	164	321	59
15	景顺长城基金	1 089	127	218	435	234	0
16	兴业基金	1 707	109	74	64	116	0
17	平安基金	1 124	154	256	21	275	0
18	国泰基金	1 174	75	150	50	306	1
19	国寿安保基金	1 224	279	121	17	93	0
20	上银基金	1 294	0	298	1	133	1

数据来源：WIND，截至2024年末。

由于基金行业竞争激烈，表5-3中的排名每三年可能会发生三分之一到一半的大幅变动。一些基金公司通过加强在部分债券基金品种上的投研资源投入或渠道宣传力度，提升了这些品种的规模；而另一些基金公司则因为个别基金经理的离任或拳头产品的业绩持续低迷，致使在某些债基品种上规模持续滑落。总体来看，仍然有约一半的基金公司能够凭借固有优势，巩固其在某些债券基金品种上的领先地位。对于那些排名变化的基金公司，如果仔细探究其提升或滑落的原因，也能发现一些规律。

1. 基金公司的整体经营理念和企业文化是否市场化、鼓励竞争，以及人员的考核机制直接影响债券基金规模排名

虽然目前市场上的基金公司都是商业化运营、自负盈亏的机构，但其整体经营份额仍然受到诸多因素影响而呈现明显的分化局面。部分基金公司受到股东经营风格的影响，内部人员考核制度激励性不强，做多做少一个样，做好做坏也一个样。2020 年前后，笔者出于研究全市场基金的目的，以潜在机构投资者的身份，多次接触某基金公司不同的销售人员，了解关于几只纯债债基和中短债债基的情况，但获得的营销材料制作非常简单、粗糙，很多数据也没有更新。基金经理却表示对当下的管理规模十分满意，并不需要更多资金进入。当时，其公司几只纯债债基的规模均在 20 亿元至 30 亿元，远没有达到“规模过大而影响业绩的程度”，但基金经理就已将单日申购金额锁定在 50 万元，后续更是下降到 100 元的极小金额。此外，在管理费率方面，该公司一直维持每年 0.5%的较高水平，并没有跟随市场其他基金公司进行降费，因此其业绩也一直不温不火。这家基金公司的债券基金管理规模在 2020 年位列第 10 名左右，而 2024 年已经滑落至第 25 名左右。

2. 管理历史上是否出现过重大负面事件，对债券基金规模的影响尤为明显

这种影响显著体现在采取信用债策略的纯债债基上，特别是发生净值大幅下跌（俗称踩雷）时，对机构投资者的申赎行为影响尤为显著。由于银行、保险和 FOF 等机构投资者通常拥有较为完善的基金研究体系，日常跟踪各家基金公司和各类债券基金的业绩走势，并密切关注市场消息，一旦某家基金公司的债券基金出现净值大幅下跌，会迅速引发这些投资者的群体性赎回，并在未来很长一段时间内回避该基金公司的债券基金。很多基金销售机构也会因此将疑似踩雷的基金产品移到宣传页面的不显眼位置，并寻找其他替代基金产品，这进一步加速了个人投资者对该债券基金乃至基金公司其他产品的赎回。

一个典型案例是 2022 年左右，某大型基金公司的拳头债基被曝出配置了大量地产债券，而且其中部分债券的地产公司传言即将破产，导致债券价格暴跌，最终引发基金净值出现了 5%～6%的大幅回撤。在半年的时间里，这只拳头债基的总规模从 100 亿元至 200 亿元大幅缩减到了 5 亿元以下。尽管该基金公司在事件发生后更换了基金经理，新任基金经理凭借较高的市场知名度和较强的后续管理业绩，很快抹平了基金的回撤，并逐步提升了业绩排名，但受到该事件影响，该基金公司的债券基金规模排名仍然从头部逐步下滑到中部位置。

3. 有没有搭上互联网平台高速发展的快车是影响债券基金规模增长的关键因素之一

第一章中介绍，以蚂蚁基金和腾讯理财通为代表的互联网基金销售公司在 2019 年至 2024 年这五年间经历了飞速发展。通过手机 App 下单的投资者主要是风险偏好较低、寻求稳健收益的普通投资者，他们大多使用零散的日常储蓄和工资收入结余进行投资。这些投资者的特点是人数多、交易笔数多、单笔金额低、对收益要求不高，但对回撤较为敏感。货币基金、短债债基、纯债债基和混合一级债基等低风险品种较符合他们的投资目标。凭借互联网销售平台的强大流量，单只基金一旦登上首页推荐名单，很快就能迎来规模的大幅增长。例如，某券商资管在 2019 年的债券基金规模排名在 100 名左右，属于非常靠后的位置。然而，凭借一只高票息的短债产品成为蚂蚁基金的“金选”产品后，其规模从 3 亿元在三年内快速增长到了 150 亿元左右，基金公司的规模排名也从尾部上升到中部。由于大多数投资者只在购买前研究选择哪只基金，在购买后，只要该基金不出现大幅亏损，往往怠于持续跟踪研究，因此，即使该短债债基后续因高票息策略失效而出现业绩下滑，但至今仍然维持了较大的规模。

4. 绩优基金经理的离职和入职对基金公司的规模及业绩有着显著影响

债券基金的整体运作是一项团队协作的业务，与股票基金领域对绩优基金经理的过度推崇不同，单只债券基金的业绩更多受到公司和团队文化及实力的影响。但这并不意味着基金经理的能力和名声在投资者心目中不重要。事实上，随着某个绩优基金经理的离任，基金公司的债券基金管理规模大幅缩减的案例屡见不鲜。例如，某大型基金公司的短债债基规模一度达到前三名的水平，但随着管理该拳头短债债基的基金经理离任，该基金规模从最高峰的 300 多亿元缩减至 50 亿元左右。

5. 基金公司的股东背景和集团支持是决定其债券基金规模及排名稳步增长的重要原因

虽然债券基金规模的增长主要依赖于优秀的基金业绩和畅通的销售渠道等，一味依赖母公司“输血”很难在债券基金领域真正建立优势，然而，在市场出现大幅回撤、投资者纷纷赎回的情况下，母公司的申购资金往往能够稳住规模，缓解赎回对业绩的压力，并坚定其他投资者的信心。特别是在 2022 年的“赎回潮”中，受到三、四季度债市大幅回撤的影响，从机构投资者到互联网个人投资者纷纷赎回债券基金，基金经理折价卖券进一步拉低市场价格，大多数基金公司在年末的规模相较年中都有明显缩水，业绩回撤也很大。但是，其中有几家由银行出资的基金公司在赎回力度最大的时候，收到了母公司的债券基金申购款，从而避免了回撤—折价螺旋，稳定了局面，甚至吸引了从其他债券基金中“逃难”出来的资金。此后，投资者在购买这些公司的产品时也更有信心，推动了它们的债券基金规模和排名稳步增长。

以上是基金公司在债券基金业务上取得成功或失败的五个因素，自 2018 年债券基金大发展以来，这些因素均被实践证明对部分或全部债券基金品种的成功起到了关键作用。值得注意的是，对于这些因素，只是事后基于事实总结出的影响，并依据逻辑推断其在可见的未来仍然有效，但是，这些因素并不是决定基金公司在债券基金领域成功与否的唯一条件。随着市场环境的变化，一些过去可能被忽视或者被视为理所当然的特质，由于某些特定事件的发生，也可能被证实对债券基金的发展具有重要影响。

三、基金公司的固收板块架构和运作模式

由于固收业务涵盖债券基金、货币基金、银行存款及利率衍生品等多个领域，并且这些业务所需的资源高度重叠，因此大多数基金公司倾向于将债券基金的管理纳入大固收板块下，由一位副总经理级别的高级管理人员负责统一监督，确保团队、人员和信息资源在内部能够顺畅地流通和共享。

（一）在投资决策委员会管理下对基金经理及其助理进行授权的治理模式

债券基金管理的最高决策机构是固收板块的投资决策委员会（简称投决会）。此外，基金公司还应该设置风险管理委员会对重要的风险事件进行监控和监督。

投决会通常由投资总监担任主席，并邀请几位资深委员参与其中，负责对重大投资事项进行审议和表决，同时监督基金经理的工作表现。此外，设置投决会秘书一职，专门负责投决会议程，并对会议内容和决定进行记录。对于每一项重要的投资决策，都需要详细的研究报告和风险评估作为支持，并且保留书面记录以备查。基金经理对债券基金的全部管理权限源于投决会的正式授权，在遵守相关法律法规的前提下，按照投决会制定的内部控制流程与规则，开展日常的基金管理工作。另外，基金公司可以在基金经理同意的前提下为其聘任基金经理助理（俗称基助）。基助在基金经理的授权范围内，进行对应债券基金的日常管理，并定期向基金经理汇报。一只基金如果规模较大，或涉及多种策略、多种资产的共同运作，基金公司往往会为其聘任多个基金经理和基助共同管理，以更好地分担工作量。基金经理及其助理的职责分工如图5-1所示。

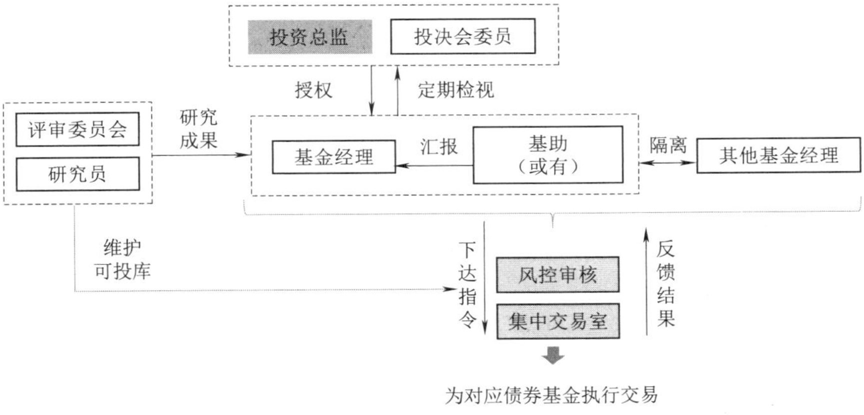

图5-1 基金经理及其助理的职责分工

投决会主要扮演规则制定者和重大事项决策者的角色，在授权后通常不会干预基金经理对债券基金的日常具体投资管理操作，比如购买哪些债券、下单价格以及为管理的多只债券基金分配的具体数量等。《证券投资基金管理公司公平交易制度指导意见》第十条明确规定，“投资决策委员会和投资总监等管理机构和人员不得对投资组合经理在授权范围内的投资活动进行干预”。此规定的目的在于强化不同基金经理之间的信息隔离墙的有效性，加强对投决会和投资总监等潜在“骑墙者”的管理，通过隔离不同基金经理之间的持仓和交易等重大非公开投资信息，杜绝基金经理间的共谋行为，以防止市场操控。

（二）构建基于备选库的债券研究体系

作为债券基金风险管理的首要责任人，基金经理需承担起对所购买债券可能引发的信用风险、流动性风险等隐患的主要责任。然而，这并不意味着一旦获得投决会授权管理某只基金，基金经理就能全权决定购买哪些债券。为了提高基金经理投资决策的科学性和客观性，更好地保障投资者的利益，基金公司应该进行独立客观的研究工作，遵照严密的研究工作业务流程，形成科学有效的研究方法和投资对象备选库生成及管理制度，由研究部门根据基金契约要求，在充分研究的基础上建立和维护备选库。而基金经理只能在备选库的范围内，选择对应的债券进行投资。债券研究和形成备选库的一般流程如图5-2所示。

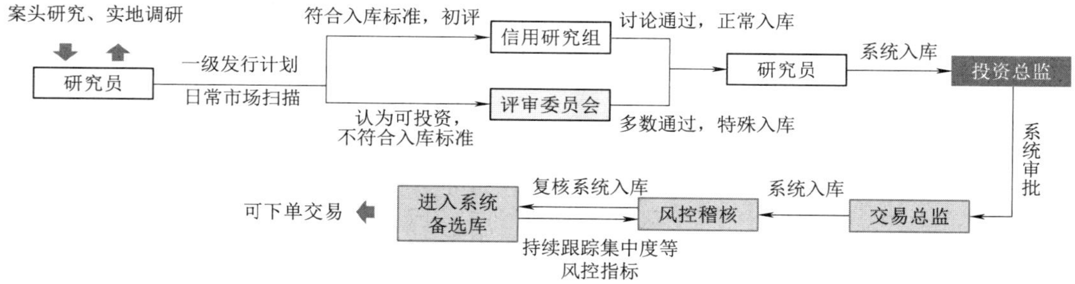

图5-2 债券研究和形成备选库流程示意图

债券研究团队的研究员，除少数专注于策略或宏观分析外，大多致力于评估债券的信用资质和发行人的财务状况，也称信评研究员。信评研究员通常具备扎实的会计、统计及财务报表分析基础，以深入剖析企业的财务健康状况和偿债能力。此外，他们还拥有一定的行业研究能力，能够定位债券发行人所在行业的景气程度和周期性，从而预测未来行业走势对相应债券发行企业偿债能力的影响。为了验证财务报表的真实性，并补充缺失的信息，信评研究员经常需要出差前往发行人所在公司进行调研。最终，结合案头的财务报表研究、行业景气度分析和实地调研结果，形成关于是否将某企业发行的债券纳入备选库的专业判断。

大多数基金公司的固收板块会在监管指导意见的基础上，进一步细化研究工作，对债券备选库的管理也不仅仅局限于“库内”和“库外”，“可投资”和“可不投资”的区别。部分基金公司会将其进一步细化为“可新增投资的白名单”“过往已投且现有存量债券但不能再新增投资的灰名单”“不能投资，若有存量需立即清仓的黑名单”。对于“可新增投资”这一细分库，部分基金公司还会进一步细分。例如，除国债和政金债等利率债品种可以不加限制地入库投资外，对于支柱性产业的重要央企和国企，信用风险极低，则加入仓位限制较为宽松的高资质细分库，如可配置7%～10%①；对于资质较弱的地方城投公司，则归入仓位限制更加严格的中等资质细分库，如4%～7%；对于资质更弱的债券发行人，则进入仓位限制最为严格的最低等级细分库，如4%以内。此外，不少基金公司的债券研究团队还会根据债券剩余期限进行额外的备选库细分。即使发行人的信用资质很好，但如果债券期限很长且不确定性较高，也不会大仓位投资；相反，如果债券期限较短（如1年内到期），即使发行人资质略弱，也可以适当放宽基金经理的投资仓位限制。以上提到的备选库细分方法仅为示例。各家基金公司在遵循监管指导意见的前提下，都会根据自身资源和实际需求，设置不同的备选库细分体系。

所有这些研究和备选库的设置，客观上都对基金经理形成了制约，使得他们的投资管理职能在一个相对透明和严谨的环境中进行。这不仅减少了因道德风险和随意决策而损害投资者利益的可能性，还增强了整个投资过程的规范性和可靠性。

需要注意，除基金经理与债券研究团队的紧密协作外，对于债券基金中的含权品种（如混合一级、二级债基和可转债债基），还需要依赖可转债和股票研究团队的专业支持。这些团队的工作成果能够帮助基金经理更精准地挑选出合适的投资标的。此外，许多基金公司会为混合一级、二级债基配置两名或多名基金经理，分别负责管理债券基金中的股票部分和债券部分的仓位，以确保投资组合的多元化和专业化管理。

（三）固收板块内多部门协同及跨板块协同模式

如前文所述，目前约有180家基金公司参与债券基金和货币基金产品的业务。在这些基金公司中，管理规模最大的公司保有数千亿元的基金产品，而规模较小的公司甚至不到1亿元。这种规模和收入的巨大差异，导致每家基金公司在固收板块的人员配置和分工模式上存在显著差异。

1. 模式一：投研一体化的互动模式

许多小型基金公司的固收板块通常不到10人，仅能满足监管制度中对投决会、基金

① 参考《公开募集证券投资基金运作管理办法》第三十二条的规定。

经理、研究员和交易员的基本要求。即使是一些初具规模的中型基金公司，其固收板块也仅有几十人。尽管这些基金公司可能推出货币基金、短债债基、混合债基等多种产品，需要不同类型的基金经理和研究人员，但这些人往往会集中在一个较大的固收部门，由一个投资总监全面领导。根据具体产品的需要，一位基金经理可能需要身兼数职（比如同时管理货币基金、纯债债基，甚至混合债基）。除必要的维护债券可投库的信评研究员外，部分基金公司还会聘请专职人员进行策略研究、宏观研究或可转债研究，而有些基金公司则由信评研究员兼任这些角色，还有一些基金公司会从权益（股票）板块引入资源，共享股票研究员的成果。由于债券自上而下、资产—负债匹配的投资模式与以选股为主的股票投资差异极大，而且同时精通股票和债券的基金经理十分少见，因此这些基金公司的混合一级、二级债基和可转债债基中的权益类资产，很多是由来自权益板块的股票基金经理协助管理，将混合债基仓位分为债券和股票两部分进行分仓管理。

这种投资人员和研究人员共处同一部门，并由投资总监统一管理的模式，称为投研一体化的互动模式（如图 5-3 所示）。其优点在于协同紧密、信息沟通顺畅。研究人员和投资人员之间的转换与晋升机制便捷，研究员因此更有动力产出基金经理真正需要的研究成果，从而提升整体运作效率。然而，这种模式的缺点也显而易见：最佳运作规模有限，随着团队规模和人员的扩大，组织容易变得臃肿，很多时候需要依赖外部信息补充。此外，投资和研究之间的独立性较弱，可能影响决策质量。

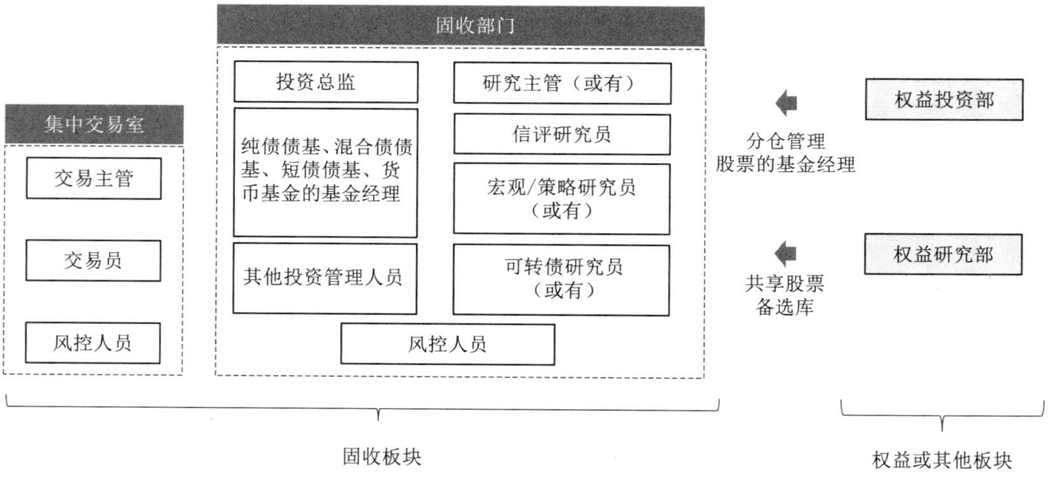

图 5-3 投研一体化的互动模式

2. 模式二：投资和研究平行独立运作的协作模式

从管理学的角度来看，一个人能够直接管理的人员数量是有限的，最优的管理人数一般在 5 人至 15 人。如果一个人的直接下属超过这个数字，他往往无法随时了解每个下属的具体工作内容，这时就需要将人员拆分成更小的团队，并引入中间管理者以提高整体运作效率。此外，基于上文提到的投资与研究之间需要保持一定的独立性并互相制约，随着固收板块人员和规模的增加，大多数基金公司会选择将原本的大固收部门拆分为投资部和研究部——投资部由投资总监管理，而研究部则委任一位研究主管作为管理者，两者均向负责整个固收板块的基金公司副总经理级领导汇报。这就是投资和研究平行独立运作的协作模式，具体如图 5-4 所示。然而，考虑到研究辅助投资对提升债券基金产品质量的重要性，以及“研而优则投”的惯例，许多研究主管也会兼任投资部的基金经理，并接受投资总监的领导。

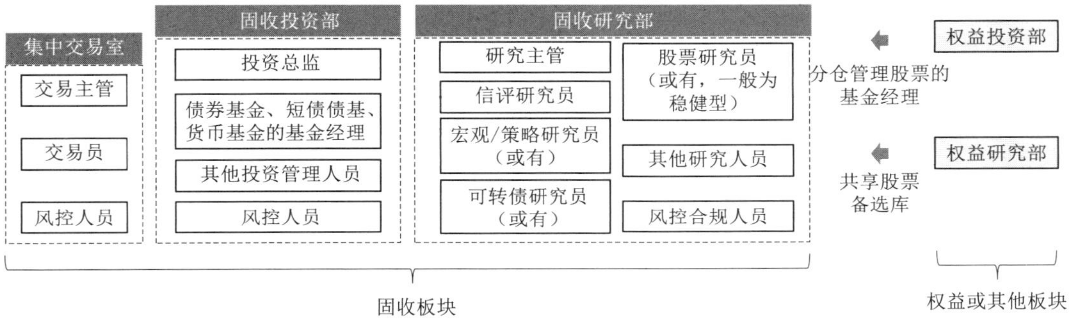

图 5-4 投资和研究平行独立运作的协作模式

在有了更大规模、更多收入和人员后，固收板块内部也有了更多资源配置细分领域的研究员，如宏观、策略研究（主要用于预测债券利率走势），可转债研究等。由于优秀的混合一级、二级债基等产品在配置股票时，需要考虑股票部分表现和债券部分表现的联动关系、如何选择合适的风格和行业的股票、与哪些债券一起配置可以实现更高收益和更低波动的业绩等，所以，部分基金公司的固收板块还会在研究部中聘用股票研究员，在公司股票备选库和研究结果的基础上，对那些稳健型且更适合在混合一级、二级债基中配置的股票进行更深入的专门研究。

3. 模式三：多部门协同模式

随着基金管理规模的进一步扩大和人员数量的增加，部分中大型基金公司会对固收板块的投资部门进一步细分。常见的做法是将原有的投资部拆分，单独成立现金管理部，专门负责货币基金和短债债基的管理。此外，一些基金公司还会把管理混合一级、二级债基和可转债债基的基金经理及其他投资人员纳入混合资产投资部，从而形成多个投资部门平行运作的协同模式，具体如图 5-5 所示。

这种多部门的拆分主要是基于不同基金品种的基金经理在关注点上的差异。短债债基和货币基金的基金经理更关注短债、同业存单和逆回购等资产的利率，他们形成一个小组能够更好地促进内部交流，进而形成工作合力。中长期纯债债基的基金经理则更关注中长期债券的利率，能够更频繁地使用波段交易等策略。而混合债基的基金经理的关注点主要集中在股票选择和可转债策略上，与其他两类有所不同。通过分部门管理，可以有针对性地制定管理制度、安排内部会议和研究方向，从而更有助于推出优秀的产品。至于三个部门领导中谁担任整个固收投资板块的投资总监，还是由三个细分领域的团队长各自平行接受公司副总经理的管理，这没有定论，通常根据公司的具体情况、人员资历和业绩等因素综合决定。

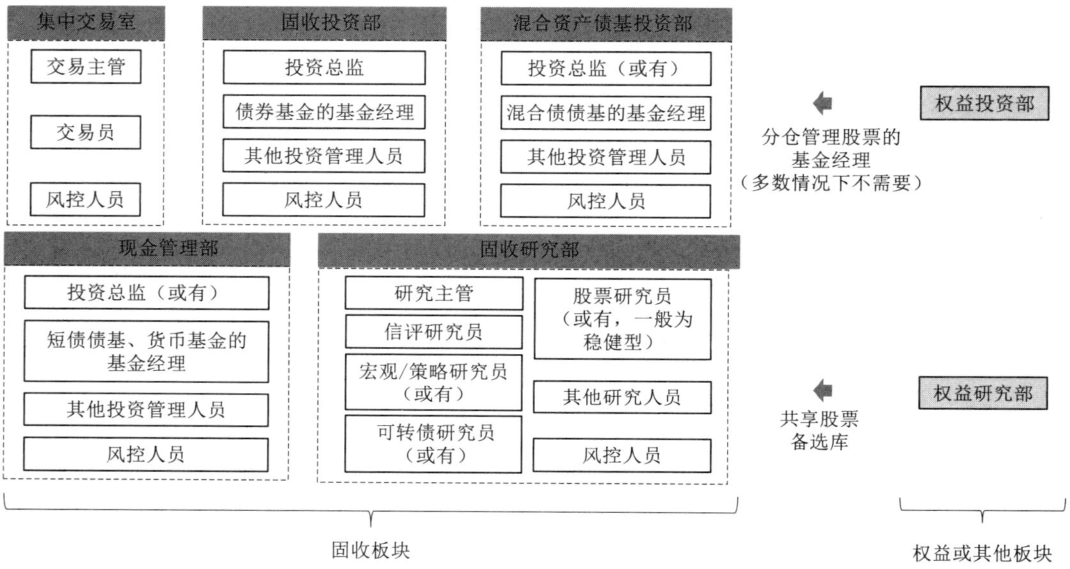

图 5-5 多部门协同模式

（四）固收板块的交易部门

在公募基金管理中，实行集中交易制度。交易主管负责的集中交易室按照价格优先、时间优先的原则，公平执行所有经过风控合规审核后的交易指令。这一制度确保了不同基金和投资者的利益能够得到公平对待。

由于基金经理只能看到自己管理的基金产品的交易情况，因此对全基金公司层面的交易对手白名单管理、交易对手暴露和交易主体集中度的把控，通常由交易主管负责的集中交易室完成。在满足监管设置的风控底线指标的基础上，内部风控会设定更加严格的内控指标，以预留安全垫。基金经理的日常交易提交和风控合规审批流程，只要在内控指标范围内，为保证执行效率，通常由自动化的交易监测、预警和反馈系统一体处理完成。如有特殊情况需要临时突破内控指标但不突破监管指标，则可在系统提交后由风控经理人工审批，再交由交易室执行。具体的债券交易指令执行流程如图 5-6 所示。

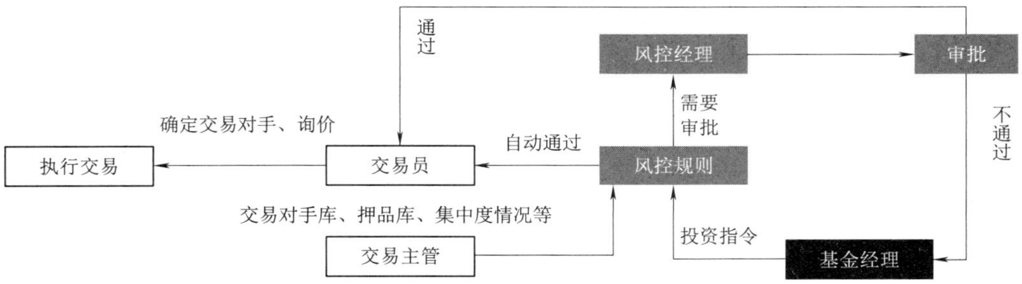

图 5-6 债券交易指令的执行流程

因债券交易主要在实名一对一交易的银行间市场进行，为了确保交易执行的公平性并避免基金经理对特定交易对手输送利益，交易员在收到基金经理发出且已通过风控审核的投资指令后，需自行在市场中寻找最佳交易对手。他们通过多家询价和比价，确定最佳交易价格和节奏（比如，将一笔大单拆分为多笔小单执行等），从而在基金经理的指令基础上获得更好的交易成果。

此外，对交易员的考核，包括交易执行的效率和价格，以及交易处理的及时性和准确性。由于交易员直接决定资金的流向和处理结果，集中交易室通常受到更加严格的无死角监控和人员出入管理。大部分更看重交易执行效率的基金公司，将集中交易室置于固收板块管理，属于前台业务部门。这意味着债券交易员有更多转型为债券研究或基金经理的职业机会和晋升途径。也有少数更重视交易安全和合规性的基金公司，会把集中交易室归到中后台的运维板块。关于债券交易的具体方式和流程，感兴趣的读者可以参考《债券实操指南：交易、研究与量化投资》第 4 章和第 5 章的内容。

以上是固收板块中的投资、研究和交易部门各自的运作模式及协作关系。通过对其了解，有助于从另一个维度发掘更加优秀的基金公司和基金产品。

第二节 如何选择更有价值的基金经理

在上一节中，对基金公司的固收板块进行了详细介绍，涵盖了几乎所有的职能和人员。然而，对于最关键的岗位——基金经理，有意略过了部分内容。由于基金经理对债券基金的业绩影响至关重要，且目前市场中债券基金的基金经理背景、风格和能力各异，因此有必要专门用一节来集中讲解基金经理相关的全部内容。

一、基金经理在团队中的作用

基金经理在团队中的作用主要有以下方面。

1. 在债券基金管理中的核心作用

公募债基运作的核心和基础是资产—负债匹配，因此，一只债券基金的良好运行不仅包括基于研究结果进行有效的债券投资，与交易员合作确保每一笔交易圆满完成，从而提升基金资产的收益；还包括妥善管理负债端，即服务好基金的投资者。这涉及平衡投资者的申赎需求、应对投资者申购规模过大对业绩的负面影响，以及基金公司通过规模增长获取管理费收益这三者之间的关系。这一切都离不开基金经理的核心作用。具体表现为：基金经理时刻紧跟市场动态，在投决会的指导下，与基金研究员深度交互，向债券研究员提出研究需求，并根据研究员的产出形成对市场走势的中期判断和债券基金的中期投资方案；同时，根据基金会计产出的估值表、投资管理系统中根据估值表生成的资金流水表，设计现金流台账，并最终形成短期的资金管理方案；将中期投资方案落实成债券交易计划，把短期资金管理方案落实成回购交易计划，交由对应的交易员执行，具体如图 5-7 所示。

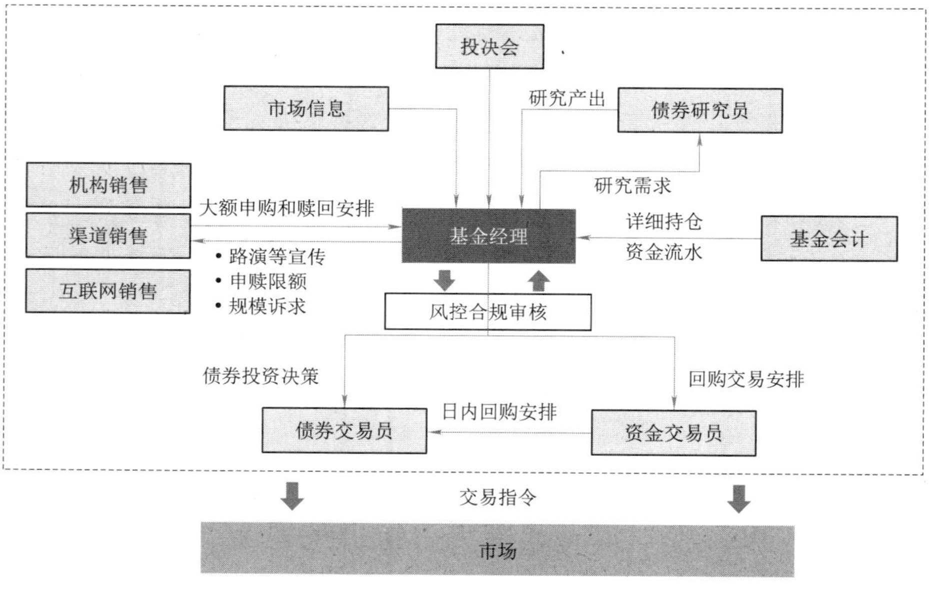

图 5-7　基金经理在债券基金管理中的核心作用

2. 配合做好基金的营销工作

基金经理还需要与各类基金销售互动，配合做好基金的营销工作。基金产品的销售通常以三种模式进行：面向大型机构投资者的直销模式、面向银行和证券公司等的线下代销模式、面向互联网基金销售机构的线上代销模式。这三种模式的投资者需求特点和专业程度均不相同，投资者的申赎行为也有各自的习惯。大多数基金公司或多或少都有规模增长和获取管理费收入的压力，而基金销售人员的专业性往往参差不齐，对特定债券基金的具体投资理念和操作也不一定熟悉，因此基金经理不得不配合参加营销活动，充当“专业大脑”的角色，阐述自己的投资理念和思路，让投资者更好地了解基金产品，从而做出更加理性的投资行为。

大型机构投资者往往青睐小规模会议和路演的营销形式，希望与基金经理进行互动。银行和证券公司等渠道营销则更加注重对营业网点的培训，采取大型会议等形式，对各个区域的中小投资者维持相当的影响力和产品热度。而互联网渠道则大多以直播互动、公开文章等方式，紧抓高时效性的热点，吸引流量，扩大入口，促成年轻个人投资者的购买。在上述各类营销活动中，基金经理也能够很好地了解投资者的特点、心态和当下的诉求，进而推测其未来的申赎行为规律，并将这些申赎需求与产品当下的规模、公司的考核等相结合，形成并不断更新基金的申赎状态：是否要限制大额申购，每日限制申购金额设为多少，是否需要分红，未来主要拓展哪些类型的投资者以更加匹配债券基金的特征等。

要协调如此多的信息和需求，并将多方力量形成合力以共同推动债券基金业绩的提升，需要基金经理具有非常成熟的心理特质和综合判断能力。即使在量化投资和全自动投资策略已经高度发达的今天，量化程序也无法替代基金经理这一岗位。

3. 其他作用

作为基金公司中的资深骨干员工，基金经理往往还肩负着一些管理职能，包括指导年轻的研究员、基助进行研究和投资工作，与内部风控合规人员进行互动等。此外，由于债券市场天然具有快速变化的属性，不少投资策略、管理方法会被市场自然淘汰，或随着监管法规的变化而失效，所以，在上述日常工作之余，基金经理还需要不断自我提升，学习新知识，并开发新的投资策略。

二、如何挑选优秀的基金经理

债券基金的交易成交和报价的连续性远小于股票，这导致偶然性更高，所以在挑选优秀基金经理时，需要尽量排除运气和偶然因素的影响。最好的方法就是，跟踪基金经理的长期业绩，并与同类基金产品的基金经理进行比较，仔细审视他们在面对相同市场行情时的表现。也正因如此，在相同情况下，应优先选择已从业多年、凭借数年的债券基金管理经历以及可追溯的业绩彰显出实力的基金经理，而非刚获得基金经理资格、经验尚浅的新基金经理。

当剔除随机不可控因素后，就可以聚焦基金经理本人身上真正能影响债券基金业绩好坏的特质，发掘对基金选择有帮助的因素。笔者认为，可以从以下三个方面进行定性归纳。

（一）基金经理的背景

在无法与基金经理面对面交流的情况下，通过基金经理变更公告和年报、半年报等定期报告中的“基金经理过往从业经历”了解基金经理的背景，成为投资者对基金经理形成综合判断的起点。

在基金经理变更公告中，一般包含的关于基金经理的信息具体见表5-4。其中，“证券从业年限”代表其通过从业资格考试后进入证券或基金业的工作时长。“证券投资管理从业年限”通常短于证券从业年限，表示其从业后在投资相关岗位上工作的总时长。在笔者看来，最值得一看的是“过往从业经历”，其对推测基金经理熟练掌握的技能、投资策略、操作风格和适应的市场环境等最有效。如果全面总结基金经理的从业背景，大致可以将其分为四类：交易员背景、研究员背景、投资背景、其他背景。这些背景所对应的能力和适合的基金产品如图5-8所示。

表5-4 基金经理信息（示例）

新任基金经理姓名	×××			
任职日期	2024—01—17			
证券从业年限	7年			
证券投资管理从业年限	5年			
过往从业经历	复旦大学经济学学士、硕士，7年证券相关从业经验。曾任A资信评估服务有限公司债券评级部债券分析师，B人寿保险股份有限公司资产管理中心信用研究员。现任C基金管理有限公司固定收益投资部基金经理			
管理过的公募基金名称及期间	基金代码	基金名称	任职日期	离任日期
	123456. OF	××纯债A	2024—01—17	
	654321. OF	××双债A	2022—01—17	
	456123. OF	××短债	2021—01—17	2022—01—10
是否曾被监管机构予以行政处罚或采取行政监管措施	否			
是否已取得基金从业资格	是			
取得的其他相关从业资格	—			
国籍	中国			
学历、学位	研究生学历、硕士学位			
是否已按规定在中国证券投资基金业协会注册/登记	是			

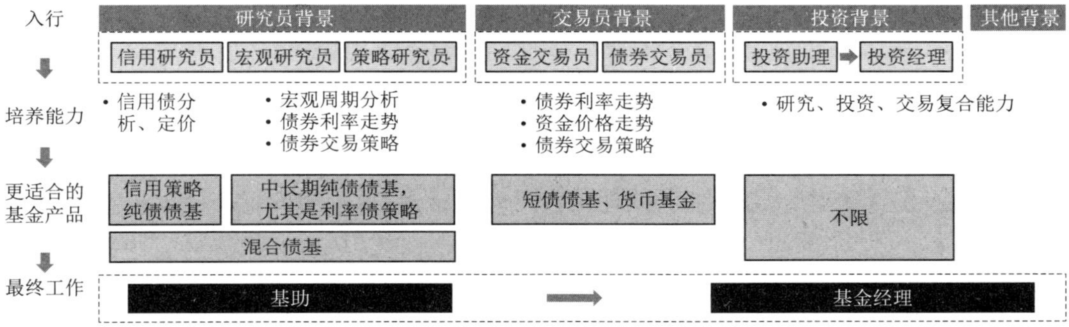

图 5-8 基金经理背景、能力与适合的产品类型

1. 交易员背景

货币基金、短债债基和债券指数基金的基金经理在进入行业初期，大多担任证券公司或基金公司的资金交易员、债券交易员、货币中介或销售交易人员。通过这份工作，他们培养了对回购利率和债券利率短期波动的高度敏感性，提高了制定完善的现金流台账的能力，并锻炼了推动每一笔交易准确执行的职业习惯。凭借交易员的背景，他们还练就了大规模资金的管理能力，提高了未来管理货币和短债债基的策略容量，从而更好地满足低风险投资者的流动性管理需求。

但如果是银行金融市场部的交易员岗位背景，同样能够培养对国债、政金债等利率债的波段操作能力，并提升对宏观经济和货币政策的分析能力。不少具有这样背景的基金经理也负责管理中长期纯债债基，尤其是利率债策略的中长期纯债债基或混合债基中的纯债部分。

2. 研究员背景

此处的研究员①包括证券公司研究所的固收研究员、基金公司的固收研究员、评级公司的信用研究员、行业研究员等。基金经理在从业初期如果经历过这些岗位的历练，大多能够积累大量的财报分析、实地调研和行业分析经验，也能够提升信用债定价能力，以及构建不同信用资质分级管理能力。不少人在管理信用债债基的同时，也兼任信评主管或研究总监等岗位。

近年来，随着利率债的牛市和信用债市场规模的停滞，越来越多的宏观研究员和策略研究员走上了债券基金经理的岗位。具有这类研究背景的人员，对国债、政金债等品种的利率中长期变化有较好的分析框架，并对货币政策和资金价格的走势具有一定的前瞻性预判能力。经过一段时间的基助工作训练后，他们往往也能做出优秀的产品业绩。

① 研究员在很多机构也被称为分析师。

在经历股债多轮牛熊后，许多研究员对大类资产相关性和不同周期下的表现也有了深刻认识，从而帮助他们走上管理含有债券、股票和可转债的混合债基基金经理岗位。

3. 投资背景

除在交易员和研究员岗位上积累了扎实基本功，转型为基助，最终走上基金经理岗位的人员外，还有相当一部分基金经理入行时就是证券公司、保险公司和银行等机构的投资经理助理。这些机构曾经一度大多采用投资、研究、交易一体化的部门运作方式，管理专户和私募债券产品。投资经理助理一方面协助投资经理[①]管理债券产品；另一方面兼顾研究和交易等工作，涉及面更广，但深度可能略弱于单一背景的人员。在证券公司、保险公司和银行历练后，许多人可以进入基金公司担任投资经理或直接担任债券基金经理职务。然而，具有私募和专户背景的基金经理，其管理风格相对可能更加激进。

4. 其他背景

债券基金经理的背景大致分为以上三类，但在债券市场尚未大发展的前几年，由于债券基金经理管理规模较小，知名度也不高，其背景可能更加复杂。笔者见过某资深债券基金经理是从会计师事务所职员转型为信用研究员，再转型为投资经理的；也有从实业领域转型到金融领域的，甚至还有从财经媒体记者转型为基金经理的。他们中的大多数人已经转行做债券基金经理多年，因此无法准确总结他们早年工作背景对现今管理业绩的影响。

（二）基金经理的在管产品和代表产品

根据基金经理的在管产品和代表产品，可以分析出基金经理的全部在管数量和在管规模等信息。虽然从逻辑上讲，基金经理管理的基金数量越多，越可能分散其精力，进而导致单一基金业绩下滑，但通过数量分析发现，基金业绩与管理数量的相关性并不明显。此外，基金管理规模对基金经理的精力分散影响也不明显。这与不同风险的基金品种所需的精力不同有关。例如，对于货币基金、短债债基等低风险产品，一个基金经理可能管理几百亿元甚至上千亿元都还有余力；但对于一些高风险的利率策略或可转债策略的债券基金品种，规模对精力的消耗可能就很大。

此外，对基金经理在管产品进行研究时，需要注意其代表产品和其他产品之间的差别。代表产品通常指该基金经理受到外界干扰较少，希望全力提高业绩的产品，能够代表基金经理最高的真实水平。由于目前债券基金发行需要审批，流程时间较长，所以当个别销售渠道或大型机构投资者提出定制化要求时，基金公司可能不会成立新产品供其申购，而是对存续的某只规模较小的债券基金进行策略转型，以满足投资者的需要。由

① 基金经理一般管理公募基金产品，投资经理一般管理私募的基金、资管、保险和理财产品，两者职能类似。

于基金合同约定了投资运作的风险上限，所以策略的转型大多是朝着更低风险的方向进行。例如，很多时候，基金经理看似在管理一只混合一级债基，但由于这只基金的主要投资者或渠道的需求，基金经理实际采用的是纯债债基的投资策略；或者看似在管理一只纯债债基，但实际采用的是短债策略。这种投资策略相对基金合同，更加严格约束了基金经理的发挥。因此，在研究基金经理的投资能力时，不能简单地研究其全部管理的产品的表现，而应该主要研究其管理的无额外约束的产品。

值得注意的是，虽然基金经理个别产品的表现不佳可能是由投资者特定约束所致，但如果基金经理在管或过往曾经管理的信用债策略基金出现了疑似信用债券爆雷导致的较大幅度回撤，则其以任何理由都无法免责。一旦基金经理“踩雷”，其市场认可度和公司内部认可度都会受到极大的负面影响。因此，在选择基金经理时，需要坚决规避在其管理期间曾经发生过信用踩雷的基金经理。如何分辨一只债券基金具体是普通的业绩不佳还是信用踩雷，会在第七章详细介绍。

（三）从多种途径建立对基金经理的感性认识

上文介绍了基金经理的背景、从业经历和管理产品等多个有助于了解基金经理的维度。如何将这些因素串联起来，建立对基金经理的感性认识呢？可以借助基金定期报告中的“报告期内基金投资策略和运作分析”和“管理人对宏观经济、证券市场及行业走势的简要展望”这两部分，来了解基金经理的操作逻辑和思路，具体方法可以参考第三章。然而，在格式文本较多的现状下，也需要从其他途径扩大对基金经理的了解。

1. 通过官方渠道了解

目前，按照基金公司的合规要求，基金经理大多不允许私人实名对外发表投资相关的言论。要真正拉近与基金经理的距离，了解其操作思路，可以在各大平台的官方公众号、财富号文章和直播中寻找相关内容。随着互联网基金销售和直播行业的兴起，“带货”从实体商品销售也进入了基金投资领域。投资者可以在蚂蚁基金、腾讯理财通、招商银行等主要销售渠道的手机 App 或网页端找到对应基金公司的财富号，从而了解基金经理的相关内容。

2. 通过专业的投研交流平台了解

投资者还可以在比较专业的投研交流平台（如云极社区、雪球和万得等）的直播栏目中，找到对应基金公司的会议路演。就内容而言，在各大平台上能浏览到的直播基本是相同的。大多数基金公司的营销部门在运营直播时都会采用“全网同步直播”的概念，即将相同的视频信息流即时同步导入各个平台。选择什么平台观看基金路演，一方面要基于个人习惯；另一方面也需要认识到，虽然直播内容一致，但不同平台的观众群体是不同的。在同一场直播中，观众提出的问题和互动的内容也会因观众群体的不同而有所差异。一般而言，蚂蚁基金、腾讯理财通的年轻城市白领用户居多，招商银行等渠道的中年客户更多，而雪球和万得等平台的用户专业性更高。

通过观看基金经理在直播中的表现，可以从四个方面评估基金经理的能力，并建立起对其的感性认识。

（1）基金经理讲述的内容是否成体系

对基金经理等投资管理人员而言，知识体系的框架性和完整性至关重要。在当前竞争激烈的市场环境中，已经很难有“一招鲜，吃遍天”的基金产品了。如果投资者希望自己购买的基金产品的基金经理能够穿越牛熊，通过各种策略创造超额收益，那么这位基金经理至少需要对全局的知识有所了解和掌握。或者，至少在基金经理进行直播时所依据的那份稿件（在其制作过程中得到了基金公司整个研究体系的支持），能够充分凸显系统化的研究框架和资源。

当然，通过简短的直播路演来判断基金经理知识体系的完整性对听众的要求较高。一方面，可以参考《债券实操指南：交易、研究与量化投资》中诸如“经济增长的三驾马车”“货币政策的长中短端调节”等完整的框架体系。另一方面，可以增加观看路演的数量，并有意识地比较不同基金经理的路演内容。在债券领域的研究方法已经基本达成共识的情况下，大多数基金经理在路演时谈论的领域重合度较高。只要细心对比，不难发现谁的体系更加完善。

（2）基金经理讲述的内容是否具有逻辑支撑

在直播路演中，需要重点观察基金经理论述的逻辑是否严密，以及论据是否翔实。作为专业人士，基金经理的投资判断不能仅仅基于“我觉得”这种主观判断或“之前某次也是这样”的以偏概全，而应该基于坚实的论据。这些论据包括统计数据、过往长周期的多个场景全面回顾，或基于市场模拟场景的应对方案等。在直播路演中，通常会有现场提问环节，这不仅能看出基金经理的应变能力，也能看出其日常对经济和市场的跟踪密切程度。例如，最近新公布的GDP增速、社融、社零和通胀等数据，以及1年期、5年期、10年期、30年期等关键期限的国债利率等，均应是一位合格债券基金经理每日关注并信手拈来的素材。

（3）基金经理讲述内容中具体谈及了哪些基金及不同基金的管理思路差异

为了辨识基金经理可能存在挂名产品“一拖多”，或存在额外约束导致无法发挥真实水平的情况，可以在基金经理的直播路演中重点关注其所提及的基金产品。一般而言，一位债券基金经理能够全力管理的“代表产品”往往在五只基金以内，并且在管理时会有意设计不同的产品分档和策略，以应对不同的投资者需求。例如，某基金经理管理的两只纯债债基，一只是纯债策略，另一只是纯债策略加国债期货对冲策略。或者，一只严格限购，服务稳定投资者；另一只不限购，服务对流动性有一定需求的投资者等。如果基金经理经常参加直播并提及多个在管产品，但某只基金从未被提及，似乎被刻意“遗忘”，那么这只基金很可能是挂名产品或是某大型机构投资者定制的产品，最好不要贸然买入。

（4）基金经理在公开交流中展现的精神状态

基金经理在公开交流中展现的精神状态、思维活跃程度和敏锐程度，也能很好地反映其竞技状态及其所在公司的文化等因素，最终影响其业绩走势。通常避免选择表现不佳的基金经理。除极少数特别内向的基金经理在首次路演中可能怯场外，大多数表现不佳的公开交流一般出于两种原因。一是，基金经理主观不愿参与，应付了事，直播中照本宣科地把稿子念完就结束。那么，在基金管理中，该基金经理也可能会敷衍塞责。二是，基金经理精力分配失衡，工作超负荷，从而削减了基金管理的安全性，并增加了操作风险。

以上是通过直播路演等途径，对基金经理进行重点关注的四个方面。此外，由于路演有多种形式，包括直播、现场大会交流、现场小范围交流和腾讯会议在线交流等，根据会议人数的多寡、时间的长短及公开程度的大小，可以收集到的信息量有所不同。基金经理通过机构销售面向大型投资者的会议往往可能透露更多信息。如果读者有志于以债券基金的研究和投资为职业，可以在这些会议中与基金经理进行详细交流。

第三节 基金经理、基金公司和债券基金的对应关系

在前述内容的基础上，本节中，笔者将结合基金公司和基金经理两大维度，将其融入债券基金运作模式的分析，构建起优秀债券基金五维度匹配体系。

基金经理和基金公司之间存在着相互促进、彼此成就的紧密关系。在债券投资研究中，有很多适合初级研究人员执行的数据清洁、文书处理和校验复核的工作，也有很多适合中级研究人员进行的策略验证、回测和实地调研的工作。最终，经验最为丰富的基金经理产出投资思路，总领团队前进，可以起到很好的协作合力效果。具体落实到债券基金的运作上，基金经理的协作与引领可以被细分到七类能力模块上，即大类资产配置、久期调节、券种轮动、利率结构调节、技术面交易、信用分析、选股，如图 5-9 所示。读者可以参照该图构建自己的债券基金定性研究打分表。

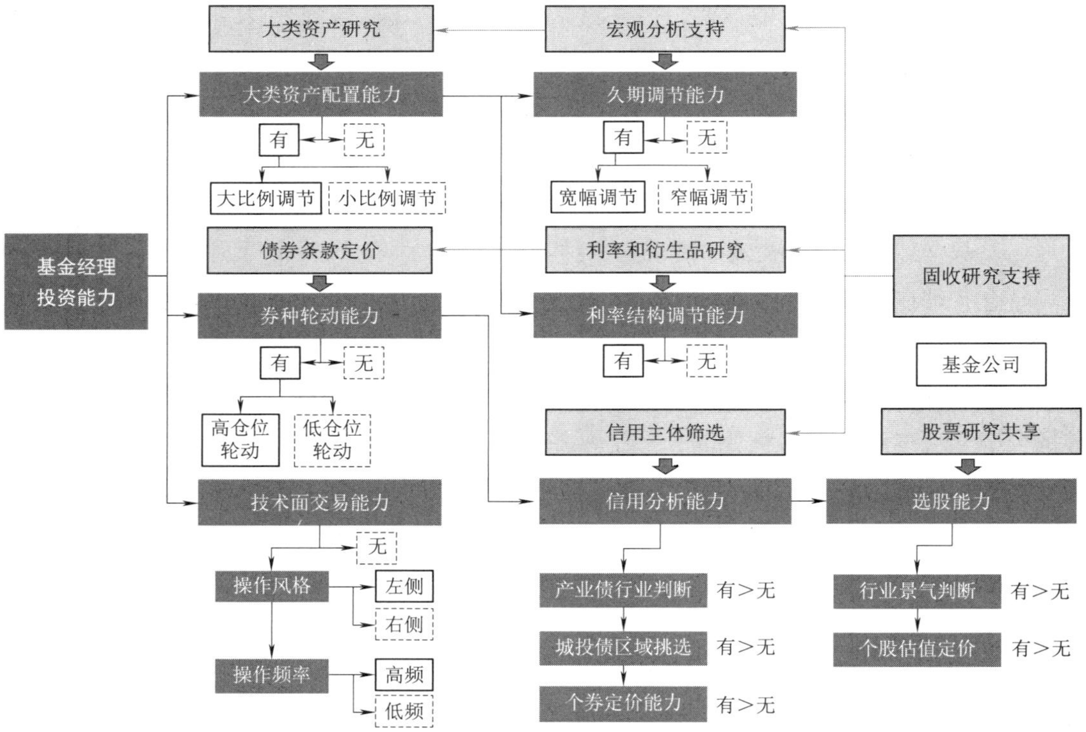

图 5-9 基金经理主动管理的流程和方向

在各个能力模块下，首先需要判断基金经理是否会进行相应的调整。完全被动的指数债基在各功能下均不做调整，而其他主动管理的债券基金基于基金产品类型、合同约定和基金经理的主观意愿，都会或多或少地在一个或多个方面进行主动调整。笔者认为，在其他条件相同的情况下，在微观的信用分析和选股方面，基金经理具备进行主动调整的能力比不具备该能力要好。而在其他能力下，基金经理是否有意进行主动调整，对其管理的债券基金最大的影响在于改变基金的风格特征，比如大类资产配置、久期调节和券种轮动等。诚然，当基金经理判断准确时，这些主动调整能够为债券基金创造超额收益；但在基金经理判断失误时，这些主观调整可能导致额外的亏损。从全市场来看，这些领域的主动调整都是零和博弈，如果有一部分人在这些领域取得了正超额收益，则一定有另一部分人在这些领域出现了负超额收益。综合来看，拥有这些能力不一定意味着基金业绩会更好，但一定会增加基金的业绩波动。因此，笔者将这些能力模块下的分支采用实线框和虚线框进行区分，实线框代表主动调整带来更为激进、更高波动的产品风格，虚线框则意味着更为保守的产品风格。

基金经理更擅长哪些能力模块，这与基金经理过往的背景经历和管理的产品等诸多因素有关。但是，必须承认，即便是优秀的基金经理，即便其在过去凭借特定能力在多只债券基金产品中持续创造了较为稳定的超额收益，这也并不保证其在未来可以复现这种成功。

而基金公司的存在及其为基金经理提供的研究辅助支持，在一定程度上能够呵护基金经理在某些能力上的超额持续性，从而减小因突发事件冲击带来的不确定性。七类能力模块中，除技术面交易能力极为依赖基金经理个人积累和所谓的“盘感”外，其余六类模块均能受益于基金公司的研究支持。读者可以基于基金公司的架构特点和竞争优势，判断基金公司可能在哪些领域，给基金经理提供了何种强度的支持。

一只主动管理型债基，要在上述六个模块的任意一项中作出优秀的成绩，首先，需要基金公司层面提供充足的研究资源作为支撑；其次，要求基金经理不仅在该领域积累了丰富经验、具备相应能力，还需有强烈的主观意愿去积极调整，通过适配策略创造超额收益；再者，该债券基金的产品合同、投资范围及限制应较为合理，以便基金经理能充分利用公司资源，大胆开展操作；最后，该债券基金的投资者也需充分知晓上述情形，接纳基金经理的主动调整行为，以及由此带来的阶段性波动加剧，从而最终收获主动调整产生的超额收益，而非因难以承受短期波动而提前赎回，破坏负债端稳定性，干扰基金经理的正常操作。

优秀债券基金具有三个层次，最基础的是资产—负债匹配，在此之上是策略—资产—负债的匹配，以追求超额收益。在充分学习如何定性发掘优秀基金经理、分析基金公司后，了解到这两者的充分协作是超额收益持续性的关键。所以，可以把基金公司、基金经理加入原有的匹配模型，形成基金公司—基金经理—策略—资产—负债的五维度匹配体系（如图5-10 所示）。要做出长期业绩优秀的债券基金产品，就需要这五个维度产生合力，共同把产品做好。

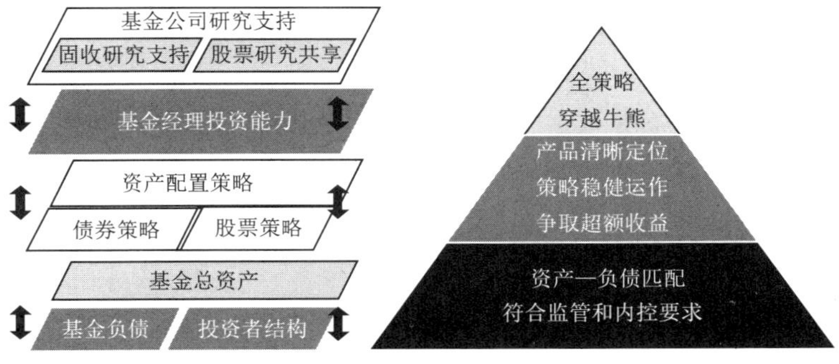

图 5-10 优秀债券基金的五维度匹配体系

本章小结

本章中介绍了超额收益的产生是基金公司和基金经理共同作用的结果。同时，通过对市场的全景概括、基金公司竞争力兴衰的原因分析，以及固收板块的构建方式阐述等，解释了基金公司研究资源强弱的可能原因。此外，在对基金经理这个角色进行基础介绍后，从基金经理的背景入手，归纳了其过往岗位和从业经历对其可能具有的超额能力的影响，且帮读者引入了一套较为完整的基金经理定性评估方案。最后，讨论了基金公司和基金经理的协作关系，并把两者的协作融入优秀债券基金的三个层次模型，加入策略—资产—负债匹配框架后，形成完整的五维度评估体系。

至此，债券基金定性择优的全部内容介绍完毕。在下一章，将从“好”或“不好”、“匹配”或“不匹配”等定性判断基础上，借助数量指标和统计等方法，定量研究优秀债券基金的发掘方法。

第六章　债券基金的定量分析方法

为了深入研究并挑选出表现优异的债券基金产品，前文介绍了定性评估方法。但是，考虑到最终可能会从某一类型中仅挑选一只或几只基金进行投资，定性评估仍然留下太多选项。因此，要实现任意两只基金之间的全面比较，就必须采用定量的方法，利用数字这一直观工具来量化它们在不同方面的表现差异。

本章将重点介绍用于评价债券基金业绩的各种量化指标及关键因素，即两种不同的归因分析方法。通过有效的业绩归因分析，不仅可以帮助投资者理解某只特定债券基金为何表现出色或不佳的原因，还有助于预测该基金在未来市场条件下可能发生的变化趋势。这样一来，“知其然”的同时也能“知其所以然”，从而做出更加明智的投资决策。

第一节　债券基金的量化评价指标

量化评估指标是债券基金比较中最为便捷、最具说服力且易于理解的工具。本节将从基础知识入手，着重澄清个人投资者常见的误区，并提供具体的计算公式，以期达到让读者能够自行复现的效果。

一、基本概念

在金融投资领域，基础知识的重要性不容忽视。无论是初入基金市场的新手还是经验丰富的投资者，对基础知识的深入理解都是确保投资决策明智和有效的关键。即使是资深的基金投资者，如果忽视了基础知识的学习和应用，也可能面临不必要的风险。因此，本部分旨在强调基础知识的必要性，并引导读者深入了解，为后续的投资活动打下坚实的基础。

1. 单位净值

就任何一只基金来说，单位净值都是一个至关重要的概念。这一数据在每个交易日都会公布，读者可以在第三章第二节中找到获取该数据的具体途径。在“基金的总资产＝基金负债＋基金净资产”中，基金净资产虽然是投资者拥有的基金价值总和，但其会根据每个交易日基金的收益变化而变化，所以在计算投资者拥有的基金比例时，需要引入基金份额的概念。“基金份额”这一数字不会因市场收益波动而变化，只会在投资者认购或申购开放式基金时，根据其认购和申购的多少而增加；而在其赎回基金时，根据金额多少而减少。基金的同类份额享有相同的权益，基金公司会把每一个交易日终，每一个投资者所拥有的各类份额数据记录在TA系统中。基金的单位净值，可以看作一个基金份额的价格。基金某一类份额单位净值的计算方法为：

基金份额的单位净值＝该份额下基金全部净资产÷该基金份额总数

根据这个公式可以看出，在该基金没有收到投资者申赎的情况下，份额总数保持不变，则其单位净值的每日变化完全取决于基金净资产的每日变化，即该基金持仓债券总价值在当日市场波动中的变化。

在互联网论坛上，笔者注意到部分言论存在一些错误。部分投资者将基金的单位净值视为基金份额的价格，并尝试用技术分析的方法去研究其走势，比如绘制各种支撑线、阻力位和箱体通道等。需要澄清的是，技术分析仅在研究底层债券资产价格时有一定作用，而这项工作主要由基金经理完成。在研究债券基金净值走势时，技术分析并无实际意义。基金的单位净值主要与债券市场的整体变化相关，即使某只基金在短时间内遭遇大量申购，基金经理也只会在原有组合的基础上增配相应的债券资产。这种行为本身并不会对债券价格产生影响。中国债券市场的体量超过150万亿元，而任何一只债券基金的规模都不会超过1 000亿元，因此单个投资者的申购或赎回对底层债券的价格波动影响极小，自然也不会显著影响基金的单位净值。在这种情况下，进行技术分析是没有意义的。

在基金刚成立时，任一份额的单位净值均等于1，随着基金的运作和市场每天的波动，每个份额的单位净值均跟随波动，不同份额的走势大致相同，其差异主要源于不同份额认购费、申购费、销售服务费和赎回费等的差异。常见的基金份额包括A、C等，第十二章会详解基金份额的差异和选择。

2. 复权单位净值

当任一份额的单位净值大于1时，债券基金可以根据合同条款和基金经理的判断，进行定期或不定期的分红。从单位净值超过1的部分中切取一部分，称为单位分红，返还给投资者。

投资者收到的分红金额＝单位分红×基金投资者持有的总份额

投资者可以选择以现金形式领取红利，或者选择将分红自动再投资于原基金，即所谓的“红利再投”。无论是选择现金分红还是红利再投，分红后的新单位净值＝原单位净值－单位分红。

这就导致会进行分红的基金，其单位净值曲线呈现出阶段性断崖式下降的趋势，如图 6-1 所示。

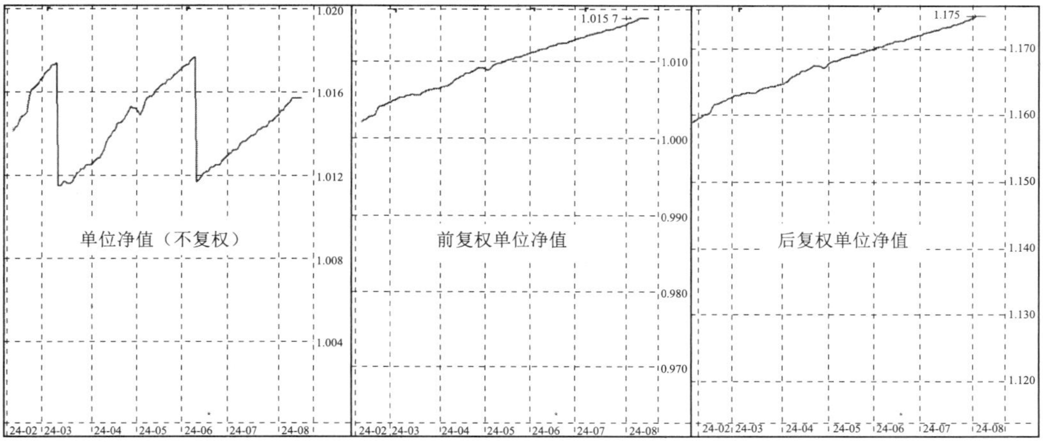

图 6-1 单位净值和前后复权单位净值

为了保持单位净值的历史可比性，避免分红对业绩计算的影响，在进行基金研究时通常需要对单位净值数据进行复权处理。有两种主要的复权方式：前复权和后复权。前复权方法假设当前单位净值不变，将之前的单位净值减去对应时刻的单位分红，往前推算；而后复权方法则假设基金成立时的单位净值不变，将之后的单位净值加上对应时刻的单位分红，往后推算。前复权和后复权推算出的净值曲线形态一致，仅单位净值本身数字不同。大多数投研软件和基金销售机构的页面均自动实现了这一功能，且通常向投资者显示的是后复权法计算的单位净值，也称为累计单位净值。

二、基础的收益和风险指标

在了解了基金的单位净值及相关概念后，下面围绕单位净值开展其他量化指标的分析，包括收益指标和风险指标。

（一）收益指标

1. 净值法基金的收益

对投资者最重要的指标是基金的收益。这是通过比较时间区间头尾的单位净值而获得的百分数。

基金的日收益＝基金当日的单位净值÷基金前一日的单位净值－1

基金的月收益＝基金当月月末的单位净值÷基金前一月月末的单位净值－1

以此类推，读者可以自行计算某一只基金在任意时间区间内的收益情况。对于会进行分红的基金，需要使用复权单位净值进行收益的计算①。

收益本身只是财富增值比率的概念，并不能衡量财富增值的速度。将时间的考量与收益合并，最常用的衡量指标是年化收益率，即以一个标准的年度作为比较区间，假设财富增值的速度不变，连续持有一年能够获得的收益。

$$\text{任意时间区间的年化收益率}=(\text{区间末日的单位净值}\div\text{区间首日之前一日的单位净值})^{\frac{365}{\text{区间包含的天数}}}-1$$

这是计算基金收入最严谨的复利算法，如果有速算需求，也可以采用简化的单利算法：

$$\text{任意时间区间的年化收益率}=(\text{区间末日的单位净值}\div\text{区间首日之前一日的单位净值}-1)\times\frac{365}{\text{区间包含的天数}}$$

假设一个投资者持有某债券基金两年零三天，持有期间的累计收益为4.2%，则采用复利计算的年化收益率约为2.07%，采用单利计算的年化收益率为2.09%，在较短的时间区间内两者差异并不大。

不论是股票市场还是债券市场，资产价格的波动通常都较大。如果采用的时间区间不够长，计算出的收益和年化收益率数据可能会对投资者造成误导。基金成立不满六个月，不应展示历史业绩。一般而言，基金成立不满一年，也不应展示年化收益率。

此外，还有一个概念“静态收益率”。这个词的字面意思是在假设市场不发生波动的情况下，基金所持有的全部债券、逆回购和存款等生息资产的到期收益率的平均值，并且考虑了杠杆对基金组合收益的增厚作用。

债券基金的静态收益率＝债券基金资产平均持有到期收益率×（杠杆率）－杠杆成本

逆回购和存款的持有到期收益率在其存续期间保持不变，而债券和同业存单等资产的持有到期收益率在其发行时，基本等同于票面利率。随着时间的变化和市场的波动，到期收益率和票面利率会发生偏移，所以，基金的静态收益率不等于基金的票息收益率。

2. 摊余成本法基金的收益

读者可能经常在银行理财和货币基金的宣传页面看到“七日年化收益率”和“万份收益”这两个指标。这两个指标仅用于摊余成本法估值的现金管理类产品。由于货币基金等现金管理类产品的单位净值永远为1，每日收益以自动再购买新的份额的形式发放给投资者，因此这些产品的任一交易日的万份收益是指每持有1万元（即1万个基金份额）

---

① 由于该种收益计算方法既包含了基金单位净值本身的变动，又包含了分红的影响，所以该收益也可称为累计收益，但在许多基金销售软件中，也会把投资者在某只基金或投资以来的全部收益和亏损合并计算的结果称为累计收益，需要注意区别。

在当日可以获得的收益金额。而七日年化收益则是基金过往一周的全部万份收益年化之后的数值。在基金经理不主动交易基金持仓的债券或存单时，七日年化收益率可以代表摊余成本法估值的货币基金近期的票息收益水平高低。但由于货币基金具有每日开放申赎的属性，基金经理其实也需要经常对持仓进行卖出交易，而卖出的价格是市场价格，而非基金买入时的成本价格。这种成本价和市场价的差额被称为“浮盈”或“浮亏”，也被称为“正偏离”或“负偏离”。当基金经理卖出时，兑现了这种“浮盈”或“浮亏”，导致货币基金的万份收益和七日年化收益率也相应波动。

因此，单一货币基金的七日年化收益率波动极大（如图 6-2 所示），所以不能简单地基于七日年化收益率从高到低排序购买货币基金。

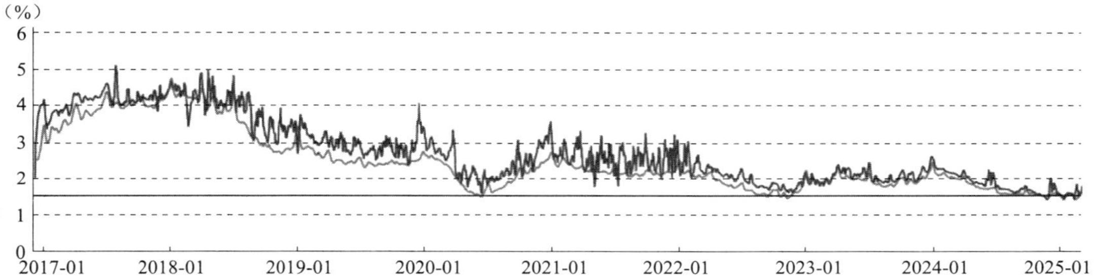

图 6-2 单一货币基金七日年化收益率（黑色）和全部货币基金七日年化收益率对比（灰色）

数据来源：WIND。

（二）风险指标

除收益指标外，债券基金的风险指标对基金的投资选择起到几乎同等重要的作用。下面介绍可以客观衡量风险的量化指标。

1. 波动率

业内对风险最直接的衡量指标是波动率，在统计学上也被称为标准差（σ）。年化标准差的计算公式为 $\sqrt{\frac{1}{n}\sum_{i=1}^{n}(\text{当年收益}-\text{预期年化收益率})^2}$，$n$ 为年数。假如一只债券买入时持有到期收益率为 3%，且 3 年后到期，则该债券预期年化收益率为 3%。但由于市场的波动，其收益分布并不平均，可能第一年亏损为 1%，第二年收益为 0，第三年收益为 10%，则

$$\text{该债券的波动率 } \sigma=\sqrt{\frac{(-1\%-3\%)^2+(0-3\%)^2+(10\%-3\%)^2}{3}}\approx 4.96\%$$

假设该债券每年的收益为围绕 3% 的随机分布，而一只债券基金持有了数量极多的同类债券，则该债券基金的收益分布为“预期收益率为 3%，波动率为 4.96%”的正态分布

（如图 6-3 所示），即钟形对称分布，每年收益有 50%的概率在 3%以下，50%的概率在 3%以上。由于其预期收益率为 3%，波动率为 4.96%，则根据正态收益累积概率公式可得，其年化收益率低于−1.96%（3%−4.96%=−1.96%）的概率约为 16%，其年化收益率低于−6.92%（3%−2×4.96%=−6.92%）的概率约为 2%；相对应的，其年化收益率高于 7.96%的概率也约为 16%，其年化收益率高于 12.92%的概率约为 2%。因此，只要知道预期年化收益率和波动率，就可以大致测算出一只基金的收益分布情况。这也使得波动率成为比肩收益率的最重要投资指标。

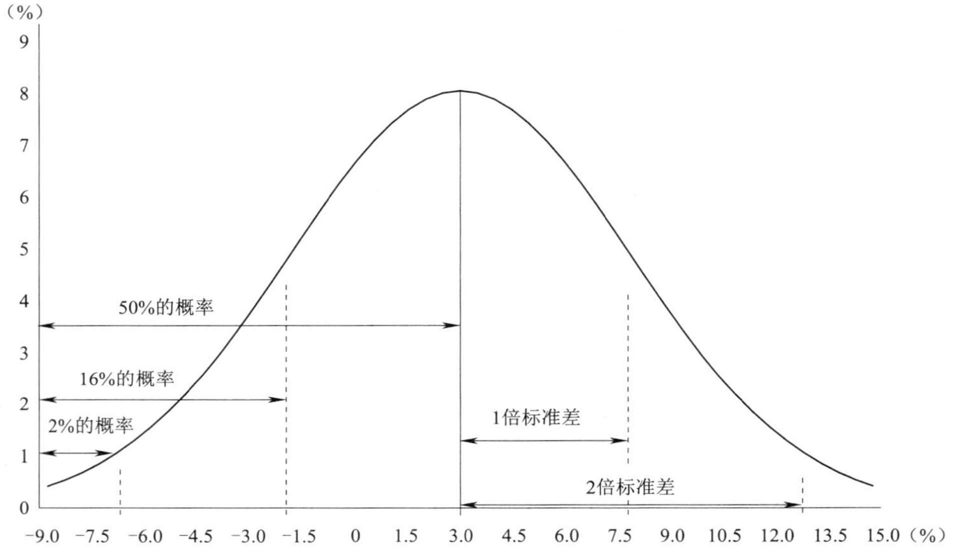

图 6-3　模拟债券基金的收益分布

由于一年有 12 个月、52 周和约 252 个交易日，读者可以将年化波动率除以 $\sqrt{12}$、$\sqrt{52}$、$\sqrt{252}$ 得到相应月度波动率、周度波动率和日度波动率；将年化收益率除以 12、52、252 得到相应月度预期收益率、周度预期收益率和日度预期收益率。通过重复上文的正态分布方法，可以大致计算出月度、周度和日度的收益分布。

2. 最大回撤

在理想的正态分布情况下，极端正收益和极端负收益都是无法被准确衡量的，如上述预期收益率为 3%，波动率为 4.96%的债券基金，在正态分布下，有约 0.000 18%的概率[①]，该债券基金会年度亏损 20%以上。但这种理论测算很可能不符合真实的历史数据，

① 利用统计学知识，（亏损比例−预期收益率）÷波动率=（−20%−3%）÷4.96%≈−4.64，即预期收益率 3%，波动率 4.96%，亏损 20%是 4.64 倍波动率的事件，查阅正态分布表可知，其发生概率为 0.000 18%左右。

在实际投资过程中可能不需要考虑这种小概率的极端事件。但是，需要看到在真实的市场波动中，收益和亏损的分布并不是对称的。由于市场在恐慌下，可能在日常利率波动基础上，叠加流动性风险、交易对手违约风险等额外风险，出现程度不那么极端但也较大的亏损频率会比正态分布的测算更多。

以纯债债基为例（如图 6-4 所示），从 2014 年至 2024 年来看，滚动计算的每年收益分布仅大致接近钟形对称分布，但距离理想形态相差较大，其出现年度较大亏损的尾部风险厚度较高。

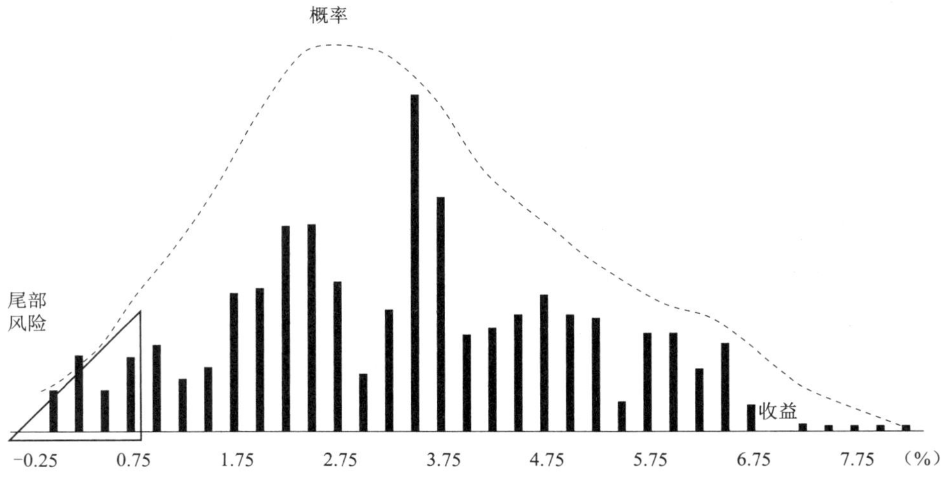

图 6-4 纯债债基年收益概率分布

在这种情况下，对于其可能出现较大亏损的风险度量，就不能仅根据基于波动率的正态分布的测算，而需要参考过往真实出现的亏损程度。因此，可以引入“最大回撤”这一指标。最大回撤衡量的是基金净值亏损后形成的“谷底”距离其前期最高点的“山峰”的最大差距，这也代表了投资者在任意时点买入后最多可能承受的亏损幅度。这个指标在实际投资中极为关键，因为亏损和收益对基金组合而言并非对称关系，一只基金在亏损 50%以后，需要增长 100%才能回本，且投资者一般存在非常明显的损失厌恶的心理特征，其投资产品不出现负收益对其的重要性往往高过组合出现对称正收益的重要性。所以，最大回撤对风险偏好更低的债券基金投资者而言，具有非常重要的筛选作用。

3. 下方标准差

基于投资者对亏损风险的厌恶远大于对上涨“风险”的厌恶这一原理，部分研究机构也会采用下方标准差替代普通的波动率（标准差）来衡量基金的风险。还是采用上文“预期年化收益率为 3%，第一年亏损为 1%，第二年收益为 0，第三年收益为 10%”的例子，下方标准差仅将收益小于预期年化收益率的部分作为风险加入计算，则下方标准差＝$\sqrt{\frac{1}{n}\sum_{i=1}^{n}(\text{低于预期的年度收益}-\text{预期年化收益率})^2}=\sqrt{\frac{(-1\%-3\%)^2+(0-3\%)^2}{3}}\approx 2.89\%$。

可见，一般而言，下方标准差的计算结果较普通标准差更小，且对于那些分布特征为收益小于预期的次数多但幅度不大，而收益大于预期的次数少但幅度很大的产品而言，其计算出的下方标准差往往更小。“下方标准差”这一指标单独使用的频率并不高，主要与收益等指标结合形成索提诺比率，下文会详细介绍。

4. 最大回撤恢复时间

在最大回撤基础上衍生的指标是最大回撤恢复时间。这个指标更多用于基金营销和投资者风险匹配中，而非用于基金本身的研究和优选。

最大回撤恢复时间是，每当基金发生回撤后，其净值从“谷底”重新攀升至“高峰”所需要的最长时间。对于风险厌恶的投资者，亏损后持有多长时间能够“回本”是一个非常重要的考量指标。许多具有封闭期或赎回费期限的基金产品，在封闭期结束后投资者是否亏钱，是影响他们是否会选择赎回的重要因素。

假设投资者在基金净值最高点买入后，市场立即发生回撤，在这种极端情况下，最大回撤恢复时间指标可以衡量基金净值恢复到新高峰所需的最长时间，帮助投资者了解何时能够回本。对于封闭式基金和理财产品而言，这一指标至关重要，因为它有助于设计合理的封闭期，以减少投资者因市场波动而面临的亏损风险。

三、复合指标：风险调整后收益

除上述较为简单、仅衡量某一个具体方面的收益和风险指标外，为了更直观地对基金进行优劣筛选和排序，还会涉及“风险调整后收益”这一概念。其将风险和收益整合进同一个指标中，以提供更全面的评估。以下是债券基金分析中最常见的复合指标。

1. 夏普比率

不论是债券组合、股票、期货或其他投资的管理，其核心目标都是在承担尽可能小的风险的前提下，获取最大的回报。为了评估一个投资组合是否成功实现了这一目标，诺贝尔经济学奖得主威廉·夏普于 1966 年提出了“夏普比率”的概念——通过投资组合的年化收益率减去年化无风险收益率，得到该组合获得的额外收益，将这一额外收益除以组合的波动率，从而反映出每承担单位风险所获得的超额收益。在国内，无风险收益率通常采用 1 年期国债利率或 1 年期存款利率。

$$\text{夏普比率}=\frac{\text{基金额外收益}}{\text{基金波动率}}=\frac{R_{\text{基金收益率}}-R_{\text{无风险收益率}}}{\sigma_{\text{基金}}}$$

在比较不同投资组合的夏普比率时，通常认为比率越高越好。如果将承担的风险视为一种代价，那么夏普比率越高，意味着投资者在承受相同风险的情况下能够获得更多的收益。即便某个高夏普比率资产的风险超出了投资者的承受能力，投资者仍可以通过减少该资产的配置比例（即小仓位买入），同时增加无风险资产的比例来优化投资组合，这样的配置结果往往优于仅持有低风险但低夏普比率的资产。对于那些追求高收益且不太担心负债端成本变动风险的投资者来说，即使原始组合的收益并不突出，只要其夏普比率较高，也可以通过借入资金适当提升杠杆率的方式轻松放大组合收益。而且，杠杆率提升后的组合风险通常会比其他低夏普比率的组合要低得多。

在债券基金的投资中，夏普比率将债券和其他各类资产放到同一个可比的维度，建立了一个跨资产的评价标准。其在大类资产配置方案的构建中是非常重要的指标。第十章将通过对资本资产定价模型的介绍，详细解析夏普比率的实际应用价值。

目前，绝大多数投研分析软件都可以直接计算债券基金及其他各类型基金的夏普比率，投资者可以直接使用进行比较，但在比较时需要注意以下三点：其一，夏普比率的比较需要在相同区间内进行才有意义；其二，在比较不同基金的夏普比率时，这些基金的净值公布频率需要相同，每周公布净值的债券基金（以私募债基为主）的夏普比率显著高于每日公布净值的公募债基；其三，基金净值的估值精度也是影响夏普比率的重要因素。目前，主流债券基金的净值通常精确到小数点后四位，极端情况下甚至精确到小数点后五位。然而，部分成立时间较早的债券基金可能仅精确到小数点后三位。在其他条件相同的情况下，估值精度越低，计算出的夏普比率往往越高。

2. 索提诺比率

索提诺比率是一个与夏普比率类似的概念，作为夏普比率的改进，其将原夏普比率中分母项基金收益的标准差替换为下方标准差。

$$\text{索提诺比率}=\frac{\text{基金额外收益}}{\text{基金下方标准差}}=\frac{R_{\text{基金收益率}}-R_{\text{无风险收益率}}}{\sigma_{\text{下方标准差}}}$$

相较夏普比率，索提诺比率充分考虑了投资者的风险厌恶程度，以及资产表现不佳时对投资者效用的影响，但其也存在一定的局限性。对于同一类资产而言，其收益的标准差作为衡量波动性的指标通常比下方标准差更为稳定。并且，在衡量资产相关性时，某类资产的标准差可以通过协方差与其他资产进行组合，从而计算出多类资产组合后的整体标准差，而下方标准差在这方面则缺乏灵活性，难以直接应用于多资产组合的风险评估中。

3. 信息比率

第三个复合指标是信息比率，这一指标尤其适用于具有明确基准的指数债基。例如，常见的中长期金融债指数、短融指数和中高评级信用债指数债基等，这些基金通常会明确以特定的窄基指数（如中债—7～10 年期国开行债券指数、中证—短融指数及上清所—银行间 1～3 年中高等级信用债指数等）作为其业绩基准。此外，对于那些投资范围特别狭窄的债券基金，它们可能会选择更具针对性的指数作为基准，如中债—长三角公司信用类债券财富（总值）指数。当参考的基准特别具体和明确时，仅使用超越无风险利率的额外收益来评估一个投资组合的表现就不太合适了。这是因为，组合的投资范围被基准指数严格限制，基金经理并不一定能够购买无风险债券。同时，单纯以组合收益的波动来衡量风险也不恰当，因为很多风险是基准本身固有的，而非由基金经理主观投资决策所致。

信息比率有效解决了这一问题。它首先通过组合收益减去基准收益，计算出基金经理相对于该基准创造的超额收益。随后，将这一超额收益除以组合每日收益与基准收益之差的标准差，这个标准差代表了基金经理因自身投资决策带来的额外波动。在金融学中，这种相对基准的额外波动风险被称为跟踪误差。因此，综合来看，相对基准的超额收益与相对基准的额外风险（即跟踪误差）之比，就反映了基金经理的决策相较于基准的提升或下降程度。高明的基金经理只需在基准上增加一点微小的额外波动，就能创造出远超基准的收益。所以，信息比率越高越好。

$$\text{信息比率}(IR)=\frac{\text{主动收益}}{\text{主动风险}}=\frac{R_{\text{基金收益}}-R_{\text{基准收益}}}{\sigma_{(\text{基金收益}-\text{基准收益})}}$$

无论是夏普比率还是信息比率，其核心目标都是寻找在相同收益下承担更小风险的投资组合，或者在相同风险条件下实现更高收益的投资组合。如图 6-5 所示，左图中的投资组合在收益相同的情况下，其收益波动明显小于右图中的投资组合，因此总是优于后者。这一选择偏好是由投资者的风险厌恶特性决定的。

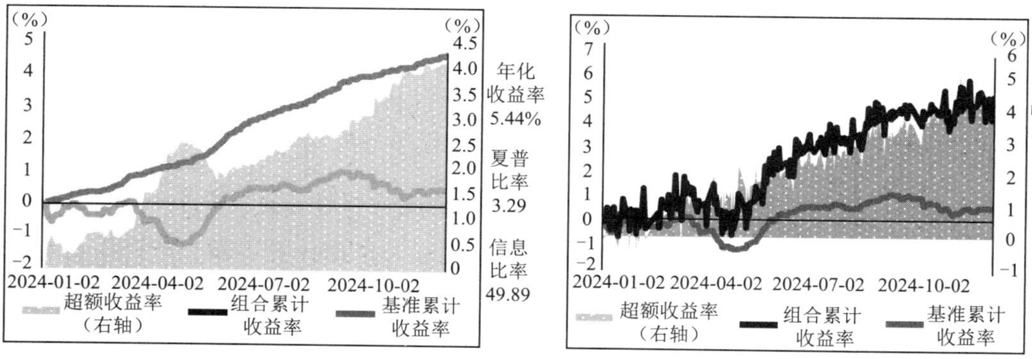

图 6-5　不同夏普比率和信息比率的基金对比

除夏普比率和信息比率外，衡量组合表现的指标还有特雷诺比率等，但是大多更加适用于股票组合而不是债券组合。所以，对于绝大多数净值型债券组合，只需要比较夏普比率；对于有相同风格和投向的债券产品（如类似7～10年期国开债指数债基），只比较信息比率即可。

4. 卡尔玛比率

相较于夏普比率和索提诺比率等指标致力于更精确地刻画收益与风险的关系，卡尔玛比率的计算则更为简单直接。

卡尔玛比率＝基金年化收益率÷基金最大回撤

卡尔玛比率采用最大回撤作为风险衡量的标准，这是因为基金专户常常设有止损线和清盘线，一次意外的超大规模回撤可能导致击穿清盘线，进而引发基金产品的清盘，使投资者彻底丧失回本的机会。

由于卡尔玛比率计算简便，不仅在专户领域广受欢迎，在同类公募基金内部及各类公募基金之间的比较中也广泛应用。一般而言，短债债基的卡尔玛比率通常在2以上，纯债债基的卡尔玛比率则在1以上，而股票基金的卡尔玛比率可能低于0.5。

四、基金分析中的深度分析指标

上述介绍的四类风险调整后收益指标均能有效发挥比较和择优的作用，仅凭单一指标就能判定哪只基金更值得购买。但是，在专业的基金研究中，并非每个专题研究的目的都是直接回答“哪个好”的问题，还有许多基础知识的研究旨在探寻基金运行规律和投资市场的基本逻辑。在长期投资研究工作中，笔者积累了一些更为复杂的数量分析工具，这些工具虽然只能展现债券基金某一方面的特性，但对于进阶的基金投资者而言，它们可以在深度专题研究中与其他方法结合使用。以下简单阐述，供读者参考。

1. 基于管理费收入推算平均规模

深度基金研究中常见的阻碍是，基金仅通过季报、半年报和年报公布其在每年3月、6月、9月、12月末的组合情况。除ETF基金每日公布规模等数值外，其他基金在季度内的日常组合情况并不为人所知。对于开放式基金而言，季度中与季度末的规模往往存在较大差异。

开放式基金的每日规模和季末规模可能差异很大，尤其是有流动性管理职能的货币基金和短债债基，其季末前往往会因为机构投资者的用资而遭遇较大幅度的赎回，尤其是每年末这种效应更为明显，如图6-6所示。这种资金申赎流动性管理产品的季节性规律，也常被称为资金的“日历表效应”。

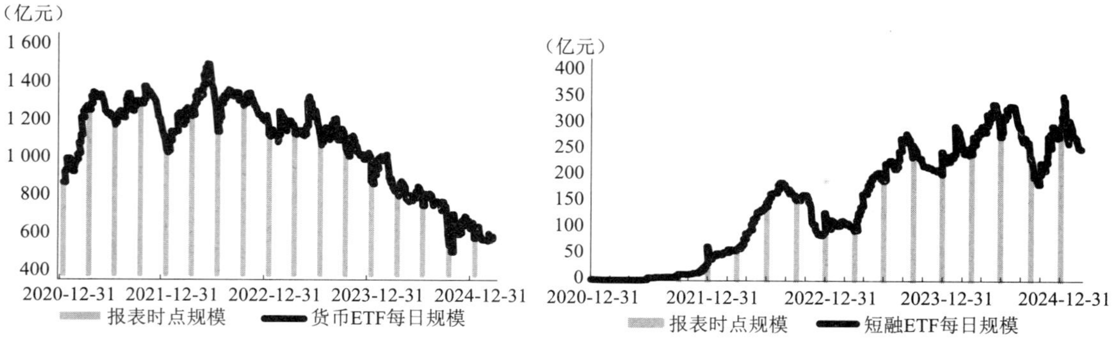

图 6-6 开放式基金的每日规模和季末规模的差异

为了排除这种季节性干扰，并估算出一只基金在大多数时间内的大致保有规模，有一个小技巧——利用定期报表中披露的管理费来进行逆向推算。由于管理费是每日日终根据上一日的基金资产净值按约定的比例提取的，而这个提取比例（即管理费费率）在合同中是固定的，因此这种方法推算出的规模准确度较高。以××7～10 年期国开行指数债基为例，其半年报的资产负债表中公布的 2024 年 6 月末基金合计规模（“净资产合计”科目）为 49.31 亿元，而其利润表中公布的管理人报酬为 304.64 万元，其管理费率为 0.15%。由此可以推算该基金在 2024 年上半年的平均规模，即平均规模＝管理人报酬（管理费）÷管理费费率×2＝304.64 万元÷0.15%×2≈406 187 万元≈40.62 亿元。注意，此处计算时需要将半年的数据折算为年化数据（即乘以 2），如果采用年报数据则不需要进行折算，下面计算杠杆率的例子同理。

2. 基于正逆回购利息收入计算平均杠杆率

同样受到信息披露频率较低问题和资金日历表效应扰动，导致无法准确衡量的指标是债券基金的杠杆率。在债券基金的日常运作中，常常通过正回购借入资金，以买入更多债券的方式增厚收益。正回购也称卖出回购交易，指将基金已持有的部分债券质押给交易对手，支付一定的利息，从而借入短期资金。常见的正回购期限为隔夜，即每日均借入资金，第二天到期后借新还旧，不断滚动，维持一定的杠杆规模。但是，由于资金日历表效应的影响，基金在季末时点的申赎规模往往很大。因此，基金经理不仅需要借入资金以维持原有的杠杆率，还可能需要额外借入资金来应对投资者的赎回需求。所以，定期报表披露的季末杠杆率可能并非完全反映基金经理投资策略主观操作形成的杠杆率。

在计算出准确的平均规模后，可以同样利用基金定期报告中披露的“卖出回购金融资产支出”推算出基金在季度中日常会维持的一般杠杆水平。仍以××7～10 年期国开行指数债基为例，已知其 2024 年上半年平均规模为 40.62 亿元。其利润表中披露的“卖出回购金融资产支出”为 474.36 万元。另外，反映基金公司通过隔夜正回购加杠杆的利息支出较为准确的指标为隔夜回购定盘利率 FR001[①]，在中国货币网可以查阅到 FR001 在 2024 年上半年的均值为 1.84%，则该基金上半年的平均杠杆率＝卖出回购金融资产支出÷回购平均利率×2÷基金平均规模＝474.36 万元÷1.84%×2÷40.62 亿元≈12.69%。

3. 基于利率风险敏感性分析推算久期和凸性

债券基金的组合久期是债券基金中全部持有的债券、存单等交易性金融资产各自久期的规模加权平均。债券基金的组合久期与其净值对利率敏感性呈正相关关系。具体来说，当市场债券整体收益率每下行 0.01%，在其他条件相同的情况下，债券基金的净值会上涨 0.01%乘以其久期。然而，这种正相关性并非简单的线性关系。当市场收益率变化幅度较大时，债券基金的净值变化幅度还受到利率变化幅度的平方的影响，这种受平方影响的系数被称为凸性。凸性与债券基金组合的分布有关。例如，如果债券基金持有极短和极长期限的债券，则其凸性较高；相反，如果债券基金全部持有中间期限的债券，则其凸性较低[②]。债券基金受利率变化而产生收益变化的公式为

$$\text{债基收益幅度}=-\text{久期}\times\text{利率变化}+\frac{1}{2}\times\text{凸性}\times\text{利率变化}^2$$

也就是说，在预判债券市场整体利率上行时，需要寻找更短久期的债券基金，反之亦然。债券基金的真实久期并不会作为一个单独的指标进行披露，但可以通过半年报、年报中报表附注部分的“利率风险的敏感性分析”进行推算。

“利率风险的敏感性分析”中会公布基金在市场利率上行 25 个基点、下行 25 个基点时，基金净值的变化幅度。同时，可以在资产负债表中查阅到报告期末的基金资产净值。把这些数据和上述公式结合起来，就可以形成关于久期、凸性的二元一次方程组，即

$$\text{公式(1)：}\frac{\text{债基亏损}}{\text{资产净值}}=-\text{久期}\times 0.25\%+\frac{1}{2}\times\text{凸性}\times(0.25\%)^2$$

$$\text{公式(2)：}\frac{\text{债基收益}}{\text{资产净值}}=-\text{久期}\times(-0.25\%)+\frac{1}{2}\times\text{凸性}\times(-0.25\%)^2$$

仍以××7～10 年期国开行指数债基为例，其期末的资产净值为 49.31 亿元，在利率风险敏感性分析中披露的利率上行 25 个基点，基金会遭受的亏损为 8 532.11 万元；利率下行 25 个基点，基金会获得的收益为 8 710.83 万元。将这些数据代入公式（1）和（2），则

$$\text{公式(1)：}\frac{-8\,532.11\text{万元}}{493\,100\text{万元}}=-1.730\,3\%=-\text{久期}\times 0.002\,5+\frac{1}{2}\times\text{凸性}\times 0.000\,006\,25$$

---

① 隔夜回购成为市场最主流的加杠杆借钱方式，一方面是因为其年化利率一般低于其他品种，另一方面是因为银行间和交易所市场对其收取的手续费率也较低。

② 关于久期和凸性的详细计算原理，请参考《债券实操指南：交易、研究与量化投资》。

公式(2)：$\frac{8\,710.83\text{万元}}{493\,100\text{万元}}=1.766\,5\%=$久期$\times 0.002\,5+\frac{1}{2}\times$凸性$\times 0.000\,006\,25$

解方程组可得，基金的久期约为 6.99 年，凸性约为 57.92。由于 7 年期国开债久期一般约为 6 年，10 年期国开债久期一般约为 8.7 年，则可确认该测算结果的准确度较高。

需要注意的是，部分债券基金会采用国债期货对组合的久期进行调节，期货的影响目前并未计入利率敏感性计算中，从而导致对于这些基金而言，推算出的久期可能与真实值有所偏差。投资者可以在财务报表附注中的“衍生金融资产/负债期末余额”和“期末基金持有的期货合约情况”中找到报告期末时点基金的期货持仓情况，如图 6-7所示。

7.4.7.3.2 期末基金持有的期货合约情况

单位：元

代　码	名　称	持仓量(买/卖)	合约市值	公允价值变动
T2403	T2403	-390.00	-401 115 000.00	-2 487 388.08
T2406	T2406	-15.00	-15 409 500.00	1 500.00
TF2403	TF2403	-495.00	-507 597 750.00	-2 483 679.95
TF2406	TF2406	-20.00	-20 490 000.00	-166 000.00
TL2403	TL2403	-270.00	-274 590 000.00	-4 551 415.00
TS2403	TS2403	-60.00	-121 586 400.00	-394 363.64
合计				-10 081 346.67
减：可抵销期货暂收款				-10 081 346.67
净额				0.00

图 6-7 债券基金期末持有国债期货明细（示例）

图 6-7 中的 TS、TF、T 和 TL 分别代表 2 年期、5 年期、10 年期和 30 年期的国债期货品种，而字母后面的数字代表该合约的到期月份（对分析结果影响不大，不同月份的同类合约可以合并计算），持仓量的正值代表做多、负值代表做空，合约市值指在对应品种上的名义金额总值。由此可知，该基金经理做空了约等于 1.22 亿元的 2 年期国债、5.28 亿元的 5 年期国债、4.17 亿元的 10 年期国债和 2.75 亿元的 30 年期国债。考虑到 2 年期、5 年期、10 年期和 30 年期国债的久期分别约等于 1.9，4.5，8 和 21 年，所以对于图 6-7 中的债券基金而言，假设其期末的债券资产市值为 50 亿元，根据利率敏感性计算的久期为 3 年，则减去国债期货影响后的真实久期＝（50 亿元×3 年－1.22 亿元×1.9 年－5.28 亿元×4.5 年－4.17 亿元×8 年－2.75 亿元×21 年）÷50 亿元≈0.66 年。注意，如果基金经理做空幅度较大，可能会出现真实久期小于 0 的情况。

4. 基金换手率的推算

换手率反映了基金经理的投资风格和可能采用的投资策略。一般而言，低换手率通常意味着基金经理主要采用自下而上的投资方法，通过公司财务分析、行业景气度分析等手段精选公司，并通过长期持有来获取公司成长和行业景气度回升带来的超额收益。相反，高换手率则往往表明基金经理倾向于市场择时、轮动和波段交易等策略，充分利用资产估值、市场情绪和宏观数据的边际变化，捕捉市场中短暂存在的定价不充分的机会以赚取超额收益。这两种投资方法适合的市场环境及对基金经理的能力要求都大不相同，因此了解基金的换手率尤为重要。

对于可以投资于股票和可转债的混合二级债基、可转债债基等，其股票部分的换手率相对透明。可以通过半年报、年报的“投资组合报告”部分披露的全部股票和可转债持仓及其前后差异，计算换手率；也可以直接采用“买入股票的成本总额及卖出股票的收入总额”和基金整体规模的前后变化计算股票部分的换手率。

然而，其债券部分的换手率透明度较低。无论是半年报、年报还是定期报告，仅披露前五大债券持仓。为了发现基金经理在债券部分的换手率，可以利用基金半年报、年报中“报表附注”部分的“债券投资收益—买卖债券差价收入”表格。该表格会披露“卖出债券（债转股及债券到期兑付）成本总额”和“交易费用”数据[①]。由于“卖出债券（债转股及债券到期兑付）成本总额”将债券卖出和到期兑付等合并计算，因此该数据无法像“卖出股票的收入总额”那样用于计算换手率。相比之下，“交易费用”的参考性更大一些。可以通过交易费用倒推出报告期的交易规模，并将其除以报告期平均债券规模来推算出换手率。以年报数据为例，则

$$\text{当年换手率}=\text{交易费用}\div\text{交易费率}\div\left(\frac{\text{四季度末债券投资市值}+\text{三季度末债券投资市值}+\text{二季度末债券投资市值}+\text{一季度末债券投资市值}+\text{去年末债券投资市值}}{5}\right)$$

笔者计算出的结果显示，对于规模变化较小的持有型信用债基和指数债基，其年化换手率为1～3倍。而高换手率的轮动波段型基金经理的换手率则可以超过5倍。这些结果基本与笔者调研得出的定性判断结果一致，因此可以认为该方法具有较高的参考价值。

然而，该方法也存在一些弊端。首先，由于交易所和银行间的现券买卖费率不一致，并且阶段性会有减免政策，此外还有大额交易单笔费率上限，因此无法精确计算出基金的真实交易金额。其次，该方法计算出的换手率包括基金经理基于投资风格和策略的主动换手，也包括因投资者申赎带来的被动换手。如果基金规模波动过大，则可能导致计算出的换手率虚高。因此，需要结合基金经理的调研结果进行综合判断。

---

① 注意不是“其他负债表”中的“应付交易费用”。

5. 基于股利收益计算基金红利风格暴露

对于可以配置股票的混合二级债基和可转债债基，其日常业绩波动主要由股票部分贡献，而股票部分的内部结构和风格对基金整体收益的影响较大。在追求稳健收益的混合二级债基投资管理中，不少基金经理会从平滑净值波动、增厚债券部分票息收益的角度出发，选择红利风格的股票。例如，银行、煤炭、公用事业等行业的股票，均能通过定期的股利分红为基金提供稳定的收益增厚。因此，在混合二级债基的投资选择中，该基金的股票部分有多少红利风格的持仓是不少基金研究者关心的问题。

由于基金的定期报告在季报中仅披露前十大重仓，而在半年报和年报中才会披露全部持仓，因此大多数基金研究者在确定股票风格和板块暴露时，常用披露的股票明细与各类风格指数的重叠程度和权重来计算基金持股的风格。然而，定期报告披露的持仓数据均为期末时点数据，无法反映运作期间基金经理换仓的影响。而在基金半年报和年报的利润表附注中，“股利收益”科目能够反映在完整报告期中基金收到的全部股利，这就排除了定期报告日期时点的干扰，发现基金在大多数时间的真实红利风格暴露。因此，可以将股利收益除以报告期的平均股票规模，推算出基金股票部分的股息率。股息率越大，说明基金在红利风格的暴露越高。以年报数据为例，则

$$\text{股票部分股息率}=\text{股利收益}\div\left(\frac{\begin{array}{c}\text{四季度末股票投资市值}+\text{三季度末股票投资市值}+\text{二季度末股票投资市值}+\\ \text{一季度末股票投资市值}+\text{去年末股票投资市值}\end{array}}{5}\right)$$

该指标可以与股票持仓的红利暴露结果、基金经理调研中获得的结果相互印证，提升对基金股票风格的判断准确度。

6. 基于利润表推算基金经理的资本利得能力

债券基金的主要收益来源包括票息收益和利率变动带来的资本利得。在增厚票息收益需要承担更多信用风险的情况下，基金经理通过对利率变动的预判进行波段操作，获取资本利得，成为增厚收益的最主要途径。高换手率仅是基金经理通过波段操作实现盈利的必要条件，而非充分条件。如果基金经理对利率变动方向的预判错误，那么高换手率的波段操作反而会导致更大的亏损。那么，如何判断基金经理波段操作的效果呢？一个合理的思路是从基金的过往收益中将债券票息收益拆分出来，剩下的部分即为基金经理获取的资本利得收益。

如图 6-8 所示，左图是一只债券基金的利润表，表中和债券收益有关的科目是“债券投资收益”和“公允价值变动收益”，且在报表附注中这两个科目都有相应的明细构成（右图）。通过数值的拆解，所有与债券收益有关的科目可以被细分为三个科目“债券投

资收益—利息收入”“债券投资收益—买卖债券（债转股及债券到期兑付）差价收入”“公允价值变动收益—交易性金融资产—债券投资”。根据字面意思解读，“债券投资收益—利息收入”就是该债券基金获取的债券票息收入，而“债券投资收益—买卖债券（债转股及债券到期兑付）差价收入”和“公允价值变动收益—交易性金融资产—债券投资”是该债券基金经过基金经理管理获取的资本利得，前者是资本利得中通过卖出或到期兑付已经实现的部分，而后者是目前持仓中的债券所含有的资本利得。

7.2 **利润表**（局部）
会计主体：债券型证券投资基金
本报告期：2023年1月1日至2023年12月31日

单位：元

项　目	附注号	本期（2023年1月1日至2023年12月31日）	上年度可比期间（2022年1月1日至2022年12月31日）
一、营业总收入		1 043 938 331.69	-2 426 909 507.92
1.利息收入		2 774 717.04	4 206 848.08
其中：存款利息收入	7.4.7.9	2 738 727.16	3 687 431.06
债券利息收入		—	—
……			
2.投资收益（损失以“-”填列）		906 920 633.73	1 249 616 004.68
其中：股票投资收益	7.4.7.10	-94 203 350.60	-164 767 775.75
基金投资收益		—	—
债券投资收益	7.4.7.11	848 859 024.02	1 280 951 171.92
资产支持证券投资收益	7.4.7.12	8 234 478.80	11 133 017.01
……			
3.公允价值变动收益（损失以“-”填列）	7.4.7.15	124 902 600.04	-3 733 482 090.67

7.4.7.11.1 **债券投资收益项目构成**

单位：元

项　目	本期（2023年1月1日至2023年12月31日）	上年度可比期间（2022年1月1日至2022年12月31日）
债券投资收益—利息收入	827 004 332.67	1 154 398 116.24
债券投资收益—买卖债券（债转股及债券到期兑付）差价收入	21 851 691.35	126 553 055.68
债券投资收益—赎回差价收入	—	—
债券投资收益—申购差价收入	—	—
合计	848 859 024.02	1 280 951 171.92

7.4.7.15 **公允价值变动收益**

单位：元

项　目	本期（2023年1月1日至2023年12月31日）	上年度可比期间（2022年1月1日至2022年12月31日）
1.交易性金融资产	124 902 600.04	-3 733 482 090.67
股票投资	-317 831 579.43	-2 891 018 238.98
债券投资	441 664 611.31	-842 218 419.73
资产支持证券投资	1 069 568.16	-245 431.96
基金投资	—	—
贵金属投资	—	—
其他	—	—
2.衍生工具	—	—
权证投资	—	—
3.其他	—	—
减：应税金融商品公允价值变动产生的预估增值税	—	—
合计	124 902 600.04	-3 733 482 090.67

图 6-8　债券基金利润表（左）和科目附注（右）

但是，这种从字面意思理解的结果在实践中并不准确，最主要的原因是，目前在对基金的债券持仓进行估值核算时，是根据债券的票面利率而非买入时的持有到期收益率计算票息收益[①]。而债券发行的时间越长，其票面利率和当下的市场利率可能的差异也越大，这种票息收益的差异会扭曲“债券投资收益—买卖债券（债转股及债券到期兑付）差价收入”和“公允价值变动收益—交易性金融资产—债券投资”这两个科目对资本利得的衡量。

举例来说，01 国开 21 和 22 国开 05，均为国开行发行的政金债。01 国开 21 发行于 2002 年 1 月，发行时期限为 30 年，当时的票面利率为 4.52%；而 22 国开 05 于 2022 年

① 《证券投资基金会计核算业务指引》的“1103 债券投资”。

1 月发行，发行时期限为 10 年，票面利率为 3%。2022 年 1 月，这两只债券均还剩 10 年到期。根据市场估值，这两只相同发行人、相同剩余期限的债券在 2022 年 1 月的市场成交到期收益率均为 3%。2022 年 1 月，假设基金经理分别按照市场到期收益率购买了这两只债券。01 国开 21 的票面利率 4.52%大于市场估值到期收益率 3%，则其为溢价成交，净价为 113.032 2 元；22 国开 05 的票面利率 3%等于市场估值到期收益率 3%，则其为平价成交，净价为 100 元，如图 6-9 所示。

010221.IB	2022-01-17	2023-01-17		
01国开21	3%	3%		
净价	113.032 2	111.894 8	净价差额	买卖债券差价收入
全价	113.094 7	111.957 2	1.137 4	-1.01%
应计利息	0.062 4	0.062 4	获得票息	利息收入
票面利息	4.52%		4.52	4%

220205.IB	2022-01-17	2023-01-17		
22国开05	3%	3%		
净价	100	100	净价差额	买卖债券差价收入
全价	100	100	0	0
应计利息	0	0	获得票息	利息收入
票面利息	3%		3	3%

图 6-9　不同票面利率的债券记录的会计收益科目对比（单位：元）

在买入持有一年后的 2023 年 1 月，假设基金经理以 3%的估值到期收益率分别将这两只债券卖出，由于买入和卖出时参照的到期收益率没有变化，则这两只债券的持有期间年化收益率和买入时到期收益率相同，均为 3%。22 国开 05 的卖出净价仍为 100 元，其在持有一年的时间里，获得了票息支付 3 元，计入“债券投资收益—利息收入”，为其买入总金额的 3%，由于净价没有变化，则买卖债券差价收入等于 0。而 01 国开 21 的卖出净价为 111.894 8 元，小于其买入时的净价 113.032 2 元，其差额为 1.137 4 元，则需要计入买卖债券差价收入的亏损为买入总金额的 1.137 4÷113.094 7≈1.01%，其在持有一年的时间里，获得了票息支付 4.52 元，计入“债券投资收益——利息收入”，为其买入金总额的 4.52÷113.094 7≈4%。

所以，汇总来看，在市场利率实际没有变化、基金经理采用完全相同的持有策略，而非预测利率变化的资本利得策略，且给债券基金创造了完全相同的 3%收益的情况下：

买入老债券的利润表中会计记录：利息收入－买卖亏损＝4%－1%＝3%。

买入新债券的利润表中会计记录：利息收入－买卖亏损＝3%－0＝3%。

如果基金经理在持有一年后没有卖出这两只债券，而是继续持有，也不改变这种差异的结果，仅会计科目变为：

买入老债券会计记录：利息收入+公允价值损益=4%-1%=3%。

买入新债券会计记录：利息收入+公允价值损益=3%+0=3%。

由此可以看出，在综合收益不变的情况下，由于原债券发行时的票面利率较高，则利润表中利息收入增加，买卖亏损/公允价值损益减少，反之亦然。所以，把“债券投资收益—利息收入”解读为债券基金获取的债券票息收入，而把“债券投资收益—买卖债券（债转股及债券到期兑付）差价收入”和“公允价值变动收益—交易性金融资产—债券投资”解读为债券基金获取的资本利得，这种方法并不准确。

根据笔者的研究，目前通过财报中的各项科目数据，暂无办法较为准确地判断债券基金过往收益中有多少源于票息，有多少源于资本利得。想要发现基金经理真实的投资擅长点到底是信用债券的择券，还是通过对利率变化判断的择时波段操作，需要在定性调研的基础上，结合债券基金的收益归因进行综合分析。

第二节 债券基金的收益来源和 Campisi 归因模型

无论是债券基金、股票基金，还是其他各类资产形成的投资组合，在进行归因研究时，主流的归因方法主要分为两大类。第一类归因方法是在已知具体持仓数据的情况下，对组合中各持仓资产的收益来源进行分析加总，最终形成对整体组合收益来源的综合描述结果。由于该方法的数据来源是具体持仓，因此可以简称为持仓法。例如，Brinson 归因就属于这种方法。第二类方法是在不知道持仓的情况下，基于组合每日收益率受到市场各类波动因子影响的大小进行多元线性回归，通过度量因子权重的暴露达到对组合绩效归因的目的。由于该方法的数据来源是每日收益，因此可以简称为收益法。例如，Barra因子归因就属于这种方法。

大中型基金公司通常会设置专职的产品研究员，基于持仓数据对其旗下的各只基金进行归因分析。这些分析旨在确定收益的来源——是市场自然变化、研究员自下而上的贡献、基金经理优秀的投资策略和主观操作，还是交易室出色的交易执行。归因的结果也会成为基金公司内部人员考核的重要因素。

一、Campisi 模型的构建和应用

2000 年，一位在债券投资和咨询领域深耕了 20 年的投资经理提出了 Campisi 模型。

该模型将收益率曲线拆解为无风险利率（以国债为代表）和各类风险溢价对应的利差变化，进一步细化了债券基金的收益来源，成为常用的持仓法归因模型。在 Campisi 模型中，债券的总回报被拆分为收入回报和价格回报。收入回报为债券买入后年化的持有到期收益（YTM），而价格回报可以被拆分为国债效应、利差效应和选券效应，如图 6-10 所示。

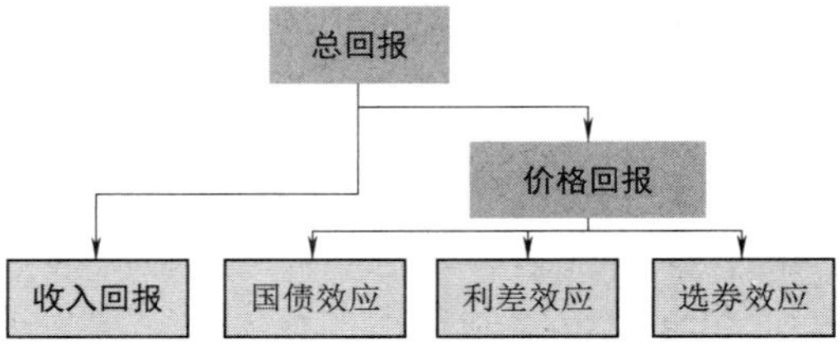

图 6-10　Campisi 模型收益拆分

国债效应＝该债券久期×同等期限国债利率变动

利差效应＝该债券久期×该类债券相对于国债的利差

选券效应＝该债券总回报－国债效应－利差效应

Campisi 模型的归因拆解遵循了自上而下的思路。收入回报对应的静态持有到期收益在债券买入时即被锁定，而价格回报中的国债效应与经济增速和货币政策等因素相关。利差效应则反映了该债券品种的结构性机会，与该品种的相对供求关系及债券发行人所在行业、地域等因素的整体风险水平有关。而选券效应综合反映了该债券特有的信用、流动性风险和交易时的价差等因素。

下面举例说明 Campisi 模型的收益拆分结果。图 6-11 展示了 24 川投资 MTN001 于 2024 年 8 月 16 日的估值、该债券所属的券种大类“中短期票据”的当日估值收益率曲线、国债所代表的无风险利率的当日估值收益率曲线。可见，该债券到期收益率为 2.24%，其同类中短期票据的同期限到期收益率为 2.15%，同期限的国债到期收益率为 1.87%，则同类同期限的中短期票据利差＝2.15%－1.87%＝0.28%。

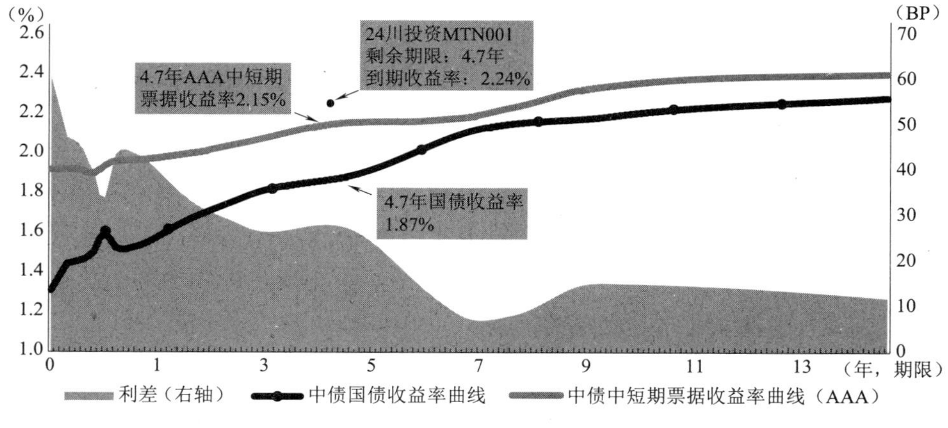

图 6-11　到期收益率和利差

假设1年后，随着市场变化，24川投资MTN001的剩余期限变为4.7年－1年＝3.7年，到期收益率变为1.98％，久期为3.53年；剩余期限3.7年的AAA级中短期票据到期收益率变为1.95％，3.7年的国债到期收益率变为1.7％，那么，同类同期限的中短期票据利差＝1.95％－1.7％＝0.25％。

对其进行Campisi归因，结果为：利息回报＝2.24％；国债效应＝3.53×（1.87％－1.7％）≈0.6％；利差效应＝3.53×（0.28％－0.25％）≈0.11％；选券效应＝3.53×［（2.24％－1.98％）－（1.87％－1.7％）－（0.28％－0.25％）］≈0.21％。

利用债券计算器可知，按上述条件持有24川投资MTN001一年的总收益＝3.16％＝2.24％＋0.6％＋0.11％＋0.21％，中间的差额为凸性（久期变动的二阶导）的微幅影响和四舍五入的尾差。综合来看，Campisi归因可以较为准确地刻画债券收益来源，这一年3.16％的收益中有2.24％是债券开始持有时即锁定的票息收益，0.6％是债券这一大类资产市场波动收益，0.11％是中短期票据这一品种的结构性超额收益，0.21％为个券选择的收益。

当掌握一个债券基金组合的全部持仓明细后，即可对其所有债券进行Campisi归因分析。通过对利息回报、国债效应、利差效应和选券效应的结果进行加总，可以计算出债券基金的收益来源。在基金公司的内部绩效归因中，可以将单只债券基金的这四类收益与基准指数的相应收益进行对比，取其差额部分来衡量固收板块内各职能的运作情况。例如，如果国债效应和利差效应相对基准有显著的超额收益，这通常可以归功于宏观研究或策略研究员的业绩贡献；而利息回报和选券效应的超额收益则可能源于信用评级研究员的调研和选债效果。基金经理则是这些超额收益来源的最终落实者和放大器①。

二、Campisi模型的拓展和比较

Campisi模型强调的券种利差选择和收益增厚，在目前的债券基金主动管理领域已经成为主流的投资策略和研究方向。2020年至2022年城投债品种利差的大幅收缩，以及2022年至2023年银行二级资本债、永续债品种的利差收缩，均形成了对应券种的结构性行情，这充分证明了券种利差选择对债券基金的收益增厚作用。

但是，市场中也存在Campisi模型需要进一步改进和拆分的声音。主要的批评意见在于该模型将单只债券总收益拆分后，再对整个组合进行加总的做法，忽视了在债券基金全局管理中，通过对组合形态的布局和组合凸性的调控可以创造的超额收益。例如，第

① 为了区分各超额收益来源到底是研究员挖掘得好，还是基金经理转化得好，部分基金公司要求研究员自己设立模拟组合，与基金经理的真实组合对比各维度的超额收益效果。这种做法有利有弊，不再深入描述。

四章中介绍了子弹型或哑铃型策略的选择，这些策略能够在维持组合久期不变的情况下，通过调整长短端持仓来增厚收益。

为了测量这类操作创造的超额收益，市场中常见的做法是对国债的收益率曲线结构形态变化做进一步的细分，形成具体的因子，比如收益率曲线中长债利率减去短债利率的斜率因子，其变化影响了债券组合通过持有债券获得的骑乘收益；再比如比较收益率曲线长短端和中端利率的差额形成的凸性因子，其变化影响了债券组合形态分布获取的相对收益。下文将进一步探讨结构性因素的拆分问题。

第三节　债券基金的七因子拆分归因方法

对债券基金进行因子拆分归因的方法源于业绩归因的另一大分支，即收益法归因。由于因子拆分的方法注重债券组合的形态和该形态下对各个收益因子的暴露，而非单一债券的收益影响，所以并不需要知道具体的债券持仓，仅需要知道目标债券基金的每日收益，并准确刻画各个因子的数值即可。因此，其也更加符合大多数基金投资者作为外部人士利用公开数据进行基金研究的现状。

一、关于债券基金因子拆分方法的研究

债券基金因子拆分方法的思路主要受到权益基金因子拆分方法的影响。早期的因子拆分方法可以追溯到因子拆分模型。1991 年，两位学者使用主成分分析（PCA）方法将一只零息国债样本的收益拆分为水平因子、斜率因子和曲率因子，并证明了这些因子的变化可以解释超过 96%的国债收益变化。

对信用债超额收益因子衡量的研发较为坎坷。1993 年，两位学者研究发现美国的投资级信用债相对国债的长期显著风险溢价主要源于违约因素。2015 年，对冲基金 AQR 的研究人员证实了美国市场的公司债券相对国债的超额收益，除违约因素带来的补偿外，仍然系统性地存在信用利差。

在债券基金归因方法的研发方面，海通证券研究所的分析师冯佳睿和吕丽娟于 2017 年连续发表了两篇研究报告，分别论证了基于国内债券市场数据的四因子和七因子拆分模型。考虑到 2017 年国内纯债债基尚未大发展，可以投资于可转债的混合一级债基（当时称为普通债基）和可以投资于股票的混合二级债基仍是债券基金的主流，他们在模型中加入了代表可转债、股票收益的权益因子，并加入货币因子作为无风险收益的代表，从而提高了模型的解释程度。

二、债券基金因子拆分归因模型的构建和优化

笔者对上述归因方法均进行了尝试，并在多年实操中验证了大量的数据和结果，基于因子的收益归因方法确实是在无法知晓债券基金实时具体持仓的情况下，对其进行归因研究的最好方法。但是，各因子的解释效果可能存在显著差异，且在具体因子的构建中存在大量技术细节，并对最终结果有较大影响。

根据笔者的测算，对于纯债债基（含短期纯债债基和中长期纯债债基），水平因子、斜率因子和曲率因子具有很好的解释效果，但是否需要加入信用因子，则需要基于基金投资范围和过往持仓的分析判断。如果该债券基金的投资范围不包括信用债，或者在过往几年的持仓披露中从未配置过信用债，那么使用包含信用因子的拆分模型反而会影响其他因子的测量效果。相反，如果确定该债券基金进行了信用债的配置，则可以同时加入信用因子和违约因子。

对于代表权益收益的权益因子，是否加入需要更加细致的考量。对于含有较低权益类资产仓位的混合一级、二级债基，加入该因子可以帮助衡量和比较不同债券基金之间的权益仓位大小。然而，如果目标基金的权益仓位较大，权益内部的风格、板块和行业对收益的影响更为显著，此时即使加入权益因子也难以有效衡量仓位，且其他因子的影响可能会被权益资产的大幅波动所掩盖，导致整个归因模型的准确性大幅下降，从而致使整个归因模型的失效①。综合考虑，笔者推荐的债券基金因子拆分归因模型如图 6-12所示。

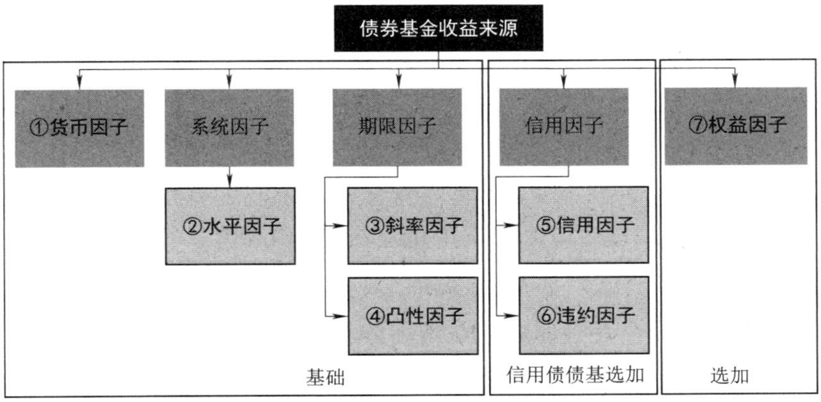

图 6-12　债券基金的七因子拆分归因模型

① 第十章将介绍风险平价相关的知识，读者可以了解到一个投资组合中如果权益仓位高于 4%左右，则该组合日常收益结果会被其权益部分的表现完全覆盖。

在构建因子时，对于投资于人民币债券市场的债券基金，需要采用中债和中证的数据；对于其他市场，则可采用相应的债券指数，但方法相同。此外，需要注意，在进行收益的因子拆分时，部分因子仅衡量收益率变化带来的价格变动，而部分因子则既包括价格变动，又包括利差变化本身的影响。因此，在选择原始数据时，前者应采用净价指数，而后者则应采用财富指数。

（一）七因子构建详解

1. 货币因子

货币因子代表债券基金收益中，既不需要承担流动性风险或久期风险，也不需要承担信用风险或权益风险即可获得的收益，接近理想中的“无风险收益”。在构建时，可以使用货币基金指数的日度收益率代表该部分收益。

2. 水平因子

水平因子代表债券基金收益中受到收益率曲线整体水平变动（上下平移）影响带来的收益。该因子注重对收益率曲线整体的判断，且不涉及信用利差的变动，也不涉及每日的债券票息收益，所以，在构建时可以选用中债—国开行债券总净价（总值）指数①的日度收益率和日度久期，即水平因子＝收益÷久期②。

3. 斜率因子

斜率因子代表债券基金受到债券收益率曲线长端和短端收益率相对变化而发生的收益波动。斜率因子增大，说明斜率的增加，即长端和短端利差（又称期限利差）的增大，反之则说明期限利差的缩小。

在构建斜率因子时，需要选择无风险利率的长端和短端具有代表性的净价指数，并将其组合后构建久期中性化模拟组合。在实操中，可用中债—中短期债券净价（总值）指数代表短端，2024 年 8 月 22 日，该指数久期约为 4.22 年；用中债—长期债券净价（总值）指数代表长端，该指数久期约为 17.96 年，那么，构建模拟组合后前者的权重约为 0.81，后者权重约为－0.19。如前者当日收益为 0.07%，后者为 0.16%，则斜率因子当日收益约为 0.026 2%。读者可以按照此方法，构建斜率因子的时间序列，下同。

4. 凸性因子

凸性因子代表债券基金受到债券收益率曲线曲率变化而发生的收益波动。凸性因子增大，说明收益率曲线长端和短端，相对中间端的收益率下行，曲线变凸；反之，则说

① 国债和政金债中的国开债均为利率债，没有信用风险。国开债和国债仅对企业投资者而言存在所得税差异。但对于目前暂不征收企业所得税的公募债基而言，这两者均可以作为无风险利率的代表。此处选择国开债指数主要因为该品种系列更加全面。

② 中国债券信息网会每日披露各债券指数的净值、收益和久期。

明收益率曲线长端和短端，相对中间端的收益率上行，曲线变凹。由于因子回归拆分时，各个因子之间相关性要尽量减小，所以构建凸性因子时，既要做到久期中性化，又要尽量做到斜率中性化。这就导致构建凸性因子需要两步。

第一步，选取中债—国开行债券总净价（1～3 年）指数和中债—国开行债券总净价（10 年以上）指数以代表收益率曲线的短端和长端，将其作为久期中性化的成分因子 A；再选取中债—国开行债券总净价（3～5 年）指数和中债—国开行债券总净价（7～10 年）指数，将其作为久期中性化的成分因子 B。

第二步，将成分因子 A 和成分因子 B 合成为凸性因子。由于 A 和 B 的久期为 0，所以不需要再进行久期中性化处理。用因子 A（收益率曲线两端）日收益减去因子 B（收益率曲线中间）日收益，即可得出凸性因子。由于因子 A 的成分为短端和长端的结合，与斜率因子强正相关；因子 B 的成分亦为短端和长端的结合，也与斜率因子强正相关，将两者相减可以大幅度减小凸性因子和斜率因子的相关性。

5. 信用因子

对于配置有信用债的债券基金，需要在模型中加入信用因子和违约因子。信用因子代表债券基金收益中，受到信用债收益率和利率债收益率差额（即信用利差）的变化而对应出现的变化。由于信用债和利率债的发行人不同，投资者也有所差异，其供求关系和利率债并不相同。比如在过往数轮地方政府化债过程中，城投债代表的信用债发行量大幅缩减；再比如几次提前下达第二年地方政府债额度或增发特别国债后，利率债发行量大幅增加。这些情形都会影响信用债和利率债的供求，进而导致信用债和利率债收益率的相对变化。在信用债收益率相对利率债收益率下行时，信用利差收缩，信用债走牛，信用因子值增大；反之，则信用利差扩大，信用债走熊，信用因子值减小。

在构建信用因子时，可以采用中债—企业债 AAA 净价指数代表信用债的收益变化，用国开行债券总净价（总值）指数代表利率债的收益变化，并将这两个指数进行久期中性化处理，“前者多、后者空”的模拟组合的日收益即为信用因子的每日数值。

6. 违约因子

由于债券基金在定期报告中仅披露前五大持仓，所以对于配置有信用债的债券基金，往往难以查明其真实的信用债下沉程度，尤其是部分以信用挖掘、发行人挑选、获取票息收益为主要策略的信用债债基，如果不以单独的因子刻画其通过信用下沉获取的额外收益，模型可能会错误地将其较高的收益率归功于久期、斜率调节等基金经理的主动策略调整，进而得出错误的结果。在模型中引入违约因子，可以更好地衡量债券通过承担高收益债可能的违约损失所获得的额外收益，并区别于信用因子衡量的信用债风险溢价、流动性溢价等因素所带来的收益。

在构建违约因子时，可以使用中债—企业债 AA—净价（总值）指数代表信用挖掘策略和高收益债带来的收益，以中债—企业债 AAA 净价指数代表投资级信用债的一般额外收益。两者差额即为高收益债因其可能的违约损失带来的额外收益。在构建时，需对这两个因子进行久期中性化处理。如果 AA—级企业债当日收益大于 AAA 级企业债，则因子当日值为正。并且回归后，债券基金收益对该因子暴露越大，说明该债券基金的信用下沉幅度越大，配置的低评级债券仓位可能越多。

7. 权益因子

对于配置可转债的混合一级债基、配置可转债和股票的混合二级债基，需要在模型中加入权益因子。权益因子代表了债券基金收益中受到可转债和股票等权益资产波动而对应出现的变化，其数值可以大致指示股票、可转债仓位或弹性的变动。在构建时，可以将中证—可转债指数的日度收益减去中债—国开行债券总净价（总值）指数的日度收益，以代表权益的特有收益波动。由于可转债指数并不披露久期，在市场实际运行中可转债和利率水平因子的相关性并不明显，所以在构建该因子时，不需要进行久期中性化处理。

注意，由于银行间债券市场和交易所市场的交易日并不完全相同，因此需要对各因子数据进行数据清洗和频率归一。

在七因子归因方法中，对不同指数进行久期中性化处理是构建各个因子的关键技术步骤，需要单独讲解。

由于水平因子已经体现了久期对债券基金收益的影响，且因子之间需要尽可能地将相关性减小至0，所以后续的收益因子不能再体现久期的影响，故在采用债券指数的收益构建因子时，需要将其进行久期中性化处理。

假设需要将债券指数 A 的日度收益和债券指数 B 的日度收益相减，以其相对收益差额作为因子值，则可以将这两个债券指数作为成分，构建一个久期等于 0 的模拟多空组合。在该久期为 0 的模拟组合中，债券指数 A 的权重$=\frac{久期_B}{久期_A+久期_B}$，债券指数 B 的权重$=\frac{-久期_A}{久期_A+久期_B}$。

假设债券指数 A 的久期为 1 年，债券指数 B 的久期为 7 年，指数 A 的权重$=\frac{7}{1+7}=\frac{7}{8}$，而指数 B 的权重$=\frac{-1}{1+7}=-\frac{1}{8}$，则在该组合中，持有$\frac{7}{8}$的债券指数 A，剩余$\frac{1}{8}$的仓位用于卖空债券指数 B。那么，其综合久期$=\frac{7}{8}\times1-\frac{1}{8}\times7=0$，实现了久期中性化。在本部分所述的各个因子处理中，如提及需做久期中性化操作，皆按此计算。

（二）回归模型

对上述七因子进行逻辑汇总，可以得到七因子的收益来源，如图 6-13 所示。注意，货币因子是无风险收益率曲线在期限为 0 的起点收益率；水平、斜率、凸性、信用、违约因子是不同收益率曲线的相对形状变化和利差变动对净值波动的量化体现；而权益因子则可表达为可转债收益和无风险收益的每日差额。

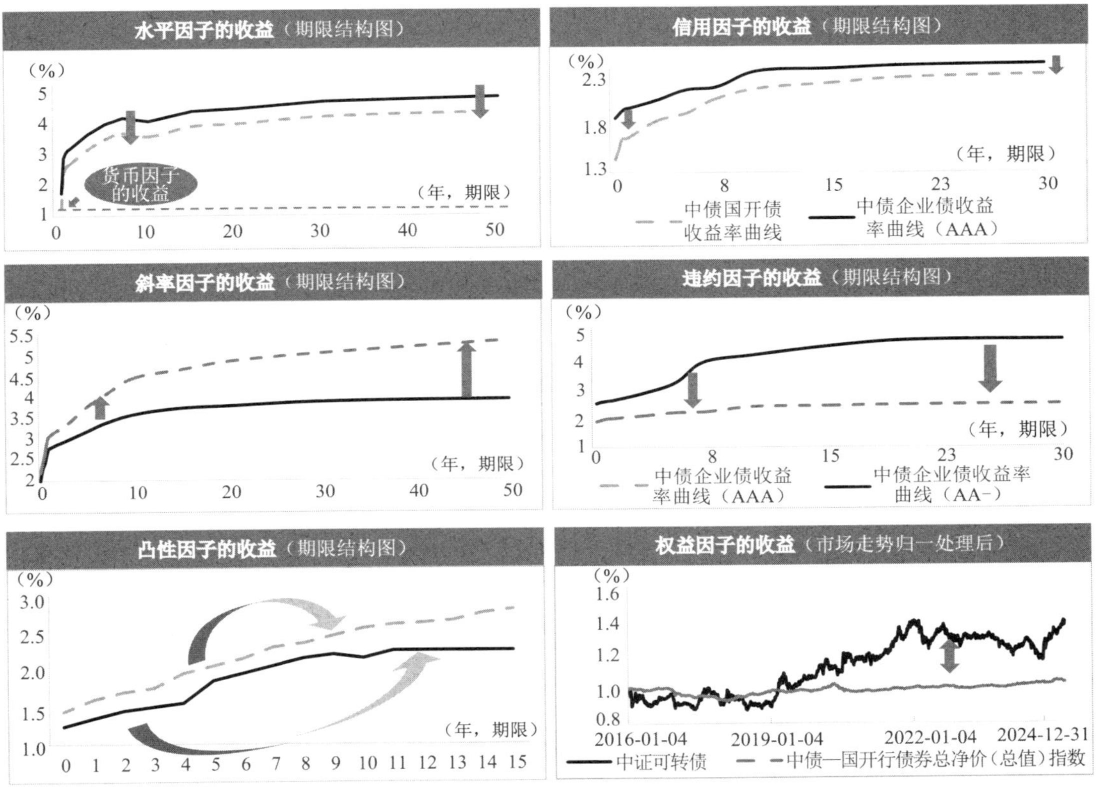

图 6-13 债券基金七因子的收益来源

据此，债券基金的收益（Y）可以被建模为七因子收益（R）的加权求和，其权重即为对应债券基金在各个因子上的暴露。

$$Y_{债基收益} = X_{水平暴露} \times R_{水平} + X_{斜率暴露} \times R_{斜率} + X_{凸性暴露} \times R_{凸性} + X_{信用暴露} \times R_{信用} + X_{违约暴露} \times R_{违约} + X_{货币暴露} \times R_{货币} + X_{权益暴露} \times R_{权益} + 残差$$

在实操中，将债券基金一段时间区间内的日度收益作为 Y，对七因子的日度收益 R 进行多元一次线性回归，即可得到债券基金在七因子上的暴露 X。$X_{水平暴露}$ 近似等于债券基金的久期。$X_{斜率暴露}$ 大致描绘债券基金的斜率暴露，债券基金持有的短端债券越多，长端债券越少，则其对斜率因子的暴露越大。$X_{凸性暴露}$ 大致描述债券基金的凸性暴露，如采用哑铃型持仓，则凸性变大；如采用子弹型持仓，则凸性变小。$X_{信用暴露}$ 、$X_{违约暴露}$ 和 $X_{权益暴露}$ 大致描述债券基金的中高评级信用债仓位、低评级信用债仓位和可转债仓位。对于大多数不加杠杆的组合而言，$X_{货币暴露}$ 在 1 左右。对于回归后剩余的无法被这些因子变化解释的部分收益，即残差部分，可以认为是基金经理的超额收益，也包含债券交易、通过正回购借款等利息损耗和基金产品运营成本，或是模型不完善导致无法解释的部分收益。

值得注意的是，对于多元一次线性回归模型，其训练组数据样本数量需显著大于自变量个数。根据 10 EPV 原则①，建议用于训练的时间区间不少于 70 个交易日以确保数据的充分性，但为了保持模型结果的时效性和有效性，该时间区间不宜超过 180 个交易日。如果时间跨度过长，不仅会导致模型更新频率低于半年度或年度报告，从而减弱其实际应用价值；同时，由于债券到期及基金经理主动调整等因素，债券基金本身的久期、凸性等暴露也会随时间发生变化，进一步影响长期数据下模型结果的准确性。

三、债券基金因子拆分归因模型的效果

优秀的因子回归模型应具备以下关键特征：所选因子的质量较高，且因子间相关性较低，以减少潜在的共线性问题；模型的回归结果应具有良好的解释性，能够充分解释目标债券基金大部分的收益波动；模型的回归结果应准确可靠，与阶段性披露的公开数据及债券指数数据高度匹配。下面依据此标准对模型进行检验。

（一）模型对指数的解释效果

可以将债券宽基指数的收益作为因变量，用以评估模型的归因效果。由于债券指数在运行过程中既不受基金经理主动调整的影响，也不存在基金运营中的各种交易成本和费用损耗，因此理论上其收益应完全由模型解释。若存在无法解释的部分，则这些未被解释的部分将直接反映出模型自身的不足之处。

1. 因子质量

衡量因子质量，有两个维度。第一个维度是因子之间的相关性。对一元多次线性回归而言，因子间的相关性需尽量接近 0，越小越好。从因子相关系数来看，权益因子和货币因子的独立性最好，与其他因子的相关性较低。信用因子和违约因子与其他因子的相

① 10 EPV，即统计训练样本至少为变量数的 10 倍。

关性均在 0.25 以内，质量也较好。水平因子和斜率因子的相关性达到 0.37，斜率因子和凸性因子的相关性也达到了 0.30，均属于略高的水平。具体如图 6-14 所示。

	水平因子	斜率因子	信用因子	权益因子	凸性因子	违约因子	货币因子
水平因子	1	0.37	−0.06	−0.06	−0.01	−0.19	0
斜率因子	0.37	1	0.24	0.06	0.3	−0.04	0.05
信用因子	−0.06	0.24	1	0.09	0.12	−0.13	0.03
权益因子	−0.06	0.06	0.09	1	0.03	0.04	0.01
凸性因子	−0.01	0.3	0.12	0.03	1	0.03	0.08
违约因子	−0.19	−0.04	−0.13	0.04	0.03	1	−0.08
货币因子	0	0.05	0.03	0.01	0.08	−0.08	1

图 6-14 债券七因子相关系数矩阵

第二个维度是因子的影响力，可用回归结果中的 t 值表示。例如，采用 2014 年 8 月至 2024 年 8 月的 10 年数据，对市场最全面的债券指数——中债—综合财富（总值）指数的过往收益进行滚动回归，得到表 6-1。t 值显著大于 2 的水平因子、斜率因子、信用因子和货币因子的有效性较高。权益因子的 t 值最低，这与中债一综合指数不含可转债或股票的现实情况相符。违约因子的 t 值仅稍大于 1，这应该与目前国内低评级债券占比极小有关。凸性因子的 t 值也仅稍大于 1，这可能与其构建较为复杂且与其他因子相关性高有关，说明该因子的质量不够好。

表 6-1 中债一综合财富（总值）指数的七因子 t 值

	货币因子	水平因子	斜率因子	凸性因子	信用因子	违约因子	权益因子
t 值	7.24	18.11	2.92	1.13	2.51	1.22	0.98

此外，用这七因子对目前市场最全面的债券基金指数——中证债基指数进行回归测试，可以得到表 6-2。其中，水平因子、信用因子和货币因子的有效性较高。由于中证债基指数包含可配置可转债和股票的混合一级、二级债基，所以权益因子的 t 值很高，说明权益因子也具有较好的有效性。违约因子的 t 值仅为 1 左右，可能与目前公募债基中几乎不配置高收益债有关。而斜率因子和凸性因子的 t 值都很低，这与因子相关性较高导致因子质量较差有关。

表 6-2 债券基金指数的七因子 t 值

	货币因子	水平因子	斜率因子	凸性因子	信用因子	违约因子	权益因子
t 值	4.75	7.79	1.19	0.92	2.97	1.03	12.95

综合来看，根据对中债一综合指数和中证债基指数的测试结果，可以得出两个结论。一是，七因子中水平因子、信用因子、货币因子和权益因子的质量较高，其结果可以放心使用。斜率因子、凸性因子和违约因子的质量略差，这与因子之间的相关性较高有关。二是，在不同目标的收益拆分回归时，需要进行事前判断。例如，目标债券指数、基金无对应资产，就无须加入相应因子。

2. 解释性

基于上述因子检测结果，采用剔除权益因子的六因子模型对中债一综合财富（总值）指数进行重新回归。从回归结果看，过往十年中，六因子对中债—综合财富（总值）指数的收益解释度平均值为87%，最小值为65%，最大值为98%，绝大多数时间在85%以上。

而对中证债基指数采用的七因子归因结果显示，该方法对债券基金的解释度均值也达到了78%，最大值为97%，最小值为33%。个别解释力度大幅缩小的时点包括2015年年中和2019年2月等，可能与当时权益市场的大幅波动有关。

综合来看，模型的解释性很好，不论是债券指数还是债券基金指数，七个因子能够解释大多数的收益变化。

3. 准确度

由于只有中债债券系列指数每日披露久期和凸性，所以可以将其因子回归结果和其披露的真实久期、凸性进行对比，以测试因子模型的准确度，如图6-15所示。

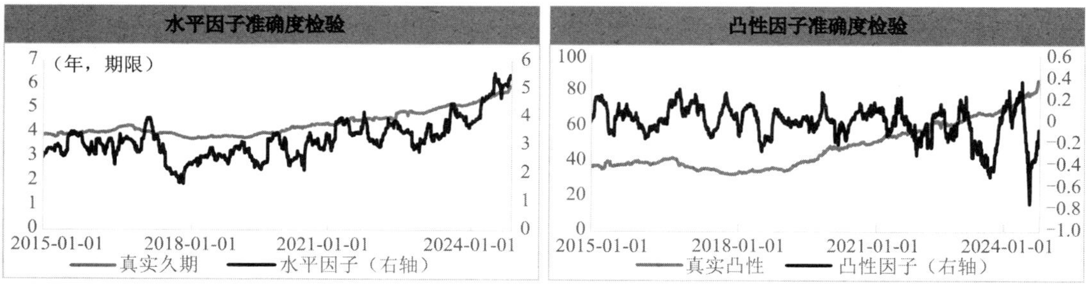

图6-15 中债—综合财富（总值）指数的准确度检验

就回归结果来看，水平因子暴露代表的测算久期和中债—综合财富（总值）指数每日披露的真实久期走势极为相似，相关性达70%以上，可以认为准确度较好。而凸性因子的回归结果并不理想，距离真实披露凸性差距较大，且取值在0上下，这可能是由凸性因子与其他因子相关性较大且构建质量不高所致。

另外，货币因子代表了市场无风险收益，对于债券指数而言，其回归出的因子暴露值应在1左右。而中债—综合财富（总值）指数的过往十年回归结果均值为1.31，与1

较为接近。

对权益因子准确度的衡量，采用万得混合债券型二级指数这一品种，虽然指数本身并未公布其权益整体仓位，但可以根据其成分基金定期报告公布的可转债、股票仓位之和计算该指数体现的平均权益仓位，并将其与七因子模型刻画的权益因子暴露进行对比，如图 6-16 所示。

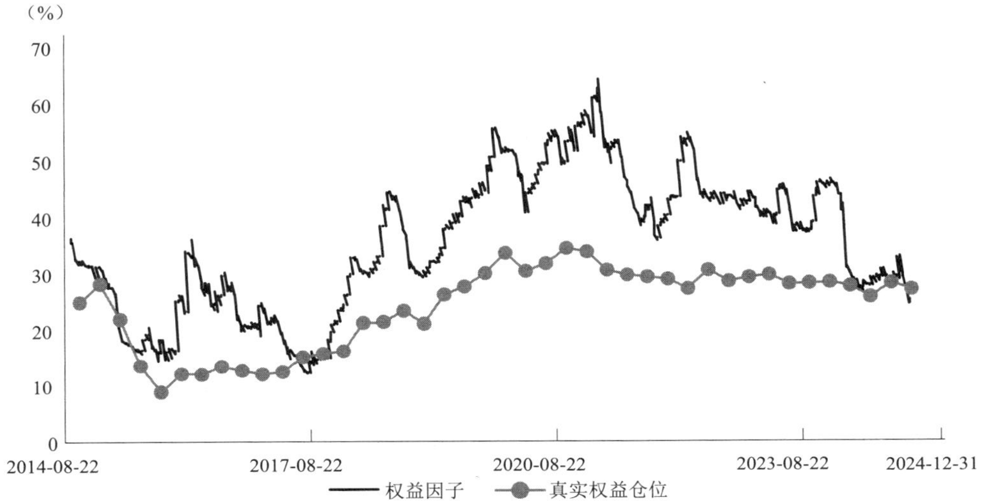

图 6-16 混合二级债基指数检验权益因子有效性

从测算结果看，权益因子归因出的权益暴露和混合二级债基权益真实仓位的走势相关度很高，准确度较好。大多数情况下，权益因子暴露略大于真实仓位值，可能与回测所选的 10 年为代表的相当长的时间内，混合二级债基中配置的可转债和股票大多具有更高的波动性有关。

4. 结论

综合上述以债券指数、债券基金指数测试七因子拆分归因模型的回归结果，可以得出结论：目前的模型在水平因子衡量久期、信用因子衡量信用暴露、权益因子衡量权益仓位、货币因子衡量无风险利率方面，具有较好的因子质量、解释性和准确度；凸性因子和斜率因子受到构建相关性的影响，效果一般；违约因子由于在指数成分中占比极小，有待进入单独的债券基金中具体测量。

一旦能够高频、定量地掌握债券基金的久期、凸性、斜率、不同评级信用债的仓位和可转债的仓位，就可以基于这些数据的变化来实时跟踪、评判基金经理日常投资操作的准确度，观察其超额收益的来源，总结判断其投资能力的好坏，以及对应基金经理、债券基金适合投资的场景。

（二）债券基金因子拆分归因模型对单只债券基金的解释效果

在充分测试了模型对指数的衡量效果后，可以在单只债券基金上测试该模型的效果。

1. 纯债债基：利率债

选取两只具有代表性的利率债指数基金进行研究：一只运行较为平稳，另一只投资策略经历了较大变动。主要对比这两只基金的因子回归结果与真实久期之间的差异。如图 6-17 所示，这两只均为政金债指数基金，前者主要投资于 7～10 年期国开债，后者主要投资于 3～5 年期政金债。根据半年报和年报披露的利率风险敏感性分析结果，分别计算出的报告期末真实久期和水平因子暴露。

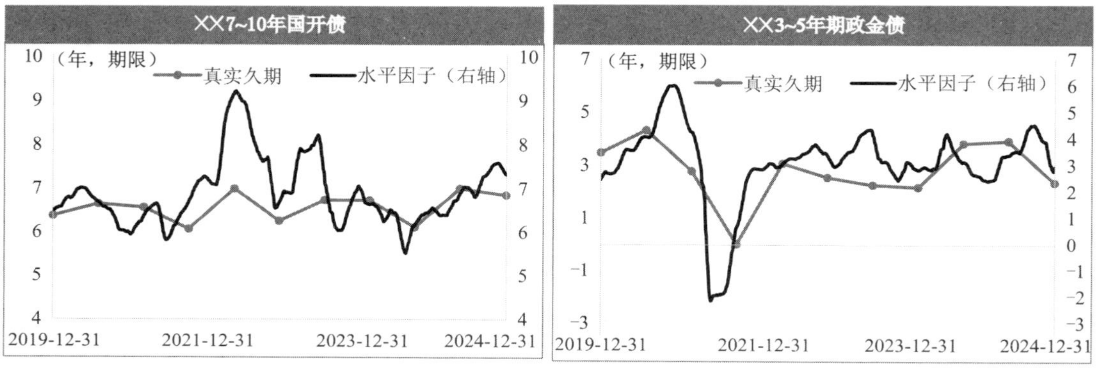

图 6-17　纯债债基（利率债）测算结果

左图中，水平因子和真实久期走势基本相同，且在 2021 年末等位置提前反映了基金久期的向上变化，并在 2023 年末预测了基金久期的下降。但是，几次变化幅度均不大，说明该基金运行较为平稳。

右图中，3～5 年期政金债基金久期变化波动显著。尽管在过往五年中的大部分时间里，其久期基本维持在 2～4 年的区间内，但 2021 年 2 月至 8 月，该基金测算的久期出现了大幅下行。随后公布的 2021 年半年报数据也验证了这一点，显示其真实久期下降至接近 0 的水平。通过检查财报数据可以发现，该基金在 2021 年上半年遭遇了大额赎回，规模从 2020 年末的 10 亿元急剧下降到 2021 年第一季度末的 1 亿元，并于第二季度末进一步减少至约 500 万元的极低水平，成为微型基金。可以推测，这种负债端的大幅变动导致了投资策略的变形，基金经理可能不得不大幅卖出长期债券以应对不可预测的投资者赎回数量，最终导致基金产品形态与其原本对标的“3～5 年”标准发生偏离。

由于基金通常在 8 月 31 日才会公布其 6 月 30 日的半年度报告数据，而上一年度的报告数据则需等到次年的 3 月 31 日才能发布，因此采用因子拆分归因模型可以及时捕捉债券基金每日久期的变动。如果发现异常情况，该模型能够起到预警作用，帮助投资者和管理者更早地识别潜在问题并采取相应措施。

2. 纯债债基：利率债＋信用债

市场中，大多数纯债债基既配置利率债，也配置较大比例的信用债。对于这类主流品种，重点检验模型对信用债仓位的解释度，并探索违约因子是否能够解释债券基金中低评级债券的比例。采用半年报和年报中披露的各信用评级债券市值占基金资产净值之比，作为真实仓位与因子测算结果进行验证。然而，目前债券基金的定期报告仅披露AAA级、AAA级以下评级和未评级（利率债）这三档，无法区分中等评级（AA＋）和低评级高收益债（低于AA＋），这在一定程度上影响了检验结果。此外，也可以检验水平因子对久期的测算准确度，采用与利率债债基相同的检验方法。

选取两只规模较大的纯债债基A、B，这两只基金均有5年以上历史业绩，且同时配置了信用债和利率债。××纯债A是市场中较为知名的以城投债下沉获取票息为主要策略的持有型纯债债基；而××纯债B则是该基金公司成立时间最久，以信用为底仓、利率债波段策略灵活调节增厚收益的“旗舰款”债券基金，具体如图6-18所示。

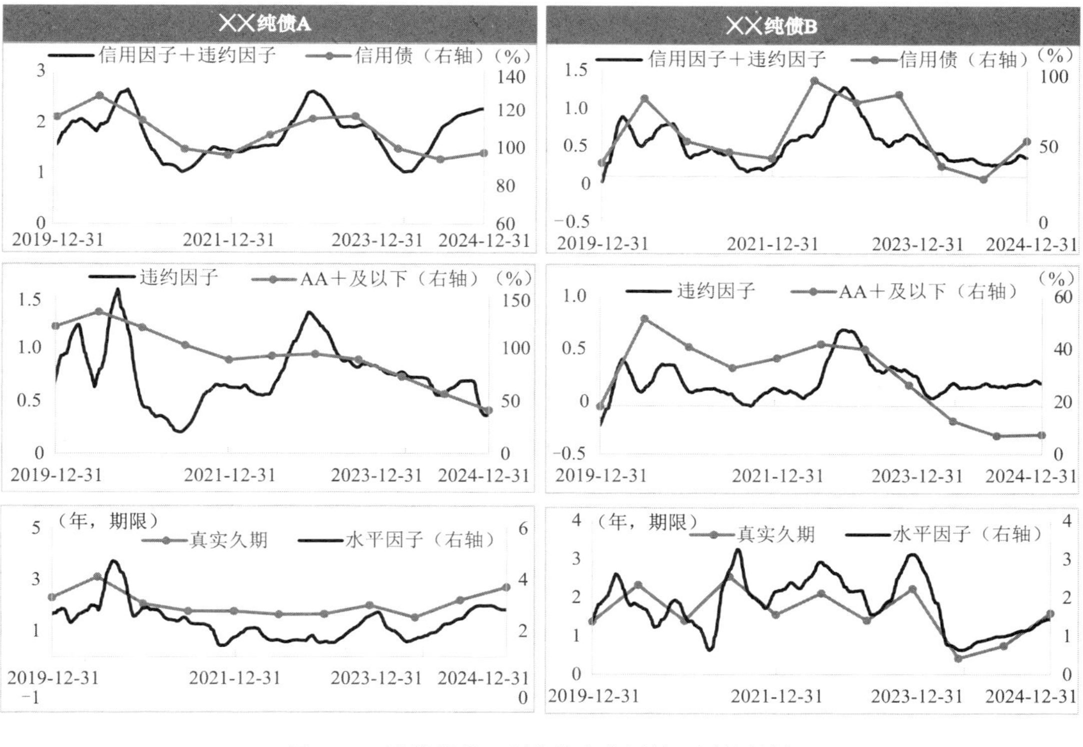

图6-18 纯债债基（利率债＋信用债）测算结果

从公开财报披露的信息看，××纯债A的信用债仓位在80%～125%，可以将其测算出的信用因子和违约因子值相加，以衡量信用债暴露。从结果来看，因子相加之和的走势基本与信用债仓位变化走势趋同，但绝对值上显著大于信用债仓位的绝对值。作为对比，××纯债 B 的信用债仓位在 20%～100%，除在 2022 年末测算出的信用债仓位和财报披露仓位走势稍有背离，其他期限的测算值走势和披露真实仓位走势基本一致。并且，××纯债 A 测出的信用因子与违约因子之和大于××纯债 B 测出的因子值，不同债券基金之间可以通过因子拆分归因模型结果建立相互可比的关系，能够有效帮助基金投资中的选基过程。

由于目前中债尚未有涵盖所有信用债的综合型指数，本书以企业债为代表构建的信用因子和违约因子走势可能与其他信用品种（如公司债、短期融资券、中期票据、商业银行金融债、二级资本债和永续债等）存在一定偏离。这可能是测算所得结果与披露的信用债仓位出现阶段性偏差的主要原因。然而，综合考虑测算结果的时效性和准确性，其参考价值仍然很大。

从两只基金的 AA+及以下评级信用债占比，及违约因子的测算结果来看，××纯债 A 的低评级债券比例显著高于××纯债 B 的低评级债券比例。从单只基金看违约因子走势与 AA+级及以下仓位变化走势相关度也较高。但由于之前提到的违约因子是基于 AA－级构建的，因此在部分时点，其与财报披露的 AA+级以下仓位有一定背离，或有暴露小于 0 的情况，这可能说明该债券基金当时基本没有配置 AA－级等低评级债券，而是几乎全部配置了 AAA 级信用债。

从图 6-18 中的久期测算可以看出，与仅含利率债的纯债债基一样，水平因子值也可以准确测算含利率债和信用债的纯债债基的久期，其测算结果与定期报告披露的真实久期基本一致，且该债基的信用债占比、评级分布对久期结果准确性的影响并不大。

3. 混合债基：利率债+信用债+可转债+股票

此处，在包含可转债的混合一级债基和同时包含可转债及股票的混合二级债基上测试债券基金因子拆分归因模型，以验证其权益因子的衡量效果。同时，还将检验在新增因素干扰的情况下，久期、信用等因子是否能够维持较高的归因准确度。

如图 6-19 所示，左图是一只仅配置可转债的混合一级债基。其在 2020 年以前的市场是以信用下沉策略知名的明星产品，在其公开披露的重仓券名单中，甚至出现过后来爆雷的地产公司债券，这些债券虽然为该债券基金带来了较多的票息收益，但从 2021 年开始纷纷出现价格的大幅下跌，甚至彻底违约。该债券基金承受了接近 30%的下跌。之后，该基金进行了策略转型，通过大幅增加可转债的方式，试图提升收益。

从披露的因子结果看，其权益因子测算走势与披露的可转债仓位变化基本趋势相同，可以判断基金经理基本采用了匀速加仓的投资策略。但是，其绝对数值比真实仓位数值更大，可能是由其主要配置了高弹性、小盘成长风格的可转债所致。

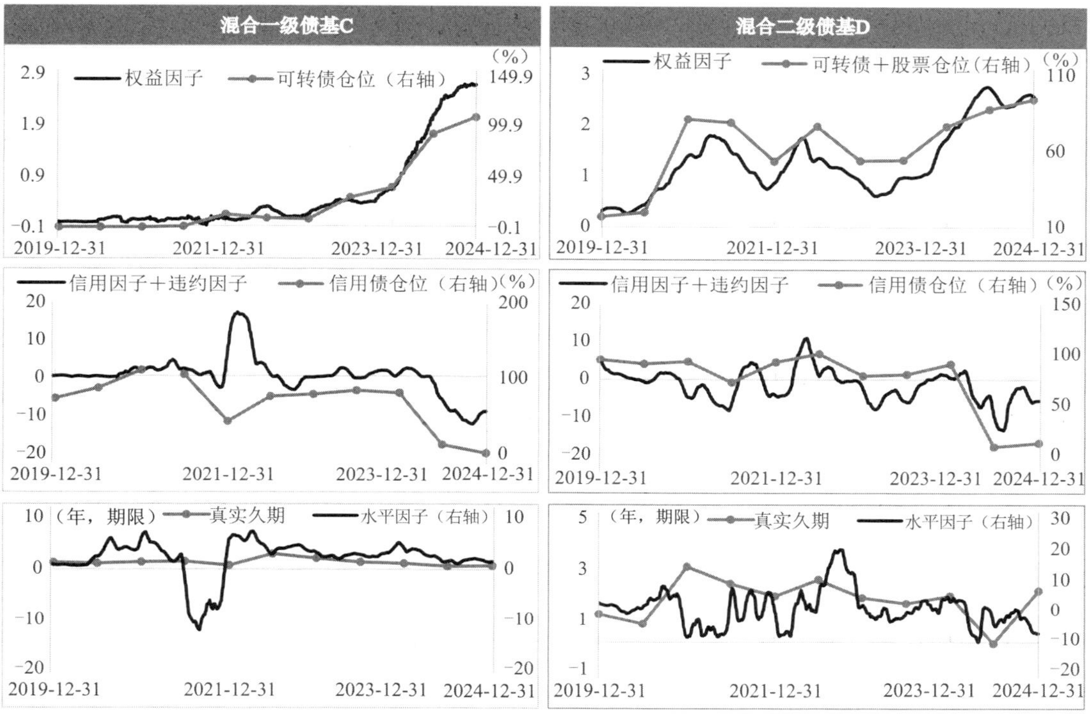

图 6-19 混合债基（利率债＋信用债＋可转债＋股票）测算结果

然而，该债券基金的信用因子和违约因子测算值，在 2021 年下半年至 2022 年上半年出现了较大幅度的波动，这与当时的地产债爆雷有关。虽然当时受到逾期冲击，低评级信用债普遍跑输高评级信用债，但地产债价格下跌幅度更大，直接从 100 元以上跌到 30 元左右，故持有该债券的混合一级债基 C 的违约因子暴露出现了大幅异常的提升。所以，当债券基金持有的单只重仓债券出现价格异常时，其效果可能会覆盖基于债券指数测算出的因子效果。

这种违约债券的价格异常也会影响其他因子的测算结果。混合一级债基 C 的久期因子暴露在 2021 年地产债爆雷中也出现了大幅异常的下探，甚至进入了负值区间。笔者认为，这是由于当时债券市场处于牛市，在价格普遍上涨的情况下，由于债券基金收益大幅下跌，所以在线性回归中基于最小二乘法（OLS）估算的因子暴露会把部分违约券的影响转移到久期因子上，造成久期测算结果的失真。而对于没有出现个券异常价格变化的混合二级债基 D，债基因子拆分结果准确性有所提升。右图中，测算出的权益因子走势和混合二级债基 D 财报披露的可转债＋股票仓位走势基本一致，因股票的弹性大约是可转债的 1.4 倍，且混合二级债基 D 配置的权益资产风格偏成长，权益因子暴露值的绝对水平依然较高。

由于混合二级债基 D 基本不做信用下沉策略，其测算出的信用因子＋违约因子与定期报告中披露的信用债仓位走势也基本一致，且和左图的混合一级债基 C 的信用因子＋违约因子也有较好的可比性，但其变动区间过于宽阔，甚至可能到负值以下，可能是权益因子较大的波动和暴露覆盖了部分信用因子、违约因子的收益暴露。同样的问题也发生在水平因子暴露的久期测算上，虽其大致走势与真实久期走势一致，但其波动幅度增大，甚至会导致部分时点的测算值落入负值。

4. 结论

以上用构建好的债券基金因子拆分归因模型测试了纯债债基（利率债）、纯债债基（利率债＋信用债）、混合一级债基（纯债＋可转债）、混合二级债基（纯债＋可转债＋股票），并重点检查了水平因子、信用因子、违约因子和权益因子的测算效果。综合来看，对纯债债基水平因子的衡量较为成功，水平因子暴露可以较准确、高频地测算基金的真实久期。对于纯债债基信用因子、违约因子的测算，比较好的方法是将这两个因子的值求和后用于衡量债券基金整体的信用债仓位变化。

由于债券基金报表披露的原因，信用因子和违约因子单独用来测试债券基金高评级和低评级的信用债仓位的准确度很难确定。并且，如果纯债债基持仓债券的价格出现大幅异常变化，如信用违约爆雷等，则水平因子、信用因子和违约因子的测算结果也会出现阶段性异常。

对于含权的混合一级、二级债基，权益因子衡量其可转债和股票的仓位变化较为准确。但是，由于债券基金的权益仓位大多选取高弹性标的，其测算出的绝对值会高于真实仓位的绝对值。此外，如果权益类资产比例过高，则会导致回归出的水平因子暴露，信用因子＋违约因子暴露值偏低，但其走势基本能贴合该债券基金久期、信用债仓位走势的变化。

本章小结

本章从量化分析的角度，系统介绍了对债券基金进行评价和研究的一整套方法。第一节的量化评价指标能够帮助读者直观地从多只同类债券基金中发现收益最优、风险控制最优及风险调整后收益最优的债券基金，为投资决策提供依据。同时，介绍了一些基于基金定期报告的指标分析工具，帮助读者搭建自己的分析框架。第二节、第三节在成型框架的基础上，介绍了在内部业绩分析中常用的 Campisi 模型，并比较了其与其他归因模型的异同。考虑到大多数读者作为外部投资者，主要基于公开数据进行数量分析，本章的重点放在了第三节，详细讲解了目前业内最为前沿的债券基金因子拆分归因模型。不同因子的详细构建方式，能够帮助读者建立起对债券基金收益来源的认识，然后通过债券指数、债券基金指数和不同类型的债券基金，分别测试了模型的效果。

至此，已经详细阐述了债券基金研究和优选的所有定性和定量研究方法。第三篇将进一步详细介绍各类债券基金品种，帮助读者建立更加具体的认识。

03 第三篇

校场点兵：熟练掌握债券基金品种

投资是试错成本最高的领域，完备的知识结构往往只有在合适的应用领域才能发挥最佳效果。虽然债券基金具有相同的本源和通用的分析方法，但在20多年的市场运作中逐步形成了多个特征鲜明的细分类别。这些细分类别在债券基金的基本框架内，通过投资范围、投资限制、申赎条件等附加条件约束，在投资收益、波动和风险暴露、适用场景等方面体现出不同的特点。本篇将依次介绍债券基金各细分类别的特点，帮助读者明晰细分类别投资中的潜在风险点，从而为构建符合自身需要的投资方案奠定基础。

第七章　纯债债基：债性纯粹的低风险产品

纯债债基作为债券基金中风险最低的产品，其特点是不投资于可转债或股票，因此债性最纯粹。根据历史数据，自公募基金诞生以来，纯债债基的收益率和风险均处于最低水平。

本章将依次介绍短期纯债债基、中长期纯债债基和指数债基。通过前文对久期和利率风险等概念的介绍，可以初步猜测短期纯债债基的风险低于中长期纯债债基。在本章介绍中，读者将更具体地感受到它们之间的收益和风险特征对比。此外，还将介绍专门用于筛选含信用债的纯债债基的方法。对于指数债基，由于其并不具有确定的特征，而是跟踪其基准指数展现出相应的特征，因此会从众多指数债基中挑选出主流或具有特色的品类，并具体描述它们的应用场景。

第一节　短期纯债债基：优秀的理财型投资品种

短期纯债债基产生的初衷是满足投资者较低风险偏好的需求。2005 年至 2006 年，发行的短期纯债债基有四只：博时稳定价值、易方达月月收益、南方多利中短债和友邦华泰中短债。它们均为控制组合期限在 3 年以内的中短债债基。

尽管这些基金在成立初期基金规模一度达到 100 亿元，但随着股票市场升温，短期纯债债基这一品类发展停滞，其规模一直徘徊在千亿元上下。直到 2017 年，随着债券市场整体走熊，中长期纯债债基出现了较大幅度的回撤，部分投资者转而投向短期纯债债基。2018 年，股票市场再次迎来熊市，短期纯债债基规模大幅增长。然而，在接下来的三年中，随着股票基金和中长期纯债债基业绩反弹，短期纯债债基的规模再次流失。但在 2021 年股市开启熊市后，短期纯债债基的规模突飞猛进，不断走高，并于 2024 年上半年达到了 1.5 万亿元的顶峰。从投资者结构来看，早期规模初创阶段的短期纯债债基主要面向个人投资者，自 2018 年以后，机构投资者的占比明显提升，具体如图 7-1 所示。

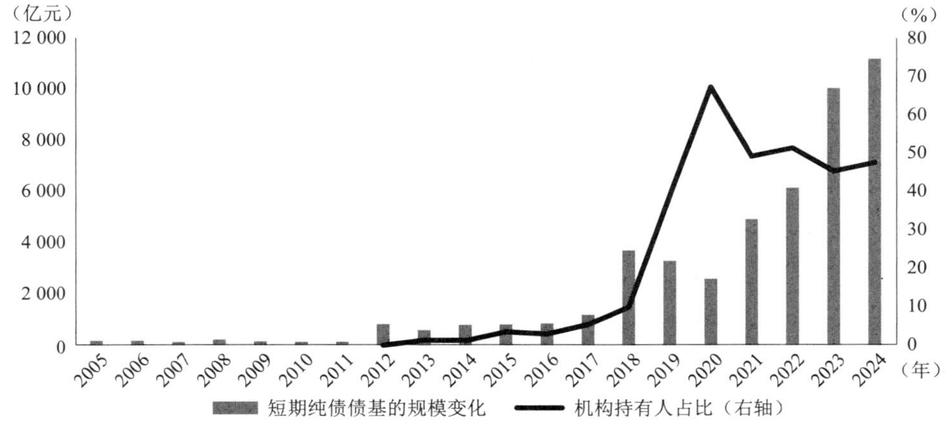

图 7-1 短期纯债债基的规模变化

数据来源：WIND，截至 2024 年末。

据此可见，短期纯债债基的规模变化在很大程度上取决于股票或中长期纯债债基的业绩表现。当这两类资产表现不佳时，短期纯债债基能够吸纳流出的避险资金。在业界，这种现象称为短期纯债债基的避险和流动性管理属性，即当其他资产风险过大，不宜配置，且暂时没有更好的投资选择时，投资者往往会将资金投入短期纯债债基。基于这种流动性管理的属性，许多基金公司会将短期纯债债基的投资管理放在现金管理部（或类似部门），与货币基金一同管理。不少短期纯债债基的基金经理也会兼任货币基金的基金经理，或由货币基金的基金经理、债券交易员等转型而来。他们可以借助在货币市场积累的资金面敏感度、对央行货币政策的预判和解读能力及对短端利率的预判等优势，取得更好的业绩。

细分来看，短期纯债债基可以分为超短债债基、短债债基和中短债债基。它们最核心的差异在于非现金资产中80%以上的部分可投资的债券期限不同。

一、超短债债基

体现避险和流动性管理属性最明显的短期纯债债基子类别当属超短债债基。超短债债基是短期纯债债基这个三级分类下更加细分的低风险品种，其主要特征是：在投资限制中，要求组合配置 80%以上的剩余期限在 270 天以内的超短债。平均剩余期限在 120 天以内的货币基金是风险等级最低的公募基金，而超短债债基的剩余期限约束仅略长于货币基金，基本可以认为是所有公募基金中风险等级次低的基金品种。目前，市场中存续的超短债债基规模约为 750 亿元，大约有 10 只基金。

1. 产品定位和策略

由于超短债债基可持有的债券期限受到大幅约束，其主要定位为货币增强型产品。这类基金主要面向那些对货币基金收益不满，同时能够承受小幅业绩波动的投资者。此外，这些投资者通常买入后会持有一段时间，而非频繁申赎。通过小幅牺牲流动性，超短债债基提高了收益风险比，从而实现增厚收益的效果。

超短债债基的久期较短，因此大多数其他纯债债基中常用的久期策略和骑乘策略对其收益增厚效果并不明显。在运作过程中，超短债债基通常通过两个策略实现相对于货币基金的收益增厚。其一，超短债债基可以投资比重更大的信用债。根据基金合同，超短债债基最低可以配置AA级信用债（而货币基金最多只能配置10%的AA+级信用债）。通过信用挖掘和信用债票息策略，超短债债基能够增厚收益。其二，作为债券基金的一种，超短债债基的最高杠杆率可以达到140%，略高于货币基金的120%上限。因此，超短债债基可以通过杠杆策略实现收益增厚。

为了实现上述超额收益，超短债债基的组合结构也具有较为鲜明的特征。

2. 组合结构

由于270天以内的利率债收益率与存单、逆回购等货币市场资产相比吸引力不足，为了实现货币增强效果，超短债债基在实际持仓中配置了较高比例的信用债。过往五年的历史数据显示，其非银行业的信用债占比均在70%以上，有时甚至超过100%，而利率债占比一般在10%左右。近年来，随着债券市场的持续走牛，信用债的收益率也快速下行。商业银行金融债作为信用债的一种，逐步受到基金经理的青睐。其中，二级资本债和永续债等资本补充债券由于收益较高，在一定程度上替代了其他行业发行的信用债，成为获取票息收益的良好工具，如图7-2所示。除了上述资产，超短债债基还会配置约10%的现金、存单和逆回购等资产，作为流动性储备。

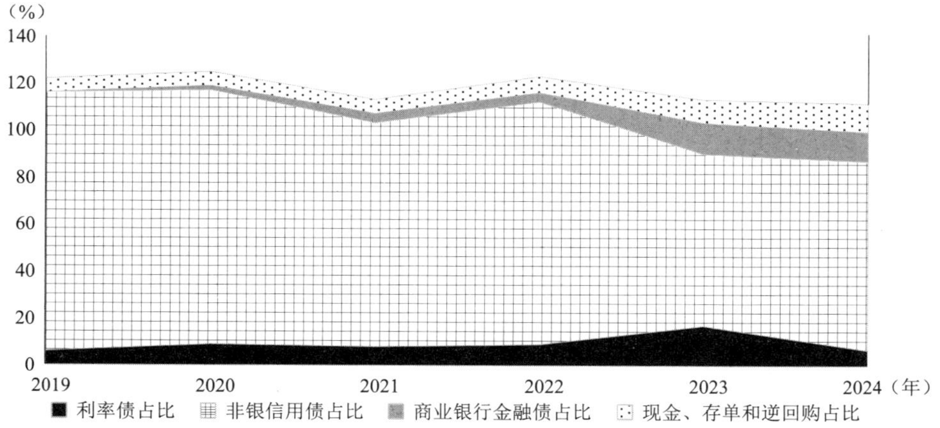

图7-2 超短债债基组合配置（占资产净值比）[①]

① 由于基金杠杆的存在，基金各类生息资产比重之和大于100%。由于除生息资产外，基金还被动持有部分清算款、应收申购款等，所以根据披露财报计算出的杠杆率略大于生息资产比重之和，下同。

在该种配置结构下，超短债债基的杠杆率在120%上下变化，市场平均久期基本在0.5年至0.7年。随着债券市场的走牛，以及债券杠杆息差的收窄，市场整体平均久期有所抬升，杠杆率有所下降，见表7-1。

表7-1 超短债债基的久期和杠杆率变化

指标＼年份	2019年	2020年	2021年	2022年	2023年	2024年
平均久期（年）	0.48	0.58	0.62	0.56	0.72	0.85
平均杠杆率（%）	123	127	118	123	114	112

3. 收益风险特征

上述这种以信用债为主要配置资产，并根据票息收益高低在一般企业信用债、商业银行金融债和存单等现金资产之间进行窄幅调节的策略，是经过历史证实行之有效的策略。从过往五年来看，在偏牛市中，超短债债基相对货币基金每年可以增厚1%左右；而在偏熊的2020年和2022年，相对货币基金仅增厚0～0.15%，见表7-2。但综合来看，超短债债基每年收益跑赢货币基金的概率较大。

表7-2 超短债基金和货币基金的收益率对比

单位：%

类型＼年份	2019年	2020年	2021年	2022年	2023年	2024年
超短债债基	3.67	2.38	2.69	1.87	3.05	2.6
货币基金	2.66	2.13	2.29	1.87	1.96	1.75

为了实现这一超额收益，超短债债基相比从不回撤的货币基金，具有更大的收益风险。采用摊余成本法估值的货币基金是没有回撤的，且每日收益均为正值。但是，超短债债基受到市场波动影响，其每日收益可能小于0。特别是在2022年的极端情况下，超短债债基的平均最大回撤达到了0.33%，见表7-3。

表7-3 超短债债基的风险统计

指标＼年份	2019年	2020年	2021年	2022年	2023年	2024年
最大回撤（%）	−0.05	−0.23	−0.11	−0.33	−0.12	−0.22
日收益波动率（%）	0.015 2	0.022 5	0.023 1	0.043 1	0.019 6	0.026 7
最大回撤恢复天数（天）	2	30	7	15	10	9
正收益天数占比（%）	66.04	56.47	71.34	60.29	70.86	68.61

此外，需要关注“最大回撤恢复天数”这一指标。这个指标在具有一定“流动性管理”属性的投资产品中非常重要，其衡量了“最倒霉”的投资者（假设在收益最高点买入，之后便遭遇最大的亏损）需要多长时间回本。表 7-3 中，对于超短债债基而言，如果遇到极端熊市，投资者可能需要长达 30 天回本。

关于“正收益天数占比”这个指标，大致可以了解短期内持有一只超短债债基每日能够获取正收益的概率。表 7-3 中，2021 年、2023 年和 2024 年上半年的偏牛市场，超短债债基在 70%左右的交易日均获得正收益。而在偏熊的 2020 年，只有一半左右的交易日获得正收益。波涛汹涌的市场变化本质上都可以用统计数据进行描述，从长期来看，这些变化都符合历史数据体现的一般规律。读者充分了解这些统计数据后，就可以更加坚定地持有对应的债券基金产品，避免因为恐慌而出现无效交易，从而提升基金投资的业绩表现。

二、短债债基

目前，市场中正常运作的短债债基约有 140 只基金，规模大约 6 000 亿元。其主要特征是：在投资限制中，要求组合配置 80%以上的剩余期限在 397 天以内的短债。

1. 产品定位和策略

由于短债债基的期限约束仅比超短债债基长 127 天，因此大多数短债债基和超短债债基的产品定位都是货币增强型产品，用于在满足投资者流动性管理需求的基础上略微提升收益。实现上述定位的策略也是采用类似的信用债票息、杠杆息差策略等。也有小部分短债债基的定位往更高一级的中短债债基偏离，会短时间少量配置长久期的利率债，进行波段操作和久期调节策略以在牛市中增厚收益。下文会统一介绍这种趋势。

2. 组合结构

从组合结构来看，短债债基配置的各类债券的比例大致与超短债债基接近。然而，由于部分基金会采用波段操作策略，整体配置的利率债占比略高。此外，由于使用短债债基进行流动性管理的投资者比例略低于超短债债基，因此组合中配置的现金、存单和逆回购等流动性准备类资产的比例也略低，如图 7-3 所示。

从久期和杠杆率来看，短债债基的平均久期略长于超短债债基，杠杆率和超短债债基基本类似，见表 7-4。短债债基相较超短债债基平均久期仅拉长 0.1 年至 0.2 年，从静态的票息收益维度，并不会有明显超额，主要的超额收益源于其更多配置的利率债和商业银行金融债仓位中的资本利得。

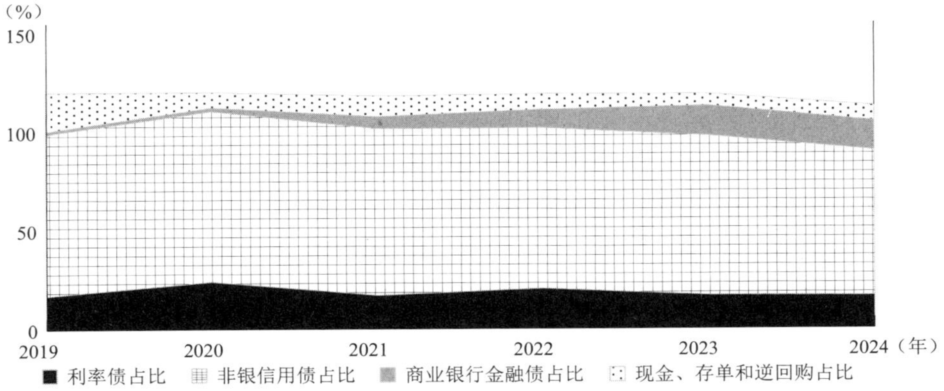

图 7-3 短债债基组合配置（占资产净值比）

表 7-4 短债债基的久期和杠杆率变化

指标 \ 年份	2019 年	2020 年	2021 年	2022 年	2023 年	2024 年
平均久期（年）	0.63	0.54	0.58	0.58	0.75	0.87
平均杠杆率（%）	117	117	116	115	119	115

3. 收益风险特征

从过往收益表现看，在偏牛的市场中，短债债基相对货币基金每年可以增厚 1.2%左右；而在偏熊的 2020 年和 2022 年，相对货币基金也能增厚 0.4%～0.6%，见表 7-5。从过往十年来看，短债债基仅在债券熊市的 2017 年小幅跑输货币基金，其余年份均显著跑赢。

表 7-5 短债债基和货币基金的收益率对比

单位：%

类型 \ 年份	2019 年	2020 年	2021 年	2022 年	2023 年	2024 年
短债债基	3.66	2.77	3.01	2.27	3.15	2.8
货币基金	2.66	2.13	2.29	1.87	1.96	1.75

从风险角度，短债债基的最大回撤和日收益波动率相比超短债债基明显提升，最大回撤恢复天数也小幅延长。短债债基和超短债债基的正收益天数占比则均在 70%上下，见表 7-6。

表 7-6 短债债基的风险统计

指标 \ 年份	2019 年	2020 年	2021 年	2022 年	2023 年	2024 年
最大回撤（%）	−0.1	−0.38	−0.16	−0.42	−0.15	−0.32
日收益波动率（%）	0.020 3	0.030 8	0.022	0.026 1	0.018 4	0.023 6
最大回撤恢复天数（天）	7	29	9	18	11	12
正收益天数占比（%）	77.57	64.31	72.48	64.17	71.53	69.81

三、中短债债基

中短债债基是中国基金领域成立最早的短期纯债债基品种，也是目前规模最大的细分品种。在市场约 320 只短期纯债债基中，约有 175 只为中短债债基，其规模为 7 700 亿元左右，可见其市场认可度之高。

中短债债基的主要特征是：在投资限制中，要求组合配置 80%以上的剩余期限在 3 年以内的中短债。由于 3 年限制显著高于超短债债基的 270 天和短债债基的 397 天，中短债债基的风险收益特征显著高于前两者。

1. 产品定位和策略

在市场定位上，中短债债基提高了追求收益的权重。在交易形式上，不少中短债债基从短债债基普遍的每日开放申赎，变为 30 天、60 天、90 天或 120 天持有/滚动持有，个别甚至为定开基金。这是典型的牺牲投资者流动性以期提高收益率的特征。在投资管理上，就短债债基而言，尽管其基金经理群体中存在不少与货币基金的基金经理互相兼任、共同管理的现象，然而，中短债债基的基金经理兼任中长期纯债债基，乃至波动更为显著的混合一级、二级债基的基金经理的人数明显更多。从投资策略上，虽然信用债的票息及杠杆策略仍然是主要收益来源，但通过利率债进行灵活、宽幅的久期调整和波段交易策略来获取资本利得，是中短债债基提高收益的重要手段，这也大幅提高了中短债债基的收益和风险定位。

2. 组合结构

从组合持有资产来看，中短债债基的利率债仓位相比超短债债基、短债债基明显更多，持有的现金、存单和逆回购资产比例也更低，体现了其更高的业绩弹性和更低的流动性管理属性，如图 7-4 所示。

由于中短债债基对所持有债券的期限限制是超短债债基、短债债基的 3 倍以上，还大多会采用久期调整以获取资本利得的策略，因此其整体久期中枢也显著更长。其平均久期比超短债债基长 1 倍左右，也比短债债基长 0.4 倍至 1 倍；而平均杠杆率方面，由于近年杠杆息差较薄，差异并不大，具体见表 7-7。

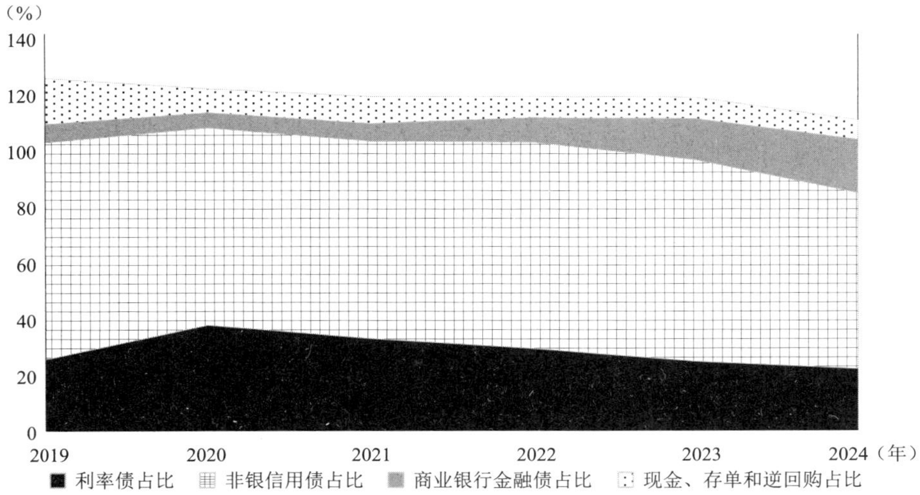

图 7-4 中短债债基的组合配置（占资产净值比例）

表 7-7 中短债债基的久期和杠杆率变化

指标＼年份	2019 年	2020 年	2021 年	2022 年	2023 年	2024 年
平均久期（年）	1.24	1.16	1.21	0.91	1.05	1.41
平均杠杆率（%）	116	115	115	114	116	112

3. 收益风险特征

由于债券的期限限制及组合整体久期的延长，在收益率曲线通常呈现正斜率的情况下，中短债债基能够通过期限利差获得更多的票息收益（根据过往 20 年的经验，将期限从 1 年延长至 3 年，每年可增厚票息收益约 0.3%）。此外，在偏牛的市场环境中，得益于长久期策略自然带来的资本利得，以及通过债券骑乘和波段操作获得的资本利得，每年还能额外增厚收益约 0.3%。综合来看，中短债债基相较于货币基金，具有显著更高的超额收益能力，见表 7-8。

表 7-8 中短债债基和货币基金的收益率对比

单位：%

类型＼年份	2019 年	2020 年	2021 年	2022 年	2023 年	2024 年
中短债债基	4.29	2.5	3.92	2.31	3.6	3.39
货币基金	2.66	2.13	2.29	1.87	1.96	1.75

收益弹性的增强导致产品波动性显著上升。例如，在 2019 年和 2021 年等震荡市中，中短债债基的最大回撤比短债债基高 0.1%左右；而在 2020 年这样的熊市里，其最大回撤可达 1%以上。面对回撤，投资者可能需要两个多月的时间才能回本。此外，其日波动率也比短债债基和超短债债基高许多。而从正收益天数占比来看，中短债债基与其他短债债基并无明显差异，具体见表 7-9。

表 7-9 中短债债基的风险统计

指标 \ 年份	2019 年	2020 年	2021 年	2022 年	2023 年	2024 年
最大回撤（%）	−0.19	−1.22	−0.27	−0.75	−0.22	−0.48
日波动率（%）	0.048 2	0.069 5	0.034 7	0.038 7	0.026 2	0.035 3
最大回撤恢复天数（天）	9	77	12	15	16	19
正收益天数占比（%）	74.25	63.77	72.50	63.15	72.85	71.13

四、关注持仓偏离现象

综合上文对超短债债基、短债债基及中短债债基的详细分析，不难看出，随着债券期限限制的不断拉长，这三个细分品种的收益率依次提升，同时波动也同步加大。尽管它们都具备避险、流动性管理的功能及货币增强的产品定位，但超短债债基在这些方面的表现尤为突出。而随着短债债基和中短债债基在投资组合中纳入更多利率债和长久期债券，其追求高收益的属性也逐步提升。但即使是中短债债基，其日波动率通常也在 0.05%以内，且投资者买入后，超过 60%的交易日都能获得正收益。即便遭遇回撤，除非是在熊市的背景下，否则一般持有 15 天以上也能实现正收益。因此，这三类基金均为优秀的中低风险投资标的。

值得注意的是，近年来，部分短期纯债债基存在持仓偏离问题，导致投资组合的实际表现和债券基金的名称、定位不一致。从产品定位来看，既然此类基金名称中包含“超短债”、“短债”或“中短债”字眼，则投资者在购买时会直观地将其看作相应类型的产品，而会产生对应的收益和风险回报预期。但是，为了提高基金收益，或由于业绩考核压力，不少中短债债基的基金经理，甚至个别短债债基的基金经理都在投资限制没有约束到的 20%仓位中加入了 5 年以上，甚至 10 年、30 年期的国债或政金债，进而大幅拉长了组合的久期。这样的操作虽然在市场走牛的年份收益较好，但牺牲了一定安全性。因此，投资者需要充分了解高收益背后的高风险代价，并在购买前充分研究，判断这种实际风险高于其“短期纯债债基”名称的产品是否符合自己的投资目标和风险承受能力。

第二节　中长期纯债债基：获取超额回报的利器

中长期纯债债基是纯债债基这个二级分类的主流品种，甚至是整个公募基金领域中最大的细分品种之一，同时也是近年规模增长最显著的基金品种。虽自 2012 年打新新规孕育出中长期纯债债基这一品种后，前三年规模的增长均不明显，但 2018 年后资管新规的出台和债券牛市等利好因素均显著促进了中长期纯债债基的发展，该品种基本以每年 1 万亿元的增幅向上攀升，如图 7-5 所示。截至 2024 年末，在整个公募基金约 30 万亿元的管理规模中，中长期纯债债基占据了五分之一的份额，仅次于货币基金。

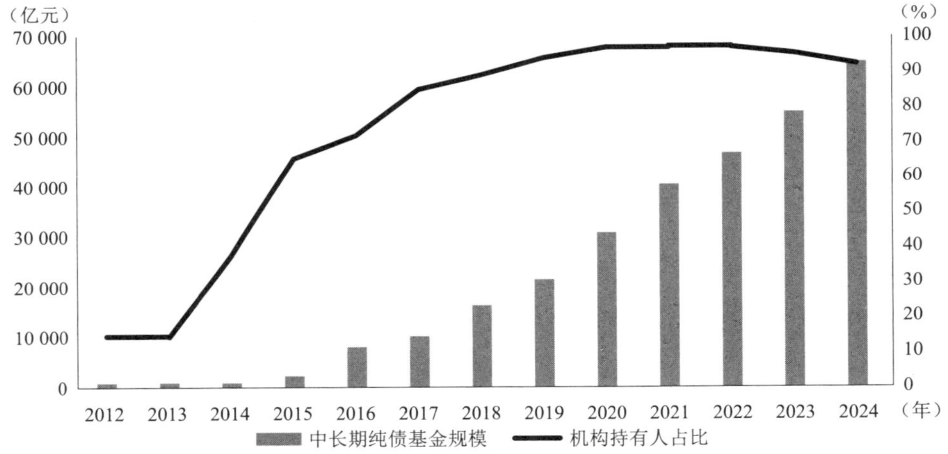

图 7-5　中长期纯债债基的规模变化

数据来源：WIND，截至 2024 年末。

尽管中长期纯债债基规模庞大，却以机构投资者为主，个人投资者占比较少，因此这类基金在各类媒体上的曝光度相对较低。机构投资者，尤其是保险公司、银行自营资金、银行理财及信托等资管机构，构成了中长期纯债债基的主要投资力量。其中，保险公司和银行的自营资金通常是债券基金的长期大额投资者。许多大型银行和保险公司甚至会与基金公司合作，推出定制化的纯债债基产品。虽然这些产品仍遵循公募债基的产品合同，但它们的运作方式类似于基金专户，且并不积极进行市场推广，这就导致了一些优秀的中长期纯债债基产品的知名度并不高。而理财和信托等机构在参与中长期纯债债基时，既有长期稳定的战略性投资，也有 1 年以内的中期战术投资，甚至有基于流动性管理需求的短期投资。这种多样化的投资策略使得机构投资者的行为具有一定的不稳定性，进而在一定程度上催化了 2022 年末的债券基金赎回潮（第四篇会详细分析）。

一、中长期纯债债基的细分类别

细分来看，中长期纯债债基大致可以粗略地分为三个细分类别。第一类，只投资于利率债和流动资产的中长期纯债债基，持仓包括国债、政金债、央行票据和同业存单、现金和存款等。第二类，主要投资于信用债的中长期纯债债基，其持仓除为了满足公募基金5%的流动性储备限制而配置部分利率债和流动资产外，其余部分资产均配置信用类债券（一般不少于80%）。第三类，既可以投资于利率债，也可以投资于信用债，且对这两者的仓位并没有限制的品种，可以将其称为利率信用债债基。利率信用债债基的基金经理可以根据投研判断，自由调整仓位、久期和品种，以获得最高收益。

虽然这三个细分类别的判断标准比较清晰，但在实操中很难事前对其进行稳定的分类。首先，中长期纯债债基合同中宽泛的投资范围设计使得除少数基金外，绝大多数基金可自由调整利率债和信用债仓位，部分甚至因内部定位或投资者需求仅配置利率债。其次，“中长期”定义模糊，基金实际久期分布广泛且不稳定，从1年至7年以上不等，增加了分类难度。最后，定期开放式产品在中长期纯债债基中占比高达47%，其较高的杠杆上限（200%）与每日开放产品不同，将基金品种的分析与分类进一步复杂化。这些因素共同导致中长期纯债债基的内部分类变得尤为复杂且难以精确执行。

这种基金产品内部的复杂结构也使得中长期纯债债基这一品种的研究难度大幅提升，且透明度显著降低，导致个人投资者参与该品种的比例并不高。但只要掌握分析方法，挑选出合适的细分产品，中长期纯债债基其实是非常适合个人投资者进行配置并获取稳健收益的中低风险投资产品。

（一）利率债债基

笔者将利率债债基归为中长期纯债债基的首个四级类别。其涵盖两类基金：一类是合同明确约定仅投资于利率债的基金；另一类则是虽合同中无特别限制，但自成立至今，所有披露的季报、半年报及年报均显示仅配置利率债的基金。当前，这类利率债债基约有300只，约占全部中长期纯债债基的15%，其合计规模达到了约1.2万亿元。

1. 产品的定位

通过利率债债基实现对利率债的配置，对于机构投资者而言是一种高效且成本效益显著的投资。其一，性价比卓越。机构投资者能够以极低的成本（仅需支付约0.3%的管理费和0.1%的托管费）获得专业基金经理的高效管理服务。这一成本远低于自行招聘并维护专业利率债投资经理团队的费用，且基金经理通常具备商业银行或证券公司的资深背景，能够精准解读市场动态，并运用多种策略实现资产增值。其二，流动性良好。公募基金遵循固定的赎回规则，确保了高效的资金流转。即使在市场剧烈波动或流动性紧张的环境下，投资者也能在最晚T+3日内实现资金赎回，为大额资金管理提供了可靠的流动性保障。其三，税收优势显著。对于银行和保险等机构的自营资金而言，直接投资债券可能面临较高的税负，而通过利率债债基投资，则可享受较低的增值税税率和潜在的企业所得税减免，从而在整体上实现税收优化。

而这些优势对个人投资者并不适用，因此，笔者认为多数个人投资者无须购买利率债债金。

2. 组合结构

鉴于利率债债基仅配置利率债，其组合内部券种结构在此略过。从组合特征来看，利率债债基的整体久期明显超出中长期纯债债基的平均水平。考虑到久期越长，组合收益对利率波动的敏感性越高，较长的久期也相应增加了利率债债基的业绩波动性。

由于利率债的票息收益率相对较低，致使通过正回购借款加杠杆购买债券的息差空间十分有限。因此，日开利率债债基的杠杆率长期低于中长期纯债债基的平均水平，即便是定开利率债债基，其杠杆率也远未达到200%的上限，见表7-10。

表7-10 利率债债基的久期和杠杆率变化

类型	指标	年份					
		2019年	2020年	2021年	2022年	2023年	2024年
日开利率债债基	平均久期（年）	2.36	2.36	2.63	1.98	2.94	4.44
	平均杠杆率（%）	110.24	110.92	111.93	111.31	111.83	106.58
定开利率债债基	平均久期（年）	2.65	3.42	2.96	2.06	2.57	3.63
	平均杠杆率（%）	116.84	138.8	155.62	147.09	144.53	136.62
中长期纯债债基	平均久期（年）	1.99	1.84	2.06	1.81	1.99	2.97
	平均杠杆率（%）	120.39	120.87	124.07	122.71	124.4	118.94

3. 收益风险特征

历史数据显示，在2019年、2021年和2023年等震荡市场中，由于利率债债基无法获取信用利差，其整体收益通常低于中长期纯债债基的平均水平；而在因投资者赎回导致流动性紧张的市场下跌环境（如2020年和2022年），及利率中枢大幅下行的牛市环境中（如2024年上半年），利率债债基因其流动性好、平均久期长，整体收益高于中长期纯债债基的平均水平，见表7-11。

表7-11 利率债债基的收益对比

类型 \ 年份	2019年	2020年	2021年	2022年	2023年	2024年
日开利率债债基	3.77	2.75	4.13	2.61	3.01	5.93
定开利率债债基	3.51	3.72	3.76	3.57	3.43	4.69
中长期纯债债基	4.33	2.88	4.18	2.23	3.61	4.59

而从风险角度来看，定开利率债债基的正收益天数占比显著高于日开利率债债基，也高于中长期纯债债基的平均水平，但这是牺牲申赎便利性和基金整体流动性带来的，且从最大回撤、日波动率等其他指标来看，不论是日开利率债债基还是定开利率债债基，相对其同类平均并没有显著优势，见表7-12。

表7-12　利率债债基的风险统计

类　型	指　标	年　份					
		2019年	2020年	2021年	2022年	2023年	2024年
日开利率债债基	最大回撤（%）	−0.54	−2.43	−0.45	−0.94	−0.48	−0.85
	日波动率（%）	0.047	0.095 3	0.051	0.059	0.047 4	0.085 8
	最大回撤恢复天数（天）	16	141	18	52	31	31
	正收益天数占比（%）	62.87	57.47	63.41	57.29	61.08	64.65
定开利率债债基	最大回撤（%）	−0.64	−1.66	−0.27	−0.9	−0.4	−0.69
	日波动率（%）	0.032 9	0.039 9	0.032 8	0.052 5	0.041 5	0.060 8
	最大回撤恢复天数（天）	23	55	11	50	33	26
	正收益天数占比（%）	86.79	88.26	89.6	79.37	78.91	78.87
中长期纯债债基	最大回撤（%）	−0.48	−2.03	−0.38	−1.37	−0.44	−0.8
	日波动率（%）	0.059 5	0.097 1	0.050 4	0.071 7	0.046 9	0.069 3
	最大回撤恢复天数（天）	15	123	16	57	31	27
	正收益天数占比（%）	66.22	64.92	71.16	62.55	69.26	70.42

综上，利率债债基整体风险水平高于同类债基，且收益在大牛市和流动性紧张导致的大熊市中更好，个人投资者在配置该品种前需要仔细斟酌。

（二）信用债债基

信用债债基主要包括根据合同约定，至少80%的债券仓位需配置信用债的基金。目前，全市场约有30只信用债债基，合计规模1 600亿元左右，占全部中长期纯债债基规模的2%左右。

1. 产品的定位

尽管信用债债基的数量相对有限，总规模也不算庞大，其在中长期纯债债基领域中却有着不可忽视的地位。这是因为信用债债基通常只采用信用债票息、信用挖掘及杠杆息差等简单而有效的策略，为投资者提供较为稳定的信用类债券票息收益。由于被动指数债基中以信用债为主题的基金品种极少，因此，对于追求稳健信用债票息收益、又不愿承担基金经理主动调整风险的投资者来说，只能在30只信用债债基中选择。当然，这30只信用债债基中，不乏长期表现优异的产品。早在2013年新纯债债基出现不久，市场上就推出了12只冠以“信用”“高评级信用”等字眼的信用债债基。经过十多年的稳健发展，这些基金大多已成为规模超过百亿元的大型基金，并且平均有约三分之一的规模由个人投资者持有，在广大投资者中树立了良好的口碑。

对于多数个人投资者而言，若追求长期稳健的信用票息收益，且不执着于在牛市跑赢市场或挑选业绩顶尖的债券基金，那么信用债债基无疑是更为省心的选择。

2. 组合结构

由于信用债债基的投资策略相对稳定，其组合结构也相对简单。无论是日开信用债债基还是定开信用债债基，其组合结构都颇为相似。这些基金通常会配置5%至10%的现金类资产和利率债，以满足流动性要求；而剩余的资产则主要投资于工商企业发行的信用债和商业银行发行的金融债，以获取稳定的票息收益，如图7-6所示。

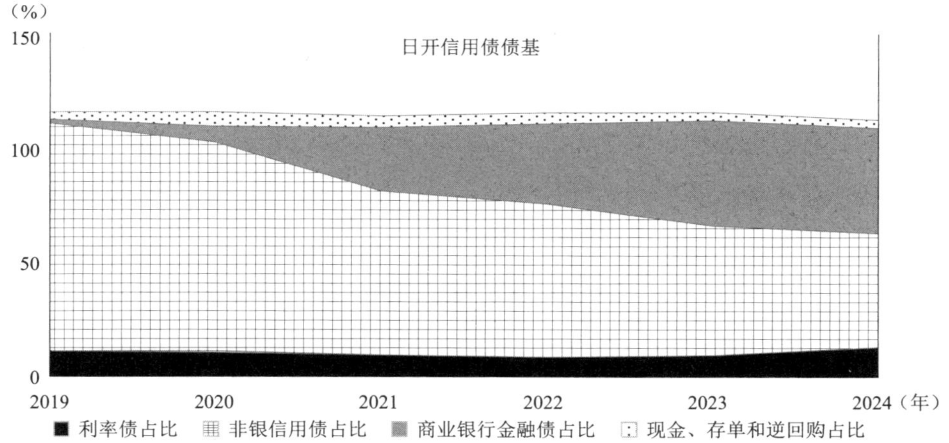

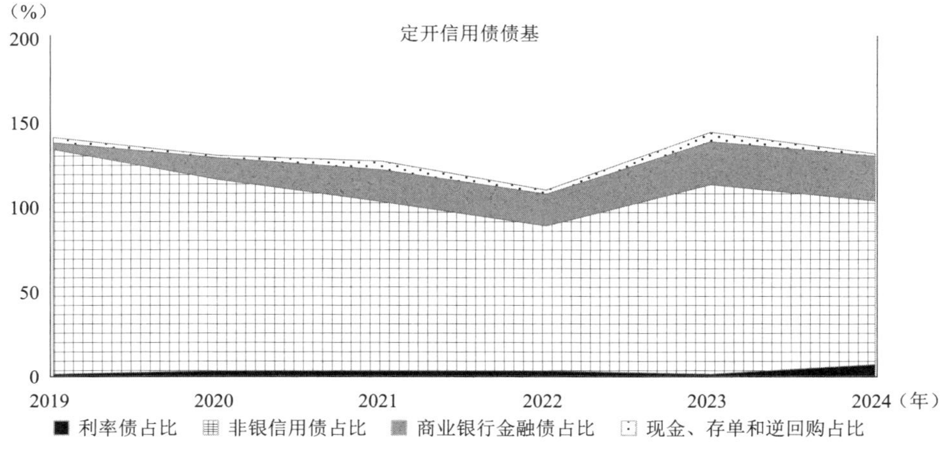

图7-6 信用债债基组合结构

从组合特征来看，日开信用债债基整体久期一般中枢在2年附近，定开信用债债基的久期略短。而两者的杠杆率与同类基金的差异并不大，见表7-13。综合来看，信用债债基的久期和杠杆均相对保守，这使得其具有较为稳定的风险收益特征。

表7-13 信用债债基的久期和杠杆率变化

类 型	指 标	年 份					
		2019年	2020年	2021年	2022年	2023年	2024年
日开信用债债基	平均久期（年）	2.02	1.89	2.25	2.21	1.9	2.65
	平均杠杆率（%）	119.78	119.54	117.74	120.04	123.86	114.69
定开信用债债基	平均久期（年）	1.72	1.92	1.89	1.64	1.58	2.44
	平均杠杆率（%）	143.14	132.85	133.36	128.50	144.92	132.39
中长期纯债债基	平均久期（年）	1.99	1.84	2.06	1.81	1.99	2.97
	平均杠杆率（%）	120.39	120.87	124.07	122.71	124.4	118.94

3. 收益风险特征

从历史数据来看，信用债债基展现出了较为稳健的业绩特点。除在2019年表现稍逊一筹外，在其他年份里，无论是日开信用债债基还是定开信用债债基，其表现均在中长期纯债债基的平均水平上下浮动，见表7-14。

表7-14 信用债债基的收益率对比

单位：%

类型＼年份	2019年	2020年	2021年	2022年	2023年	2024年
日开信用债债基	3.77	2.75	4.13	2.61	3.01	4.74
定开信用债债基	3.51	3.72	3.76	3.57	3.43	4.83
中长期纯债债基	4.33	2.88	4.18	2.23	3.61	4.59

而从风险角度看，信用债债基的最大回撤与日波动率等指标与中长期纯债债基的平均水平较为接近。2020年和2022年，市场因集中赎回而引发流动性紧张，信用债债基虽然最大回撤和日波动率略有上升，但最大回撤恢复天数与正收益天数占比等指标与同类平均水平相比差异并不显著，见表7-15。

表7-15 信用债债基的风险统计

类 型	指 标	年 份					
		2019年	2020年	2021年	2022年	2023年	2024年
日开信用债债基	最大回撤（%）	−0.55	−2.2	−0.36	−2.16	−0.47	−0.87
	日波动率（%）	0.054 5	0.078 1	0.038 9	0.063 5	0.043 2	0.060 4

续表

类型	指标	年份					
		2019 年	2020 年	2021 年	2022 年	2023 年	2024 年
日开信用债债基	最大回撤恢复天数（天）	13	126	13	68	31	27
	正收益天数占比（%）	46.98	49.74	56.46	54.28	67.85	71.05
定开信用债债基	最大回撤（%）	−0.27	−1.61	−0.31	−1.88	−0.47	−1.05
	日波动率（%）	0.101 5	0.189 9	0.092 3	0.121 4	0.068 4	0.107 6
	最大回撤恢复天数（天）	11	95	18	65	31	34
	正收益天数占比（%）	69.12	67.19	73.1	62.61	71.72	69.3
中长期纯债债基	最大回撤（%）	−0.48	−2.03	−0.38	−1.37	−0.44	−0.8
	日波动率（%）	0.059 5	0.097 1	0.050 4	0.071 7	0.046 9	0.069 3
	最大回撤恢复天数（天）	15	123	16	57	31	27
	正收益天数占比（%）	66.22	64.92	71.16	62.55	69.26	70.42

然而，对于信用债债基而言，尽管其收益和波动都具有较高的吸引力，但投资者还需特别注意其持仓信用债可能面临的违约风险。一旦发生踩雷事件，将有可能抹去过去积累的全部票息收益。

（三）利率信用债债基

中长期纯债债基的最后一个细分类别是利率信用债债基，其涵盖了所有其他未对债券投资品种设限的中长期纯债债基，允许自由投资于利率债、信用债等券种。这是最广泛且数量最多的四级债券基金分类。在全部约 2 000 只中长期纯债债基中，利率信用债债基约有 1 550 只，其规模为 4.8 万亿元左右，占据了中长期纯债债基的绝大多数份额。其中，有 700 多只为定开利率信用债债基，规模约 2.5 万亿元；其余 800 多只是日开利率信用债债基，规模约 2.3 万亿元。

1. 产品定位

利率信用债债基的主要定位是，在不涉及权益资产的前提下，运用多种策略和方法，通过各类纯债和现金资产为投资者创造收益。在公募债基领域，利率信用债债基的竞争尤为激烈，业绩和规模分化也最为显著。其中，规模最大的单只基金可超过 300 亿元，而业绩最好的产品在过往五年中平均年化收益率超过 5%。与此同时，也有不少因规模较小、业绩不佳而被清盘的基金。

目前，越来越多的基金公司和优秀的产品开始注重利率信用债债基负债端稳定性的管理，通过限购、赎回费等手段稳住和筛选能够长期持有的投资者，并注重资产端的流动性储备。

在资产端预留了充裕的现金类资产作为快速变现的储备之后，基金经理通常主要借助组合整体久期的调节、信用债—利率债—存单与现金资产之间的比价切换、债券波段交易、信用挖掘与票息收益、杠杆运用及信用利差策略等，来实现收益的扩大。此外，部分基金还会采用一些较为冷门的投资品种策略，如担保债券优选、高收益债信用风险缓释凭证（简称CRMW，是一种对可能发生的信用违约进行付费保险的方法）及资产支持证券持有等，以增厚基金收益。个别基金经理甚至会积极运用国债期货进行灵活调节，从而增厚组合收益。

虽然这一品类基金的多样性最为显著，但是真正能够长期做好业绩，并让大多数个人投资者满意的利率信用债债基，主要依赖的还是优秀的负债端管理、久期调节和券种轮动等核心策略。

2. 组合结构

如其字面名称，利率信用债债基的显著特征在于其投资组合能够根据市场趋势和相对价值，灵活在利率债与信用债之间进行切换，并调整债券仓位与现金类资产的比例。在市场震荡或平缓上涨的阶段，债券基金通常采用中性久期，而信用债由于信用利差增厚了票息收益，基本能够长期跑赢同类利率债。然而，在市场急速上涨的大牛市中，由于信用债交易量低且期限较短，基金经理难以迅速购得大量长久期的信用债，因此会转向购买10年或更长期的利率债以快速增仓，大幅拉长久期，从而在牛市中获取更多收益。而在市场快速走熊时，信用债（尤其是长久期品种）的流动性会显著降低，导致难以快速调整仓位缩短久期，增加了巨额亏损的风险。此外，若遇投资者赎回，这类债券也不易变现，因此不适合重仓配置。

近年来，利率信用债债基的组合结构基本符合上述规律。在市场波动率提高，牛熊快速切换的2020年和2022年，利率债占比相对偏高；而在震荡市的2019年、2021年等，信用债占比相对提升；此外，随着信用债自身发行量的下降，2023年及以后，商业银行金融债配置比例显著提升，部分取代了信用债的比例，具体如图7-7所示。

从久期和杠杆结构来看，利率信用债债基也体现了灵活调整的特征。这一点在日开利率信用债债基中尤为显著。在2020年和2022年市场偏熊的时期，其整体久期曾降至约1.7年的低点；而到了2024年，市场经历了牛市转为震荡的过程，其整体久期攀升至约2.8年。值得注意的是，由于信用债的流动性和配置性限制，通过其调整久期存在较大难度，因此业内通常将这些债券作为“底仓”，一般保持中枢久期在1.5年左右。而在波动性较大的市场中快速调整久期，往往就需要依靠利率债完成。由于杠杆息差变薄，利率信用债债基整体杠杆率水平并不高，日开利率信用债债基和定开利率信用债债基分别离140%、200%上限有一定差距，见表7-16。

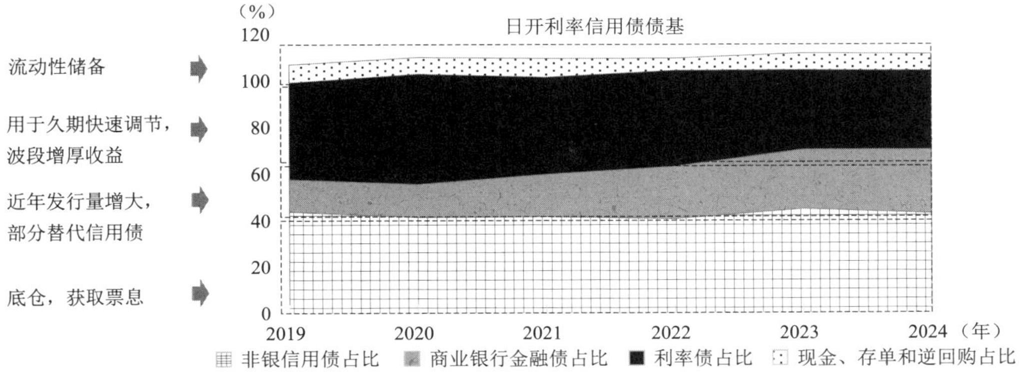

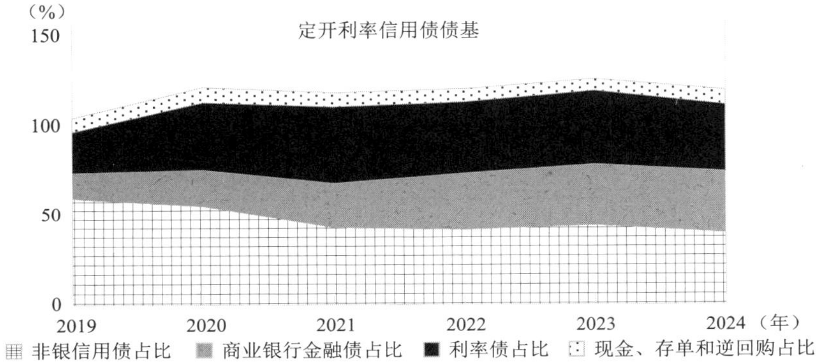

图 7-7　利率信用债债基组合结构

表 7-16　利率信用债债基的久期和杠杆率变化

类　型	指　标	年　份					
		2019 年	2020 年	2021 年	2022 年	2023 年	2024 年
日开利率信用债债基	平均久期（年）	1.88	1.72	1.94	1.73	1.79	2.75
	平均杠杆率（%）	116.63	114.85	117.32	115.99	118.09	114.01
定开利率信用债债基	平均久期（年）	2.08	1.86	2.07	1.85	1.97	2.84
	平均杠杆率（%）	126.46	126.3	127.52	126.94	129.58	123.57
中长期纯债债基	平均久期（年）	1.99	1.84	2.06	1.81	1.99	2.97
	平均杠杆率（%）	120.39	120.87	124.07	122.71	124.4	118.94

3. 收益风险特征

从收益角度看，由于激烈的考核和排名压力，利率信用债债基的收益始终保持着较强的竞争力。该类基金在大多数年份都能跑赢或跑平同类基金（这与其规模占比较大有一定关系），见表 7-17。

表 7-17 利率信用债债基的收益率对比

单位：%

类型 \ 年份	2019 年	2020 年	2021 年	2022 年	2023 年	2024 年
日开利率信用债债基	4.37	2.83	4.19	2.43	3.81	4.66
定开利率信用债债基	4.57	2.94	4.29	2.6	3.86	4.68
中长期纯债债基	4.33	2.88	4.18	2.23	3.61	4.59

而从风险角度，利率信用债债基整体风险处于中等水平。2020 年，其最大回撤约为 2%，而回撤恢复天数超过了 120 天，见表 7-18。

表 7-18 利率信用债债基的风险统计

类型	指标	年份					
		2019 年	2020 年	2021 年	2022 年	2023 年	2024 年
日开利率信用债债基	最大回撤（%）	−0.49	−1.95	−0.39	−1.38	−0.41	−0.8
	日收益波动率（%）	0.048 2	0.077 5	0.042 1	0.055 7	0.038 2	0.058 6
	最大回撤恢复天数（天）	15	127	17	55	28	26
	正收益天数占比（%）	62.23	58.48	65.92	58.56	67.82	68.85
定开利率信用债债基	最大回撤（%）	−0.45	−2.04	−0.35	−1.56	−0.47	−0.8
	日收益波动率（%）	0.079 8	0.140 4	0.066 4	0.101 5	0.059 3	0.078 9
	最大回撤恢复天数（天）	15	124	15	62	35	26
	正收益天数占比（%）	70.07	66.67	72.23	61.79	69.91	70.72
中长期纯债债基	最大回撤（%）	−0.48	−2.03	−0.38	−1.37	−0.44	−0.8
	日收益波动率（%）	0.059 5	0.097 1	0.050 4	0.071 7	0.046 9	0.069 3
	最大回撤恢复天数（天）	15	123	16	57	31	27
	正收益天数占比（%）	66.22	64.92	71.16	62.55	69.26	70.42

事实上，自 2017 年以来，中国债券市场一直处于长周期的利率下行环境。通过与历史数据的对比，可以发现，当前的市场环境类似债券慢牛市场。在这样漫长的牛市中，即便投资者在交易时点的选择上有所偏差，不幸遭遇了中间一两年震荡反弹的熊市，并因此承受了短期内利率上升带来的不利影响，但只要坚定持有，随着时间的推移，利率的回落及票息收益的累积将有助于逐步实现本金亏损的修复。投资纯债债基最需要担心，也最有可能导致本金永久性亏损的情况是，投资的基金遭遇持有信用债的爆雷。下文将深入剖析如何识别及妥善处置信用债爆雷风险。

二、识别信用债爆雷的债券基金及处置措施

在债券投资领域，信用风险犹如一把双刃剑，既可能带来超额收益，也可能引发巨大损失。对于投资者而言，识别并规避信用债爆雷风险，是保护本金安全、实现稳健收益的关键。

（一）如何识别踩雷信用债的债券基金

对于含有信用债的纯债债基，一旦基金净值遭遇类似2%的大幅回撤，往往意味着大半年甚至更长时间的债券票息收入都难以弥补这一损失。为了有效规避买到可能踩雷的信用债债基，通常有两种方法。

1. 重仓债券筛选

鉴于当前债券基金在每期定期报告中会详尽披露其前五大重仓债券的信息，投资者可通过仔细研读这些历史报告，深入分析其重仓债券的构成与变化，从而精准判断该基金是否采用了信用下沉（或信用挖掘）作为其投资策略。

然而，如今单纯通过研读重仓债券名单来精准识别债券基金的信用风险，已然愈发困难。一方面，某些基金在初始构建组合时，其前五大重仓债券本身就未包含高风险债券，这无疑增加了判断难度。另一方面，当前绝大多数基金经理都会采用一定的策略，可能会将大额投资巧妙分散，甚至通过季末操作来调整持仓结构，从而在一定程度上隐匿了真正的信用风险。

此时，就需要采用逆向思维。在业内对债券基金重仓管理手段已有广泛认知的背景下，若某些债券基金在前五大重仓债券中仍显现AA或AA+的中低评级[①]信用债，这或许意味着其未披露的前五名之后信用债资质更为堪忧。对于非金融行业投资者而言，若对债券发行人的情况知之甚少，那么可以直接规避前五大重仓券中包含中低评级信用债的基金。即便是对信用债发行主体有所研究的投资者，也建议进一步深入了解基金经理的投资策略，通过日常直播、路演等活动，全面评估其信用分析能力，并审慎考虑是否值得为了微薄的额外票息收益，而承担潜在的信用违约风险。

2. 净值异常时点相关性分析

尽管众多债券基金的基金经理会采用重仓券管理策略，以期在报表中隐匿垃圾债券，然而，这些风险债券一旦爆雷，其价格便会出现剧烈下跌，进而引发基金净值的显著波动。这种异动，实际上是向市场暗示，该基金或许正持有某些高风险的债券。

---

① 国内信用债评级领域存在评级虚高问题，许多AAA评级的信用债可能资质很好，但也有的资质较差。但是，AA或更低评级的信用债，信用风险一定更大。

例如，××信用增强债基是一只曾经采用信用下沉策略的信用债债基，虽然其定期报告从 2020 年末开始，每期前五大重仓券只有极优质的国开债和大型商业银行的金融债，其净值却从 2022 年第一季度开始逐步出现异常。在中长期纯债债基普遍净值一路上涨的情况下，该基金的净值却从 2022 年 2 月不断下跌，且至 11 月触底，最大亏损幅度达 6%，随后出现反弹，如图 7-8 所示。通过全面检索市场信用债相应时间段的价格变化，笔者找出了两只很可能被其持有的信用爆雷债券：A 债券和 B 债券在几乎相同的时间也发生了价格的大幅下跌，且在 2022 年 11 月中前后价格也出现了反弹。

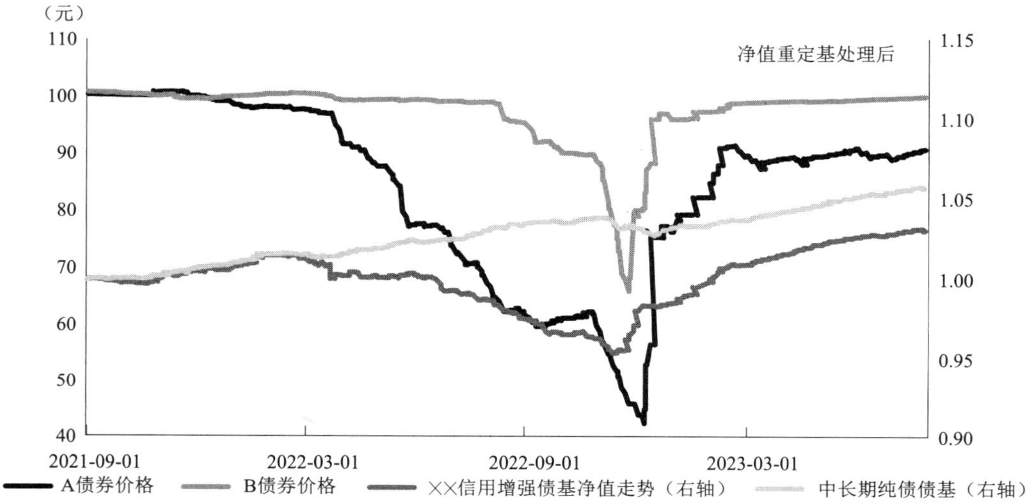

图 7-8　通过净值异常走势匹配可能的高风险债券

通过净值相关性变化和笔者的定性调研，可以大概率判断××信用增强债基持有的这两只债券导致了其净值的爆雷。虽然该基金后来随着这两只债券价格反弹也出现了一定的净值修复，但不少投资者在下跌中赎回了基金份额，承受了巨额亏损。而且，根据笔者的经验，大多数信用踩雷基金的净值往往难以实现有效修复，所以建议投资者规避这些基金。

投资者可以依据某只含信用债的纯债债基业绩与其三级分类平均水平的差异来筛选异常值。具体而言，可将每日收益偏离平均水平 0.5%以上，或每周收益偏离 1.5%以上的债券基金，列为潜在踩雷的关注对象。随后，将其业绩走势与相同时段内大幅下跌的信用债进行对比，若相关性超过 0.65，则可能意味着该债券基金踩中了对应的高风险债券。

需要注意的是，这种方法仅适用于短期纯债债基和中长期纯债债基。对于含权债基而言，其净值波动本就十分剧烈。这是因为其持有的股票和可转债的行业及风格处于不断变动之中，这种变动极有可能使得每日净值出现更为显著的偏差。而这种情况一旦发生，那么信用爆雷对基金净值造成的影响，就会被这种偏差掩盖，从而难以被准确察觉。

（二）如何处理疑似信用踩雷的债券基金

如果投资者察觉到持有的债券基金有踩雷嫌疑，建议立即赎回。许多投资者可能会心存侥幸：一是，认为基金经理或许已处理问题债券，其余持仓仍稳健；二是，猜测该债券基金是因特定公司债券爆雷而下跌，期望该公司问题不大，后续会反弹；三是，认为既然下跌已成事实，再卖出也无济于事。

对于第一种心态，需要了解的是，自2014年中国信用债市场第一单违约以来，无论是企业债券的违约，抑或2018年民企违约潮及2020年至2022年地产企业违约潮，都揭示了一个事实：投资者对于信用风险的传染性存在着明显的低估。一旦一两家企业显露问题，商业银行与基金公司等金融机构便会迅速将其移出贷款及发债投资名单，资金链断裂更会波及上下游供应商，致使整个板块信用风险陡增。同时，金融从业者亦会迅速聚焦并质疑同类企业，引发全市场同类债券价格下滑。因此，爆雷信用债的价格下跌，往往是一个比普遍预期更久的持续过程。

对于第二种心态，目前，中国信用债市场信息披露的有效性仍有待提升，市场中仍存在财务造假事件，除了极少数内部人士，个人投资者很难从公开渠道获取到信用债兑付的真实情况。实际上，许多标榜自己消息灵通、专注于高收益债券抄底的私募基金，在近年来也频繁遭遇亏损，不少甚至已经退出市场。因此，对于广大寻求稳定回报的债券基金个人投资者来说，在不具有信息优势的前提下冒险投资，试图捕捉收益反弹并非明智之举。

对于第三种心态，类似股票投资者在遭遇亏损时不愿意“割肉”的心态，需要认识到，那些已经亏损的资金属于沉没成本。在决定是否继续投资时，应该基于当前市场状况进行理性分析，而非被过去的操作所干扰。试问自己：如果之前没有持有该基金，面对其因踩雷而大幅下跌的净值，还会考虑增加投资吗？如果答案是否定的，那么对于现有的投资，就应该果断选择赎回。

第三节　指数债基：稳健的被动投资品种

指数债基，即采用跟踪指数收益投资策略的债券基金，其核心特征在于基金名称中包含“指数”一词，或在招募说明书的“投资目标”部分明确提及“指数化投资”等。通常，指数基金涵盖两类：一是，以最小化跟踪指数偏离度为目标的被动指数基金；

二是，以业绩超过对标指数为目标的指数增强基金。然而，在债券基金范畴内，目前只有长盛全债指数增强（基准为：标普中国全债指数×92%＋沪深 300 指数×8%）一只产品属于指数增强债基。因此，本节重点探讨被动指数债基。

自起步以来，指数债基发展并不顺利，直到 2018 年至 2019 年，指数债基在债券牛市环境中，跟随纯债债基一起迎来发展机遇，规模首次突破 2 900 亿元。2022 年，同业存单指数基金出现，作为一种特征接近货币的低风险产品，受到投资者追捧，当年合计募集规模超过 2 000 亿元，指数债基总规模突破 5 000 亿元。

近年来，随着债券牛市持续，市场情绪升温，投资范围更加清晰明确，流动性更好的利率债指数债基逐步成为指数债基的主流品种，尤其是以政金债为代表的利率债指数债基占据了指数债基规模的绝大多数。与主动管理的利率债债基一样，机构投资者投资对标利率债的指数债基也能享受到税收优惠，因此指数债基的持有人以机构投资者为绝对多数，如图 7-9 所示。

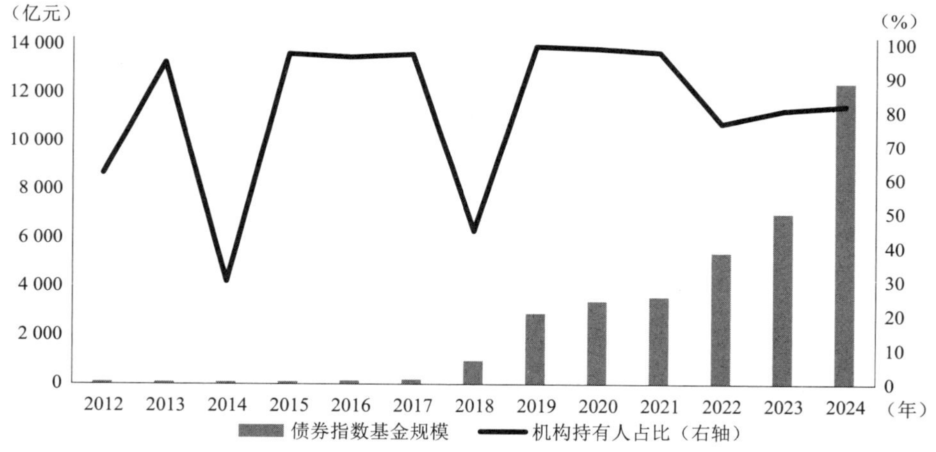

图 7-9 指数债基规模和机构持有人占比

数据来源：WIND。

严格来说，指数债基并不完全属于纯债债基，因为指数债基中可能会包含对标可转债或股票资产指数的基金品种，但自债券基金发展以来，直到 2024 年末，对标指数中含股票的指数债基只有长盛全债指数增强、海富通上证投资级可转债 ETF 和博时中证可转债及可交换债券 ETF 这三只基金，其余 325 只①指数债基均仅投资于纯债资产，可采用类似的收益和风险衡量指标进行分析，因此归入纯债债基部分。

① 剔除了 ETF 联接基金和对应规模，以避免重复计算，下同。

一、指数债基的细分类别

截至2024年末，指数债券的总体规模为1.3万亿元左右，其中以利率债为绝对多数，占了约1万亿元，而利率债中又以政金债为主力，如图7-10所示。银行等机构投资者投资政金债指数债基，既可以享受其相对国债的高票息，又可以享受税收优惠，并且申赎方便，流动性好。

对标指数大类			细分类别			ETF	
类　型	只　数	规模（亿元）	类　型	只　数	规模（亿元）	只　数	规模（亿元）
利率债	194	9 894	国债	8	231	7	219
			政金债	179	9 424	4	516
			地方政府债	4	80	4	80
			不限	3	159	1	6
信用债	39	1 717				11	758
同业存单	92	1 616					
可转债	2	439				2	439

其中，分别包含

图7-10　指数债基的细分类别和规模

信用债指数债基，主要集中在中高评级信用债指数和短债指数，尤其是交易所场内的ETF基金，成为股票投资者在行情不佳时较好的避险工具。

同业存单指数债基，一般对标AAA级存单且设计了7天持有条款：与普通日开基金不同，投资者只要支付1.5%的惩罚性赎回费，便可以在申购后立即赎回。该类基金在买入后有7天的锁定期，锁定期结束后每日均可赎回。由于其配置的AAA级存单久期一般不超过1年，且信用资质极好，因此被视为风险和收益等级略高于货币基金，且略低于短债债基的高流动性品种，相对更受个人投资者的欢迎。

从指数债基对标的指数看，跟踪数量最多的是“中证—同业存单AAA指数”，这主要因为绝大多数同业存单指数债基均选择跟踪该指数。其余主流的利率债指数债基中，大多选择对标政金债、国开债或农发债指数，见表7-19。但是，从平均规模看，市场存量的五只7～10年国开债指数债基合计规模650亿元左右，平均规模约130亿元，这种受欢迎程度和近年债券牛市中7～10年的长久期利率债涨幅较大有关。而信用债、地方债、国债、绿色债券等细分指数，采用的共识度并不高，只有中债—1～3年久期央企20债券指数、中债—新综合指数、中债—优选投资级信用债指数这三只指数有多只基金选用，其余基金均各选各的指数。从时间期限来看，全部指数债基，除了全期限综合指数，其余细分期限指数的主要覆盖年限在1年以内、0～3年、1～3年、1～5年和7～10年等；此外，还有两只交易所内的ETF对标了30年国债指数，见表7-20。虽然基金只数不多，但在近年牛市中由于其极高的久期，带来了巨大的弹性，成就了极高的业绩。

表 7-19 目前指数基金的主流基准和对应规模

序　号	指数名称	挂钩基金数（只）	挂钩基金规模（亿元）
1	中证—同业存单 AAA 指数	89	1 106
2	中债—0～3 年政策性金融债指数	30	1 261
3	中债—1～3 年国开行债券指数	26	1 290
4	中债—1～3 年政策性金融债指数	16	498
5	中债—1～5 年政策性金融债指数	12	397
6	中债—1～3 年农发行债券指数	10	711
7	中债—1～5 年国开行债券指数	10	384
8	中债—3～5 年国开行债券指数	10	233
9	中债—3～5 年政策性金融债指数	7	286
10	中债—7～10 年国开行债券指数	5	649

表 7-20 各时间期限的指数覆盖情况

序　号	期限（年）	基金数量（只）	基金规模（亿元）
1	0～1	92	1 396
2	0～2	6	147
3	0～3	43	1 737
4	0～4	2	27
5	0～5	8	310
6	1～3	61	152
7	1～5	31	2 574
8	3～5	21	1 250
9	5	4	629
10	5～10	4	113
11	7～10	9	904
12	10	2	25
13	30	2	36
14	未限定	32	1 662

二、指数复制方法

对于普通的股票指数基金，比如对标沪深300指数的产品，其管理相对直接：只需参照指数公司公布的成分股名单和权重，按图索骥地为每只股票配置相应比例即可。然而，指数债基对标的指数成分往往数量众多，且许多早期发行的债券市场流动性差，鲜少有人出售，逐一购买变得极为困难。因此，指数债基的投资策略通常并非完全复制，而是采用抽样复制和替代性策略，以实现对指数的有效跟踪。

以当前指数债基中常见的0～5年政金债指数为例，该指数涵盖了所有在境内公开发行并上市流通的、待偿期为0～5年（含）的政金债，包括国开债、口行债、农发债等，共计约200只债券，总市值达16万亿元左右。

抽样复制并非简单地从这200只债券中随机选取。为了确保复制出的指数基金尽可能贴近原指数，减小跟踪误差，需要将原指数的200只成分债券进行分层：按照剩余期限（五个不同时间区间）和发行人（三个政策性银行）的不同，划分为15个细分子类别。由于指数编制时，每日收益是其成分债券收益的市值加权平均值，因此在构建指数基金时，需要在对应的子类别下购买相应规模比例的成分债券，见表7-21、表7-22。

表7-21 政金债指数内各细分子类别的个数

单位：只

债券发行银行	1年以下	1～2年	2～3年	3～4年	4～5年
国家开发银行	24	24	18	11	8
中国进出口银行	20	13	9	3	3
中国农业发展银行	27	20	9	9	5

表7-22 政金债指数内各细分子类别的规模

单位：亿元

债券发行银行	1年以下	1～2年	2～3年	3～4年	4～5年
国家开发银行	14 506	16 211	15 925	10 588	11 446
中国进出口银行	9 706	8 396	6 925	2 909	3 304
中国农业发展银行	14 436	13 185	9 204	8 388	5 805

例如，1年期以下国开债有24只，存量规模1.45万亿元左右，约占指数总市值的9%（该细分子类别规模÷指数总市值=1.45万亿元÷16万亿元）。假设一只对标0～5年政金债指数的基金总规模10亿元左右，则其可以在24只可选债券中抽取1～2只流动性好，且市场目前有卖盘的债券，合计配置9 000万元左右。对于其他细分类别的债券，也可以依此类推。

对于存量债券数量较少的细分类别，如3～4年期的口行债，只有三个成分券，如果市场上均没有卖盘，基金经理也可以采用经研究后业绩表现接近，且期限接近的农发债来替代。若确实无法获取合适的成分债券，合同通常允许配置小于20%的非指数成分债券。此外，基金经理也可以从表7-21以外选取其他合适的债券品种进行替代。

三、分析和挑选方法

指数债基是典型的工具型投资品种。由于其投资受到严格对标指数的约束，基金经理个人能力的发挥空间相对有限，因此，在选择相应的基金时，更多的决策权实际上交给了投资者。那么，投资者如何分析和挑选呢？具体如下。

1. 明确需求，决定指数债基大类

投资者首先需要明确自己的投资需求：是寻求短期投机机会，还是基于投资组合布局的考虑。若短期看好债券市场走牛行情，可选择 7～10 年期政金债、10 年期或 30 年期等长期国债的指数债基；若出于投资组合布局需要，且不愿花费时间研究优选主动债券基金经理，则可以投资 5 年期以内的信用债指数债基；而对于短期避险和流动性管理需求，短融指数债基是一个值得考虑的选项。

2. 收益和风险数据验证，确定具体品种和期限

投资者需要明确配置指数债基的预期收益及可承受的最大波动水平。判断依据主要包括最新收益率曲线所反映的票息收益①（如图 7-11 所示）、对后续收益率走势的判断，以及各类指数基金的历史波动率（见表 7-23）。

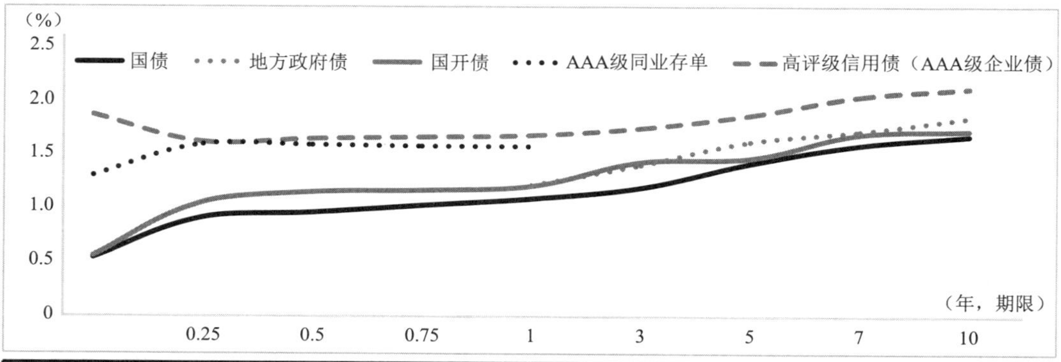

期限（年）	国债	地方政府债	国开债	AAA级同业存单	高评级信用债（AAA级企业债）
1	1.08	1.21	1.2	1.58	1.68
3	1.19	1.4	1.43		1.75
5	1.42	1.62	1.46		1.87
7	1.59	1.72	1.69		2.04
10	1.68	1.85	1.73		2.12

图 7-11 基于收益率曲线得出的各期限、类型指数债基的静态收益率（基于 2024 年末数据）

① 注意此处是底仓对应债券的最新静态收益率，而非各类指数债基的历史收益。在基金经理被动管理的情况下，指数债基历史收益对未来的参考意义极低，指数债基的历史波动率对未来却有较大的参考价值，这是因为过往收益的驱动因素是无法预测的未来市场走势，而波动的驱动因素则是可事前确定的久期长短。

表 7-23 各期限、类型指数债基年化波动率

单位：%

期限（年）	国债	地方政府债	政金债	同业存单	高评级信用债	可转债
0～1				0.23	0.22	7.92
0～2			0.56			注：可转债波动率与其期限无关，此处仅并列对比
0～3	1.17		0.62		0.58	
0～4		0.42			0.56	
0～5			1.16		0.5	
5	1.32	0.81	1.32			
1～3	0.75		0.7		0.68	
1～5			0.85			
3～5	1.18		1.19			
5～10	1.63		1.66			
7～10			1.82			
10	1.75	1.19				
30	5.64					

数据来源：WIND。

从历史定量数据看，尽管收益率曲线的斜率通常为正，意味着期限越长，票息收益越高，但斜率的具体数值并非固定不变。在 2024 年这种收益率曲线较为平坦的年份，将期限从 7 年延长至 10 年，各类债券品种的票息收益增长仅约 0.1%。投资者可以根据过往不同期限利差的历史分位数及后续市场走势预测，来判断最具性价比的期限长度。

然而，期限延长无疑会提升指数债基的波动率，从表 7-23 也可以看出。例如，30 年国债指数债基等品种的波动率可能达到或略高于 10 年国债指数债基的 3 倍，而同业存单指数债基和短期高评级信用债指数（投资于 1 年以内债券）的波动率仅为 5 年债券指数的五分之一或 10 年债券指数的八分之一左右。在各类债券品种票息收益仅为 1.*%或 2.*%的情况下，一旦波动率升至 1%以上，市场波动击穿票息收益从而导致投资者当年亏损的概率将显著增加。因此，投资者需仔细检查定量统计数据，以更好地验证定性的投资目标，确保所选产品既能满足需求，又保证风险在可接受范围之内。

3. 指数债基优选

基于自身需求和历史业绩数据，在确定具体要买什么类型、什么期限的指数债基后，接下来需要从符合上述特征的指数债基中挑选最合适的产品。

例如，7～10 年期国开债、高评级信用债等热门指数债基，常有多个基金公司的产品相互竞争。由于基金经理无法通过主动管理获取超额收益，因此业绩的先天好坏主要取决于各基金的费率。不过，通常情况下，同类型基金的费率设计基本相同。在此背景下，基金的稳定性成为较为关键的因素。投资者在同一类别的指数债基中，应优先选择规模较大（如过去稳定在5亿元以上）、运作历史较长（至少1年，最好超过3年）的基金品种。这类基金的清盘风险较小，投资者可以放心投资。

在上述因素相同的情况下，投资者可以优先选择与所需跟踪指数偏离最小的产品。衡量指数基金偏离程度的指标通常有两个。

（1）日均跟踪偏离度的绝对值，等于一段时间内基金每日收益率减去指数每日收益率的绝对值的均值。

（2）年化跟踪误差$=\sqrt{\frac{1}{n-1}\sum_{t=1}^{n}(R_t^{基金}-R_t^{指数})^2}$，$R_t^{基金}$和$R_t^{指数}$分别为对应年份基金和指数的收益率。

大多数指数债基会在招募说明书等文件中，说明日均跟踪偏离度的绝对值及年化跟踪误差的控制阈值，比如“日均跟踪偏离度的绝对值不超过0.3%，年跟踪误差不超过4%”等。然而，相关法律文件中对这些数值的限制通常较为宽泛。一般来说，优秀的纯债指数债基能够做到日均跟踪偏离度的绝对值不超过0.05%，年跟踪误差不超过0.5%。但是，投资者在计算上述跟踪误差数据时需要注意，应选取指数债基跟踪类别的财富指数进行计算，而非净价或全价指数。

本章小结

本章依次讲解了短期纯债债基、中长期纯债债基和指数债基，涵盖了各类基金的产品定位、目标投资者群体、主要投资策略、组合结构及收益和风险特征。上述内容大多可以通过之前介绍的定性或定量方法进行分析。对于含有信用债的纯债债基和指数债基，还介绍了它们各自专属的分析和挑选方法，并指出可能存在的风险。相信大多数读者经过本章的学习，对上述三个品种已经有了较为具体的掌握。纯债债基的清晰刻画对后续混合债基章节的学习有很大帮助，毕竟混合债基中有80%以上的比例是纯债。读者可以借助本章的内容对混合债基的纯债部分进行分析。

第八章　混合债基：股债配合，相互成就

在充分掌握纯债债基并打下坚实基础后，本章将进入混合债基的学习。根据证监会的分类方法，只要基金80%以上的资产投资于债券，即可称为债券基金。对于剩余20%的资产仓位，在基金合同允许的情况下，基金经理可以自由配置股票等其他资产，这便促进了混合债基的产生。并且，根据添加的其他资产不同，混合债基又可衍生出混合一级债基、混合二级债基和可转债债基。

虽然这些债券基金的主体资产仍然是债券，但由于股票等资产的加入，它们的收益风险表现、分析方法和适用场景与其他纯债债基有着天壤之别。如果投资者不加区别地买错基金，最终的投资收益表现可能会令人大失所望。

第一节　“固收+”并不等于“固收”

混合债基作为债券基金家族中的一员，以其独特的“固收+”特性，即在主要投资于固收类债券的基础上，巧妙融入其他资产类别，实现了风险与收益的全新平衡。然而，这种创新的投资策略也带来了更高的复杂性和挑战性。因此，正确理解“固收+”的本质，明确其与传统纯债债基的区别，对于投资者而言至关重要。

一、混合债基的回撤及净值走势与纯债债基迥异

对于大多数纯债债基而言，过往五年的最大回撤约为2%以内，年化净值波动率大约为1%。而许多标榜“固收+”的混合一级、二级债基，过往五年的最大回撤可能高达20%，甚至30%。当承受亏损、感到心痛不已的投资者回顾对应基金的净值曲线走势时，会惊讶地发现其过往业绩并未跟随债券市场的走势，而是随着股票市场的波动而变化。

图8-1是某债券基金业绩走势与纯债债基、股票基金业绩走势的对比图。从图中不难看出，这只债券基金的业绩走势与纯债债基的走势几乎毫无关联，反而与股票基金的走势如出一辙。通过阅读该基金产品合同的投资范围及其过往的年报等资料，可以将其归

类为混合一级债基。但如果投资者缺乏经验，且未深入了解本书介绍的分类方法，仅根据该基金名称“××××债券型证券投资基金”就将其视为安全的固收资产进行投资，恐怕会遭受重大损失。

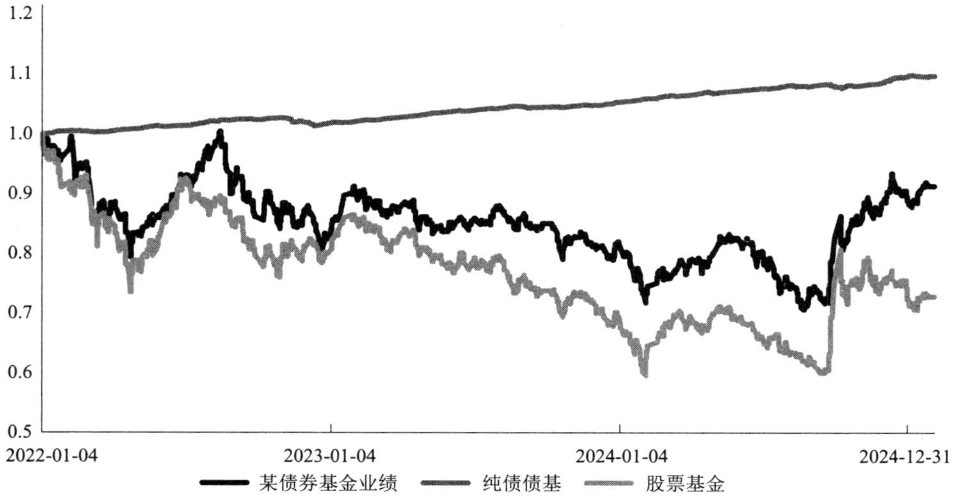

图 8-1　某债券基金业绩走势与纯债债基、股票基金走势对比

数据来源：WIND，原始数据经过重定基处理。

那么，为何会出现如此明显的不符情况呢？是基金经理违规操作，买入了过量的股票；还是基金公司的产品名称设计存在误导；抑或基金销售机构故意“挂羊头卖狗肉”，进行错误宣传以误导消费者？其实都不是，这类在纯债基础上，通过少量可转债、股票等资产进行增强的债券基金，在国外成熟的基金市场早已存在，即“固收＋”。通过调研可知，在全球范围内，名称为债券或“固收＋”的基金允许投资于可转债、股票等资产是一种通用做法，只要其主体资产为债券即可。

那么，为什么这些混合债基的表现与债券截然不同呢？核心在于波动率和仓位。

二、国内纯债和含权资产的波动率对比

国内人民币计价的债券资产，无疑是全球市场上的佼佼者。它们不仅在历年的表现中持续提供了丰厚的票息收益与资本利得，更因其极低的波动率而备受青睐。以具有代表性的 10 年期国债为例（如图 8-2 所示），中国国债收益率的波动频率与幅度均显著低于美国国债。具体而言，近五年来，中国国债的日均波动率仅为 0.02％左右，而美国国债的日均波动率则高达 0.06％左右，约是中国国债的 3 倍。

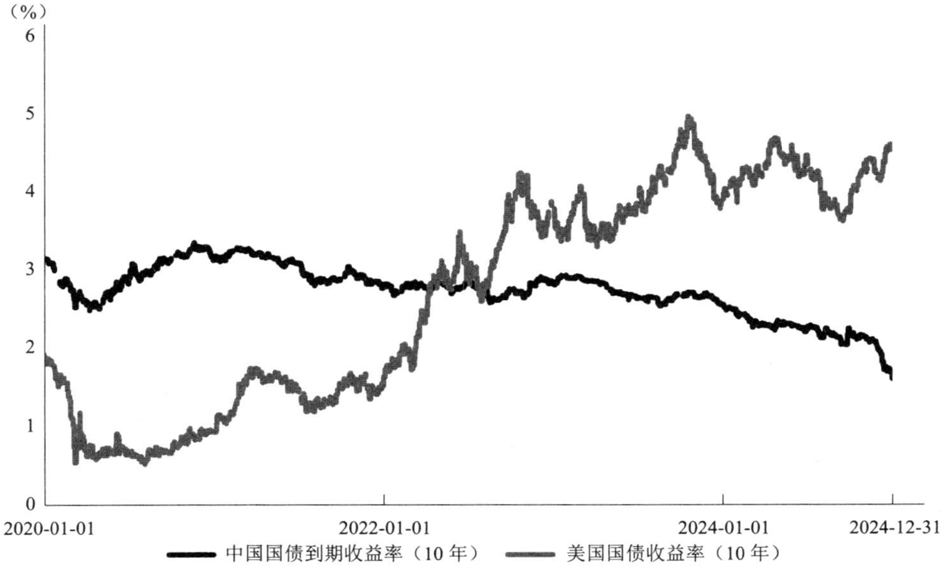

图 8-2 中国国债和美国国债收益率走势对比

数据来源：WIND。

经常做菜的读者会发现，一道菜如果由两种食材组成，一种味道浓郁，另一种清淡如水，那么浓郁的味道往往会盖过清淡的，导致整道菜几乎全是浓郁食材的风味。在金融投资领域，也存在着类似现象。当一个高波动资产与一个低波动资产组合时，组合的收益更多地反映高波动资产的每日波动，而低波动资产的变化则被掩盖。因此，由于债券波动率相对较低，混合债基（投资于大量债券和少量股票）的业绩则主要受到股票市场的影响。由于可转债资产波动较大，且其走势更倾向于股票市场①而非债券市场（如图 8-3所示），即使是那些仅投资于纯债和可转债的混合一级债基，其表现也与股票基金的走势更为接近。

三、债性仓位分水岭：基于波动率的测算结果

在深入研究混合债基之前，必须保持清醒的认识和高度的警惕。一旦债券基金中加入了含权资产（如可转债、股票），其业绩走势就可能与纯债债基（投资于国债、政金债、地方债、信用债等）大相径庭。事实上，即便是只占很小比例的含权资产，也会使得该债券基金每日的净值涨跌取决于股票市场和可转债市场的表现，而非债券市场。这

① 2018 年至 2021 年，可转债市场明显好于股票，这是由于 2017 年扩容后该品种走出了特有的牛市。但是，综合来看，可转债和股票市场走势相关系数高达 0.83，而与债券市场相关系数为－0.06。

个关键的比例数据在投资决策中至关重要，尤其是在构建分散化投资组合时。第四篇会详细探讨风险平价的概念，但在此提前介绍股债的关键配比，以便读者在研究和选择混合债基时能够更加明智。

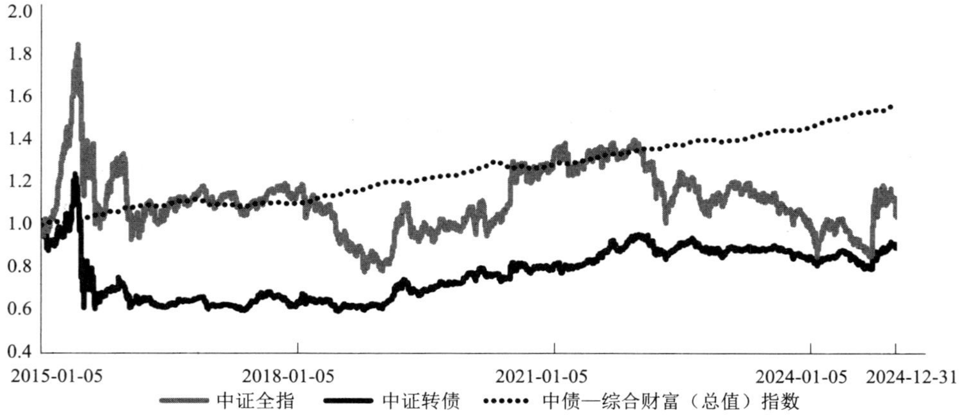

图 8-3　股票、可转债、债券三类资产大盘指数走势对比

数据来源：WIND，原始数据经过重定基处理。

要找到混合债基中股票与债券协调均匀的中性比例，不仅需要考虑股票和债券自身的波动率及其之间的相关性，还需要充分考虑公募基金行业所配置的股票和债券的独特风格与特性。

无论是股票还是债券，基金公司和基金经理在买入前都会进行研究和筛选，而不会直接按照大盘进行购买。大多数基金公司的股票研究风格以自下而上地研究公司为主，这种风格偏向成长型。而债券研究风格则更注重风险控制，倾向于投资高评级债券，且久期通常围绕 2 年上下波动。投资者可以利用偏股基金指数的走势来近似替代基金公司通常配置的股票资产的表现，同时用纯债债基指数来代表债券资产的走势。

自 2015 年有数据记录以来，偏股基金指数和纯债债基指数的年化波动率分别为 22.8%和 0.81%，二者之间的相关性约为 0.28。基于这一结果，可以构建一个由股票资产占比 R 和债券资产占比（$1-R$）组成的投资组合。通过求导使该组合源于股票和债券的边际风险相等，进而计算出当组合中股票与债券的边际影响基本相当时，大致比例为 4%∶96%。考虑到历史上可转债的波动率约为股票的 0.8 倍，在分析同时包含股票、可转债和纯债的混合债基时，可以将可转债仓位乘以 0.8 后暂时视为股票，以此判断该混合债基是更偏向于股性还是债性。

在实操中，对于含权资产仓位长期低于 4%的混合债基，可以重点研究其债券部分的业绩表现；而对于含权资产仓位高于 4%的混合债基，则需要给其股票或大类资产配置能力更多的评估权重。带着这样的认知，下面进入混合债基的具体分析。

第二节　混合一级债基

混合一级债基最显著的特点是在纯债投资的基础上，融入了可转债或可交换债券①。这一特性使得它相较于纯债债基拥有略高的风险收益特征，但通常又低于那些允许配置股票的混合二级债基及可转债债基。

一、混合一级债基的规模

混合一级债基在混合债基的分类体系中，属于来源最为复杂的三级分类。其中，包含在2012年第一批纯债债基产生前就已经存在的普通债基。这些产品最初的主要定位是获取债券利息，且寻找机会通过股票打新增厚收益。随着市场环境和投资策略的变化，部分混合一级债基在发行时，由于种种原因，已经无法再通过打新来获取额外收益。在这种情况下，可转债便成为其收益增厚渠道。这也成为混合一级债基新的主要策略和产品定位。此外，还有一些混合一级债基，尽管其投资范围明确规定包含可转债，但在实际运作过程中，由于基金经理对可转债资产的未来走势并不看好，或者受到基金公司内部整体投资定位的制约，又或者是主要投资者提出了特定的投资要求等多种因素的综合影响，基金经理主动选择不配置可转债。从最终的投资结果来看，这类产品实质上已经与纯债债基无异。

从规模来看，这一品种的发展主要受两个驱动因素的影响：一个是债券市场整体行情和债券基金大类的发展；另一个是可转债市场的发展和行情。2016年，在债券市场大幅走牛的背景下，该品种的规模获得了明显的扩张，如图8-4所示。

2017年，尽管混合一级债基总规模因债券市场的大幅调整而遭遇下滑，但同年9月，证监会发布了重要公告，宣布调整可转债和可交债的发行方式，这一政策举措有效解决了以往可转债和可交债发行过程中大量冻结资金的问题。彼时，由于上市公司增发股票面临诸多困难，转而纷纷涌入可转债市场寻求发债融资，推动可转债、可交债市场从之前存量仅几十只、规模千亿元左右，迅速扩张至2024年末的600多只、8 000多亿元的规模。随着市场活跃度的显著提升，可转债品种的价格也随之大幅上扬。在扩容前，可转债市场相对小众，价格波动剧烈；而自2017年扩容至2021年，可转债市场整体涨幅高达57%。在这波可转债牛

① 可交换债券（EB），简称可交债，是一种与可转债结构类似的债券，均由一个带息纯债和一个转股期权构成，区别在于可转债由上市公司发行，在满足转股条件时，由公司发行新股给予债券持有人；而可交债由上市公司大股东发行，在满足转股条件时，由大股东将存量的股票交予债券持有人。可交债和可转债均为含权资产，但可交债的债性更强。目前，全部可交债市值仅为可转债的七分之一，规模较小，此处不做重点分析。

市的带动下，加之同期债券市场亦呈现牛市行情，混合一级债基总规模从 2017 年的约 3 000 亿元增长至 6 000 亿元，并于 2024 年末进一步攀升至 7 000 多亿元。

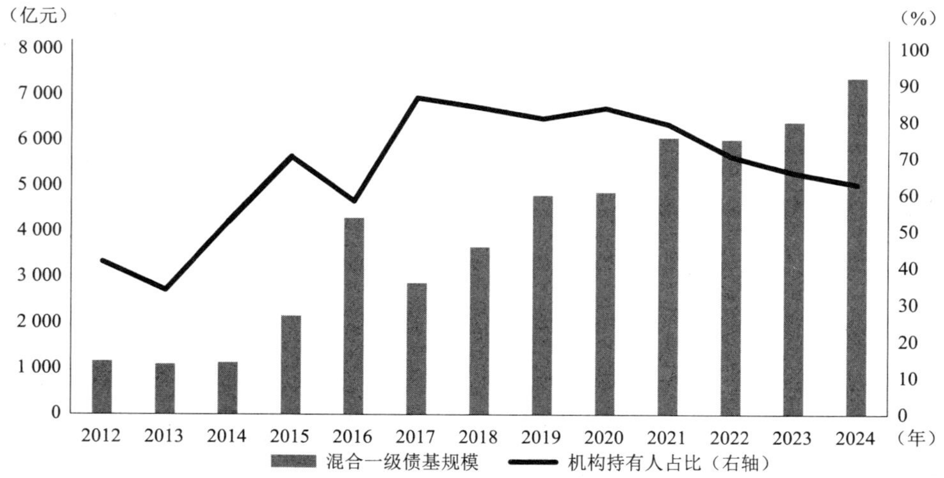

图 8-4 混合一级债基规模变化和机构持有人占比

数据来源：WIND。

在混合一级债基发展的初期，机构投资者是其规模增长的主要驱动力。然而，自 2018 年互联网基金销售平台兴起后，个人投资者的占比也逐渐提升。目前，机构投资者与个人投资者的占比大致为 6∶4，特别是在那些不配置可转债、大客户集中度较高的产品中，机构投资者的占比更为显著。

二、混合一级债基的资产配置及风险收益特征

混合一级债基内部的产品定位较为复杂，业绩表现分化较大，要准确认识这一品种，就要抓住其是纯债和可转债的结合体这一特点，认清它的资产配置和内部结构。

（一）资产配置

从整体数据来看，截至 2024 年末，在全部 417 只混合一级债基中，有 120 只基金从未配置过可转债，虽名为混合一级债基，实际定位为纯债债基。此处，重点研究剩余的 297 只曾经或正在配置可转债的基金。在这些基金中，有 113 只可转债配置仓位集中在 0～5%。这表明，通过少量配置可转债以增厚债券收益，同时限制可转债仓位以保持“固收＋”产品的固收特性，这一投资理念得到许多基金经理和基金公司的认可。此外，还有 179 只基金的可转债配置比例位于 5%～50%，而可转债配置比例超过 50%的混合一级债基仅有 5 只，如图 8-5 所示。这些可转债仓位过高的产品，其表现基本类似于股票资产，具有较高的波动性，因此投资者需要格外注意。

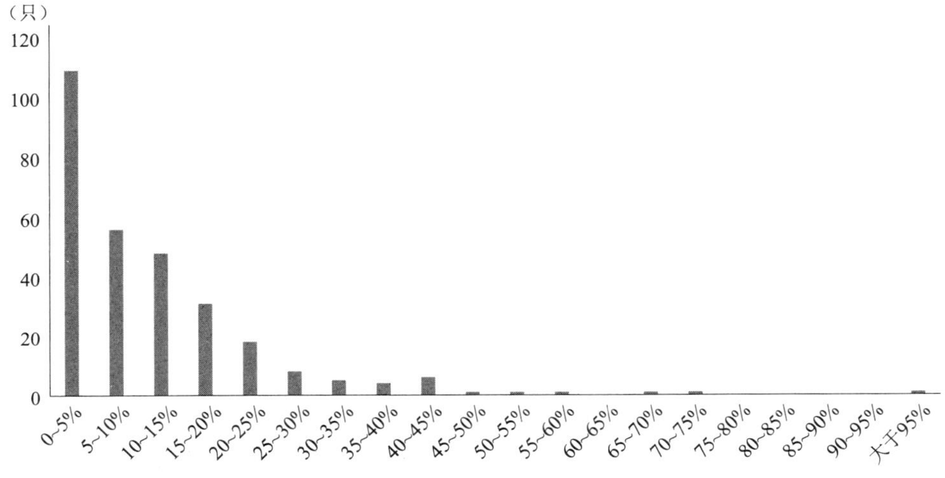

图 8-5　配置不同比例可转债的混合一级债基数量

从混合一级债基的整体资产配置来看（如图 8-6 所示），其在不同年份展现出与中长期纯债债基相似的特征及变化趋势——两者均以信用债作为核心底仓，并在偏牛的债券市场环境中，通过利率债来增厚收益。然而，近年来由于工商企业信用债的发行量有所减少，混合一级债基不得不增加部分商业银行金融债的配置，以填补仓位空缺。值得注意的是，混合一级债基在现金、存单和逆回购等现金管理类资产上的配置比例普遍高于纯债债基。这主要是由于混合一级债基需要灵活调节可转债和纯债两类资产的比例。在可转债市场出现行情时，混合一级债基会大幅加仓以捕捉投资机会；而在行情结束后，则会降低仓位至日常的中性水平，以有效控制投资组合的波动。

（二）持仓结构

除了纯债和可转债的资产配置比例，资产内部的结构也会影响基金的整体业绩表现。如一只纯债部分为小比例超长久期债券的混合一级债基，其收益表现受债券市场波动的影响可能比纯债部分为大比例超短久期债券的产品更大，这就让资产内部结构分析成为基金研究中不可或缺的一环。

1. 纯债部分的结构

由于许多基金公司的混合一级债基和纯债债基由相同的基金经理管理，因此混合一级债基中的纯债部分展现出与中长期纯债债基相似的特征。表 8-1 中，这些基金的长期平均久期中枢大致为 1.9 年附近，并且会根据市场情况进行上下调整。在偏牛的 2021 年、2024 年上半年等，久期水平会略有上升；而在偏熊的 2022 年，久期水平则会稍有下降。从杠杆率看，日开混合一级债基和定开混合一级债基的杠杆率相差并不显著，在近年的市场环境中，两者均未达到各自 140%或 200%的上限。定开基金的主要优势在于可以通过更高的杠杆率来增厚基金收益。然而，至少从结果来看，这项优势并未被基金经理充分运用。在近年来杠杆息差较窄的情况下，即使运用了较高的杠杆率，效果也可能不佳。考虑到定开基金大幅牺牲了申赎便利度和流动性，其相对于日开基金的吸引力确实不高。

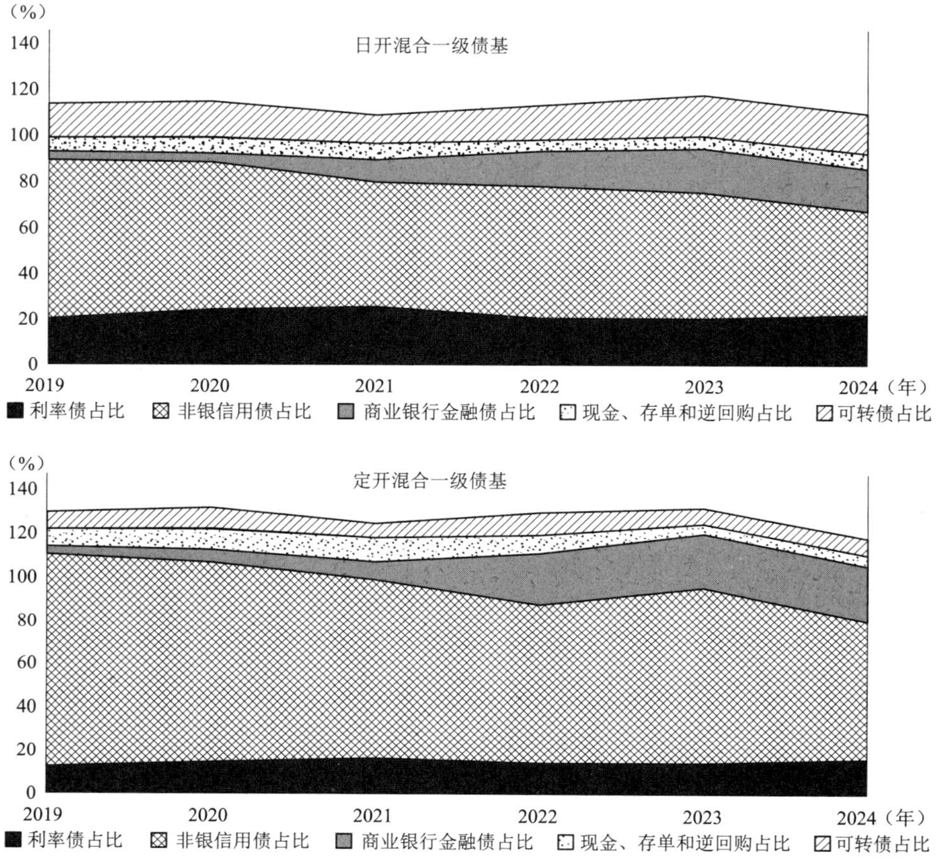

图 8-6　混合一级债基的债券品种配置变化

表 8-1　混合一级债基平均杠杆率和债券部分平均久期

类　型	指　标	年　份					
		2019 年	2020 年	2021 年	2022 年	2023 年	2024 年
日开混合一级债基	平均久期（年）	1.97	1.99	2	1.64	1.94	2.58
	平均杠杆率（%）	117.87	118.76	114.54	116.13	120.13	113.06
定开混合一级债基	平均久期（年）	1.91	1.81	2.16	1.66	1.8	2.7
	平均杠杆率（%）	133.45	134.4	128.84	130.64	133.48	124.24

2. 可转债部分的结构

鉴于当前国内交易所市场发行的可转债数量约为500只，远少于市场交易的上市公司总数，混合一级债基的基金经理在配置可转债仓位时，主要依据公司的基本面、行业景气度及溢价率、期权价值等量化指标进行综合考量。总体而言，这样的配置方式使得分散度相对较高。然而，需要注意的是，可转债的“高低价属性”及“偏股或偏债”特性会受到市场价格波动和到期时间缩短等因素的影响，从而在一段时间内不断变化。因此，这里展示的是可转债配置在评级、风格和行业等方面相对稳定的年度变化情况。

（1）配置可转债的信用评级

混合一级债基配置的可转债，其信用评级远低于大多数纯债债基配置的信用债。具体而言，纯债债基的投资组合中，信用债大多为 AAA 级，AA＋级和 AA 级占比较小，而 AA－级则极为罕见。相比之下，混合一级债基配置的可转债中，AAA 级占比在 40％上下，AA＋和 AA 级分别占比在 20％上下，甚至包括小部分 AA－级和 A＋级等较低评级的弱主体可转债，见表 8-2。

表 8-2　混合一级债基配置可转债的信用评级占比

信用评级＼年份	2019 年	2020 年	2021 年	2022 年	2023 年	2024 年
AAA 级	36.8％	30.5％	37.8％	53.3％	46.2％	40.8％
AA＋级	21.1％	25.4％	23.7％	19.2％	20.5％	16％
AA 级	30.4％	30.6％	24.1％	16.6％	17.7％	21.7％
AA－级	10.8％	12.6％	12.4％	9.8％	12.3％	18.1％
A＋级	0.9％	0.9％	1.9％	1.1％	2.9％	3％
A 级	0	0	0.1％	0	0.4％	0.4％

从历史数据来看，对债券违约的担忧主要集中在纯债中的信用债上。最早的违约案例出现在 2014 年，此后每年都有大量违约事件。然而，对于可转债的信用风险防范，国内整个金融市场尚处于起步阶段。由于可转债的年票息率大多在 1％以内，近似无息贷款，且大多数可转债在到期前会被转换为股票，无须发行公司偿还资金，因此不少基金公司和其他金融机构对可转债的信用风险重视不够，自然也不太关注其信用评级的筛选。然而，2023 年 5 月，中国可转债历史上出现首只违约的可转债。这引发了市场对可转债信用风险的关注。根据笔者的调研结果，公募基金配置的可转债信用评级有望得到边际提升。

（2）配置可转债的正股市值与行业

大多数混合一级债基配置的可转债，其对应的正股总市值大致在 600 亿元至 900 亿元，呈现出明显的中大盘风格，见表 8-3。其中，最大的市值可达数千亿元。从历史数据来看，混合一级债基所配置可转债的正股市值与股市的风格表现存在一定相关性。在小市值股票表现突出的 2020 年等，其配置的可转债对应正股的平均市值也相对略小。

表 8-3 混合一级债基所配置可转债的平均正股市值变化

年份 / 指标	2019 年	2020 年	2021 年	2022 年	2023 年	2024 年
平均正股市值（亿元）	806	583	729	909	717	817

此外，混合一级债基配置的可转债对应的正股公司，其行业分布具有鲜明的周期和价值属性特征，主要集中在金融、基础设施和制造业等领域。相比之下，服务业、文化产业及通信等高成长属性行业的可转债配置比例整体较低。这不仅与这些行业的财报基本面及公司市值占比有关，也与这些行业本身发行可转债的数量较少密切相关。具体的行业配置比例及其变化情况见表 8-4。

表 8-4 混合一级债基所配置可转债的行业分布（基于申万一级行业）

年份 / 行业	2019 年	2020 年	2021 年	2022 年	2023 年	2024 年	年份 / 行业	2019 年	2020 年	2021 年	2022 年	2023 年	2024 年
银行	28.6%	25.1%	23.2%	35.3%	32.7%	35.1%	食品饮料	0.6%	0.7%	1.5%	0.8%	0.9%	1.6%
电力设备	8.2%	4.5%	2.4%	5.4%	8.7%	10.5%	家用电器	0.8%	1.4%	1.3%	0.8%	0.6%	1.5%
基础化工	9.7%	5.4%	2.1%	2.5%	5.4%	6.9%	环保	2.6%	4.3%	3.1%	2%	1.4%	1.4%
电子	4.5%	5%	4.6%	3.6%	6.2%	5.1%	建筑材料	1%	1%	1.3%	0.9%	0.7%	1.2%
医药生物	3.2%	4.8%	4.7%	4.1%	3%	4.6%	计算机	4.6%	3%	3%	1.4%	0.8%	0.9%
农林牧渔	0.6%	1.9%	4%	5.2%	4.7%	4.5%	纺织服饰	1.4%	3.9%	1.5%	1.8%	1.4%	0.8%
汽车	5.6%	2.5%	3.3%	2.9%	3%	3.7%	国防军工	1.8%	0.1%	1.2%	0.2%	0.7%	0.7%
有色金属	3.2%	6%	5.7%	3.2%	3.3%	3.4%	煤炭	0	0.9%	0.7%	1.6%	1.9%	0.7%
机械设备	1.2%	2.3%	3%	1.9%	2.7%	2.7%	传媒	2.2%	2.7%	1%	0.4%	0.2%	0.5%
交通运输	3.3%	1.8%	3.9%	5.3%	5.8%	2.5%	通信	2.5%	2.4%	1.6%	1%	0.4%	0.4%
钢铁	1.5%	0.5%	0.9%	1.9%	2.5%	2.4%	商贸零售	0.5%	1.1%	0.5%	0.8%	0.5%	0.4%
公用事业	3.8%	3.4%	4.9%	1.8%	1.8%	2%	美容护理	0	0	0	0.1%	0	0.4%
轻工制造	2.6%	4.7%	2.5%	2.4%	2.2%	2%	石油石化	0	0	0.8%	0.6%	0.8%	0.3%
非银金融	4.1%	4%	11.5%	9.2%	6%	1.8%	社会服务	0.4%	0.3%	0.3%	0	0	0
建筑装饰	1.4%	6.4%	5.6%	3.1%	1.9%	1.8%	综合	0	0	0	0	0	0

数据来源：WIND。

综合来看，混合一级债基配置的可转债，作为含权资产，呈现非常鲜明的中大市值、周期和价值风格的特征，其受到股票市场中上述对应板块的市场变化影响也更为显著。

（二）长期收益和风险表现测算

可转债作为一种收益和风险等级均显著高于纯债的含权资产，即便在基金投资组合中占比较小，也能显著改变基金的业绩表现。市场中，混合一级债基的可转债仓位差异极大，从不足5%到超过95%不等。那么，这些不同可转债仓位的产品究竟呈现出怎样的收益和风险特征呢？由于市场中几乎不存在可转债仓位恒定的混合一级债基，基金经理总是根据市场判断和个人策略，对可转债仓位进行阶段性调整。例如，一些基金在过去几次可转债熊市中保持低仓位，但近期可能大幅增加了可转债配置。为了准确评估这类基金的真实风险特征，可以从两个维度进行考量。一方面，通过模拟测算纯债和可转债资产本身的收益与风险，来预估基金在不同可转债仓位下的表现。这种方法能提供一个相对稳定的评估结果。另一方面，观察基金的历史业绩数据，验证上述预估是否准确。如果两者之间存在差异，则说明基金经理主动调整可转债仓位对基金业绩产生了正面或负面的影响。此处从这两个维度均进行了统计测算。

1. 基于纯债和可转债资产各自收益与风险统计的模拟测算结果

笔者选取中证纯债基金指数和中证转债指数，分别代表混合一级债基中纯债和可转债两类资产的收益表现。同时，选择了可转债市场扩容后的2018年至2024年这一时间段作为研究窗口。这六年的时间跨度涵盖了至少两轮股票和债券市场的牛熊周期，因此可以认为所得到的结果具有较强的代表性①。在这段时间中，纯债资产的日收益波动率为0.04%，可转债资产的日收益波动率为0.61%，且这两类资产的收益相关性为−0.05。为了更全面地了解不同可转债仓位对基金风险收益特征的影响，以5%为步长，设立从可转债仓位5%到95%的19个模拟组合，并测试这些模拟组合的风险收益特征。

随着可转债仓位从5%提升至95%，其年化收益率从3.5%左右提升到4.4%左右，而日收益波动率从0.05%左右提升到0.58%，如图8-7所示。注意，这两者的共同提升并不是线性的，在年化收益率提升25%的情况下，日波动率提升了约11倍。此外，其负相关关系抵消了部分波动。

从最大回撤与正收益天数等风险指标来看，随着可转债仓位从5%逐步增加到95%，组合的最大回撤显著恶化，从−2%降至−16%；同时，日正收益占比也从67%下降至52%，如图8-8所示。这些数据表明，随着可转债仓位的提高，组合的收益风险特征发生了显著变化。

此外，至于最大回撤恢复天数这一指标，其对于高含权资产的基金而言意义有限。由于这类基金中能够产生票息收入的纯债比例减小，同时可转债的利息水平极低，因此仅依靠利息收入来实现回本的时间过长。在近年偏熊市场中，部分高可转债仓位的基金甚至超过一年都未能实现回本。

① 一般来说，一类资产的过往长期收益在未来是否能够延续，要看宏观经济走势。但根据经验来看，在不发生重大政策变更的情况下，一类资产过往长期波动率（风险）在未来的延续性相对较好，可借鉴意义较高。

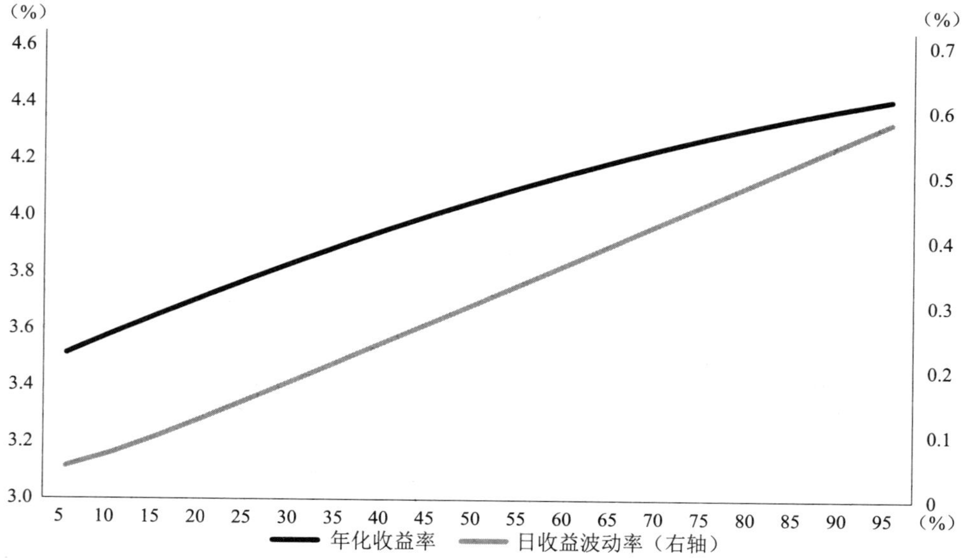

图 8-7 模拟组合的年化收益率和日波动率的变化

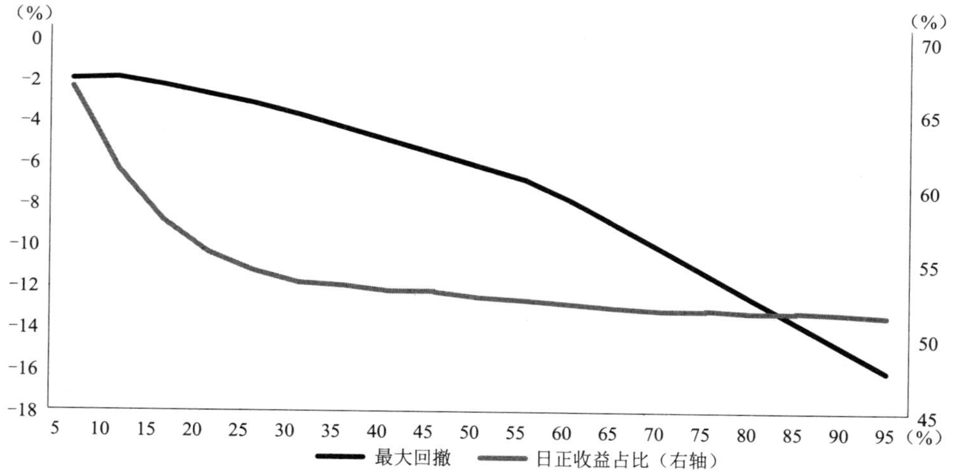

图 8-8 模拟组合的最大回撤和日正收益占比的变化

2. 基于纯债和可转债资产各自收益与风险统计的真实测算结果

针对市场上现有的混合一级债基，笔者也进行了综合业绩统计。将这些基金自成立以来每年的平均可转债仓位作为仓位中枢，以 5%为步长，详细统计不同仓位中枢下的收益和风险状况。

不同仓位的混合一级债基展现出的收益和风险特征与模拟结果大致处于相同的数量级，如图 8-9 所示。具体而言，低仓位基金产品的收益和风险特征与通过模拟测算得到的结果基本一致。相比之下，高仓位基金产品虽然在收益表现上明显优于基于指数测算的模拟收益，但其波动率和最大回撤等也相应变得更为严峻。特别是在20%～75%的中高可转债仓位的混合一级债基中，业绩表现尤为参差不齐。许多基金在承担更高风险的同时，并未实现收益的显著增长。

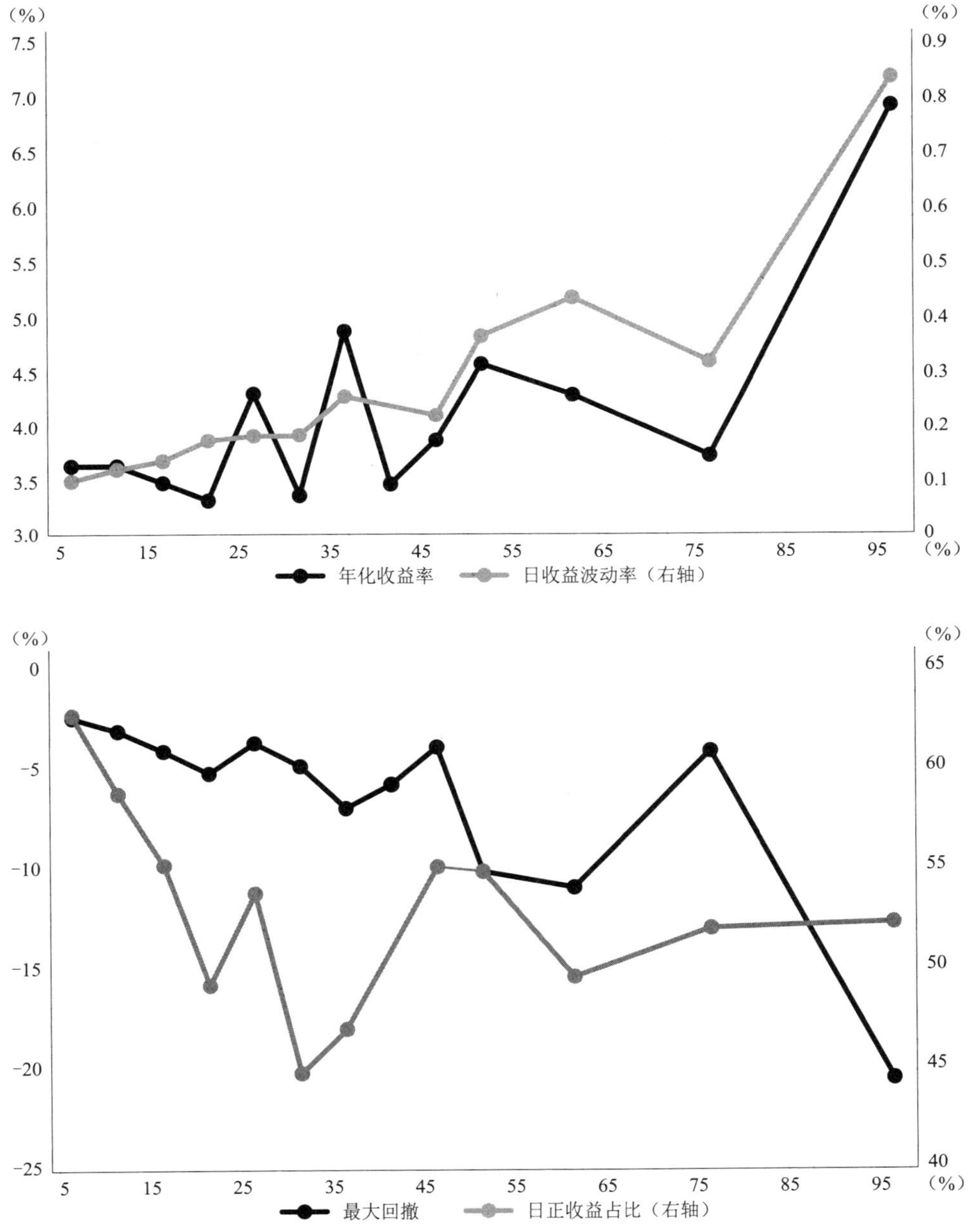

图 8-9 不同可转债仓位混合一级债基的实际收益和风险业绩

结合笔者的调研结果与数据分析发现，基金经理主要通过两种策略来增强可转债的收益：一方面，选券策略，即通过公司分析等方法精选优质公司发行的可转债，以期从其价格上涨中获取超额收益；另一方面，基于市场分析，预测未来可转债市场是牛市还是熊市，并据此调整仓位，以提高或降低风险暴露，从而获取超额收益。然而，值得注意的是，进行市场牛熊预测的难度远大于选券。此外，这一策略还需要有效的流动性管理和交易成本控制作为支撑。许多可转债仓位处于中间水平的基金经理可能由于频繁调整仓位而产生负超额收益，最终致使其平均业绩表现不及固定仓位的模拟结果。尽管如此，可转债的选择与仓位调整依然是基金经理在管理混合一级债基时不可或缺的投资策略。

三、混合一级债基的主要投资策略及定性分析

前文从相对宏观的角度，勾勒了混合一级债基的形态特征。而从微观层面看，全市场有 400 多只此类基金，它们相互竞争营销，基金经理也都有自己独特的投资方法，可归为数种成熟策略。通过分析基金经理是否参与策略及打分，可以给其贴上标签，并探讨适合的市场环境。不过，基金经理能力有别、状态有波动，因此，这种分析以定性为主，追求“模糊的正确”，而非“精确的错误”。

（一）主要投资策略

作为纯债债基在可转债领域的延伸，混合一级债基基本继承了纯债债基的核心投资策略，诸如久期调整、杠杆运用及信用筛选等，前文已有阐述，不再赘述。此外，新增了许多特有策略：遵循自上而下的逻辑，首先是资产配置策略，即在可转债资产仓位和纯债资产仓位之间的调节；其次是可转债资产内部的多元结构性策略，涵盖基于期权定价与条款博弈的策略，以及从正股出发的风格、行业、公司研究与估值策略；最后是基于绝对收益定位的价格与估值策略等。

1. 资产配置策略

作为一种中长期、中低频的投资策略，资产配置策略在混合一级债基中的运用主要依托纯债与可转债的相对估值性价比，以及宏观经济基本面对于这两类资产的利多与利空因素，从而进行相应超配或低配的动态调整。正如前文所述，可转债相较于纯债具有更高的收益风险等级，在市场波动中，不同仓位可转债的基金获取的超额收益或承担的亏损差异显著。因此，成功的可转债仓位调配对混合一级债基业绩的影响，远超其他内部结构策略。鉴于此，众多基金经理积极采用该策略。然而，从实际结果看，大多未达到预期效果，甚至出现负超额收益的情况。

一般而言，可转债与纯债的资产配置调整已形成较为成熟的方法论。从估值角度看，

一方面，可以借鉴10年期、1年期国债等标志性债券利率与一般贷款加权平均利率、逆回购利率进行比价，以此衡量债券资产自身的估值高低；另一方面，考虑到可转债资产与股票的高度相关性，可以参照股债相对性价比的股权风险溢价等指标（见第十一章），来评估纯债与可转债的相对估值状况。对于可转债自身而言，还可以通过全市场的平均（或中位）转股溢价率、期权隐含波动率等指标，来衡量其当前价格在历史序列中的相对水平。

基金经理在管理混合一级债基产品时，会全面考量该产品在公司产品线中的定位、投资者需求及销售渠道的反馈，以及自身专业能力。基于这些因素，基金经理会为产品设定一个稳定的中枢可转债仓位，并根据收益与风险的测算结果，设计仓位的调节区间，比如“中枢40%可转债仓位，上下浮动20%进行调节”等。当上述估值指标显示纯债或可转债资产处于高估或低估时，基金经理将相应地降低或提高对应资产的仓位，以实现资产配置的优化和风险控制。

2. 期权价值策略

在确定了可转债仓位后，就需要决定具体买入哪些可转债。一个思路是，对可转债的期权进行充分分析，寻找期权价值被低估的品种。

可转债可以视为两个部分的融合：其一是票息率较低的纯债；其二是一个奇异看涨期权，包含了多种特色条款。具体来说，这个看涨期权内嵌了转股期权（投资者可以按一定价格将债券转换为正股）、回售权（当正股股价连续数日低于转股价格的某一比例时，投资者有权将可转债回售给发行人）、下修条款（在正股股价持续低于转股价格的一定比例时，发行人有权下调转股价格）及赎回条款（当正股股价连续高于转股价格的一定比例，或可转债存量余额降至一定规模以下时，发行人有权赎回未转股的可转债）。

对于转股期权的定价，可以采用Black-Scholes（BS）公式，其价格与市场无风险利率成反比，与市场波动率成正比[①]。然而，对于回售权、下修条款和赎回条款等其他权利，目前尚无成熟的定价方法。为此，不少金融机构采用蒙特卡洛模拟法，通过大量测算来估测一个合理价格，但输入模拟的原始数据和参数各有不同。同时，也有机构采用定性评估的方法，买入主观认定价值被低估的可转债。

此外，由于下修条款和赎回条款是发行人主动选择是否执行的权利，且一旦执行，对可转债市场的交易价格会造成即时且显著的影响，因此，有一些投资者会依据市场消息和预估方法，在下修前买入，以期博取下修后的价格上涨带来的收益。

---

① 在可转债市场价格上减去纯债价值后，剩余的为期权价值，用BS公式可倒推测算出的波动率则为可转债的隐含波动率。

3. 估值安全边际策略

对于定位为“固收＋”的混合一级债基而言，许多产品的定位在于满足希望实现绝对收益的投资者需求。因此，在选择可转债这类高波动资产时，确保价格的安全边际至关重要。

作为评估安全边际的重要参考指标，溢价率扮演着关键角色。由于可转债由纯债和期权两部分组成，可以基于其纯债的期限和票息等参数计算出纯债价值，如图 8-10 所示。同时，基于其可转换的正股股数和正股的当前价格，可以计算出转股价值。而可转债价格则是该可转债作为一个整体（纯债＋期权）的每日市场成交价。可转债价格与其纯债价值、转股价值的差异比例，分别对应其纯债溢价率和转股溢价率。这两个溢价率越低，表明该可转债的安全边际越高。因为在溢价率低的情况下，即使可转债价格下跌，投资者也可以通过将其作为纯债持有到期或直接转换为正股的方式，来减少可转债的亏损。在这两个溢价率中，转股溢价率是更常用的安全边际指标。许多注重绝对收益的基金经理会采用“双低”策略，即选择低价格、低转股溢价率的可转债个券，以确保其可转债仓位的相对安全性。

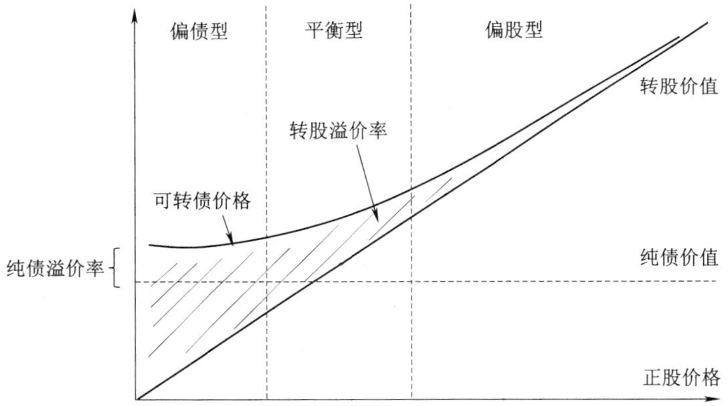

图 8-10　可转债的溢价率原理

此外，基于混合债基所持有可转债的溢价率，可以对其可转债仓位的风格进行判断。在市场上，通常将那些转股价值远低于纯债价值的可转债称为偏债型可转债；转股价值与纯债价值相近的可转债称为平衡型可转债；而转股价值大幅高于纯债价值的称为偏股型可转债。重点配置偏债型可转债的基金经理更重视仓位的安全性，可能在权益类资产走牛时涨幅偏小，但下跌时回撤也会更小；相反，偏股型可转债，则更加适合权益类资产走牛的市场，但需要注意其弹性，可能涨得多，跌得也多；而平衡型可转债，则说明基金经理更加希望获取震荡市场中的可转债期权价值。

4. 基于正股研究的择券策略

除了上述策略，在选择可转债时，另一个核心考虑因素是其正股的未来增长潜力。这意味着可以运用股票投资中挑选优质公司的研究理念来进行可转债投资，即从中观层面分析行业的景气度——在经济周期的上行阶段，倾向于选择周期性或成长型行业的可转债；而在下行阶段，则更青睐于逆周期、价值型或高分红行业的可转债。另外，在同一行业内，可以深入分析各家公司的竞争格局、战略定位及基于财务数据的基本面指标。结合正股市场的价格表现，优先选择那些未来竞争格局有望改善、市场份额预计提升、营收增长前景乐观，或者当前市值被市场低估的公司等。

（二）基于标签和适用场景的定性分析

在全面掌握可转债投资策略，并运用之前介绍的纯债投资策略后，投资者才能够读懂混合一级债基的定期报告，并从中提取有价值的信息，同时结合基金经理路演、访谈和直播等定性研究获取的信息，形成关于某只混合一级债基的完整标签体系。这样，投资者才能更深入地了解其的特点、风险及潜在回报，从而做出更加明智的投资决策。

1. 基于标签的分析方法

定期报告是形成标签的主要信息来源，包括可转债的仓位——是恒定的低仓位还是高仓位，以及可转债类资产内部结构标签，如可转债风格（偏债、偏股、平衡）、正股风格、行业等。由于债券基金在季报、半年报和年报等定期报告中均会披露可转债的全部持仓，投资者可以基于持仓计算出基金当前及过去几期的可转债配置状态。如果多个指标保持不变，则可以给可转债贴上贝塔类标签；如果多个指标时常变化，则需要根据基金经理访谈结果来评估这种变化是否是基金经理主动调整。在确定为基金经理主动调整后，再结合前文介绍的策略体系进行分析。策略刻画的是当基金经理在作出主动投资决策调整时，是否遵照一系列成型、稳定、经市场考验持续有效的行为逻辑和方法体系，还是仅仅因为运气、冲动等不稳定因素，只有前者才能够持续产出超额收益，即贴上阿尔法类标签。

对于混合一级债基中的纯债部分，可以采用类似的贴标签方法。这包括确定纯债的风格（如信用债或利率债）、杠杆率、久期等特征。然而，由于纯债在定期报告中通常只披露前五大持仓，因此对于持仓分布、信用品种、信用评级等贝塔类指标，需要依靠定性研究来做出判断。此外，还有一些阿尔法类标签，如基金经理的久期调节能力、品种轮动能力和信用择券能力等，更是需要通过深入访谈和持续跟踪调研才能形成相应的标签判断。

笔者整理了可用于混合一级债基分析的主要标签（见表8-5），读者可以在此基础上新增自己关注的其他标签，也可以将本书中介绍的评价指标、通过调研获取的定性评价结果加入标签体系，如基金负债端稳定性、基金公司团队设计合理性、基金经理经验和精力等，从而形成一个完整的基金优选评分表。

表 8-5　混合一级债基的标签刻画体系

<table>
<tr><th>标　签
层　次</th><th colspan="4">贝塔类</th><th>阿尔法类</th></tr>
<tr><td>资产配置</td><td>可转债仓位</td><td colspan="3">低仓位、高仓位</td><td>是否有较强的可转债仓位调节能力</td></tr>
<tr><td rowspan="4">资产结构</td><td colspan="2">可转债结构</td><td colspan="2">纯债结构</td><td rowspan="2">是否有可转债风格轮动的能力</td></tr>
<tr><td>可转债风格</td><td>偏债型、偏股型、平衡型</td><td>纯债风格</td><td>信用债、利率债</td></tr>
<tr><td rowspan="2">正股风格（可选 Barra 因子或 Fama 因子体系）</td><td>价值、成长</td><td>杠杆率</td><td>低杠杆、高杠杆</td><td>是否有信用债品种轮动的能力</td></tr>
<tr><td>小市值、大市值</td><td>久期</td><td>短久期、长久期</td><td>是否有久期调节创造超额收益的能力</td></tr>
<tr><td rowspan="3">券种选择</td><td>可转债行业</td><td>重仓行业</td><td>持仓分布</td><td>子弹型、哑铃型、均匀分布</td><td>是否有较强的期权定价能力</td></tr>
<tr><td>可转债评级</td><td>A 级到 AAA 级的评级分布</td><td>信用品种</td><td>城投债、产业债、商金债</td><td>是否有通过信用债择券创造超额收益的能力</td></tr>
<tr><td>可转债价格</td><td>低价、高价</td><td>信用债评级</td><td>AAA 级到 AA− 级的评级分布</td><td>是否有通过正股选股创造超额收益的能力</td></tr>
</table>

2. 不同标签和市场场景的匹配关系

关于金融市场，存在这样一种共识：市场的长期走势主要受宏观经济趋势的影响；中期波动则与经济周期和行业兴衰密切相关；而短期变化则更多地受到证券市场供需关系和资金流向等交易行为的影响。对于投资者来说，由于基金申赎速度较慢，也很难进行高频短期的交易，所以基于长期趋势和中期周期波动的分析方法是基金投资，尤其是中低风险、自上而下的债券基金投资中的主要工具。此处，以最简单的美林时钟模型讲解混合一级债基在各个宏观场景中的适用阶段，其结论在其他宏观周期中也完全适用。

如图 8-11 所示，根据经济增长和通胀的情况，可以将经济划分为复苏、过热、滞涨和衰退四个阶段。在这四个阶段中，债券和权益资产各自存在两个阶段的牛市和两个阶段的熊市。权益牛市利好高可转债仓位混合债基，而债券牛市利好长久期、高纯债仓位的混合债基。除了资产比例，在不同经济周期环境中，也利好不同的可转债、纯债的风格和结构。例如，在通胀下行和经济增速减缓的衰退环境中，利好红利风格、偏债型可转债及更高杠杆率的债券基金；而在经济扩张且通胀上升的过热环境中，则利好大盘、偏股风格的可转债，以及中低评级信用债为主的混合一级债基。

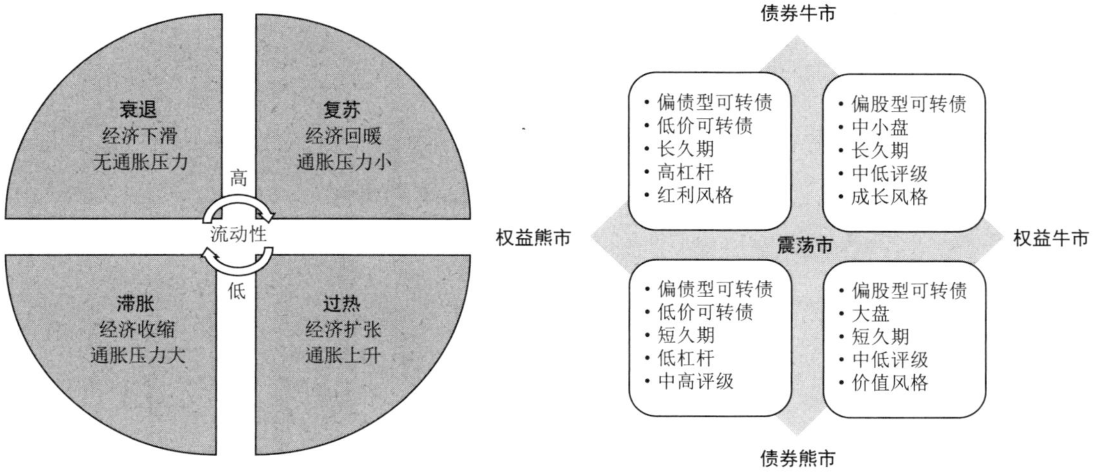

图 8-11 不同周期环境和最佳债券基金标签的对应关系

基于对当前经济环境的判断，读者可以借助图 8-11 来确定最合适的混合一级债基标签。从自己深入研究并充分了解的混合一级债基中，挑选出与这些标签匹配度最高的产品。当经济周期进入下一阶段时，可以及时调整投资组合至更适应新环境的基金产品。这种经济周期的轮动通常与 3 年至 4 年的小周期相契合，平均调仓频率为每年一次。然而，这并不意味着上述四个阶段每个恰好平均持续一年。例如，2010 年至 2012 年，高通胀环境持续了较长时间；2017 年，则迅速经历了过热和滞涨两个阶段。

第三节 混合二级债基

混合二级债基的主要特点是在混合一级债基的投资范围基础上，增加了在二级市场买卖股票的能力。尽管股票仓位通常限制在 20%以内，但许多基金经理将其视为高波动的权益型基金进行管理。这些产品往往将 80%的债券仓位主要配置于可转债，并结合剩余 20%的股票仓位，使得基金的整体风险收益特征定位可能显著高于纯债债基和混合一级债基，而更接近于可转债债基。

一、混合二级债基的规模

混合二级债基作为历史悠久的债券基金品种，自 2002 年 9 月南方宝元债券发行以来，经历了一段漫长的发展过程。在其发展初期，纯债端难以与采用摊余成本法估值的银行理财相抗衡，加之权益端受到股票仓位限制，且在 2017 年前高弹性可转债资产尚未大规模发展，导致该类基金在股票牛市中表现不佳，规模增长受限，长期处于市场边缘地位。直至 2015

年股市剧烈波动后，混合二级债基的规模才突破 2 000 亿元大关。此后，在 2019 年和 2021 年的股债双牛行情推动下，其规模实现了快速增长，峰值一度达到 1 万亿元，如图 8-12 所示。

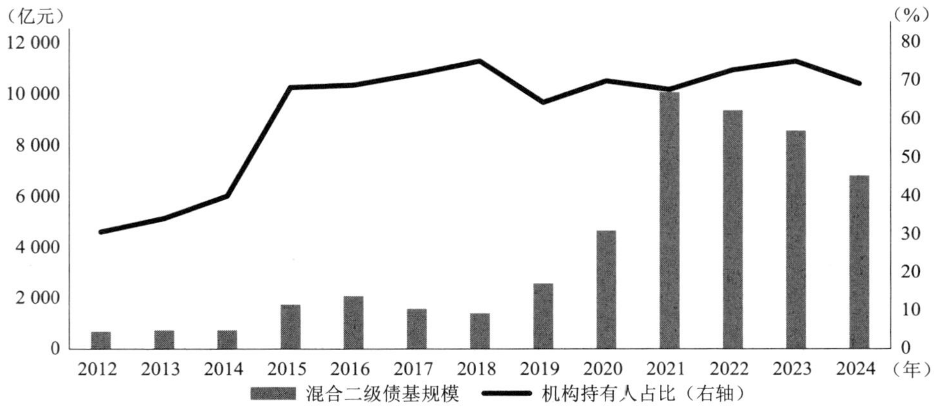

图 8-12 混合二级债基规模变化和机构持有人占比

数据来源：WIND。

就其持有人占比来看，混合二级债基的主要投资者是机构投资者，占比基本维持在 70%以上。这些机构投资者中，保险机构和银行理财机构占据主导地位。他们选择投资混合二级债基，一方面，希望通过股债结合实现绝对收益策略，以便为其客户提供相对稳定的收益；另一方面，这些机构自身的投研力量往往呈现债强股弱的情况，需要借助基金公司的外部投研资源，实现在权益市场获取超额收益的能力。

2019 年之后，随着可转债市场的扩容，许多混合二级债基开始通过提高可转债和股票的配置比例，以期实现基金整体获得较高的收益。同时，互联网基金销售平台的发展也使得大量对收益率排名敏感的个人投资者涌入基金市场。这些个人投资者被混合二级债基中不少年化收益率达到 20%甚至 30%以上的“网红品种”所吸引，纷纷进行配置，从而在边际上改变了混合二级债基的持有人结构。

二、混合二级债基的资产配置与持仓结构

混合债基的含权资产仓位对基金收益风险特征具有显著影响。在分析混合二级债基的资产配置时，应特别关注其所配置的股票和可转债等含权资产的比例。由于混合二级债基的主要持有人为机构投资者，市场上存在一些名义上是混合二级债基但实际未配置任何股票或可转债的纯债债基产品。为确保研究的准确性，将那些自成立以来从未配置过股票和可转债的混合二级债基排除在外。此外，截至 2024 年末，混合二级债基中的定开或封闭式产品数量较少，仅有 27 只，且下文可以看到每日开放和定期开放产品的资产配置和持仓差异极小。

（一）资产配置

截至 2024 年末，全部混合二级债基共有 595 只基金，其中从未配置过股票或可转债的共有 30 只，其余产品中的大多数配置了占资产净值比 20％以内的股票，还有部分定开或封闭式产品配置股票比例略大于 20％，如图 8-13 所示。

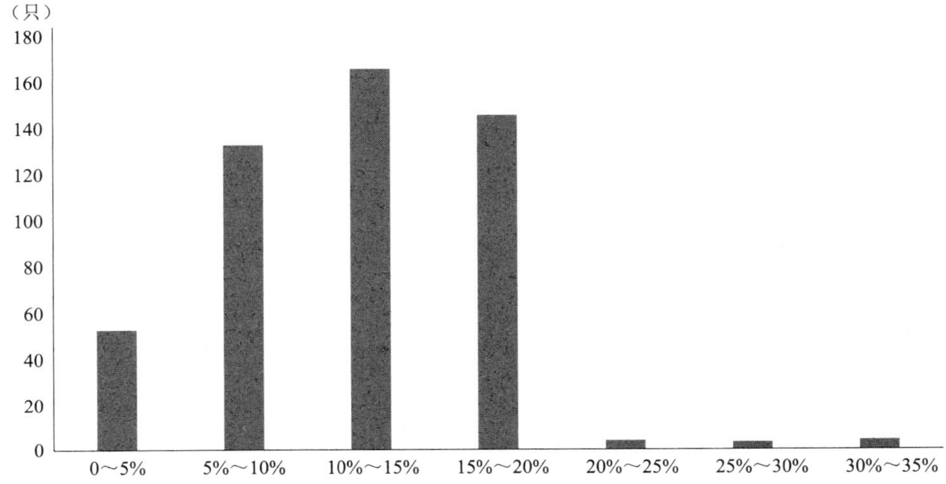

图 8-13　配置不同比例股票的混合二级债基数量

从股票配置比例看，在基金合同投资限制的比例约束下，各基金仓位差异并不大，但混合二级债基合同对可转债的配置比例一般不做约束，从而导致市场上各家产品的可转债配置仓位分布较宽，从 5％以内到 85％～90％的产品均有，如图 8-14 所示。

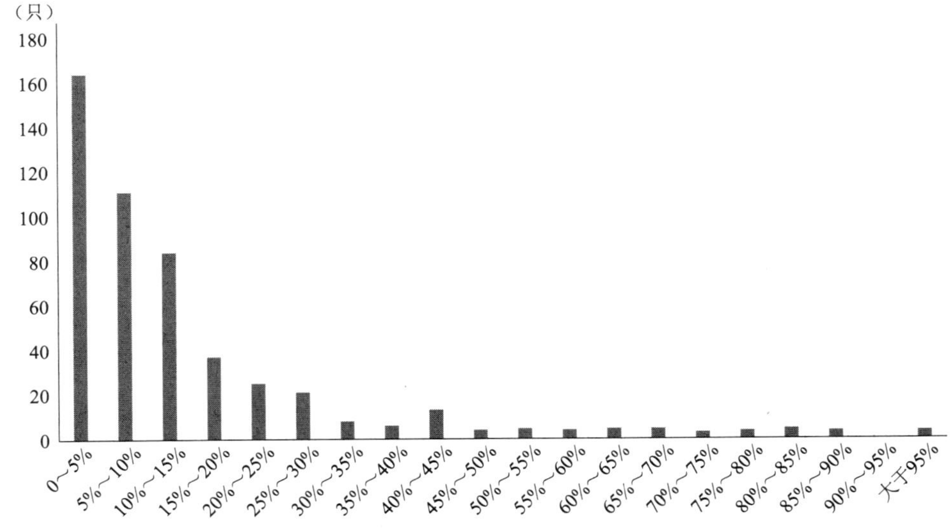

图 8-14　配置不同比例可转债的混合二级债基数量

如果一只混合二级债基贴近上限配置20%的股票和80%的可转债仓位，则其实际基金收益风险等级可能远高于传统的债券基金，甚至高于混合基金，接近股票基金。此外，鉴于可转债发行公司有很多中小盘成长型企业，这种风格和结构的差异可能进一步增加基金的整体弹性（即更高的收益和风险水平）。

从混合二级债基的具体资产配置来看，其结构与纯债债基和混合一级债基相似：可转债和股票的仓位相对稳定；在纯债内部结构上，之前以一般工商企业信用债为主，但近年来随着相关券种发行量的减少，增加了商业银行金融债的配置。日开混合二级债基中，利率债的配置比例通常在20%左右，而定开混合二级债基的这一比例则更低，如图8-15所示。

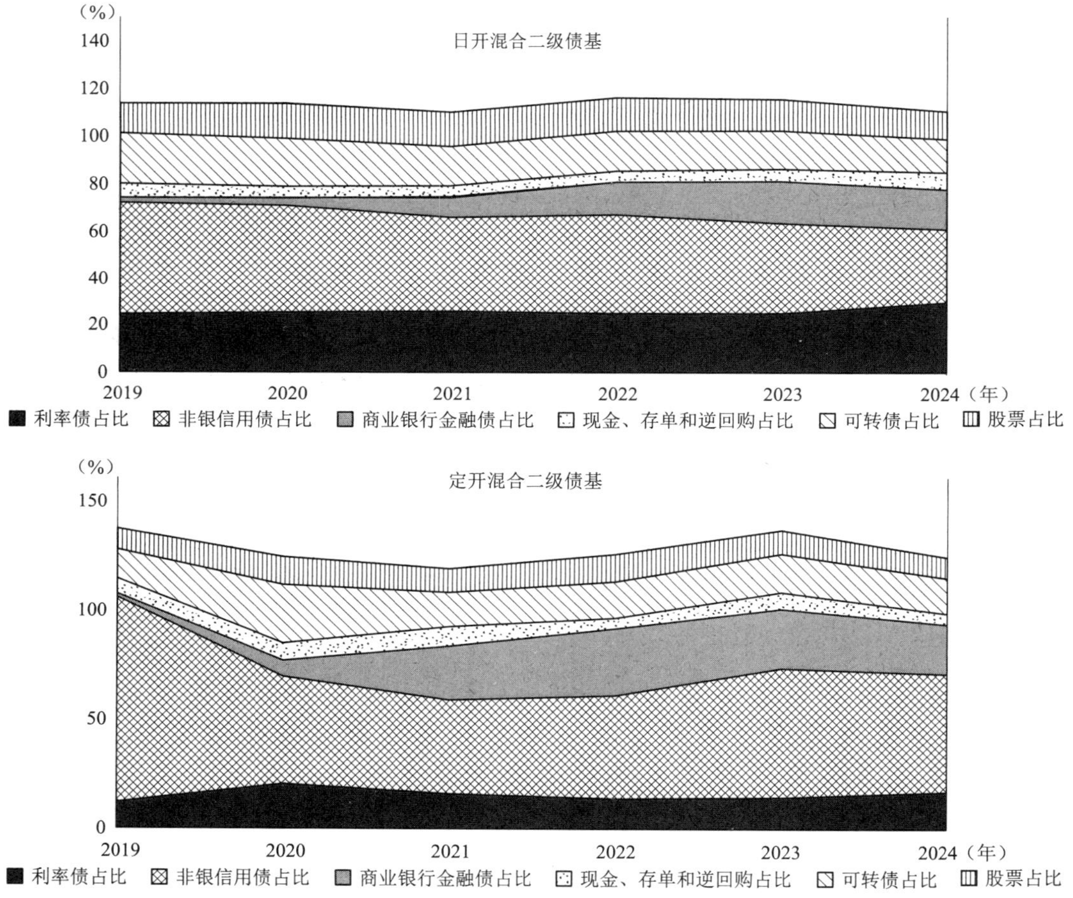

图8-15 混合二级债基的资产配置变化

（二）持仓结构

由于混合二级债基同时配置纯债、可转债和股票，且股票资产不同风格、行业的差异较其他两类资产更大，所以在研究混合二级债基时，对其持仓结构的分析尤为重要。

1. 纯债部分的结构

混合二级债基中的纯债部分平均占其基金净值的 80%。从结构上看，这与中长期纯债债基中的利率信用债债基相似，通常将 20%左右的资金配置于利率债，60%左右配置于信用债。其中，信用债提供了较为稳健的票息收益，而利率债则主要用于流动性管理和久期调节。

基金经理在管理混合二级债基的纯债部分时，过去普遍采用较为保守的策略，避免进行过于激进的久期调整、杠杆操作或券种转换。然而，由于近年来债券市场经历了连续多年的牛市，特别是 2023 年初 30 年期国债期货品种 TL. CFE 上市后，30 年期国债这一品种的流通性显著增强，定价也更加合理充分。此外，当权益资产仓位超过 4%时，基金的收益和风险特征会明显倾向于权益市场的表现。因此，近年来，许多混合二级债基开始积极配置 30 年期国债等长期和超长期债券，以增强基金的“债性”。这种做法不仅有助于对冲股票和可转债等含权资产的波动，还能充分利用债券牛市的机会来增厚收益。因此，近三年混合二级债基的平均久期明显上升，见表 8-6。

表 8-6 混合二级债基平均杠杆率和债券部分平均久期

类型	指标	年份					
		2019 年	2020 年	2021 年	2022 年	2023 年	2024 年
日开混合二级债基	平均久期（年）	2	2.13	2.12	1.73	1.88	2.83
	平均杠杆率（%）	116.89	116.02	112.93	116.34	117.87	114.42
定开混合二级债基	平均久期（年）	1.66	2.39	2.91	2.09	2.05	2.6
	平均杠杆率（%）	139.23	128	126.85	128.7	139.57	125.7

2. 可转债部分的结构

混合二级债基中可转债部分的配置策略在各基金公司间差异显著。与纯债债基无法配置可转债不同，混合一级债基必须配置可转债，而混合二级债基的核心权益资产是股票，可转债仅为可选配置品种。因此，是否用心配置、采用何种策略进行配置，更多取决于基金公司的投研实力和基金经理的投资能力覆盖范围。对于那些对可转债不太熟悉的基金经理来说，他们可能只参与可转债打新或者基于持有收益的理念配置偏债型可转债；具备量化分析能力和安全边际思维的基金经理，则更倾向于参与平衡型可转债或根据溢价率择券；而如果要基于公司基本面研究和正股价格研究，通过选券创造超额收益，则需要一个有效的可转债研究员团队的支持。

（1）配置可转债的信用评级

由于一个基金公司内部通常最多只有一个可转债研究团队，因此混合一级、二级债基配置的可转债结构相似度较高。从历史数据来看，混合二级债基配置的可转债涵盖了从AAA级到A级的范围，其中AAA级一般占比40%～50%，这与混合一级债基类似，见表8-7。

表 8-7 混合二级债基所配置可转债的信用评级占比

评级＼年份	2019年	2020年	2021年	2022年	2023年	2024年
AAA级	50.1%	54.9%	51.8%	63.4%	47.7%	39.9%
AA+级	22.9%	16.6%	20.1%	16.7%	18%	19.4%
AA级	21.5%	22.3%	19.3%	12.1%	19%	21.7%
AA−级	5.3%	5.9%	7.6%	6.8%	11.4%	15.1%
A+级	0.3%	0.4%	1.2%	1.1%	3.4%	3.6%
A级	0	0	0	0	0.5%	0.4%

（2）配置可转债的正股市值与行业

混合二级债基所配置可转债的正股市值以800亿元至1 000亿元中大市值上市公司为主，且略大于混合一级债基的可转债正股市值，见表8-8。这种中大盘可转债的风格与混合二级债基所配置股票的大盘风格保持一致，体现了混合二级债基作为“固收+”策略产品的稳健定位。其市值变化与可转债市场本身的发展也有一定关系，近年随着中小民营企业可转债的陆续发行，混合二级债基所配置可转债的平均正股市值中枢也有小幅下行。

表 8-8 混合二级债基所配置可转债的平均正股市值变化

指标＼年份	2019年	2020年	2021年	2022年	2023年	2024年
平均正股市值（亿元）	878	1 013	898	954	796	856

此外，自2019年以来，混合二级债基持有的可转债主要分布在价值和周期风格的金融产业及制造业，混合二级债基也会阶段性地配置交通运输、公用事业等基础设施建设相关行业的可转债，而相对较少配置传媒通信和服务行业的可转债，见表8-9。

表 8-9 混合二级债基所配置可转债的行业分布（基于申万一级行业）

行业＼年份	2019年	2020年	2021年	2022年	2023年	2024年	行业＼年份	2019年	2020年	2021年	2022年	2023年	2024年
银行	33.4%	37.9%	32.5%	45%	31.4%	31%	环保	2.1%	1.4%	1.4%	1.1%	1.9%	1.3%

续表

行业＼年份	2019年	2020年	2021年	2022年	2023年	2024年	行业＼年份	2019年	2020年	2021年	2022年	2023年	2024年
电力设备	8.5%	8%	2.5%	2.9%	7.5%	11.1%	建筑材料	1.1%	0.9%	1%	0.6%	0.9%	1%
电　子	4.1%	4.9%	3.4%	3.6%	6.3%	5.8%	家用电器	0.6%	0.3%	0.6%	0.6%	0.7%	1%
基础化工	4.8%	4.6%	2.3%	2.1%	4.1%	5.6%	计算机	3.1%	1.7%	1.7%	1%	1%	0.9%
有色金属	3%	5.3%	4.7%	2.9%	3.8%	5.6%	煤　炭	0.2%	2.2%	0.5%	0.8%	2.1%	0.9%
汽　车	4.9%	2.3%	2.4%	2%	3.1%	4.9%	纺织服饰	0.7%	1.6%	0.8%	0.7%	1%	0.9%
医药生物	3.8%	3.4%	3.2%	2.6%	3.7%	4.5%	石油石化	0	0	1.4%	0.9%	1%	0.8%
农林牧渔	0.3%	0.8%	4.2%	4.3%	3.9%	4.4%	通　信	1.7%	1.5%	0.7%	0.5%	0.4%	0.8%
非银金融	6.8%	7%	10.6%	8.2%	4.6%	3.1%	国防军工	1.1%	0.1%	1.2%	0.1%	0.7%	0.8%
交通运输	6.8%	1.5%	8.7%	8.7%	8%	3.1%	公用事业	2.9%	3.1%	6.1%	2.5%	1.3%	0.6%
建筑装饰	2.2%	3%	4.2%	2%	2.9%	2.5%	商贸零售	0.8%	1.4%	0.5%	0.6%	0.6%	0.6%
轻工制造	2.6%	3.7%	1.6%	1.9%	2.4%	2.4%	美容护理	0	0	0	0	0.1%	0.2%
机械设备	1.1%	1.3%	1.8%	1.4%	2.4%	2.4%	传　媒	2%	0.7%	0.3%	0.2%	0.2%	0.2%
钢　铁	0.7%	0.2%	1.2%	2.2%	2.7%	2%	社会服务	0.4%	0.4%	0	0	0	0.1%
食品饮料	0.3%	0.9%	0.6%	0.6%	1.1%	1.6%	综　合	0	0	0	0	0	0

数据来源：WIND。

3. 股票部分的结构

从历史数据来看，混合二级债基所配置股票的市值大多超过 2 000 亿元（见表 8-10），显示出明显的大盘甚至超大盘特征。这是因为公募基金股票研究注重公司在行业中的竞争地位，并且倾向于配置龙头公司。此外，部分混合二级债基采用绝对收益定位，为了给投资者创造更稳健的收益，偏好配置具有高分红特征的银行和公用事业等行业的股票。这些行业由于集聚效应较强，往往呈现出大市值的特点。

表 8-10　混合二级债基所配置股票的市值变化

指标＼年份	2019年	2020年	2021年	2022年	2023年	2024年
平均市值（亿元）	2 371	3 287	2 482	2 058	1 672	2 697

混合二级债基所配置股票的行业，虽也呈现价值、周期等风格为主的特征，但电子、食品饮料和医药生物等含有一定成长属性的行业也不少，且股票的行业分散度也明显好于其以银行业为主的可转债对应行业分布，见表 8-11。这种较为分散的行业配置为在混合二级债基的投资中实施轮动策略提供了可能性。

表 8-11 混合二级债基所配置股票的行业分布（基于申万一级行业）

行业＼年份	2019年	2020年	2021年	2022年	2023年	2024年	行业＼年份	2019年	2020年	2021年	2022年	2023年	2024年
电子	8.8%	5.7%	8.9%	7.7%	9.5%	7.8%	计算机	6.1%	5.3%	6%	6.8%	5.6%	2.6%
食品饮料	5.7%	10.3%	7.3%	8.1%	6.5%	7.6%	非银金融	7.9%	5.8%	3.7%	4.7%	4.1%	2.6%
交通运输	3.5%	1.8%	2.1%	3.5%	4.7%	6.5%	传媒	3.1%	1.3%	1.3%	1.2%	1.7%	2.2%
医药生物	8%	9.7%	8.3%	8%	8.1%	6.4%	建筑装饰	1.7%	1%	2.1%	2.3%	1.9%	1.9%
有色金属	1.9%	2.6%	4.3%	4.7%	7%	6.3%	轻工制造	1.2%	1.4%	1.2%	1.6%	1.6%	1.9%
银行	8.3%	7.9%	7%	5.4%	3.9%	5.9%	房地产	4%	2.2%	2.1%	2.8%	1.7%	1.8%
汽车	5.5%	3.9%	5.6%	3.7%	4.8%	5.4%	建筑材料	3.9%	3.3%	3.2%	1.7%	1.3%	1.4%
基础化工	5.1%	7.7%	4.9%	5.3%	5.1%	4.9%	商贸零售	0.4%	0.2%	0.3%	0.7%	0.7%	1.4%
电力设备	5.4%	11.1%	11.1%	6.9%	4.6%	4.9%	农林牧渔	2.6%	1%	1.5%	1.5%	1.9%	1%
机械设备	2.2%	6%	4.3%	4.4%	5.4%	4.2%	社会服务	0.4%	1%	0.4%	0.9%	0.9%	1%
家用电器	5.6%	3.8%	2%	2.1%	2.8%	4%	纺织服饰	0.4%	0.3%	0.5%	0.4%	0.8%	0.8%
公用事业	0.9%	0.4%	2.5%	2.4%	2.6%	4%	环保	0.4%	0.3%	0.7%	0.5%	0.6%	0.7%
石油石化	2.2%	0.4%	1%	2.3%	2.5%	3.2%	钢铁	0.6%	0.2%	1.3%	0.5%	0.7%	0.7%
煤炭	0.8%	0.6%	0.8%	2.7%	2.4%	3.2%	美容护理	0.2%	0.1%	0.2%	0.4%	0.3%	0.3%
国防军工	1%	2.7%	3.5%	4.1%	3.4%	3%	综合	0	0.3%	0	0	0	0.1%
通信	1.9%	1.4%	2.1%	2.8%	2.7%	2.6%							

三、混合二级债基的主要投资策略

从资产类别来看，混合二级债基可以看作混合一级债基（纯债与可转债的组合）和股票的结合体。因此，混合二级债基能够采用的投资策略涵盖了混合一级债基的所有投资策略。从资产比例来看，由于大多数混合二级债基配置的股票比例接近 20%，在股票高波动的情况下，基金的综合收益和风险特征在很大程度上取决于股票部分的表现。因此，部分投资者会采用研究股票基金的方法，重点关注股票部分的风格和行业特征。

（一）轮动策略：混合二级债基股票部分的主要标签和适应环境

该体系初步涵盖了纯债债基及混合一级债基的核心指标，如久期、信用、杠杆、债种，以及可转换的仓位、投资风格、价格和评级等指标。在此基础上，融入对股票资产的刻画指标，涉及股票的投资风格、市值、所属板块及行业等贝塔类指标。此外，结合历史数据的定量分析与基金经理路演中的定性分析，能够评估基金经理实现超额回报的能力，即阿尔法类标签。这种自上而下的股票标签体系见表 8-12。

表 8-12 混合二级债基的股票部分标签

资产配置策略				
纯债策略（纯债债基）	可转债策略（混合一级债基）	股票策略（混合二级债基）		
		贝塔类标签		阿尔法类标签
		股票风格	价值、成长、价值成长、逆向、均衡	是否具有风格轮动能力
		市值	微盘、小盘、中盘、大盘	是否具有行业轮动能力
		板块和行业	周期、红利、科技、金融地产	是否具有选股创造超额的能力

在构建股票部分的标签体系后，可借鉴美林时钟模型，遵循自上而下的经济周期轮动框架，选取与当前或未来经济周期相适应的最优股票特征标签。例如，在经济衰退期间，红利主题、大盘风格及公用事业等防御性行业的股票表现更为突出；而从经济复苏初期至中后期，商品与周期性行业通常率先反弹，随后券商作为牛市“领头羊”引领市场上涨，制造业等中游产业跟进，形成“价值搭台，成长唱戏”的格局。

此外，市值大小在不同经济阶段也呈现出各异的走势特点，如经济衰退至复苏前期，市场经历产能出清与竞争格局转变，大量中小公司被淘汰出局，大型企业和龙头股占据优势；而牛市高潮时，资金涌入导致中小盘股票阶段性领先。这种自上而下的轮动逻辑构建的周期与股票关系如图 8-16 所示。投资者可以基于当前的宏观经济环境，选择最有可能产生超额收益的股票标签组合，并从混合二级债基中挑选与股票风格匹配度最高的基金产品。若多款产品均符合当前风格，则需进一步考量基金经理的风格转换、选股能力及基金的负债—资产匹配度、费率结构等因素，以选择最佳基金产品。

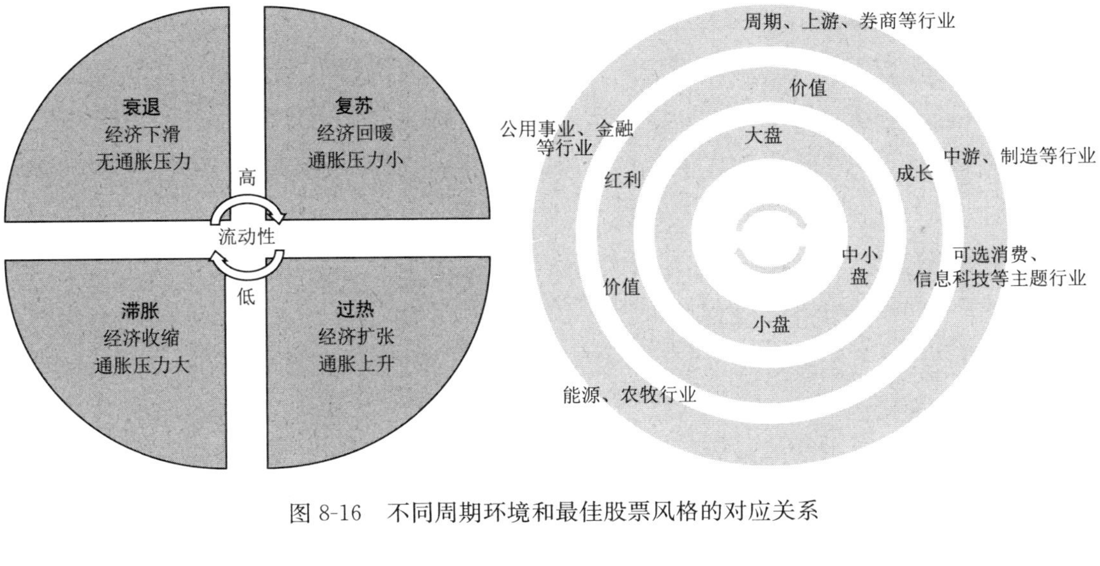

图 8-16 不同周期环境和最佳股票风格的对应关系

上述方法是依据自上而下的经济场景变化进行权益风格轮动，以优选混合二级债基的策略。该方法立足于坚实的经济逻辑推导，并且在历史市场变动中已获得一定程度的验证。然而，在实操过程中，由于以下原因，往往很难有效实施：其一，经济周期的变化并非匀速；其二，积极的资产与风格轮动导致额外的交易成本和极高的胜率要求；其三，基金经理的主动操作导致基金真实投资组合偏离上期标签特征；其四，行业本身的发展对股价的影响可能超越周期模型。

据此，基于混合二级债基的资产仓位、风格结构等特征选择最适合当下市场的基金品种，以跑赢同类，并创造超额收益极为困难。因此，笔者倾向于基于长期历史数据，测算出更为优秀的资产配置比例和风格等特征，并以“跨周期”的视角进行基金投资，通过坚定持有这些长期来看更优的基金品种获取更加稳健的收益。

（二）持有策略：基于资产相关性的混合二级债基配置结构和风格

在挑选最契合自身需求的混合二级债基时，若采用静态且长期持有的策略，首要步骤是明确最适合自己的含权资产仓位水平。这涉及个人风险偏好的评估：是倾向于追求更高收益同时承担更高风险的基金产品，还是更偏好低风险低收益的稳健基金产品。在之前的章节中，深入分析了不同可转债仓位配置下混合一级债基的收益表现与波动率特征。对于混合二级债基而言，其测算结果与之类似，区别在于混合二级债基的资产构成更为多元，涵盖了纯债、可转债及股票三类资产。此处，沿用了第一节的方法，将可转债仓位依据其波动率视为等效于0.8倍的股票仓位，同时将两者合并计算以确定含权资产仓位，进而汇总并分析不同含权资产仓位下的各类风控指标。

1. 不同仓位与风险指标的关系

自2002年（第一只混合二级债基产生）至今，不同含权资产仓位的全部真实混合二级债基的风险指标统计结果如图8-17所示。可见，含权资产仓位低于30%的中低仓位混合二级债基，最大回撤能够控制在10%以内；而市场中部分基金折算后的含权资产配置比例可达90%以上，其最大回撤可超过20%，日波动率为0.9%左右（在正态分布情况下，日波动率为0.9%，意味着单日最大回撤可能超过2%）。其展现的风险特征与股票基金非常接近。2024年上半年及以前，股票市场经历了超过三年的熊市，所以混合二级债基的年化收益统计并未随着仓位增加而提升，考虑到特定时段的市场变化可能代表性不强，此处并未展示。

投资者可依据自身所能承受的最大回撤与波动率水平，筛选出一系列符合其风险偏好的股票＋可转债仓位配置的混合二级债基产品。

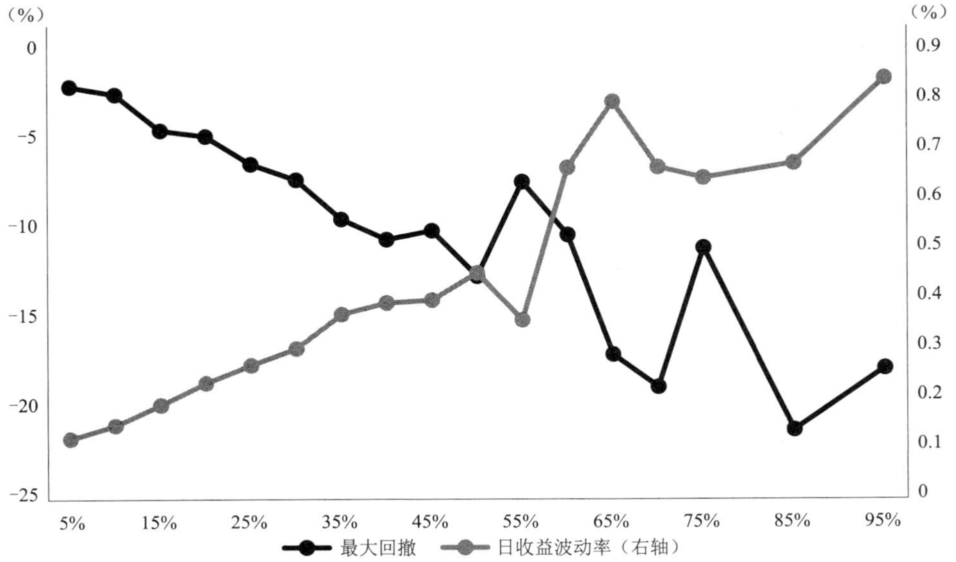

图 8-17 不同含权资产仓位的混合二级债基的风险指标

2. 最优内部结构

在初步确定了混合二级债基中含权资产的仓位后，可进一步精细调整，以确定股票与债券资产的最佳配置比例。为了实现更为平稳和稳健的收益表现，关键在于提高投资组合中资产之间的分散度，尽可能纳入相关性低，甚至负相关的资产，以对冲日常的净值波动。

历史数据表明，从资产间波动平滑的角度来看，负相关性最佳的资产组合是价值类股票与中长久期的利率债。7～10 年期国开债与诸多股票指数的相关性最低，而股票指数的市值规模（无论大市值还是小市值）对其与债券资产的相关性并无显著影响；相比之下，代表成长股的创业板指数与债券（不包括可转债）的相关性略高于其他股票指数，如图 8-18 所示。笔者认为，这一现象可能源于价值股中金融行业（如银行、保险等）占比较大，这些行业对利率变动极为敏感。此外，价值股的估值模型中现金流对当前价值的影响较为显著，而利率水平的高低直接影响现金流的折现系数，从而增强了这两类资产之间的负相关性。

综上，对于倾向于长期持有混合二级债基的投资者而言，在依据风险指标确定了最适合自己的含权资产仓位后，可选择那些同时配置价值类股票、可转债及中长久期利率债（或高评级信用债）的基金产品。从历史统计数据看，这样的投资组合更有可能提供更为优越的投资体验。

	100收益	300收益	800收益	创业板综	1000收益	国开行（1年以下）	国开行（3～5年）	国开行（7～10年）	企业债AA-	企业债AAA	中证转债
100收益	1.000	0.983	0.952	0.586	0.728	0.015	−0.028	−0.052	−0.021	−0.024	0.642
300收益	0.983	1.000	0.991	0.714	0.830	0.007	−0.022	−0.056	−0.021	−0.025	0.669
800收益	0.952	0.991	1.000	0.795	0.893	0.010	−0.019	−0.058	−0.022	−0.026	0.671
创业板综	0.586	0.714	0.795	1.000	0.941	0.046	−0.016	−0.048	0.022	0.003	0.498
1000收益	0.728	0.830	0.893	0.941	1.000	0.022	−0.012	−0.059	−0.019	−0.025	0.583
国开行（1年以下）	0.015	0.007	0.010	0.046	0.022	1.000	0.179	0.160	0.319	0.373	0.023
国开行（3～5年）	−0.028	−0.022	−0.019	−0.016	−0.012	0.179	1.000	0.466	0.434	0.573	0.022
国开行（7～10年）	−0.052	−0.056	−0.058	−0.048	−0.059	0.160	0.466	1.000	0.453	0.596	0.008
企业债AA-	−0.021	−0.021	−0.022	0.022	−0.019	0.319	0.434	0.453	1.000	0.839	0.024
企业债AAA	−0.024	−0.025	−0.026	0.003	−0.025	0.373	0.573	0.596	0.839	1.000	0.037
中证转债	0.642	0.669	0.671	0.498	0.583	0.023	0.022	0.008	0.024	0.037	1.000

图 8-18 股债资产内部结构的相关系数矩阵

第四节 可转债债基

可转债债基作为混合债基这个二级分类下的最后一个三级细分类别，目前在债券基金领域中仍属于较为小众的品种，不仅常常被各大基金公司忽视，而且在个人投资者中的知名度也相对有限。

可转债债基备受冷落的原因如下。其一，尽管 2017 年可转债市场经历了扩容，但全市场的可转债数量仍相对有限，仅维持在数百只的规模。个人投资者通过适当的研究即可自主参与投资，并且直接交易可转债能够实现 T+0 的结算速度，这使得可转债债基相较于直接投资底仓而言，并无显著的制度性优势。其二，从历史表现来看，可转债债基整体并未展现出基金经理主动管理的突出业绩优势，其长期收益甚至无法跑赢可转债指数（如图 8-19 所示），同时还暴露出更为明显的业绩风险：可转债债基指数的年化波动率约为 13%，历史最大回撤约为 32%；相比之下，代表全部可转债的中证转债指数的年化波动率约为 10%，历史最大回撤约为 17%。

一、可转债债基的规模

自 2010 年首只可转债债基产生以来，其主要的发展窗口期是 2020 年和 2021 年。彼时股市经历了一波牛市，可转债资产亦在快速扩容中收获估值提升带来的额外收益增长，推动可转债债基总规模从先前的约 100 亿元增至 2021 年末的 600 亿元。然而，随后几年的权益市场熊市中，这类基金的规模再无明显增长。至 2024 年末，全市场单份额计算的可转债债基仅有 38 只，其中最大的单只基金规模亦未超过 100 亿元，大多数基金规模徘徊在 10 亿元左右，甚至不乏 2 亿元以下的小型基金。

图 8-19 可转债债基指数和中证转债指数的业绩走势对比

数据来源：WIND，原始数据经过重定基处理。

从投资者结构上看，在 2017 年可转债扩容前，可转债债基的持有人主要为个人投资者，而在 2019 年之后，其主要投资者变为机构投资者，最高占比可达 80%以上，如图 8-20 所示。从历史经验来看，一个基金品种在规模急剧扩张并吸引大量投资者关注与持有之前，通常都会经历数年的沉寂期。在此期间，由于基金数量稀少、市场竞争不充分，加之个别投资者的影响力过大，可能会干预基金经理的投资决策，因此该基金品种所展现的收益、风险等特性及其投资组合结构可能并不具有广泛的代表性。目前，可转债债基正处于这一萌芽阶段，因此本节将更加注重对其当前特征的描述，而对其背后的运作逻辑和投资机会仅作简要分析。

二、可转债债基的资产配置与持仓结构

可转债债基的投资范围通常规定基金资产的 80%以上需投资于可转债，而剩余 20%的仓位则可配置纯债、现金及股票等资产。从投资范围来看，可转债债基与混合二级债基颇为相似；而从投资限制看，由于可转债仓位设有下限，其收益风险定位处于全部债

基中最高的档位。

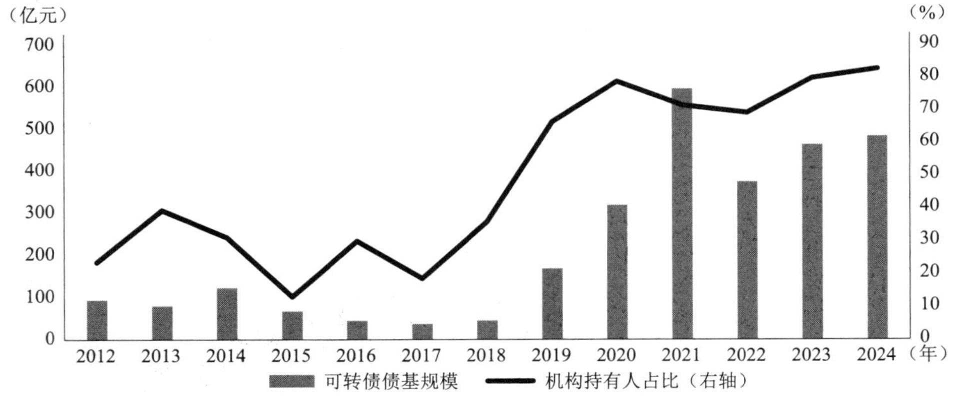

图 8-20 可转债债基规模变化和机构持有人占比

（一）资产配置

由于目前可转债债基数量较少，且均为开放基金，所以资产配置的同质化较高，基本上均采取了满仓可转债（80%～90%）、股票（15%～20%），并保留少量流动性仓位以应对赎回的方案，而其他债券基金中常见的工商企业信用债和商业银行金融债等占比均很小，如图 8-21 所示。

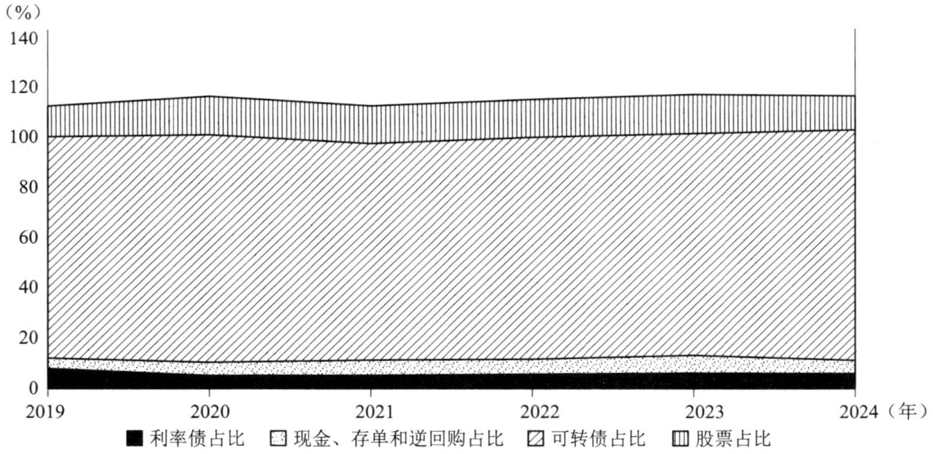

图 8-21 可转债债基的资产配置变化

考虑到混合二级债基平均也配置了约 50%的利率债和信用债，而可转债债基则几乎不配置这些低波动资产，因此可以认为，可转债债基的权益属性远高于其他债券基金，甚至高于一些混合基金。这一特点正是其综合表现与可转债指数产生偏离的主要原因。

（二）持仓结构

1. 纯债部分的结构

不同于纯债债基及混合一级、二级债基中对纯债部分进行积极的久期、杠杆调节策略的主流做法，可转债债基由于大多只配置极少量的利率债，且主要诉求是流动性储备以应对赎回，所以其纯债部分的久期均很短，即使是在2023年至2024年经历了一波牛市行情后，也仅在1年多的水平，且从历史数据看，基本不会因为债券市场行情变化而进行久期调整，同时其整体杠杆率水平变化也不大，见表8-13。

表8-13　可转债债基平均杠杆率和债券部分平均久期

类 型	指 标	年 份					
		2019年	2020年	2021年	2022年	2023年	2024年
可转债债基	平均久期（年）	2.12	2.18	1.85	1.4	1.2	1.29
	平均杠杆率（%）	118.75	119.61	114.8	117.91	118.93	117.94

2. 可转债部分的结构

可转债债基中可转债部分的仓位配置，是衡量基金经理整体投资能力的关键，也是导致业绩差异的操作重点。然而，就目前全市场30多只可转债债基而言，其主要策略仍集中于自下而上基于正股公司的基本面选券、利用溢价率等估值指标进行量化筛选，以及基于波动率和条款等因素测算的期权价值策略这三大类。这些策略与可转债策略并无显著差异，此处不再赘述。

（1）配置可转债的信用评级

从可转债债基所配置可转债的信用评级来看，除2019年、2020年外，其他年份均呈现出明显的信用下沉特征：AAA级占比显著低于混合一级、二级债基，而AA－和A＋等低评级可转债的占比则相对较高，见表8-14。

表8-14　可转债债基所配置可转债的信用评级占比

信用评级＼年份	2019年	2020年	2021年	2022年	2023年	2024年
AAA级	51.9%	44.9%	34%	39%	33.9%	34.5%
AA＋级	27.6%	20.6%	29.3%	22.6%	17.6%	14.6%
AA级	16.9%	27.2%	25.2%	24.1%	25.3%	24.6%
AA－级	3.4%	6.9%	10.2%	12.6%	16.7%	19.8%
A＋级	0.2%	0.5%	1.4%	1.7%	5.3%	5.8%
A级	0	0	0	0	1.2%	0.7%

（2）配置可转债的正股市值与行业

从所配置可转债的正股来看，其整体仍然呈现一定的中大盘特征，但近三年平均正股市值均小于混合一级、二级债基，见表 8-15。可转债债基的风险等级在所有债基中最高，且常以收益排名和相对基准的超额收益作为主要考核目标，其正股市值含有一定中小盘、成长风格的特征。在近年中小民营企业集中发行可转债的背景下，正股市值中枢下降明显。

表 8-15　可转债债基所配置可转债的平均正股市值变化

指标 \ 年份	2019 年	2020 年	2021 年	2022 年	2023 年	2024 年
平均正股市值（亿元）	998	992	960	728	457	652

从可转债正股的行业来看，银行、电力设备、汽车和电子等仍是其长期的重仓行业，此外还会阶段性重仓基础化工、有色金属等周期行业；而服务业和食品饮料等消费相关行业占比较小，见表 8-16。整体来看，可转债仓位呈现一定的中大盘价值风格，但幅度略小于混合一级、二级债基。

表 8-16　可转债债基所配置可转债的行业分布（基于申万一级行业）

行业 \ 年份	2019 年	2020 年	2021 年	2022 年	2023 年	2024 年	行业 \ 年份	2019 年	2020 年	2021 年	2022 年	2023 年	2024 年
银行	37.7%	21.4%	15.6%	20.5%	12.8%	23.3%	非银金融	5%	11.3%	14.3%	7.1%	4.9%	1.5%
电力设备	7.1%	7.8%	4%	9.9%	7.5%	11.8%	公用事业	4.5%	1.5%	7.2%	2.9%	2.8%	1.4%
汽车	3.6%	2.2%	4%	4%	8.4%	7.4%	钢铁	0.4%	0.2%	0.7%	2.5%	2.7%	1.2%
电子	3.9%	9.3%	8.6%	4.2%	7%	6.5%	煤炭	0	2.2%	0.5%	1.8%	1.9%	1%
基础化工	6.2%	4.5%	2.7%	2.9%	5.2%	6.2%	建筑材料	1%	1.3%	1.1%	0.3%	0.3%	0.9%
有色金属	1.4%	9.7%	6.5%	6.6%	5.7%	6.1%	家用电器	0.1%	0.3%	0.8%	1.8%	0.6%	0.9%
交通运输	6.2%	1.4%	7.7%	6.1%	6.2%	5.3%	通信	1.7%	2.7%	1%	1.7%	1.6%	0.8%
机械设备	0.8%	0.9%	2.6%	2.6%	6.8%	5.3%	纺织服饰	1.8%	2.4%	1.1%	0.5%	1.6%	0.6%
医药生物	4.6%	5.9%	4.3%	4.7%	6.5%	4.3%	商贸零售	0.2%	1.6%	0.6%	0.5%	0.2%	0.5%
农林牧渔	0	2.5%	4.4%	5.2%	6.6%	4.1%	传媒	1.8%	0.9%	0.1%	0.1%	0.2%	0.5%
国防军工	1.7%	0	1.9%	1.6%	1.6%	2.4%	食品饮料	0.7%	1.2%	1.2%	0.9%	0.6%	0.4%
轻工制造	4%	2.9%	1%	1.4%	0.9%	1.9%	美容护理	0	0	0	0.5%	0.9%	0.3%
计算机	2.7%	1.3%	2.7%	1.9%	1.7%	1.8%	石油石化	0	0	1.2%	2%	1%	0.3%
建筑装饰	1.6%	2%	2.8%	3.2%	0.7%	1.6%	社会服务	0.2%	0.6%	0	0	0	0.1%
环保	1%	2.2%	1.5%	2.3%	3%	1.5%	综合	0	0	0	0	0	0

数据来源：WIND。

3. 股票部分的结构

可转债债基中所配置的股票结构和混合二级债基中所配置的差异不大，从市值来看，均呈现较为明显的大盘特征，见表 8-17。

表 8-17 可转债债基所配置股票的市值变化

指标 \ 年份	2019 年	2020 年	2021 年	2022 年	2023 年	2024 年
平均市值（亿元）	2 426	3 962	2 303	1 905	1 425	3 217

从具体行业配置来看，可转债债基的股票结构也呈现较为明显的价值和周期风格特征，见表 8-18。除了基础化工和计算机等个别行业占比排名差异较大，其余重仓行业和混合二级债基的重合度较高，但分散程度略小，这可能和可转债债基的数量较少有关。

表 8-18 可转债债基所配置股票的行业分布（基于申万一级行业）

行业 \ 年份	2019 年	2020 年	2021 年	2022 年	2023 年	2024 年
电子	5%	6.2%	14%	11%	24.8%	16.1%
有色金属	1.9%	2.8%	4.7%	5.9%	4.9%	13.4%
公用事业	0.8%	0	1.5%	3%	3.1%	10.5%
石油石化	0	0	0.7%	0.7%	0.9%	8.5%
电力设备	3.2%	12.6%	13.3%	13.2%	2.5%	8.4%
医药生物	8%	9.2%	6.7%	5.5%	11.7%	5.3%
煤炭	0.1%	0	0.2%	2.2%	0.5%	4.2%
食品饮料	9.5%	9.8%	7.4%	8.5%	4.8%	3.9%
汽车	4.9%	3%	4.2%	3.5%	3.6%	3.5%
计算机	5.2%	9.7%	4.9%	5.2%	12.2%	3.1%
交通运输	3.2%	2.8%	1.8%	8%	6.5%	3.1%
机械设备	1.6%	1.9%	5.4%	3.6%	5.9%	2.8%
国防军工	0.8%	2.5%	4.6%	5.5%	4%	2.8%
家用电器	5.8%	1.8%	1.2%	0.4%	1.5%	2.5%
非银金融	13.9%	10%	4.4%	3.8%	3.3%	2.2%
基础化工	8.5%	10.5%	5.8%	5.5%	1.5%	1.7%

行业 \ 年份	2019 年	2020 年	2021 年	2022 年	2023 年	2024 年
通信	1%	0.3%	3%	2.5%	1.5%	1.6%
房地产	5.1%	1.4%	1.8%	1.5%	0.6%	1.2%
银行	6.8%	2.7%	1.3%	1.9%	1.2%	0.9%
钢铁	0.5%	0.4%	2.9%	0.8%	0.3%	0.8%
轻工制造	2.5%	1.5%	0.4%	1%	0.7%	0.8%
传媒	2.6%	0.9%	0.8%	0.7%	0.7%	0.7%
农林牧渔	2.6%	0.8%	0.9%	0.9%	1.3%	0.6%
建筑装饰	0.1%	0.4%	0.7%	0.7%	0.3%	0.6%
社会服务	2.2%	3.6%	0.2%	1.2%	0.8%	0.2%
美容护理	0.1%	0.1%	0.4%	0.8%	0	0.2%
建筑材料	3.6%	4.9%	3.3%	0.4%	0.4%	0.2%
环保	0.2%	0.1%	1.4%	0.7%	0.1%	0.1%
纺织服饰	0	0	0.7%	0.3%	0.2%	0.1%
商贸零售	0.5%	0	1.1%	1.3%	0.1%	0
综合	0	0.1%	0	0	0	0

数据来源：WIND。

三、可转债债基的风险指标统计

当前，可转债债基品种所展现的高含权资产（可转债＋股票）仓位特征，且含权资产中含有相比其他债券基金更多的中小盘低评级可转债，以及周期、成长性行业的正股构成，使得其整体呈现高波动的业绩表现。

历史数据显示，即使在2019年至2021年股票与可转债同处牛市或震荡市的环境下，可转债债基的最大回撤也能达到10%以上；而在市场偏熊的2022年，其最大回撤更是超过了20%，见表8-19。其日收益波动率的中枢约为1%，且日度正收益的天数占比也维持在50%左右。综合评估，对于有意投资可转债债基的投资者而言，必须清醒认识到这38只基金产品的风险收益等级远超过近4 000只其他债券基金。

表8-19 可转债债基的风险统计

指标＼年份	2019年	2020年	2021年	2022年	2023年	2024年
最大回撤（%）	−10.75	−11.23	−11.18	−22.07	−13.44	−14.68
日收益波动率（%）	0.75	1.07	0.97	1.05	0.63	0.98
正收益天数占比（%）	53.47	52.23	55.77	46.37	47.83	48.44

本章小结

本章重点研究了债券基金中的混合债基这个二级分类。加入可转债或股票后，债券基金的收益和风险特征会发生显著变化，可以利用纯债、可转债、股票等资产的相互作用来优化投资组合的表现。对于有经验的投资者，是配置混合债基还是单独购买纯债债基与股票基金，本质上是一个“谁更具资产配置能力”的问题。资产配置是对投资理财结果具有首要影响的核心问题，如果投资者了解自身风险承受能力、有时间关注市场且熟悉各类资产的特征，那么可能单独购买一只纯债债基和一只股票基金的效果更好；但如果觉得自己对底层资产了解程度不够，且想配置的混合债基的基金经理有比较强的资产配置能力，则完全可以配置混合债基。但是，在选择混合债基时，需要重视定性研究，仔细观察过往行情中基金股债仓位的择时效果，综合判断发掘优秀的基金品种。

第九章　货币基金：流动性管理利器

货币基金的起源可追溯至 20 世纪 70 年代的美国。当时，高通胀背景下短端利率居高不下，银行却因受 Q 条例①限制，无法向居民的活期存款支付利息。货币基金作为银行体系之外的金融创新产品，通过吸纳小额存款，并以机构投资者的身份投资于大额存单，成功绕开了 Q 条例的束缚。这一操作使得个人投资者也能够享受到较高的活期市场利率，因此在美国投资者中广受欢迎。

在介绍债券基金历史时，读者了解到货币基金借助互联网的东风，在 2013 年至 2018 年债券基金相对沉寂的时期中脱颖而出，成为公募基金领域存量最大的产品，深受国内投资者的青睐。本章将深入探讨货币基金在国内外取得巨大成功的原因。另外，由于货币基金的投资范围、配置资产与短债债基、同业存单指数基金等基本一致，均属于固收类资产，因此可采用类似的分析方法，并且能够与其他债券基金形成良好的配合，构建出合意的投资组合。

第一节　货币基金的概览和种类

据单一份额统计，当前共有 364 只货币基金；按多份额计算，则数量增加至 900 只。这些基金的规模跨度极大，从不足 1 亿元的微型基金到高达 7 500 亿元的超大型基金②均有。

作为目前国内规模增速最快且最稳定的基金类型，货币基金的发展历程颇引人注目。2003 年首次亮相时，规模仅为 43 亿元，短短两年后便突破了 1 000 亿元大关。此后，在 2008 年、2012 年及 2014 年至 2015 年等股票市场大幅震荡的年份，其规模均实现了翻番。

① 为了应对经济危机，通过限制存款利率来稳定金融市场，1933 年美联储颁布禁止银行对活期存款支付利息，并对储蓄存款和定期存款的利率设定最高限额的条例。按照美联储颁布的金融管理条例的字母顺序，该条例顺序为 Q，因此被称为 Q 条例。

② 自 2013 年以来，天弘余额宝一直是规模最庞大的货币基金，其规模于 2018 年一度达到 1.6 万亿元。

2014 年，货币基金更是一跃成为规模最大的基金品种，并一直保持这一地位至今。自此，货币基金的规模以平均每年 10%的速度稳步增长，至 2024 年末已达到 13.6 万亿元，如图 9-1 所示。

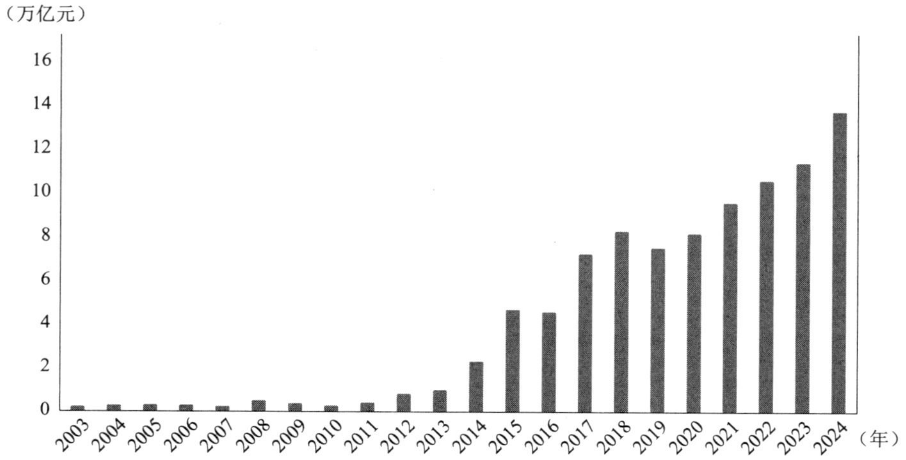

图 9-1　货币基金规模变化

数据来源：WIND。

一、规模较小的浮动净值货币基金和 ETF 货币基金

从合同约定来看，货币基金呈现出较高的同质化特征。绝大多数货币基金产品的合同中，关于投资范围、投资限制等的条款几乎如出一辙，这种高度的相似性使得该分类下没有进一步的细分品种。2019 年，个别基金公司尝试推出了浮动净值货币基金，旨在探索新的产品。然而，这些试水的浮动净值货币基金自产生以来便鲜少受到市场关注，其中五只产品的规模甚至未达到 1 亿元门槛，而另一只规模稍大的产品则几乎完全由单一投资者持有。总体而言，浮动净值货币基金在市场上的认可度较低，其总规模相较于整个货币基金来说几乎可以忽略不计。因此，本章以绝对主流的摊余成本法估值的货币基金为分析目标。

从交易场所差别来看，货币基金分为在交易所内交易的 ETF 货币基金，以及通过基金销售机构申购的场外货币基金。目前，ETF 货币基金数量仅为 27 只，总规模约为 1 840亿元。尽管数量不多，交易规则和类型却呈现出多样性。主要包括申赎型、交易型及交易兼申赎型三大类。在计息规则方面，存在 T+0 起息和 T+1 起息的不同。值得注意的是，ETF 货币基金的绝大多数规模集中在最大的两只头部交易型货币产品，剩余 25 只各类细分规则的货币基金合计规模不到 200 亿元。

二、规模占绝对多数的场外货币基金

场外货币基金是货币基金的绝对主流，有 337 只，规模为 13 万亿元。由于货币基金的主要销售渠道包含互联网基金销售机构、商业银行、证券公司、基金公司直销 App、基金公司机构直销柜台、第三方财富机构等，销售场景多变、客户需求复杂，因此即便是合同中投资限制条款相同的货币基金，在实际运作中其投资策略、费率、限购额度等方面也存在较大差异，以满足不同目标客户的需求，所以可以根据其目标客户是机构投资者还是个人投资者对场外货币基金进行分类。

（一）面向机构投资者的货币基金

面向机构投资者的货币基金，通常通过基金公司的直销柜台进行销售，由专业的机构销售团队直接引导客户购买。这种直销模式减少了营销中间环节，从而降低了管理费和销售服务费，使得基金收益更为可观。为了确保客户资金的稳定性，这类基金往往会对单客户单日申购总金额实施限购措施：在限购金额内的小额资金可以自由申购；而对于超过限购金额的大规模资金（如每日 500 万元或 1 000 万元），则需要逐笔通过直销柜台提交申请，并经基金经理审批同意后方可申购。对于过往存在经常性大规模资金“快进快出”、稳定性较差的客户，基金公司可能会拒绝其申购请求。面向机构投资者的货币基金中，往往能够孕育出规模庞大的拳头产品。许多基金公司会专门布局至少一只优质的货币基金，以满足机构投资者的需求。同时，也有基金公司会选择在现有的优秀货币基金中设立低费率的 B 类（或其他类型，但相对少）份额，以满足稳定的机构投资者的需求。

另外，针对那些申购后持有时间不确定且有大规模申购需求的客户，一些基金公司会尽力满足他们的需求。在优质货币基金限购的情况下，这些公司会设计一只完全不限购的“大货币”基金来容纳客户的申购资金。在投资管理方面，考虑到资金的稳定性较低、收益要求不高等特点，“大货币”基金更加注重持仓资产的流动性。它会配置更多的逆回购和同业存单等资产，同时减少信用债和资产支持证券等资产的配置。此外，基金公司还会降低组合的整体平均剩余期限，并控制整体杠杆率。这样，在季末、年末等流动性紧张的时点，基金就能拥有充足的可快速变现资产，以满足客户的赎回需求。

（二）面向个人投资者的货币基金

基金公司通常会专门布局一类货币基金，或者在现有的货币基金中设立独特的份额，以更好地服务银行、证券公司等销售渠道的投资者。这些渠道的投资者群体复杂多样，涵盖了普通个人投资者、高净值投资者及各类机构投资者，其中尤以中小金融机构和工商实体企业等机构投资者为主。因此，这些投资者的申购金额规模往往介于直销柜台服务的机构投资者和互联网等渠道的普通个人投资者之间。同时，考虑到销售渠道在投资者维护方面的成本投入，面向银行、证券公司等渠道的货币基金可能会设置较高的管理费和销售服务费。此外，针对证券公司渠道户从事证券交易的客户，许多基金公司还特别推出了具有保证金理财功能的专属货币基会产品。这类产品签约后可自动利用证券账户中的闲置资金进行买入操作，从而有效增厚投资者的活期收益。

自 2013 年起，随着互联网基金销售机构的异军突起，众多基金公司纷纷推出了专为互联网个人投资者量身定制的货币基金产品。其显著特征是名称中带有“宝”字，因此也被称为“宝宝类货币基金”。尽管互联网销售平台上的个人投资者单笔申购金额可能相对有限，但凭借庞大的投资者基数，整体规模极为可观。此外，互联网销售机构提供的基金产品数量繁多、品种齐全，且收益率对比一目了然，这导致业绩优异的基金对其他同类产品产生了较强的虹吸效应，进而加剧了“宝宝类货币基金”之间的业绩竞争。

为方便个人投资者随时取用资金，许多基金公司与商业银行签署了合作协议。通过实时将投资者的货币基金份额非交易过户至银行，并由银行提前垫资，实现货币基金的T＋0快速赎回。需要注意，《关于进一步规范货币市场基金互联网销售、赎回相关服务的指导意见》规定，“对单个投资者在单个销售渠道持有的单只货币市场基金单个自然日的‘T＋0 赎回提现业务’提现金额设定不高于 1 万元的上限”，并严格规范了销售结算资金的使用。

值得一提的是，面向机构投资者和面向个人投资者的货币基金，其划分标准仅为业内常见的定位方式，并没有在招募说明书或基金合同等文件中将这些差异予以定性。由于货币基金产品“壳”价值珍贵，而基金公司在直销、渠道或互联网的营销实力有强有弱，市场购买需求有多有少，实际运作过程中常出现货币基金因原定位规模萎缩而转型吸纳其他定位的客户资金，或一只货币基金的不同份额分别服务不同定位客户的情况。所以，在做基金研究过程中，也只能将所有货币基金的业绩数据汇总统计，而非单独归类各自比较。

第二节　货币基金的负债端管理和资产端管理

货币基金作为流动性管理的重要工具，其核心功能在于为投资者提供任一工作日随时赎回的便利，同时确保投资者本金的安全，并在此基础上实现一定的活期收益。因此，在构建货币基金组合时，最关键的参考因素是负债端的投资者特性和诉求，以及这些因素综合影响的基金规模变化规律。

一、货币基金的负债端管理

由于机构投资者和个人投资者在需求和申赎行为上存在显著差异，因此在进行货币基金负债端管理时，必须根据基金的主要投资者类型来制定不同的策略。

1. 机构投资者的申赎预约管理

机构投资者通常通过基金公司的机构销售部门引入和维护，他们会提前通知基金经理进行大额申购和赎回，这使得基金经理可以在一定程度上采用现金流匹配的方法来管理大额资金。如图 9-2 所示，在投资者预约大额赎回的日期，根据赎回金额，基金经理配置了对应到期日期和金额的债券；而在其余没有提前预约的日期，则均匀分布着其他自然到期的债券资产。

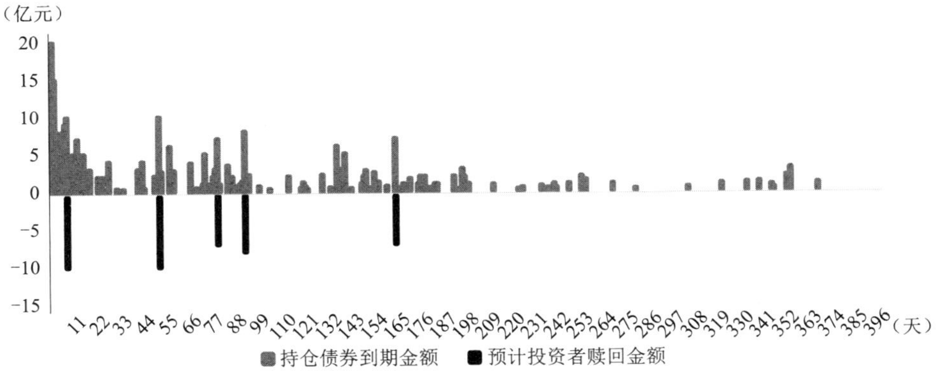

图 9-2　在资产端布局到期时间、金额相同的债券匹配投资者赎回计划

2. 基于经验的季节性资金申赎规律

尽管部分大型机构投资者的赎回会提前通知，大多数中小投资者的申赎行为却难以预测。因此，只能根据历史经验提前做好准备。其中，投资者申赎的季节性规律尤为明显：在 12 月 31 日、6 月 30 日、9 月 30 日和 3 月 31 日这几个时点①，通常会出现“时点前大幅流出，时点后大幅流入”的现象。这主要是由半年末和年末有传统的缴纳欠款和平账需求，以及金融与工商企业为半年报、年报和季报披露而进行持仓资产调整的需求所致。

3. 基于历史申赎幅度测算

以上是从具体基金维度出发，在掌握机构投资者需求或特定时点后，对货币基金组合进行负债端管理的方法。此外，货币基金还需要对投资者日常无提前通知的申购和赎

① 按重要性和影响大小排序。9 月 30 日紧邻十一国庆节假期，个人投资者在假期前通常会有取款消费或备用资金的需求，导致第三季度末前后的赎回和申购波动率大于第一季度末。

回情况进行监控和测算，以了解基金规模可能的变动情况。这主要依赖于历史数据统计的规律。

由于场外货币基金仅在定期报告时点公布规模，为了统计日度申赎引起的规模变动，场内 ETF 货币基金成为相对合适的数据来源。然而，由于 2017 年以前场内货币基金的整体规模较小，规模变动幅度较大，参考意义有限，因此主要参考 2017 年以后的数据。场内货币基金规模的变化幅度呈现出明显的规律性（如图 9-3 所示）：大多数单日申赎带来的规模变化在正负 3%以内，最大单日赎回约为 7%；单周规模变化在正负 10%以内，最大单周赎回可达 20%；单月规模变化在正负 15%以内，最大单月赎回可达 27%。

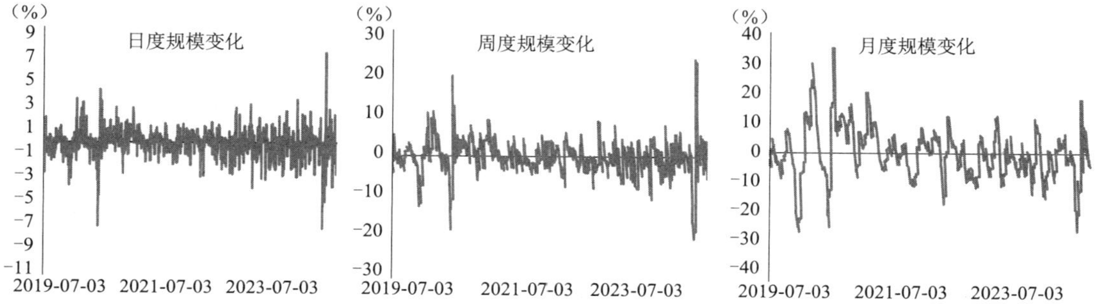

图 9-3 场内货币基金规模变动幅度

数据来源：WIND。

统计货币基金过往的最大赎回比例对于基金经理来说至关重要，因为这有助于他们通过正回购借钱或卖出基金资产等方式来应对规模缩减和支付赎回款。不同的资产具有不同的可变现速度，因此在不同的时间区间内，规模最大赎回比例对应着货币基金组合中需要配置的相应资产的比例。

二、货币基金的资产端管理

货币基金的资产端管理是负债端管理的延伸，其两大核心职能包括储备充足的高流动性资产和通过可控的期限错配及信用风险承担来增厚收益。这两大职能首先通过基金组合内的大类资产比例调整策略来实现，其次通过久期调节、杠杆息差及个券选择等策略来进行微调。

（一）基于流动性分层的资产组合配置

货币基金可配置的资产类型包括现金、期限在 1 年以内（含 1 年）的银行存款、债券回购、央行票据、同业存单、剩余期限在 397 天以内（含 397 天）的债券、非金融企业债务融资工具及资产支持证券，与短债债基的投资范围大致相同。然而，从历年的平均资产配置比例来看（如图 9-4 所示），货币基金和短债债基在各类资产的配置上存在显著差异：除了个别处于建仓期的短债债基，在大多数时间里，货币基金持有银行存款的比例明显高于短债债基；同时，货币基金持有逆回购和同业存单的比例也显著高于短债债基，而其持有信用债的比例则明显低于短债债基；此外，货币基金和短债债基在利率债方面的配置比例差异不大，均约为5%。

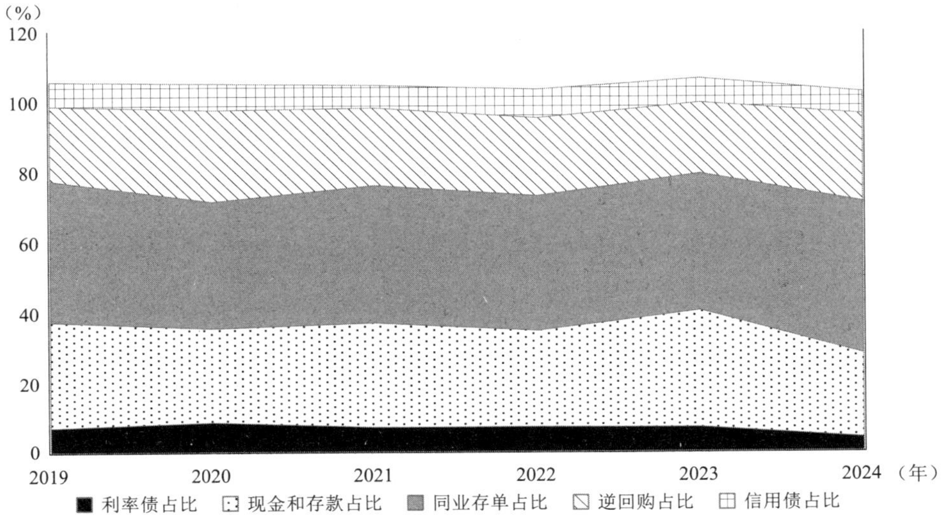

图9-4 货币基金各类资产平均配置比例

造成上述异同的原因，除了监管规定的因素，更重要的是上述资产的流动性差异，即变现速度的不同。

1. 现金和协议存款

现金和协议存款实际上属于两类不同的资产，但在货币基金的报表披露中，它们被归类到同一科目下，因此无法单独区分，只能合并展示。其中，前者指的是货币基金托管账户中的活期存款，这部分资金可以随时动用，但收益相对较低。而后者，货币基金持有的协议存款通常是事前约定具有一定的存款期限，但在紧急情况下，可以根据协议提前支取而不损失利息[①]，这与普通的定期存款有所不同。由于货币基金的资金规模较大，这种存款的利率甚至可能高于同业存单。此外，协议存款由于不存在市场估值，也不会像同业存单那样在熊市中出现浮亏，而且这种存款几乎等同于现金，具有良好流动性、较高收益和无亏损风险的特性，所以货币基金通常会在组合中大量配置。一般来说，货币基金平均会将30%～40%的仓位配置于此；而对于像天弘余额宝这样的超大规模货币基金，其配置比例甚至可以达到70%～80%。

① 在实际管理中，大多数基金公司极少动用这种提前支取的权利。

2. 同业存单

同业存单的性质与协议存款类似，但其期限为标准化的 1 个月、3 个月、6 个月、9 个月和 1 年这五个品种，而非像协议存款那样可以商定期限。

同业存单的偿付顺序高于银行债券，但略低于银行一般存款。从历史情况来看，除了 2019 年包商银行重整时未能足额偿付 50 万元以上的存单，基本没有出现过无法清偿的事件。货币基金通常只投资于 AA＋及以上评级的银行存单①，并且对 AA＋级的比例有限制，大多数只能投资于 AAA 级的银行存单，因此可以认为几乎没有信用风险。

同业存单的票息收益通常略高于国家信誉的利率债，但略低于相同评级的信用债。这种收益差异主要源于不同资质的同业存单在市场上的认可度和变现难度。市场认可度最高的是工农中建交这五大国有银行的存单，其变现速度接近国债和政金债，可以在任何交易日以接近市场公允价值的价格迅速卖出。其次是股份制银行②的存单，流动性也非常好，在正常市场条件下可以在当日或次日卖出；即使在市场大跌或资金面极度紧张的情况下，一般只需额外等待一天或稍微降低价格，也能很快变现。流动性稍弱一些的同业存单包括获得托管资格的大中型城商行存单、外资行的境内分行存单及国内普通 AAA 级的城商行和农商行存单等。而流动性最差的通常是 AA＋级或更低评级的农商行存单，在市场明显下跌、流动性紧张的时候，可能需要一周的时间或者大幅折价才能出售。

尽管同业存单的流动性相对较弱，且其收益并没有明显的吸引力，但其优势在于可以在二级市场进行买卖。虽然在熊市中可能会有亏损的风险，在牛市中却有获得大幅盈利的可能性。例如，某货币基金经理在 2023 年 12 月中旬以约 2.6％的收益率配置了一只 AAA 级的城商行存单，并在持有 6 个月后以约 2.1％的收益率卖出。在这期间，该投资的年化收益率＝购买时到期收益率＋买卖收益率价差×剩余久期×(1÷持有年数)＝2.6％＋(2.6％－2.1％)×0.5×2＝3.1％。从历史数据来看，同业存单受收益率下行的利好带来的资本利得是货币基金非常重要的收益来源。

3. 信用债和资产支持证券

信用债和资产支持证券是货币基金可以配置的资产之一，但从历史数据来看，其平均配置比例通常在 10％以内。部分大中型货币基金甚至几乎不配置信用债。原因在于，货币基金只能配置不超过 10％的 AA＋级信用债，其余信用债必须为 AAA 级。从历史数

① 货币基金投资于主体信用评级低于 AA＋级的商业银行的银行存款与同业存单的，应当经基金管理人董事会审议批准，相关交易应当事先征得基金托管人的同意，并作为重大事项履行信息披露程序。

② 截至 2024 年，国内有 12 家直接受金融监管总局管理、可全国布局营业网点的股份制银行：招商银行、兴业银行、浦发银行、民生银行、中信银行、华夏银行、平安银行、广发银行、光大银行、渤海银行、浙商银行和恒丰银行。

据来看，相比 AAA 级同业存单，AAA 级信用债的票息收益率平均只高出约 0.1%；在市场波动较大的时点，也仅比同业存单收益率高约 0.3%；而在一些偏牛市场中，信用债的收益率甚至低于同业存单，如图 9-5 所示。

图 9-5　相同评级、期限信用债相对银行同业存单的超额收益

尽管信用债的收益并不比同业存单高多少，其流动性却明显较弱。由于许多商业银行的自营资金在购买信用债时需要进行授信和准入审批，其买家范围比利率债和同业存单要狭窄得多。除了个别支柱性央企的信用债流动性可以与 AAA 级同业存单相媲美，大多数企业，尤其是民营企业的信用债市场认可度仍然明显较低。在紧急情况下，这些信用债可能需要大幅折价才能迅速出售；即使在正常情况下，也可能需要数天到一周的时间才能卖出。特别是对于信用债中的资产支持证券，其存量规模本身就较小，市场的日常交易量也不高。由于信用债具有收益率略高但流动性显著较弱的特点，货币基金通常将其作为底仓资产进行配置。这意味着在购买时就已经考虑到要持有到期，而不是频繁买卖。

4. 逆回购

逆回购是货币基金重点配置的资产之一，平均配置规模可达基金净值的 20%～30%，考虑到货币基金超过 13 万亿元的庞大规模，使得货币基金成为逆回购市场中规模最大的资金提供方。

逆回购类资产的品种包括 1 天（隔夜）、7 天和 14 天，最长可达 1 年的时间，并且可以由货币基金经理和资金需求方协商确定。从收益角度看，逆回购利率并不高：1 天和 7 天品种的利率总体上长期低于 1 年期国债，而 14 天品种的逆回购利率与 1 年期国债相差不大，如图 9-6 所示。由于到期日在 10 个交易日以上的逆回购被视为流动性受限的资产，同时隔夜逆回购的利率过低，因此货币基金经理配置的主流品种为 7～14 天[①]的逆回购。7～14 天期限看似不长，但其无法同银行协议存款般提前支取，也无法像同业存单和利率债那样在市场中卖出，所以逆回购资产的流动性其实并不如上述资产，其配置也很讲究。有经验的基金经理会对逆回购的到期时间进行精细化安排，每天买入部分逆回购，使得最近 10 个交易日内逆回购资产能够均匀到期，从而为货币基金提供现金流，以应对投资者每日赎回。

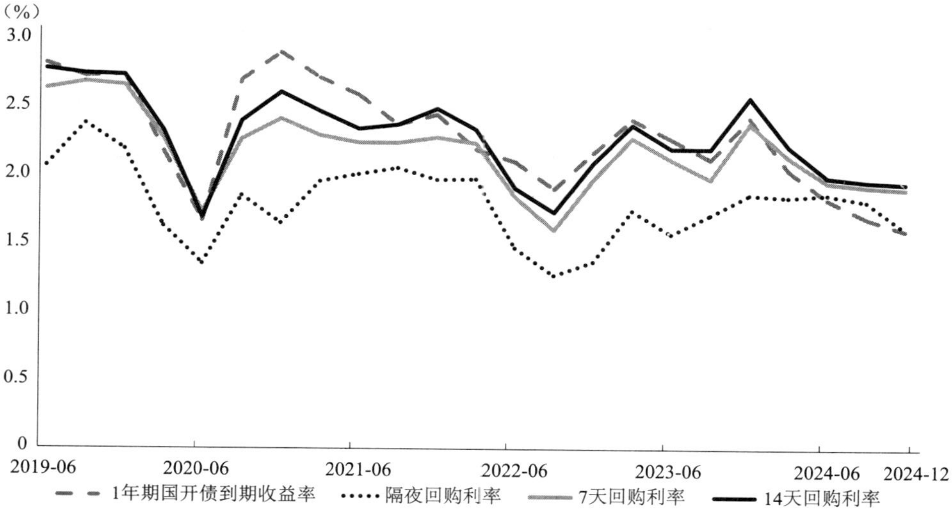

图 9-6 主流期限的逆回购收益率和 1 年期政府债券收益率的对比

数据来源：WIND。

5. 利率债

作为公募基金的一种，货币基金也受到《公开募集证券投资基金运作管理办法》第二十八条的约束，需要配置“不低于基金资产净值百分之五的现金或者到期日在一年以内的政府债券”，即业内俗称的“补品”。由于这部分资产的收益通常较低，1 年期政府债券的收益率仅与 14 天逆回购相当，但基于监管规则（下文即将讨论），货币基金的平均剩余期限存在天数限制：如果基金经理大量配置 1 年期利率债，则天数不够用；而配置期限更短的利率债，则收益率过低。因此，大多数货币基金平均配置利率债的比例均不高，只需加上现金以满足 5%的比例要求即可。

① 由于一周有 5 个工作日，14 天品种逆回购对应 10 个交易日，正好不属于流动性受限品种。

（二）货币基金的监管

公募基金的投资活动是在严格的监管框架下进行的，而货币基金或许是公募基金中受到各类监管规则约束最多的基金品种。

1. 货币基金的安全性

作为R1至R5风险评级体系中最低的R1级基金产品，货币基金最重要的特性便是安全性。基金公司储备的风险准备金是保障投资者资金安全的重要工具。《公开募集证券投资基金风险准备金监督管理暂行办法》第五条规定，“基金管理人应当每月从基金管理费收入中计提风险准备金，计提比例不得低于基金管理费收入的10%”。若因违法违规行为、违反基金合同、操作失误或技术故障等，导致基金财产或基金份额持有人的合法权益遭受损失，依法应当承担赔偿责任时，可优先使用该风险准备金进行赔偿。

就货币基金而言，其对持仓资产采用摊余成本法进行每日估值，导致估值价格与市场公允价格之间每日都可能产生偏差。在偏牛的市场环境中，估值价格低于公允价格，货币基金组合会出现正偏离，也就是浮盈。如果基金经理选择在这种情况下卖出浮盈债券，那么在卖出当天将会释放大量收益，从而拉高当日的万份收益及随后几日的七日年化收益率。反之，在偏熊的市场环境中，估值价格高于公允价格，货币基金组合则会出现负偏离，即浮亏。若基金经理在此情况下卖出浮亏债券，那么在卖出当天将会释放大量亏损，进而损害基金持有人的收益。

为了应对该风险，保护基金持有人的利益，《货币市场基金监督管理办法》第十二条、第二十九条规定，“当影子定价确定的基金资产净值与摊余成本法计算的基金资产净值的负偏离度绝对值达到0.25%时，基金管理人应当在5个交易日内将负偏离度绝对值调整到0.25%以内”[①]“当负偏离度绝对值达到0.5%时，基金管理人应当使用风险准备金或者固有资金弥补潜在资产损失，将负偏离度绝对值控制在0.5%以内”“如果出现因提前支取而导致利息损失的情形，基金管理人应当使用风险准备金予以弥补，风险准备金不足的，应当使用固有资金予以弥补”。

可见，对于采用其他净值法进行估值的基金，基金公司的风险准备金主要用于弥补因违法违规、操作失误及技术故障等造成的损失。然而，对于货币基金而言，风险准备金的作用更为广泛。它不仅能够用于弥补上述提到的损失，还可以用于弥补因市场风险变化而导致的投资者损失。在某些特定情况下，如果基金公司的风险准备金耗尽，还需

① 根据《关于实施〈货币市场基金监督管理办法〉有关问题的规定》（中国证监会公告〔2015〕30号）的相关规定，货币市场基金各投资品种的影子定价应该参照中国证券投资基金业协会估值核算工作小组建议的估值处理标准确定。此处的影子定价可理解为基于市场价格变化而进行每日估值处理后的债券价格，以区别于成本法计价的价格。影子定价低于成本法计价的部分即为负偏离。

要使用自有资金来弥补投资者损失。这种多重保障机制极大提升了货币基金的安全性，使得其历史上每日净值出现亏损的情况极为罕见。因此，在基金公司破产（即风险准备金和固有资金全部耗尽）之前，货币基金可以被视为一个近乎“保本”的投资产品[①]。

2. 货币基金的流动性储备和期限约束

为了进一步提升货币基金的安全性，监管规则从货币基金的流动性和组合期限（影响货币基金对利率波动的敏感性）两个方面对货币基金进行约束。

（1）货币基金的流动性约束

《货币市场基金监督管理办法》第七条规定，“货币市场基金应当保持足够比例的流动性资产以应对潜在的赎回要求，其投资组合应当符合下列规定：（一）现金、国债、中央银行票据、政策性金融债券占基金资产净值的比例合计不得低于5%；（二）现金、国债、中央银行票据、政策性金融债券以及五个交易日内到期的其他金融工具占基金资产净值的比例合计不得低于10%”。“现金、国债、中央银行票据、政策性金融债券以及五个交易日内到期的其他金融工具”是一个较为重要的概念，在此统称为高流动性资产。此外，该办法对货币基金的杠杆率上限也进行了约定，即“除发生巨额赎回、连续三个交易日累计赎回20%以上或者连续五个交易日累计赎回30%以上的情形外，债券正回购的资金余额占基金资产净值的比例不得超过20%”。也就是说，杠杆率不高于120%。这些约束提高了货币基金的流动性。

（2）货币基金的期限约束

《货币市场基金监督管理办法》第九条规定，“货币市场基金投资组合的平均剩余期限不得超过120天”[②]。平均剩余期限的约束是货币基金与短债债基等其他债券基金品种的重要区别。例如，短债债基等品种一般仅要求80%以上的资产投资于397天到期的短期债券，个别基金经理可能在剩余20%的资产中配置长期债券或超长期债券，使得基金的收益和风险特征出现漂移，而这种漂移在货币基金控制平均剩余期限的情况下是不会发生的。

同时，《流动性风险管理规定》第三十条规定，“基金管理人应当对所管理的货币市场基金的份额持有人集中度实施严格的监控与管理，根据份额持有人集中度情况对货币市场基金的投资组合实施调整，并遵守以下要求：（一）当货币市场基金前10名份额持有

---

① 货币基金的安全性和真正“保本”的银行存款等仍有差距，因为即使银行破产，也有存款保险保护50万元以内存款的兑付，而货币基金目前没有这样的保险机制。

② 多个监管文件中对“投资组合的平均剩余存续期”进行了约束，绝大多数债券的剩余存续期和剩余期限这两个概念相同，而对于浮动利率债券而言，其剩余期限指计算当日距离下次利率变动的剩余日期，剩余存续日期指计算当日距离其兑付的剩余日期，所以可能导致剩余存续期限长于剩余期限。但是，浮动利率债券市场存量一直不高，以利率债和资产支持证券为主，实际货币基金配置极少。

人的持有份额合计超过基金总份额的50%时，货币市场基金投资组合的平均剩余期限不得超过60天，平均剩余存续期不得超过120天；投资组合中现金、国债、中央银行票据、政策性金融债券以及5个交易日内到期的其他金融工具占基金资产净值的比例合计不得低于30%。（二）当货币市场基金前10名份额持有人的持有份额合计超过基金总份额的20%时，货币市场基金投资组合的平均剩余期限不得超过90天，平均剩余存续期不得超过180天；投资组合中现金、国债、中央银行票据、政策性金融债券以及5个交易日内到期的其他金融工具占基金资产净值的比例合计不得低于20%”。

由于高流动性资产的收益率通常低于银行同业存单和存款，更低于信用债等低流动性资产，并且期限利差的存在使得平均剩余期限越短，收益往往越低，因此，一旦前十大持有人占比超过20%或50%等关键门槛，货币基金的收益就会显著下降。为了应对这一挑战，基金经理和基金公司的销售部门需要紧密合作，进行精细化管理，以分散投资者来源，避免投资者过度集中。这也是为什么许多收益较高的货币基金常常会对投资额在100万元、500万元或1 000万元以上的投资者设置限购的原因。

根据《流动性风险管理规定》第四十条的相关规定，由于法律法规、监管、合同或操作障碍等原因无法以合理价格予以变现的资产，包括但不限于到期日在10个交易日以上的逆回购与银行定期存款（含协议约定有条件提前支取的银行存款）、停牌股票、流通受限的新股及非公开发行股票、资产支持证券、因发行人债务违约无法进行转让或交易的债券等，被定义为流动性受限资产。关于流动性受限资产，《流动性风险管理规定》第三十二条规定，“单只货币市场基金主动投资于流动性受限资产的市值合计不得超过该基金资产净值的10%”。虽然货币基金最低可以投资于AA+级的债券，但《流动性风险管理规定》第三十三条规定，“货币市场基金投资于主体信用评级低于AAA的机构发行的金融工具占基金资产净值的比例合计不得超过10%，其中单一机构发行的金融工具占基金资产净值的比例合计不得超过2%”，这收缩了货币基金通过信用下沉提升收益的空间，减少了低流动性资产占比。

3. 重要货币基金的特别规定

鉴于货币基金规模差异显著，部分基金规模高达数千亿元甚至上万亿元，涉及海量投资者，其安全性至关重要。为此，2023年证监会与央行联合发布了《重要货币市场基金监管暂行规定》。其中，第四条规定，“货币市场基金满足下列任一条件的，基金管理人应当在10个工作日内主动向中国证监会报告：（一）基金资产净值连续20个交易日超过2 000亿元；（二）基金份额持有人数量连续20个交易日超过5 000万个；（三）中国证监会认定的符合重要货币市场基金特征的其他条件”。截至2024年，共有13只货币基金被列入此类别，见表9-1。

表 9-1 13 只重要货币市场基金的规模

序 号	基金简称	基金规模（亿元）	序 号	基金简称	基金规模（亿元）
1	天弘余额宝	7 710	8	工银添益快线	1 398
2	易方达易理财	2 595	9	工银现金快线	1 205
3	易方达天天增利货币	355	10	华夏财富宝	2 020
4	南方现金通	2 375	11	华夏现金增利	490
5	南方理财金	799	12	广发天天利	1 077
6	汇添富全额宝	2 039	13	广发钱袋子	936
7	汇添富现金宝	749			

注：截至 2024 年末。

与其他货币基金相比，重要货币基金的监管约束更为严格。这主要体现在其对投资期限和高流动性资产比例的要求更高。此外，对于持有资产的集中度、流动性受限资产及投资组合杠杆率等方面，也有更为严格的限制，具体细节见表 9-2。

表 9-2 重要货币基金与其他货币基金监管约束的差异

<table>
<tr><th>约束指标</th><th>重要货币市场基金</th><th>其他货币市场基金</th></tr>
<tr><td rowspan="2">证券集中度</td><td>持有一家公司发行的证券市值不得超过基金资产净值的 5%</td><td>不得超过基金资产净值的 10%</td></tr>
<tr><td>投资于具有基金托管人资格的同一商业银行发行的金融工具占基金资产净值的比例不得超过 15%</td><td>同一商业银行发行的银行存款、同业存单不得超过 20%</td></tr>
<tr><td>高流动性资产比例</td><td>投资于高流动性资产的比例不得低于 20%</td><td rowspan="2">比照前十大持有人占比 20%～50%的限制</td></tr>
<tr><td>组合平均剩余期限</td><td>投资组合的平均剩余期限不得超过 90 天</td></tr>
<tr><td>流动性受限资产比例</td><td>主动投资于流动性受限资产的规模合计不得超过基金资产净值的 5%</td><td>不得超过基金资产净值的 10%</td></tr>
<tr><td>组合投资杠杆率</td><td>投资组合的杠杆比例不得超过 110%</td><td>投资组合的杠杆比例不得超过 120%</td></tr>
<tr><td>存款比例</td><td>投资于有存款期限的银行存款（含协议约定可无条件提前支取的银行存款）的规模不得超过基金资产净值的 50%</td><td>—</td></tr>
<tr><td rowspan="2">信用评级和比例</td><td>持有债券、资产支持证券、银行存款、同业存单等金融工具的内部信用评级，以及债券逆回购交易的交易对手的内部信用评级应当为较高级</td><td>—</td></tr>
<tr><td>涉及私募资管产品的债券逆回购交易余额合计不得超过基金资产净值的 10%，相关质押券等担保品的内部信用评级应为最高级；其中，涉及同一私募资管产品的债券逆回购交易余额不得超过基金资产净值的 1%</td><td>—</td></tr>
</table>

《重要货币市场基金监管暂行规定》对基金资产净值连续20个交易日超过5 000亿元的重要货币基金还有更加严格的约束，但在目前市场情况下，只有天弘余额宝这一只基金受到该约束。此处不再赘述。另外，在大额赎回的认定、风险准备金机制等方面，重要货币基金也有更高的要求，以提升安全性。

虽然上述这些严格的监管措施极大增强了货币基金的安全性，但在客观上也加大了基金经理的管理难度，并可能降低实现更高收益的可能性。

第三节　货币基金的优选

对于许多初涉货币基金领域的投资者来说，选择货币基金可能看似简单。毕竟，如前所述，货币基金的收益通常较为稳定，且有多个直观指标可供参考和排名，只需依据这些排名从高到低选择即可。但是，若想获得更为可观的回报，就有必要对那些真正影响货币基金收益的关键指标进行深入探究。

一、货币基金选择时的常见误区

货币基金的优选看似简单易行，主要得益于两个直观的衡量指标：七日年化收益率和万份收益率。特别是七日年化收益率，因其名称中带有“年化收益率”的字眼，许多投资者会直接依据这一指标从高到低来选择货币基金。然而，这种优选方法往往成效一般，因为七日年化收益率本质上是“货币基金过往七天收益的年化”表现，它更多地反映了历史收益情况，而非未来可能获得的收益，属于一种“后视镜式投资”。而万份收益率，则表示若投资者持有1万元该货币基金，当天能获得的利息收益。尽管这两个指标在名称和单位上有所不同（前者以“%”为单位，后者以“元”为单位），但它们实际上都是用来衡量货币基金在极短期内的收益表现。并且，这两者之间存在着一定的换算关系，即

$$\text{七日年化收益率}=\left[\prod\left(\frac{\text{过往一周内每日万份收益}}{10\ 000}+1\right)\right]^{\frac{365}{7}}$$

可见，万份收益是每日的收益，七日年化收益率则是万份收益的汇总展现。货币基金需要不断买卖资产以维持运作。每天都有旧的债券和存单到期，基金经理需要不停买入新的资产，这会导致票息收益每日波动。同时，由于浮盈和浮亏的存在，当基金经理卖出相应资产时，这些浮盈或浮亏会被释放，从而大幅影响当日的万份收益，并间接导致七日年化收益率的提升。然而，这种提升是短暂的，并且与后续投资者实际获得的收益无关，这就揭示了该指标的局限性和误导性。

以某只实际的货币基金为例（如图 9-7 所示），其平时的万份收益维持在 0.6 元左右，对应的七日年化收益率也保持在 2.20%左右。但是，2020 年 3 月 30 日，很可能是释放浮盈的原因，当天的万份收益异常升高至 2.22 元，并且直接导致随后一周展示的七日年化收益率跃升至 3.05%左右。然而，如果投资者在 3 月 31 日至 4 月 3 日，依据七日年化收益率的排序选择了该基金，那么他们实际享受的将是每日约 0.6 元的万份收益。这意味着，3 月 30 日高达 2.22 元的万份收益与他们无关，自然也无法享受到购买时所看到的超过 3%的超高年化收益率。

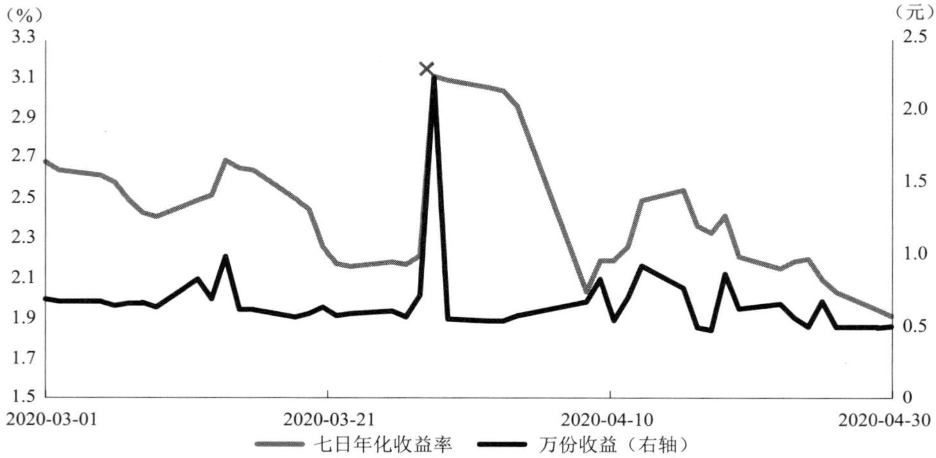

图 9-7 万份收益和七日年化收益率的差异

为了规避七日年化收益率可能的误导性，并真正挑选到收益可观的货币基金，投资者需要从基金本身的费率结构、持有人结构及资产配置等多个维度进行深入分析，寻找那些从长远来看能够有效提升货币基金收益的关键指标。

二、货币基金的费率结构

影响货币基金收益最重要且最直接的因素莫过于费率。鉴于货币基金受到严格监管，基金经理能够实现超额收益的空间极为有限。近年来，因央行多次降息及商业银行下调存款利率等因素的影响，货币基金的整体收益水平已显著下降，年化收益率从 2011 年至 2018 年的 3%～5%，降到 2019 年至 2023 年的 2%～3%水平，甚至更是跌至 2%以内。因此，在这种情况下，不同货币基金之间的费率差异便成为决定其业绩表现的关键因素。与费率较为同质化的纯债债基和指数债基不同，货币基金之间的费率差异显著。尽管货币基金无须收取申购费和赎回费，但常见的管理费、托管费及销售服务费仍然不可避免。此外，不同份额类别的货币基金，其适用的费率也可能存在较大差异。

1. 管理费率和托管费率

以市场存量的900只货币基金份额进行统计，最低的管理费率为0.14%（年化、按日计提，下同）。部分采用浮动管理费的货币基金甚至不收取任何管理费。而有20只货币基金的管理费率高达0.9%。总体来看，大多数货币基金的管理费率集中在0.15%～0.30%。至于托管费率方面，最低可达0.04%，最高则为0.1%，多数货币基金的托管费率约为0.05%。

2. 销售服务费率

销售服务费率的差异也相当显著，有的货币基金不收取销售服务费，而有的货币基金的年化销售服务费率最高可达0.7%。多数货币基金的销售服务费率集中在0.1%～0.25%。部分货币基金采用了分级销售服务费率设计，对于首次买入金额较小的投资者，通常只能选择购买高销售服务费率的基金份额（如A类份额）。然而，当投资者累计买入金额超过200万元或500万元等大额门槛时，则有机会选择更低销售服务费率的基金份额（如B类份额）。

在这三项费率（业内简称三费）各自的差异化设计影响下，货币基金的三费总费率呈现出显著的差异。最低的三费总费率仅为年化0.11%，而最高的可达年化1.2%。考虑到当前货币基金的收益中枢尚不足2%，费率上的差异消耗了大量原本可以由投资者获得的回报。即便某只货币基金拥有稳定的负债端结构，能够配置长期高收益的债券和存单，且基金经理技术精湛，可以采用多种策略来增厚收益，但也很难弥补这部分损失。

货币基金的费率与其长期年化收益率负相关性高达0.44（图9-8中黑线的斜率）。总费率较高而长期业绩优秀的产品几乎不存在。所以，在选择货币基金时，一定要优先选择那些管理费、托管费、销售服务费总和较低的货币基金。

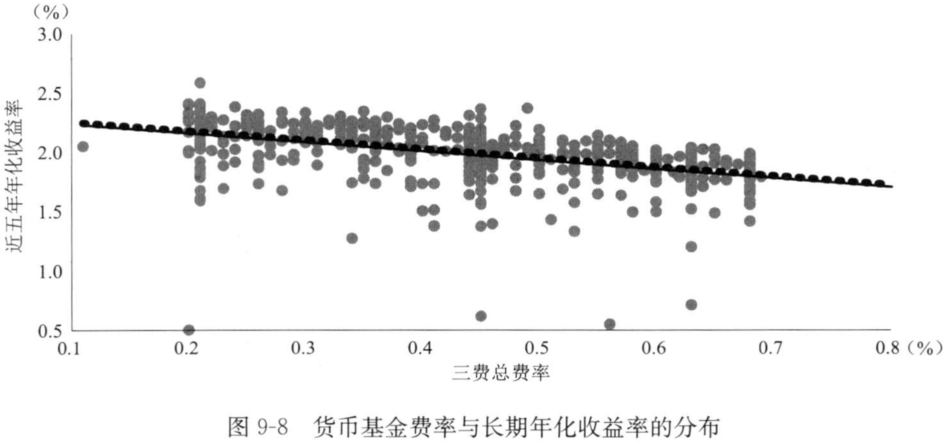

图9-8 货币基金费率与长期年化收益率的分布

三、货币基金的持有人结构

前文探讨了影响货币基金运作的监管规则，这些规则依据持有人集中度、是否属于重要货币市场基金等因素，对货币基金进行分类监管。具体而言，监管措施包括增加高流动性资产的比例、降低流动性受限资产的比例，以及限制货币基金的平均剩余期限长度等，以此实现差异化监管。

如果货币基金因持有人集中度过高等原因，被划分到平均剩余期限和流动性资产限制最为严格的监管档位，其组合整体收益率难免会受到影响。为评估这种影响，笔者对2020年以来每年的收益排名进行了统计，特别考虑了上一年监管档位的影响。考虑到被列入重要货币市场基金名单的产品在平均剩余期限、高流动性资产要求及前十大持有人占比20%～50%档位的货币基金相同，因此将这些基金重新归类为“20%～50%”的档位。

从统计结果来看（见表9-3），在前十大持有人占比小于20%，与处于20%～50%档位的收益排名没有明显差异；而前十大持有人占比超过50%的货币基金，其平均收益率排名基本皆在平均水平以下。所以，在选择货币基金时，需要规避那些前十大持有人占比超过50%的货币基金。

表9-3　货币基金基于持有人集中度的分档和收益排名（越大越好）

持有人集中度 \ 年份	2020年	2021年	2022年	2023年	2024年
0～20%	57%	57%	56%	43%	45%
20%～50%	54%	56%	57%	61%	60%
大于50%	39%	38%	36%	48%	45%

四、货币基金的资产配置

作为固收类基金产品，货币基金的收益来源与债券基金一样，主要分为两类。第一类是最常见的利息收入。当基金经理买入债券或同业存单时，这部分收益等于按照成交价格计算的、持有到期的收益率。第二类则是资本利得。在采用净值法的基金中，这部分收益表现为基金每日净值随市场波动而上下变动；而在以摊余成本法估值的货币基金中，则体现为浮盈（正偏离）或浮亏（负偏离）。如果基金经理选择不卖出带有浮盈或浮亏的债券，那么货币基金的每日收益将完全由利息收入构成。然而，一旦基金经理决定卖出相应的债券，就会在当天释放大量的浮盈或浮亏，从而导致当日基金收益出现显著的增长或减少①。

在货币基金的持有资产中，只有同业存单和债券能够积累浮盈或浮亏，而存款和逆回购等资产则仅产生利息收入，无法带来资本利得。这一特性导致主要配置存款及逆回购资产的货币基金，与那些主要配置存单及债券等资产的货币基金，在每日净值表现的波动率上呈现出显著差异。

从日度来看，依靠资本利得的货币基金在收益稳定性方面，相较于主要依靠利息收入的同类基金，表现出显著的劣势。即使两只基金长期收益表现相同，若投资者仅计划短暂持有，可能会不幸在前者收益的底部买入，错失资本利得释放的时机，图 9-9 中圈出来的区域即为典型例证。在这种情况下，与选择利息型货币基金相比，投资者可能会承受较大的损失。历史数据进一步验证了这一观点。回顾过往五年的数据，可以发现货币基金所持现金及存款的比例与其日波动率呈现出强烈的负相关关系，相关系数约为－0.33；而货币基金持有的信用债和同业存单比例，则与其日波动率呈正相关关系，相关系数约为 0.16。这进一步证明了资本利得型货币基金在收益稳定性方面的不足。

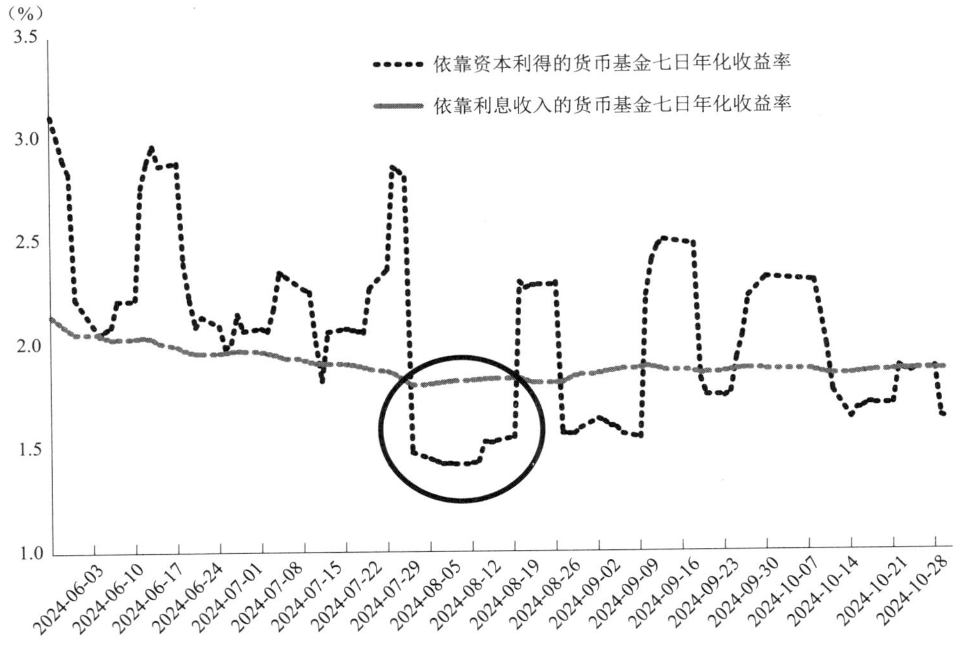

图 9-9　货币基金收益稳定性对比

① 在当前估值体系下，货币基金的每日净值波动也可能是其持有的信用债平日预提了所得税，而在信用债到期时一次性释放所得税收益导致的，但这个幅度较难测算，且不影响此处的结论。

因此，综合来看，对于短期持有的投资者，或是在债券市场处于熊市、浮亏风险较大时，建议优选存款或逆回购资产配置比例较高的货币基金；而对于那些能够长期持有，或者恰逢债券市场牛市的投资者，则更适宜选择同业存单、信用债配置比例较高的货币基金，以期获取更高的收益潜力。

本章小结

本章从货币基金面向机构投资者和个人投资者谈起，重点阐述了投资者类型对货币基金负债端带来的差异，了解了申赎管理、资金季节性对货币基金规模波动的影响，同时介绍了负债端稳定性对资产端投资组合配置的决定性作用。基金经理一方面需要考虑各类可选资产的收益和流动性属性，另一方面需要遵守严格且差异化的监管规则，才能最终进行相应的投资决策。最后，澄清了货币基金选择中常见的误区，并从费率结构、持有人结构和资产配置三个方面分别给出了优选货币基金的投资建议。作为目前公募基金领域唯一一个具有一定“类保本”功能的投资品种，货币基金在低风险投资理财中发挥着无可替代的作用。

04

第四篇

扬帆起航：做好实盘投资的准备

本篇遵循自上而下的逻辑，将详细介绍如何洞悉个人需求与风险承受能力，进而规划长期的战略资产配置方案；依据宏观经济环境与市场波动，中低频地调整一篮子基金投资组合，同时在历史压力场景与市场突发状况下施展应急策略；利用债券基金日常交易的技术要点，实施持有期间的费用与税收优化策略。通过这一整套完备的长中短期投资方案构建与调整框架，读者将掌握一套方法论，不仅能够有效规避投资中的致命失误，还能显著提升投资目标的实现概率。虽然无法确保顶尖收益，但这套系统性方法将成为财富管理道路上的坚实后盾。

第十章　构建低风险的投资理财方案

债券基金与货币基金，无疑是构建低风险投资理财方案的优选品种。它们不仅每日提供稳定的票息收益，积少成多，有效对冲市场波动；而且大多数债券基金每日开放申购与赎回，流动性远超有封闭期或持有期限制的银行理财与信托产品。此外，作为公募基金，它们面向所有投资者公开透明的业绩表现与信息披露，确保了投资的透明度与可信度。鉴于全市场现有的债券基金和货币基金，其组合方式千变万化，本章将从投资组合的整体表现出发，帮助读者从零开始构建属于自己的低风险投资理财方案。

第一节　评估个人的投资需求和风险承受能力

在制定最契合自身需求的投资方案时，首要任务是清晰界定并评估自身的投资目标，这对于投资活动，尤其是面向广大投资者的低风险投资而言，是一个至关重要的初始步骤。

一、明确投资需求

摩根士丹利财富管理部门的创始人戴维·达斯特，在其著作《资产配置的艺术》中，将人的投资需求由低至高划分为三个层次，并指出每一层次对应着最适宜的投资资产类别，如图 10-1 所示。其中，满足基本生活需求如食物、住宿和医疗（即投资回报率需高于这些消费项目的物价增速），是人生首要也是最基础的需求。对于大多数人而言，这一阶段的投资目标是保障基本生活的质量。为此，最适合的投资选择是能够抵御通胀、以人民币计价的固收产品、权益基金及现金等。这些资产不仅流动性强、透明度高，而且相较于其他资产类别更为安全。而当个人财富积累到一定程度时，便会自然而然地转向更高层次的需求追求，如第二层次的生活品质提升与退休规划，以及第三层次的慈善事业等。此时，投资者需考虑采用流动性虽相对较弱，但风险与潜在回报均更高的私募投资、风险投资等方式，以期实现更为复杂且多元化的人生目标。

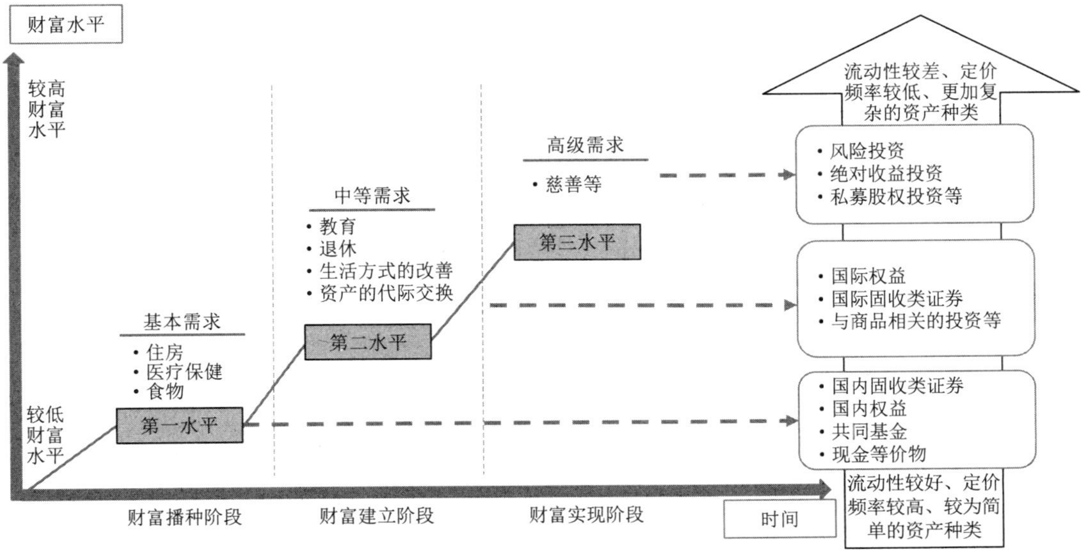

图 10-1　投资需求和财富水平的对应关系

据此，笔者认为，在国内投资环境下，本书介绍的债券基金与货币基金，其风险等级可大致对应于图 10-1 左下角的位置。对于财富播种的初期阶段，货币基金无疑是最合适且最主要的投资工具。随着个人财富的逐步增长，投资者可适时参与纯债债基、混合债基等风险稍高但预期回报也更可观的投资品种。而对于那些已经积累了相当程度财富的投资者而言，尽管私募股权、海外投资等高风险高收益的资产类别可能成为他们投资策略中的重中之重，但债券基金仍然可以作为投资组合中的“安全垫”，以平衡整体投资风险，实现资产的稳健增值。

同时，在当代经济学理论框架下，投资的核心目的主要归结为两点。首先，依据诺贝尔经济学奖得主弗兰科・莫迪格利安尼的理论，投资（在广义上可视为一种储蓄行为）本质上是将在人生某一阶段拥有的购买力转移至另一阶段，旨在优化并最大化整个生命周期内的消费效用。其次，预防性储蓄理论则指出，投资的另一个重要目的在于为未来可能出现的不确定性因素提供缓冲，如应对收入波动、健康风险等潜在挑战。基于上述理论视角，对投资需求进行系统性归类，笔者建议可将其大致划分为两大类。

1. 资产保值增值的需求

第一类投资需求是资产保值增值的需求。既然选择削减当前消费，将节省的资金用于投资，以期在未来实现更大的消费能力，那么自然期望这笔资金在投资期间能够保持其原有的购买力，甚至获得增值。对于日常消费品而言，其购买力的变化通常可以通过通胀系数（如 CPI）来衡量；而对于大额投资品，其价值增长通常以 GDP 的名义增速来衡量。后者涉及的投资产品风险相对较高。例如，假设某人今天拥有足够购买200个苹果的资金，但他决定仅购买100个，将剩余资金投资于货币基金。一年后，即便考虑通胀因素，他赎回的货币基金仍能购买到至少100个苹果，甚至可能因投资回报而买到更多①。然而，如果今天他手中的钱可以买到一套用来自住的100平方米的房子，但他决定今天先不买，而是将钱进行投资，希望三年后能买到150平方米的房子，那么仅依赖货币基金很难实现这一目标。在这种情况下，他可能需要将投资加入纯债债基，甚至是包含可转债、股票的混合债基，以追求更高的潜在回报。

综合来看，第一类需求体现了“我今天不消费，而是进行投资，以期在未来实现更高水平的消费”的理念。这里的消费规划具有一定的宽泛性和模糊性，其核心关注点在于“购买力”的维持或提升，即确保未来的消费能力不会因通胀等因素而减弱。同时，具体的消费目标会根据个人兴趣、生活状况等因素的变化而调整。读者在下文中可以看到，设计投资方案的风险控制标准时，与投资者本人总体的风险承受能力密切相关。

2. 在特定场景下的投资需求

第二类需求则是在特定场景下的投资需求，这类需求通常基于明确且具体的投资目标，与第一类宽泛、模糊的需求形成鲜明对比，并且拥有独特的收益预期和风险承受能力。

人们的消费与投资决策并非仅由其总体财富水平决定，在特定场景下，即便是理性的个体，也可能会展现出与其日常行为模式和支出理念大相径庭的决策倾向，下面以案例来说明。一位收入仅能自给的办公室职员，虽然财富积累缓慢且现金流紧张，理应选择低风险、低收益的稳健投资产品，他却每周坚持花费100元购买彩票，渴望有朝一日能中大奖，对此，他心理上早已做好了全部损失的准备。另一位则是身价数千万元的商界精英，从事大宗商品贸易行业，他凭借对商品价格走势的信息优势，将80%的积蓄投入了高波动、高收益的商品期货市场，进行日内波段交易，展现了强大的风险承受能力和风险承担意愿。但是，他又将剩余20%的积蓄存入了长期限的低风险理财产品，希望这部分资金成为“安全垫”，万一其他投资出现亏损，也能为他提供养老保障。

以上案例揭示了即使在理性决策的背景下，个体投资行为也可能受到特定场景的强烈影响。而诺贝尔经济学奖得主理查德·塞勒教授的心理账户理论，则提供了更深层次的理解。心理账户，即人们会将自己的资金和资产进行分类，并在心理上为每类资金建立单独的账户，从而形成独特的资金管理和预算分配方式。在投资领域，这些心理账户通常针对非常明确、涉及大额资金且具有特定时长的投资需求，例如养老、子女教育

---

① 历史来看，货币基金的长期收益和通胀系数CPI基本持平，在部分年份会比通胀水平高1%～2%。此处的例子均考虑10年或更长期维度的平均速率比较。

(如昂贵的留学费用)、婚嫁准备金、购置车辆等。每一个这类需求对应的投资计划都有其特定的收益目标、风险定位和投资期限，并且这些计划往往更多地反映个人的心理倾向和对特定需求的重视程度，也可能体现出与本人整体财务状况不同的收益风险特征。

二、评估风险承受能力和意愿

在明确了自身的投资需求后，就能以这些需求为出发点，评估自己的风险承受能力和风险承受意愿。通常，风险承受能力对于旨在资产保值增值的一般投资方案的选择具有更加重要的影响；而风险承受意愿则对特定场景和目标的专门投资方案的选择具有更加重要的影响。

在风险评估领域，当前普遍采用的方法是利用投资者风险测评问卷。基金业协会和中国投资者网站都提供了模板示例，而各基金销售机构则基于这些模板，通过自主研发或外采方式，采用了更为复杂的问卷。从基金销售机构的角度来看，更全面、精确的风险评估不仅能够帮助投资者找到与其风险等级最匹配的投资产品，还能有效降低因风险等级不匹配而导致的投资者投诉等问题。从基金投资者的角度，笔者认为，通过市场上广泛使用的由10～14道题目组成的问卷，投资者也能清晰地建立起对自身风险承受能力和风险承受意愿的客观认识，建议重点考虑五个方面的问题。

1. 金融知识储备和对风险的认识

在涉足投资领域之前，深入理解和掌握相关的金融知识，对于所投资产的潜在风险有清晰且充分的认知，是提升个人风险承受能力的关键步骤。目前，主流的金融资产都有从基本面出发的估值方法，尤其是债券和红利属性的股票等资产。如果投资者能够熟练掌握诸如现金流折现等估值方法，就会深刻理解到：当一项资产的未来现金流保持稳定时，其市场价格的暂时下跌实际上会增加该资产的价值吸引力。即使是那些波动性较高的股票或其他类型的资产，也可以基于估值倍数、历史比较等方法了解到其价格向价值回归的特性，从而避免在价格大幅下跌时的恐慌。

这也是为何本书会用大量篇幅来介绍各类基金的风险统计指标。风险的分布具有相对的稳定性。通过分析历史数据，可以充分理解不同资产类别面临的风险，这有助于投资者在面对市场短期波动时保持冷静，避免因恐慌而做出非理性的决策。因此，在构建投资组合时，每个人都应该自问是否真正熟悉自己所投资的资产和领域。

2. 现金流的健康程度

稳定且可预测的现金流是个人获得安全感的关键基石，它不仅决定了一个人的总体风险承受能力，而且深刻影响着其对每一笔特定投资的风险承受意愿。

前者源于人类生存的基本需要，必须满足每日的生活必需开支，如衣食住行等，而人类对于现有生活质量存在自然的依赖与惯性。绝大多数人倾向于维持现状，即使面临生活品质提升的机会，也不愿承担现有生活水平下降的风险。因此，个人对自身现金流安全性的认知是评估其风险承受能力的关键要素，这尤其体现在稳定现金流入对其日常开支现金流的覆盖程度上：现金流入对支出的覆盖倍数越高，则其短期投资失利影响其日常生活的概率越低，其在投资中承受风险的能力也越强。

后者是因为大多数投资的原始资金是依赖一段时间内的净现金流累积形成的。对于任意一笔特定数量的投资而言，所需的现金流累积时间通常与投资者愿意承担的风险成反比。设想有这样一个场景——同样面对一项50万元的增值导向投资计划，对比两个不同背景的家庭。第一个家庭通过经营一家小型企业积累了2 000万元的财富，但他们的收入主要来自企业每月约2万元的盈利；另一个家庭则刚回国，没有其他积蓄，但夫妻双方都与大型企业签订了年薪50万元的终身合同。基于损失厌恶和心理账户的原因，将其他不动产变现以弥补投资亏损是一件极其痛苦的事情。在不考虑日常开销的情况下，对于第一个家庭来说，50万元的投资亏损意味着需要花费两年多的时间才能通过现金流重新积累起来，因此失败的成本更高。然而，对于第二个家庭而言，这样的损失仅相当于半年的家庭收入，所以承受这种痛苦的时期相对较短。

3. 投资的精力分配

投资者对单个投资账户的精力分配在很大程度上决定了其对该账户的风险承受意愿。在金融领域，存在着各种不同风险等级的投资产品。例如，货币基金几乎不受市场波动影响；而混合二级债基和可转债债基则价格波动剧烈，最大回撤甚至可能超过20%。鉴于人的时间和精力有限，特别是当一个理想的投资组合为了分散风险而包含众多基金时，投资者往往难以持续跟踪并分析每一只基金的表现。

合理的精力与投资组合风险配比策略，是将大部分投资研究精力放在占总金额比例相对较小的投资组合上，并在这个组合中，配置收益风险等级更高的投资品种，并通过密切跟踪市场动态、及时调整持仓来优化收益。同时，将大部分资金投入收益和风险等级较低的稳健账户，这些账户仅需定期检查并根据需要适时微调即可。高收益风险等级的资产投资需要花费大量精力研究、反复试错，才能够精通，部分策略也确实需要较高频率的投资品种调整（如风格和行业轮动策略等）。这种将精力偏向和投资组合风险承受意愿的逆向分配，有助于在控制整体投资风险的情况下，有效积累投资经验。

4. 年龄和职业（生命周期理论）

一个人的年龄是决定其风险承受能力的关键因素之一。有句俗语“年轻就是本钱”，直观表达了年轻人拥有更多机会和时间去积累财富。有趣的是，这一观点也在金融学理论中找到了支持。1954年，诺贝尔经济学奖获得者弗兰科·莫迪利安尼和他的学生提出了生命周期假说。根据这个理论，个人财富不仅包括现有的金钱，还包括人力资本，即从现在到退休未来全部可能赚到的收入折现后的累积价值。由于大部分可预见的收入（如工资、养老金等）通常以相对稳定的现金流形式存在，因此这些收入可以视作一种持续付息的“债券”。对于年轻人来说，尽管他们当前的现金资本可能较少，但他们实际上拥有庞大的人力资本，类似于持有大量的纯债债基。因此，在配置闲置资金时，年轻人应该选择权益属性更强、风险更高的投资（如混合债基）。相反，老年人虽然名义上积累了更多的财富，但随年龄增长其人力资本逐渐减少，所以应该配置低风险资产，以维持资产组合比例平衡。

此外，依据生命周期理论，尽管人力资本可大致视为个人持有的债券，但其具体属性也会受到个人职业性质的影响而有所不同。例如，对于拥有高度稳定收入来源的人群来说，人力资本表现出更强的债券属性。相反，对于在金融公司、初创公司等工作的人群来说，由于其所在行业及公司的发展前景存在较大不确定性，因此这部分人员的现金流稳定性较低，使得人力资本的债券属性相对较弱，而权益资产属性则更明显。换言之，针对拥有高度稳定收入来源的人群，考虑到其未来稳定的现金流和较强的风险承受能力，在进行投资规划时建议增加股票、可转债等权益资产的配置比例；而对于在金融公司、初创公司等工作的人群，考虑到其不稳定的现金流和较弱的风险承受能力，在进行投资规划时建议配置更多的纯债类资产。

5. 个人的主观意愿

在基金业协会官网展示的投资者风险测评问卷中的题目如图 10-2 所示，旨在了解投资者的风险偏好。这些题目并不涉及对任何客观事实的询问，而是侧重于评估投资者的主观判断，即风险承受意愿。

样题：

1. 以下哪项描述最符合您的投资态度？（ ）
   A. 厌恶风险，不希望本金损失，希望获得稳定回报
   B. 保守投资，不希望本金损失，愿意承担一定幅度的收益波动
   C. 寻求资金的较高收益和成长性，愿意为此承担有限本金损失
   D. 希望赚取高回报，愿意为此承担较大本金损失
2. 假设有两种投资：投资A预期获得10%的收益，可能承担的损失非常小；投资B预期获得30%的收益，但可能承担较大亏损。您会怎么支配您的投资？（ ）
   A. 全部投资于收益较小且风险较小的A
   B. 同时投资于A和B，但大部分资金投资于收益较小且风险较小的A
   C. 同时投资于A和B，但大部分资金投资于收益较大且风险较大的B
   D. 全部投资于收益较大且风险较大的B
3. 您认为自己能够承受的最大投资损失是多少？（ ）
   A. 10%以内
   B. 10%~30%
   C. 30%~50%
   D. 超过50%

图 10-2 投资者风险测评问卷样题

数据来源：基金业协会官网。

即便投资者在财务状况、年龄及职业等关键属性上高度一致，他们在面对相同的投资风险时，也可能展现出截然不同的应对策略。同样地，即使是同一个人，在经历不同的生活阶段或心理状态变化时，其对投资风险的态度亦可能产生显著差异。此外，对于以特定场景和清晰投资需求为目标的投资方案设计，个人对投资需求的重视程度和心理预期也会明显改变该投资计划的风险承受能力。

在回答投资者风险测评问卷时，投资者需要仔细思考各个问题选项所代表的含义，并代入当前的投资方案给予回答。例如，第三题“能承受的最大投资损失”，对于一位拥有100万元资金的投资者而言，30％或50％的最大回撤并不仅仅是一个比例数字，他需要设想如果真实发生30万元或50万元的损失，对于他的财务状况和整体生活质量会产生何种影响，同时他的心理状态可能发生何种变化，这种强代入感有助于做出更加准确的判断。

第二节　构建具有较稳定表现的投资理财方案

对风险承受能力和风险承受意愿的评估，可以帮助投资者对投资方案的风险情况有一个感性的、大致的认识。投资方案构建的关键，在于收益和风险两个方面的取舍和平衡。而在低风险理财方案的构建中，风险控制被提到更为关键的位置。基于对风险的感性认识，就可以进入数据分析和模型计算的层面，以精准定位最合适的风险档位及相应的收益水平。

在投资领域，将依据当前市场环境、投资者的风险偏好及历史数据所估算出的预定收益与风险水平，连同达成此目标所需的股票、债券等资产配置比例，定义为战略资产配置（SAA）。鉴于投资者的个人状况与风险偏好相对稳定，不会频繁变动，因此SAA的测算无须经常进行，通常仅在设计新投资方案时计算一次，或对于正在运行的方案，每三年乃至更长时间进行一次重新评估与调整。对于包含纯债、可转债及股票等多元资产的债券基金，在构建多基金投资组合时，需穿透底层资产进行计算，而非仅依据单个基金类别占比。例如，若投资组合中有一只仓位占30％的纯债债基和一只仓位占70％的混合二级债基（内含80％纯债与20％股票），测算时则应进行穿透，将其视为“纯债占比86％，股票占比14％”的组合。

一、收益风险模型

基于定量数据，对投资组合中可能的资产配置方案设计收益风险测算模型，是进行

SAA 的理想起点，尤其适合资产类别较少（仅包含纯债、可转债和股票）的债券基金组合。通过将可转债进行折算处理，能够利用穷举法测算出所有股债配比的收益与风险计量结果。

（一）构建不同权益仓位的模拟组合

采用可转债按照 0.8 的比例折算为股票资产的简易算法，来探讨权益资产仓位从 5% 到 95%的一系列模拟组合中的风险计量结果。鉴于基金公司在构建混合债基时对股票与可转债的选择逻辑，与在股票及混合基金中的决策过程高度相似，因此选用中证偏股基金指数和中证纯债基金指数，分别衡量组合内权益资产和纯债资产的历史风险特征。以这两个指数发布以来的最长交集时间段 2015 年 1 月至 2024 年 12 月末的数据进行统计，这段时间至少经历了四轮股市与债市的牛熊周期，结果极具代表性。

1. 测算模拟组合的风险

纯债资产在这段时间的日收益波动率仅为 0.05%（折合年化波动率为 0.82%），而权益资产的日收益波动率为 1.46%（折合年化波动率为 23.23%）。并且，这两类资产的收益相关性为−0.02。以 5%为步长，依旧设立权益仓位从 5%至 95%的 19 个模拟投资组合，并测试这些模拟组合的风险收益特征。

随着权益资产占比越来越大，其最大回撤幅度也逐步扩大，至 95%的权益资产组合中，最大回撤可达−50%左右，如图 10-3 所示。但需要注意这种增加不是线性的，在权益资产 10%以内的低仓位组合中，最大回撤幅度扩大速度较慢，体现为图 10-3 中曲线的前端倾斜程度较小。随着权益资产的提升，模拟组合的日正收益占比也逐步缩小，当仓位提升至 30%以后，日正收益占比落到略高于 50%的位置。

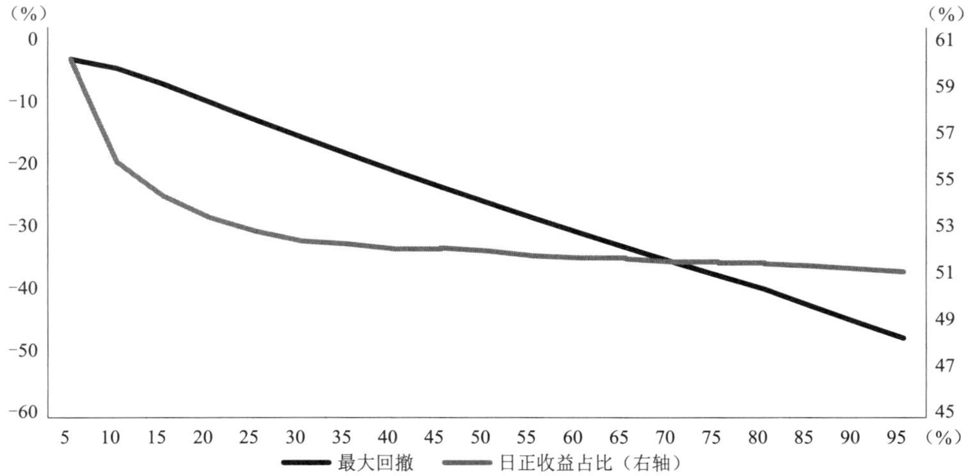

图 10-3 不同权益资产占比的模拟组合的风险测算结果

除最大回撤和日正收益占比这两个风险指标外，最常用的测量投资组合风险的指标是年化波动率的计量。由于权益类资产的日收益波动率高达1.46%，即便考虑了其和纯债资产的负相关性带来的一定平滑效果，模拟组合的含权益类资产比例越高，日收益波动率的提升速度仍然十分明显，每提升5%的权益资产仓位，日收益波动率提高0.07%左右。而相对应的，随着仓位的提升，组合的预期收益率也会发生变化。

2. 测算模拟组合的预期收益率

在预估投资组合的整体未来收益率时，有两种主流方法：一种基于历史的超长期收益率进行预测，该方法可以较好地适用于经济整体增速平稳的发达国家，而对于新兴市场国家而言，由于经济受到工业化、城市化的进程影响，且股市也受到体制改进等因素影响，过往历史数据对未来的参考价值不大；另一种更为主流的收益率预测方法大多基于宏观经济增速、通胀数据预测、企业盈利预测和资金投放等数据进行。有效预测股票、债券等大类资产的未来长期收益率，在金融投资领域称为资本市场假设（CMA）。在其具体模型和数据处理上，各家做法均不同，效果也有一定差异，本书限于篇幅和主题，不过多拓展，此处直接借用目前全球最大的资产管理机构贝莱德在其官网公布的对中国股票和中国债券未来十年年化收益率的预测作为模拟组合的预期收益率测算依据①。针对2024年末这个时点，贝莱德对人民币计价的中国股票未来十年长期年化收益率预测值约为6.09%，对中国政府债券的未来十年长期年化收益率预测值约为2.30%，考虑到中国信用债相较政府债券一般具有0.3%～0.5%的信用利差，本书采用2.70%作为纯债债基的长期年化收益率的预测值。

将纯债资产的预期年化收益率和年化波动率（分别为2.70%、0.82%）、权益资产的预期年化收益率和年化波动率（分别为6.09%、23.23%）代入5%～95%仓位的模拟组合，可产生投资领域最常见的投资组合的有效集合。如图10-4所示，投资者可以根据自身的最大风险承受能力（即对年化波动率的忍受能力），选择图中最匹配的点作为自身投资组合的初步资产配置方案，并相应得出能够实现的收益水平。

（二）根据测算结果和自身情况落地投资方案

就笔者对大量普通投资者心理和投资操作的观察来看，虽然许多投资者在填写风险测评问卷时会不假思索地选择“希望赚取高回报，愿意为此承担较大本金损失”“能够承受的最大投资损失是50%”等高风险选项，但在实际投资过程中，能忍受的最大回撤一般仅在10%～15%，在这个数值之内他们还能以积极理智的心态定期检查或调整投资计划，如替换个别基金，根据市场情况适度追加投资或减仓；而如果亏损超过10%～15%

---

① 参见 https://www.blackrock.com/institutions/en-us/insights/charts。

的水平，他们的投资行为即开始出现变形，比如要么彻底回避面对投资业绩，要么直接赎回全部的投资等不理性的行为。

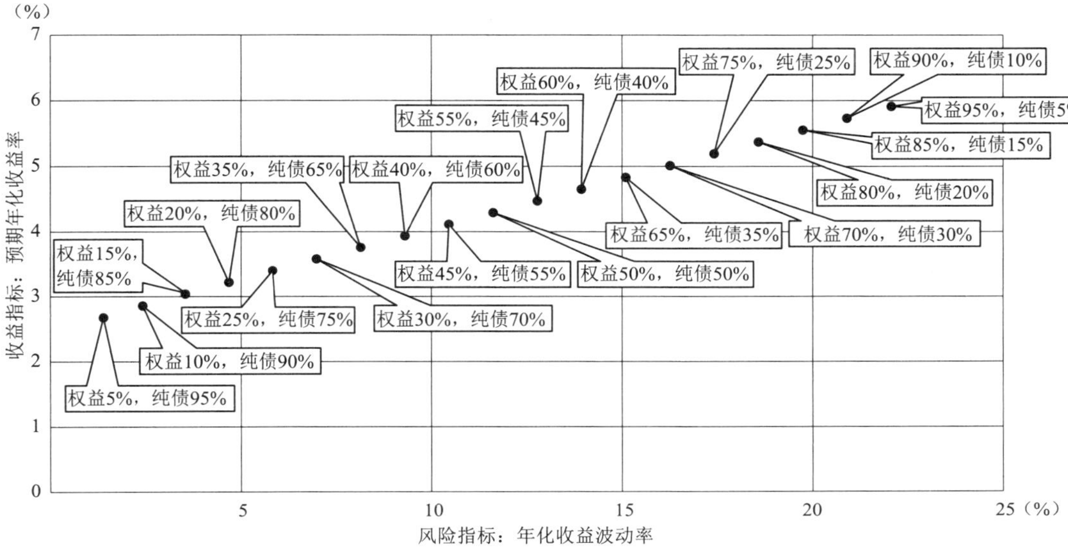

图 10-4 不同权益资产占比的模拟组合形成了收益—风险的投资组合的有效集合

结合图 10-3 和图 10-4，考虑到市场中一类资产的年化波动率和最大回撤大致呈现 1∶2 的关系，则对于大多数风险承受能力在中等水平的投资者的一般投资增值账户而言，其投资组合所配置权益资产和纯债资产的比例大约在 30%∶70%的水平，这意味着最终的投资组合可能是纯债债基、混合债基的组合，且穿透后的资产配置符合 30%∶70%的标准。根据 2024 年末的预测数据，该组合对应的长期预期年化收益率在 3.5%～4%的水平。

表 10-1 是笔者规划出的权益资产和纯债资产的比例在 30%∶70%的模拟组合，全部采用债券基金进行组合构建，供读者进行参考。读者也可以根据图 10-3 和图 10-4 的风险测算结果，并参考贝莱德或其他类似大型资管机构网站给出的预测数据，随着时间推移更新可行的投资组合，并根据自身的风险承受能力从中挑选最佳权益资产（股票和可转债）和纯债资产的配置方案，最后按照本书前三篇所述的方法挑选优秀的基金，实现该投资方案的配置。

表 10-1 符合 30%∶70%比例的债券基金模拟组合

基金简称	基金类型	股票占比	可转债占比	权益资产占比	纯债占比	配置比例
×××信用债 A	中长期纯债债基	0	0	0	109%	10%
×××企业债 AB	中长期纯债债基	0	0	0	105%	10%

续表

基金简称	基金类型	股票占比	可转债占比	权益资产占比	纯债占比	配置比例
×××腾 A	中长期纯债债基	0	0	0	106%	10%
×××信用债 B	混合一级债基	0	7%	6%	120%	12%
×××益 C	混合二级债基	13%	14%	24%	73%	10%
×××源 E	混合二级债基	20%	4%	23%	76%	10%
×××回报 D	混合二级债基	19%	0	19%	81%	10%
×××可转债	可转债债基	17%	83%	83%	0	10%
×××可转债 A	可转债债基	16%	81%	81%	3%	9%
×××可转债 B	可转债债基	19%	77%	81%	4%	9%
合计比例				30%	70%	100%

二、最大夏普模型

最大夏普模型是收益风险模型的一个特殊结果的衍生，在现代投资组合理论（MPT）中，收益风险模型中所有可选的组合均是（仅考虑股、债两类资产）有效的投资组合前沿。诺贝尔经济学奖得主哈利·马科维茨提出，如果投资者能够根据无风险利率自由调整其仓位，甚至可以通过借款来增加杠杆效应，并且减仓的闲置资金可以获得无风险利率收益，借款加仓则按照无风险利率支付利息时，上述可选的有效前沿的组合大多并非最佳组合。相反，应该在无风险利率与原有的有效前沿之间绘制一条切线，并进行延长，则切线上所有点所代表的投资组合均优于原有的组合。

如图 10-5 所示，原收益风险模型中所有可投资的组合用虚线表现，从无风险收益率出发画一条切线（即图中的实线），则实线上除切点外的其他任一点所代表的投资组合，与虚线上收益相同的点相比，波动率更小；而与虚线上相同波动率的点相比，收益更大。这意味着，如果投资者能够以一定的利率借款进行投资，或能找到合适的途径，将多余的资金进行闲钱管理，获取收益，则通过这种仓位调节，能够在收益风险模型所给出方案的基础上，显著优化投资结果。

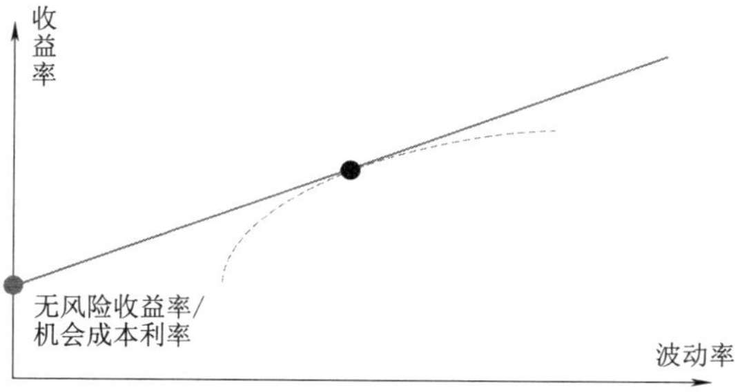

图 10-5 切线代表的最大夏普组合是更优的可选组合

因为夏普比率是基金额外收益率（收益率减去无风险收益率）与其波动率的比值，

那么图 10-5 中，夏普比率则为实线的斜率，而实线与虚线的切点，正好是在原收益风险模型中夏普比率最大的组合。

假设将贝莱德预测的 10 年期国债未来的长期收益率 2.3%作为无风险利率，将该数据代入收益风险模型，即可逐一计算所有可选组合的夏普比率，见表 10-2。最大夏普比率出现在 2%权益资产与 98%纯债资产的组合中。并且，在权益资产占比更大的组合中，夏普比率呈现一致的下降趋势。因此，表 10-2 对部分数据进行了省略。

表 10-2　无风险利率为 2.3%时的最大夏普组合选择

权益资产仓位	1%	2%	3%	4%	5%	6%	7%	8%	9%	10%
预期年化收益率	2.54%	2.57%	2.61%	2.64%	2.68%	2.72%	2.75%	2.79%	2.82%	2.86%
年化波动率	0.84%	0.92%	1.05%	1.21%	1.39%	1.58%	1.78%	1.99%	2.21%	2.43%
夏普比率	28.06%	29.49%	29.33%	28.44%	27.34%	26.26%	25.29%	24.43%	23.69%	23.04%

但是，在实操中，除了大型银行、保险等机构投资者外，个人投资者很难以 2.3%的无风险利率借入资金。因此，该模型在指导个人投资者构建投资理财组合时，应该用实操性更强的个人用资的机会成本取代理想状态下的无风险利率，以计算出更符合自身情况的最大夏普组合。下面举例说明。

假设一位投资者积攒了 100 万元资金，同时也背负着 100 万元的房贷，房贷利率为 2.5%。他面临一个抉择：是将所有资金用于还清房贷，还是构建一个投资组合，又或者是将资金在两者之间按某种比例分配。在此情境下，2.5%的房贷利率构成了他使用资金的机会成本，可以把该数字代入模型，用于替代模型中理想状况下的 2.3%无风险利率。经过对各类资产组合的夏普比率进行计算，可以发现最大夏普比率出现在 60%权益资产与 40%纯债资产的投资组合中，其夏普比率为 15.46%，预期年化收益率为 4.65%，年化波动率约为 13.94%，最大回撤约为 31.11%。

对于该投资者而言，6∶4 就是其最优投资方案中的股债配比。他应该坚持这一黄金配置策略。如果他觉得 13.94%的年化波动率和 31.11%的最大回撤（即在极端情况下，100 万元可能损失 31 万元）的风险水平过高，难以承受，那么更明智的做法是调整资金分配比例，减少用于投资组合的金额，增加提前偿还房贷的比例。而非一味追求低风险，将 100 万元全部投入一个收益风险等级较低的组合（如 10%权益资产与 90%纯债资产），因为这样可能会牺牲潜在的高回报。

假设他切换为 1∶9 的低风险投资组合，但仍维持 100 万元的投资仓位，即图 10-6 中网格圆点代表的方案，那么，该情况下他的全部预期年化收益率为 2.86%，年化波动率为 2.43%，最大回撤约为 4.6 万元。但是，如果该投资者不调整投资方案的内部结构（仍维持 6∶4 股债比例），而是降低投资仓位，将 17.43 万元提前还房贷，剩下的 82.57 万元用于投资 6∶4 的最大夏普组合，则其在保持年化波动率为 2.43%、最大回撤约为 4.6 万元不变的情况下，其预期年化收益率将提升至 3.13%①，即图 10-6 中空心圆点代表的更优方案。

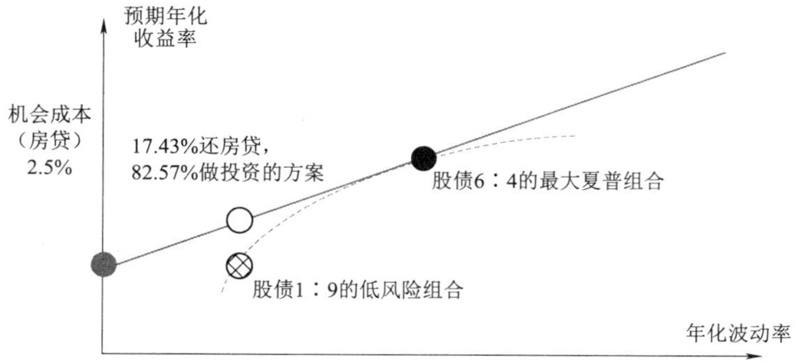

图 10-6　调整仓位优于变更股债比例

至此，可见最大夏普模型对个人投资者的核心参考意义——应该基于自身的机会成本利率，以及对未来的股债资产的预期收益率、年化波动率，计算出适合自己的最大夏普组合的股债比例方案。如果风险承受能力或意愿与该方案不匹配，则应该通过加仓或减仓的形式进行整体方案调整，而非随意调整股债比例，只有这样才能实现预期收益率和风险最优化。

三、风险平价模型

在上述两种模型中，资产未来收益率的预测是决定资产配置结果的核心输入参数。基于资本市场假设的方法对资产未来收益进行预测，几乎是构建长期投资组合时对收益进行预期的唯一合理方式，并且贝莱德等大型投资机构，基于海量数据和研究资源做出的预测结果几乎代表了金融专业领域预测的最高水平。然而，这种方法论在国内外仍面临诸多质疑。特别是从较短的时间维度来看（例如 2021 年至 2024 年 A 股的表现，或 2022 年至 2024 年美债的走势），真实的市场走势可能与许多知名金融机构的预测结果大相径庭。此外，对于部分新兴的投资品种（如可转债），由于其历史交易数据区间较短，且经历了多次法规变动，数据一致性较差，因此基于资本市场假设的收益预测方法较难给出令人信服的结果。

---

① 读者可将灰色圆点（预期年化收益率 2.5%，年化波动率 0）、黑色圆点（预期年化收益率 13.94%，年化波动率 31.11%，即最大夏普组合），两个点构建二元一次方程，求解图 10-6 的直线公式，并将网格圆点（即股债 1∶9 的低风险投资组合）对应的年化波动率 2.43%代入，求解空心圆点所代表的更优方案的预期年化收益率。还房贷的资产比例＝网格圆点所对应的年化波动率÷黑色圆点年化波动率＝2.43%÷13.94%≈17.43%。

对此，一种常见的解决方法是彻底摒弃对资产收益的预测，仅基于各类资产的风险（如历史波动率等相对稳定的风险指标）进行大类资产的比例分配。这种更加侧重于风险控制的方法，尤其适用于构建低风险、稳健型的投资策略。第八章中讨论了一只混合债基，其股性与债性的仓位分水岭是股票资产与纯债资产的比例约为 4%：96%，在这样的投资组合中，股票和债券各自风险的边际影响相同，每天的组合收益不会单方面地受到某一类资产的决定性影响。如果拓展这一思路，构建一种包含多类资产的投资组合，使得其中每一类资产风险的边际影响均相同，就能够得到金融投资领域有名的风险平价模型，即通过均衡分配投资组合的风险敞口来实现风险控制。

风险平价及其衍生策略在历史上塑造了许多杰出的投资产品，比如美国桥水公司的全天候投资策略等。这一思路在利用债券基金构建低风险投资组合时同样具有重要的参考价值。考虑到债券基金通常包含多类资产，如纯债、可转债和股票等，可以借鉴该思路，构建一个在这些资产类别之间实现充分分散的投资组合，以确保每日收益不受任何单一资产类别的过度影响。

1. 纯债、可转债、股票三类资产构建风险平价组合

采用中证纯债债基指数、中证转债指数和中证偏股基金指数分别代表债券基金中配置的纯债、可转债和股票类资产，并采用 2015 年至今的数据进行测算。在这段时间区间中，中证转债指数、中证纯债债基指数和中证偏股基金指数的年化波动率分别为 18.44%、0.82%和 23.24%，且它们之间的相关系数如图 10-7 所示。

	中证转债指数	中证纯债债基指数	中证偏股基金指数
中证转债指数	1.00	0.12	0.68
中证纯债债基指数	0.12	1.00	-0.02
中证偏股基金指数	0.68	-0.02	1.00

图 10-7　债券基金所配置三类资产（以对应指数代表）的相关系数矩阵

在计算三类资产组合的整体波动率时，可采用以下公式。

$$\sigma_{组合}^2 = w_{可转债}^2\sigma_{可转债}^2 + w_{纯债}^2\sigma_{纯债}^2 + w_{股票}^2\sigma_{股票}^2 + w_{可转债}w_{纯债}\sigma_{可转债}\sigma_{纯债}\mathrm{Corr}_{可转债、纯债} + w_{可转债}w_{股票}\sigma_{可转债}\sigma_{股票}\mathrm{Corr}_{可转债、股票} + w_{股票}w_{纯债}\sigma_{股票}\sigma_{纯债}\mathrm{Corr}_{股票、纯债}$$

其中，σ 代表对应资产的波动率，w 代表对应资产的占比，Corr 为对应资产的相关系数，且 $w_{股票}+w_{可转债}+w_{纯债}=100\%$。由于在风险平价模型中，各类资产的边际风险贡献相同，所以，$\sigma_{组合}^2$ 相对 $w_{股票}$、$w_{可转债}$、$w_{纯债}$ 分别求导，且使得求导结果均相同的 $w_{股票}$、$w_{可转债}$、$w_{纯债}$ 是风险平价模型中目标配置比例。

将上述公式输入电脑进行求解，可得出在风险平价目标下，纯债、可转债和股票类资产的配置比例分别约为94%、3%和3%。以债券基金为例，笔者构建了一个穿透后三类资产符合上述比例的投资组合，见表10-3。从长期来看，该配置比例的投资组合能够实现充分的分散化，在获取收益的同时，其业绩表现不受任何单一资产类别的过度影响。根据历史波动率测算，该组合的长期年化波动率约为1.39%，最大回撤控制在2.5%～3.5%。

表10-3 符合纯债、可转债和股票风险平价的债券基金模拟组合

基金简称	基金类型	股票占比	可转债占比	中长期纯债占比	配置比例
×××信用债A	中长期纯债债基	0	0	109%	12%
×××企业债AB	中长期纯债债基	0	0	105%	12%
×××腾A	中长期纯债债基	0	0	106%	12%
×××祥A	中长期纯债债基	0	0	81%	12%
×××益纯债A	中长期纯债债基	0	0	85%	12%
×××业债C	混合一级债基	0	9%	89%	11%
×××信用债B	混合一级债基	0	7%	102%	11%
×××益C	混合二级债基	13%	14%	73%	6%
×××源E	混合二级债基	20%	4%	76%	6%
×××回报D	混合二级债基	19%	0	81%	6%
合计比例		3%	3%	93%	100%

2. 短债、中长债、可转债、股票四类资产构建风险平价组合

由于低风险投资者在资管新规实施前习惯投资摊余成本法和保本保收益的固收类资管产品，因此投资者对收益波动的适应还需过程，当前风险承受能力普遍不高。笔者观察到，对于部分投资者而言，上文提及的最大回撤在2.5%～3.5%的投资组合仍显得波动较大。一旦组合收益出现逆风期，投资者可能会因心理压力过大而被迫认亏出局。为进一步降低投资组合的整体风险，同时保持风险平价的分散特征，可以考虑将纯债债基细分为短期纯债债基和中长期纯债债基，并将原有的三类资产模型扩展为短债、中长债、可转债和股票四类资产模型。由于短债的波动率远低于中长债，且两者走势存在一定差异（短债更多受资金面和货币政策影响，而中长债则更多受宏观经济增速和市场融资需求影响），因此将其纳入风险平价组合有助于通过摊薄和对冲方式降低组合的整体业绩波动。

采用万得短期纯债债基指数、万得中长期纯债债基指数、中证转债指数和中证偏股基金指数分别代表债券基金中配置的短债、中长债、可转债和股票类资产，在与前述案例相同的时间段内，这四类指数所代表资产的年化波动率分别为0.41%、0.87%、18.44%和23.24%，且它们之间的相关系数如图10-8所示。

	万得短期纯债债基指数	万得中长期纯债债基指数	中证转债指数	中证偏股基金指数
万得短期纯债债基指数	1.00	0.64	0.04	-0.04
万得中长期纯债债基指数	0.64	1.00	0.47	0.21
中证转债指数	0.04	0.47	1.00	0.68
中证偏股基金指数	-0.04	0.21	0.68	1.00

图 10-8 债券基金所配置四类资产（以对应指数代表）的相关系数矩阵

采用与三类资产风险平价模型类似的算法，计算出最佳的短债、中长债、可转债和股票资产的比例分别为 72%、26%、1%和 1%。以债券基金为例，笔者构建了一个穿透后四类资产符合上述比例的投资组合，见表 10-4。根据历史波动率测算，该组合的长期年化波动率约为 0.72%，最大回撤控制在 1%～1.5%。

表 10-4 符合短债、中长债、可转债和股票风险平价的债券基金模拟组合

基金简称	基金类型	股票占比	可转债占比	中长期纯债占比	短期纯债占比	配置比例
×××纯债 A	中长期纯债债基	0	0	99%	0	12%
×××短债 A	短期纯债债基	0	0	0	100%	12%
×××短债 B	短期纯债债基	0	0	0	100%	12%
×××短债 C	短期纯债债基	0	0	0	100%	12%
×××短债 D	短期纯债债基	0	0	0	100%	12%
×××短债 E	短期纯债债基	0	0	0	100%	12%
×××短债 F	短期纯债债基	0	0	0	100%	12%
×××业债 C	混合一级债基	0	9%	89%	0	6%
×××信用债 A	混合一级债基	0	7%	102%	0	5%
×××回报 D	混合二级债基	19%	0	81%	0	5%
合计比例		1%	1%	26%	72%	100%

第三节 构建应对特定需求的场景型投资理财方案

哈里·马科维茨将面向特定投资需求、与人生进程紧密关联的投资方案，称为心理账户子组合（本书中简称为场景型组合）。他通过严谨的论证指出，一个人所拥有的各个投资子组合的综合结果，理应与其在进行整体收益风险规划时构建的累计组合保持一致。而且，当人们在阐述诸如教育、遗赠、退休等具体投资需求的目标及与之对应的风险偏好时，往往能够更加明晰地表达自身的诉求，这也有助于相对容易地设计更优化的投资方案。笔者认为，学术领域的前沿理论已充分证明，在构建旨在应对特定需求的场景型组合时，应当紧紧围绕整体组合的收益和风险等级来进行。然而，针对养老、遗产传承等特定的、具有重大影响的场景需求，由于中国社会存在着更为亲密的代际关系，并且素有以包含数代人的大家庭为单元、大家共同参与消费规划的传统，所以在构建这些特定场景需求的投资方案过程中，不仅需要全面考量个人收入的稳定性、风险偏好等多方面因素，还必须综合权衡大家庭的整体风险承受能力及可能面临的消费支出情况。

一、场景型投资方案的目标

对于收益风险模型、最大夏普模型和风险平价模型，主要从投资组合的预期收益和以波动率、最大回撤等衡量的风险这两个维度讨论一个投资方案的优劣。这种衡量标准的潜在假设是，对于增值类投资需求，投资者获得的满足感是线性的。一个投资组合的收益从2%提升到4%，或从7%提升到9%，投资者获得的效用增幅是等价的。但是，在场景方案的构建中，投资目标是满足投资者的特定需求，这种需求的满足往往可以用一个门槛性的标准来判断。例如，“在孩子两岁时存入100万元教育金，在其18岁时能否积攒到180万元以供留学使用”，这里的“180万元”就是一个明确的门槛，一旦达到这个数字，就能实现留学的目标，投资者就可以获得较大的满足感，但至于这笔钱能否从180万元增值到200万元或更高，投资者或许就没那么关心了。反之，倘若投资期满时，积攒的金额未能达到180万元，这无疑意味着投资者需要通过其他途径另行筹措资金。更为棘手的是，这种情况下投资者甚至可能不得不放弃孩子的留学计划。可以想象，这样的结果对于投资者的投资获得感而言，将会是一个极大的打击。

因此，针对那些能够以清晰的目标达成门槛来明确界定的场景类投资方案，在构建时，不能仅仅将重点局限于收益、风险等传统评估指标上，而应当把最终需求的达成概率作为首要的优化目标。

在传统的基于时间截面的投资方案构建中，通常借助投资组合的收益率分布概率图来对整体投资表现进行衡量，如图10-9所示。然而，这种将多年的资产配置结果简化为二维分布图的做法，虽然在一定程度上能够提供直观的展示，却丧失了在时间推进过程中对资产配置进行灵活调整的可能性。更为关键的是，由于尾部风险的客观存在（如图中25%分位数框体现的负收益部分），部分高波动的投资组合在投资运作的前期年份可能会呈现出良好的收益表现。但是，在最后一年，一旦市场突发性下跌，这些组合就极有可能无法实现预定的最终投资目标。

若要切实提高投资方案实现最终目标的概率，就必须改变仅跟踪时间截面的收益分布的衡量方法，转而关注整个时间运行过程中投资组合的收益分布。如图10-10所示，在一整段时间内的投资组合资产分布构成了一个近似圆柱形，这个圆柱可视作图10-9的截面图顺时针旋转 90 度后再进行叠加而得到的图形。在图 10-10 中，圆柱上不同深浅的色带与图 10-9 中不同的收益分位点相对应。沿用前述“存入 100 万元孩子教育金”的例子，目标 180 万元在图中以虚线展示，场景型投资方案的目标是在投资期限的末尾尽可能多地将图中代表投资组合价值分布的色带挪至虚线以上。一方面，可以通过提高投资组合的预期收益水平（图中圆柱最中间的深色带所表示的资产组合价值 50%分位数的位置）实现；另一方面，可以在投资组合的最后几年，降低投资组合中的高风险资产比例，通过“收缩圆柱末尾的宽度”（即降低投资组合价值在最后几年的不确定性）的办法实现。

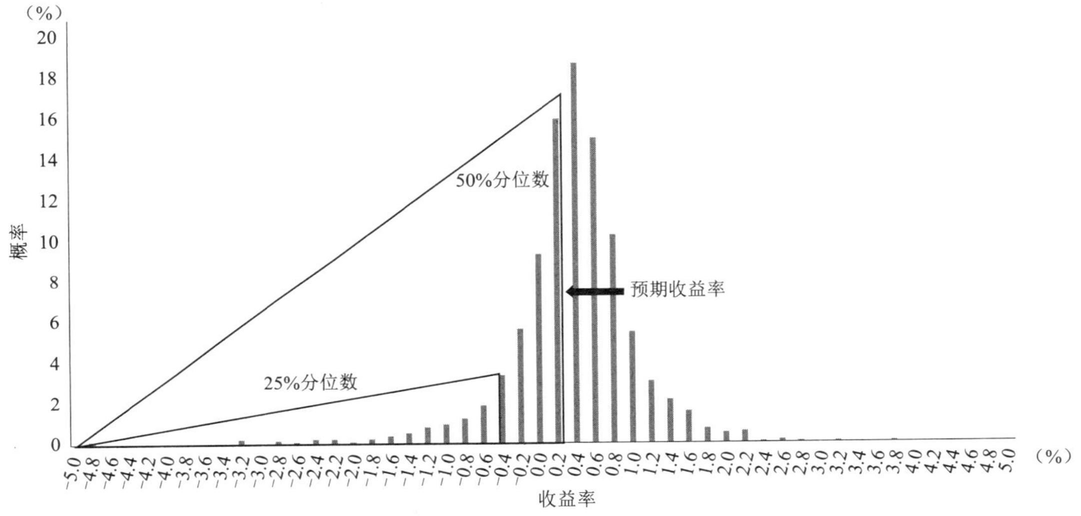

图 10-9 基于时间截面的收益率分布概率

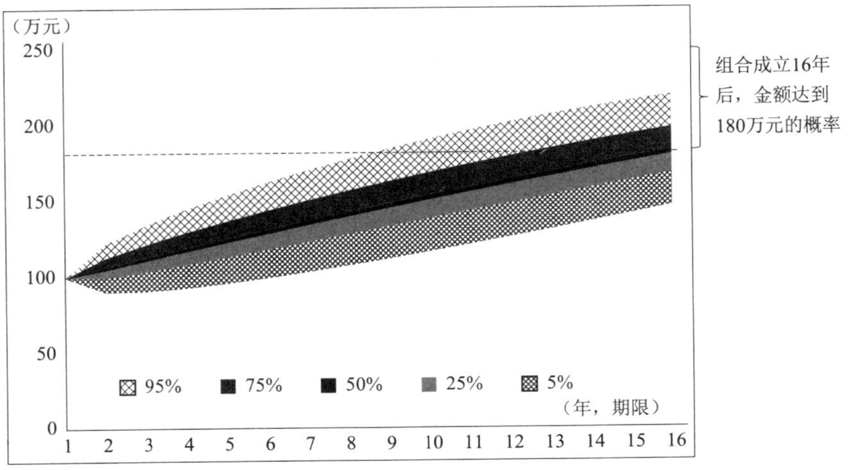

图 10-10 根据时间变化的投资组合价值走势分布图

事实上，在进行跨期投资方案构建时，有计划地在不同时点调整投资组合中的资产配置比例，可以在提高组合收益的同时维持较高的投资目标的实现概率。

二、基于组合保险的方法进行更加安全的投资组合配置

为了避免在投资组合运作初期本金的安全性尚不明确时，就承担过多的市场风险，同时个别年份出现的极端市场情况可能带来的严重后果，投资专家经过深入研究和实践，发明了一系列被称作“组合保险”的操作方法。

（一）固定比例组合保险方法

最经典的“组合保险”操作方法是固定比例组合保险方法（CPPI）。在CPPI方法的运作机制下，投资者可以依据自身的具体需求，为投资组合设定一个“保险金额”，以 F 表示。F 代表着在极端市场环境下，投资者期望投资组合的资产价值不至于跌破的最低金额。在此基础上，投资组合当前资产价值 A 与保险金额 F 之间的差额，即 $A-F$，就是组合的“安全垫”，用 B 表示。随后，投资者可以根据投资组合所配置的风险资产击穿“安全垫”的概率，设计一个固定放大比例 M。通过这样的设计，B 与 M 的乘积，即 $B\times M$，就能够确定该投资组合中所配置风险资产的比例。伴随着市场的持续运行，倘若每年均能实现较好的收益，那么“安全垫” B 将会逐步扩大。在这种情况下，投资组合中由 $B\times M$ 所代表的风险资产比例也会随之逐步增大。如此一来，投资组合便能够在安全的运行环境下，有条不紊地逐步提升风险资产的占比，达成有序建仓的目标，进而最终实现整体收益的提升。然而，若市场在某一年表现较为疲软，那么随着资产价值 A 的缩小，“安全垫” B 也会随之收缩。此时，CPPI方法将会按照一定比例主动调低风险资产的比例 $B\times M$。而当资产价值 A 下跌至保险金额 F 时，“安全垫” B 则会归零，相应地，风险资产比例 $B\times M$ 也随之降为零。通过这样的机制，投资组合便实现了对设定保险金额底线的有效保护。

还是沿用教育金的例子，假设投资组合中的权益类资产是CPPI中的风险资产，纯债类资产是相对安全的资产。由于纯债类资产和权益类资产的相关性略小于0，所以在权益类资产发生大跌时，纯债类资产也同时发生大跌的概率极低①。考虑到偏股基金代表的权益类资产基于CMA的预期收益率约为6.09%，其历史最大单年度回撤率为50%左右，而纯债类资产的预期收益率为2.6%，可以将保险金额 F 设定为 $100\div(1+2.6\%)\approx97.5$（万元），固定放大比例 $M=1\div50\%=2$（倍），则第一年的风险资产配置金额为 $(100-97.5)\times2=5$（万元）。在这种情况下，即使第一年遭遇熊市，风险资产下跌50%（2.5万

① 理论上，只要股债资产相关性不为−1，都有可能发生股债同时大跌的情况。但对相关性很低，甚至为负的两类资产而言，这种概率很低，此处出于论述的简洁性，暂时不考虑这种情况。但是，读者也可以在本书所举示例的基础上酌情降低风险资产的比例。

元），保险金额所配置的纯债资产也能提供 95×2.6%≈2.5（万元）的稳健收益，使得第一年末的组合资产金额约为 100 万元（实现类似保本的效果，俗称策略保本）。但是，如果第一年的股债资产收益均符合预期，组合资产可能上升到 95×(1+2.6%)+5×(1+6.09%)≈102.8（万元），则此时的安全垫 F=102.8−97.5=5.3（万元），而风险资产在第二年的配置金额则可以提升到 5.3×2=10.6（万元）。以此类推，从而实现风险资产仓位的逐步提升。该案例的具体运作和仓位调整过程如图 10-11 所示。

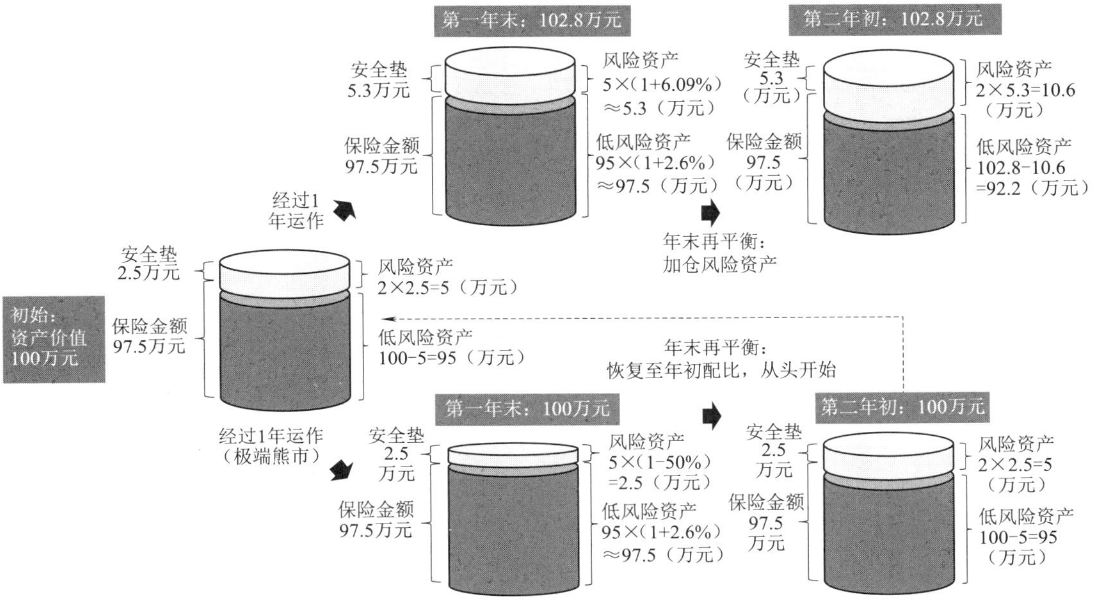

图 10-11　CPPI 方法的实操过程

综合来看，"涨时加仓，跌时降仓"的 CPPI 方法在调仓及时的情况下，能够十分有效地保障设定保险金额 F 的安全。通过合理的仓位调整操作，可以显著降低投资组合建仓期间极端市场情况对最终投资目标所造成的威胁。

（二）时间不变性组合保险方法

在上文的例子中可以看出，CPPI 设立保险金额和安全垫的方法重点保护了初始本金的安全，一旦在后续某一年份遇到了历史极端的大熊市，组合资产价值就会被打回到初始金额，从第一年重新开始。虽然部分投资需求对实现的时间要求有一定弹性，但其他投资方案的目标实现年份要求较为严格。为了在投资组合的运作过程中保住前期已经实现的收益，避免重新开始，可以考虑采用时间不变性组合保险方法（TIPP）。

与 CPPI 相比，TIPP 将原本不变的保险金额 F 修改为跟随每年资产价值 A 的收益率进行变化，即一旦任意年份出现极端熊市，投资组合并不会从头开始，而是直接从上一年最终价值开始重新调配风险资产和低风险资产的比例。沿用上例中的投资方案和资产回报情况，在第二年获取了2.8%左右的正常收益后，按照TIPP的方法将保险金额同样上调2.8%，则所配置的风险资产比例也随之上调2.8%左右，这样即便在第二年遇到了极端熊市，风险资产经历了历史最大回撤（50%），下跌后的组合整体资产价值也只是和第二年初的资产价值持平，而非CPPI直接回到第一年初的100万元起点，如图10-12所示。

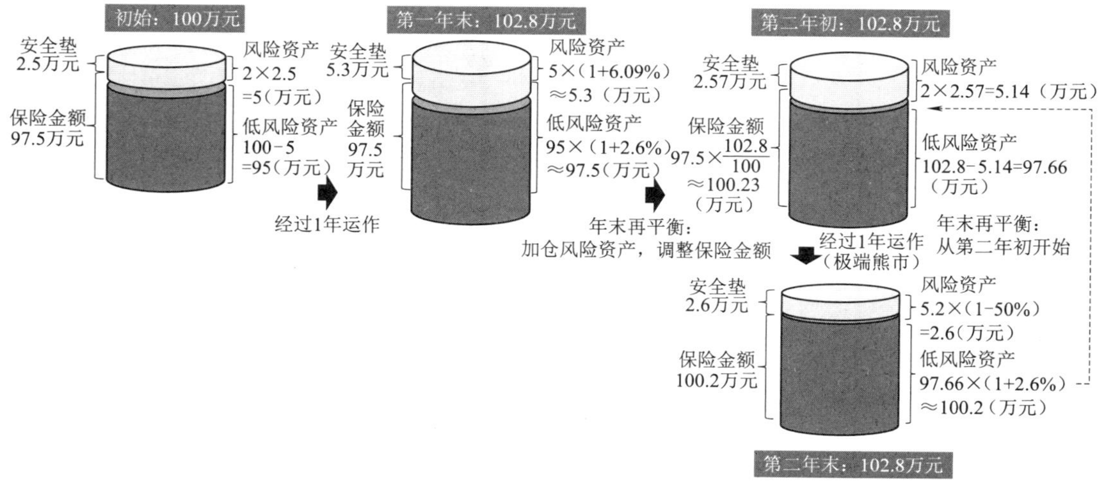

图10-12 TIPP方法的实操过程

TIPP方法虽然保住了过往收益，避免了极端情况下从头再来的问题，在熊市时最多仅需损失一年的时间，但其缺陷在于加仓速度过于保守，进而影响投资组合的整体收益水平。

（三）基于在险资产的组合保险

CPPI和TIPP方法均注重在极端情况下对组合金额的保护，在保险金额和风险资产建仓速度等方面各有优劣。为了构建更加灵活的建仓计划，基于在险资产的组合保险（VBPI）提供了一种基于选定置信度的在险资产（VaR）测算的保险方法。这为构建更加符合最新市场动态的投资方案提供了较好的思路。

CPPI和TIPP等方法中采用的安全垫放大倍数，往往基于历史波动、最大回撤数据计算而来，且一旦确定，在整个投资方案运作中均不会发生改变。但市场的波动和回撤并不恒定，在牛市中，风险资产发生回撤的概率降低，此时可以适当加快风险资产的建仓速度，增厚收益，关键是需要确定统一、即时的标准，以对组合的整体保险效果进行把控。VaR方法是很好的参照标准，一方面，其可以基于滚动波动率等反映近期市场走势的指标计算；另一方面，其事前设定的控制门槛（如 90%、95%或 99%等常见的置信度）可以为跨越数年的整个投资区间确立进行统一的标准，使得基于 VaR 的测算结果更加注重大多数情况下的风险防范。这样，在对风险资产进行加仓时，就会有更大的自由度和容忍度。

继续沿用教育金的例子，以展示 VBPI 方法的使用。在该案例中，权益类资产代表的高风险资产的预期收益率 $y_{权益}$ 为 6.09%，基于近三年市场数据测算出的滚动年化波动率 $\sigma_{权益}$ 为 17.15%，纯债类资产代表的低风险资产的预期收益率 $y_{纯债}$ 为 2.6%，近三年滚动年化波动率 $\sigma_{纯债}$ 为 0.54%，权益类资产和纯债类资产近三年的相关系数 $Corr_{权益、纯债}$ 为 −0.07，则由占比为 $w_{权益}$ 的权益资产和占比为 $w_{纯债}$ 的纯债资产组成的投资组合的预期年度收益为 $y_{权益}w_{权益}+y_{纯债}w_{纯债}$，预期年化波动率 $\sigma_{组合}=\sqrt{w_{权益}^2\sigma_{权益}^2+w_{纯债}^2\sigma_{纯债}^2+2\times w_{权益}\times w_{纯债}\times\sigma_{权益}\times\sigma_{纯债}}$，且 $w_{权益}+w_{纯债}=100\%$。基于上述分布数据，可以采用参数法，生成一个 VaR 模型，在正态分布的理想假设下，计算不同 $w_{权益}$ 对组合回报分布的影响，并选择理想的 VaR 置信度。比如希望投资组合在 95%以上的概率下能够实现年度的本金保护，则需要寻找该分布下，使得最低的 5%分位数回报约等于 0 的 $w_{权益}$，如图 10-13 所示。图中左下三角区域为回报小于 0 的概率。

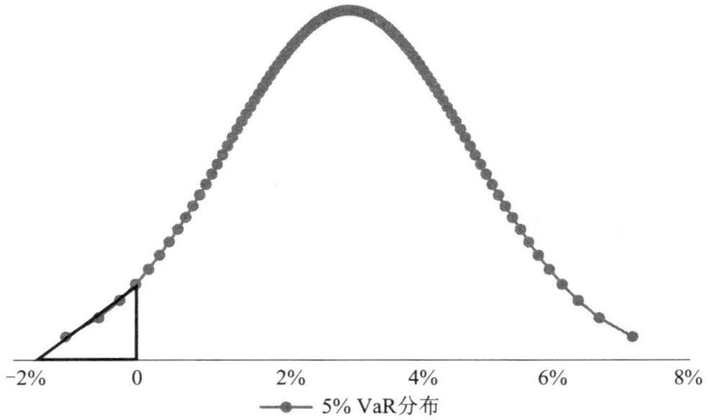

图 10-13 基于正态分布构建的 VaR 模型

通过 Python 或 Excel 可以计算出，满足上述 95%概率保本要求的 $w_{权益}\approx 10.3\%$，则 $w_{纯债}\approx 89.7\%$，投资组合的预期收益为 2.96%。如果投资者想设定更加严格的保本概率，可以将置信度设置为 1%，即 99%的概率下可以实现组合保本；而如果投资者认为可以适当放松保本概率约束，可以将置信度设计为 10%，即在 90%概率下实现保本。在 1%、5%和 10%的 VaR 置信度下，投资组合的第一年风险资产占比和预期收益情况可以参见图 10-14。

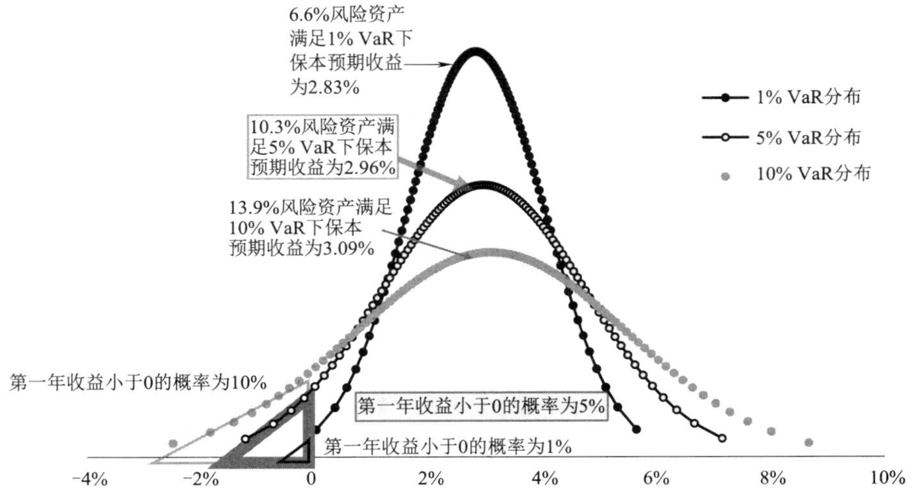

图 10-14 不同 Var 置信度下的投资组合测算结果

注意，在上述示例中，采用近三年的市场数据测算出的权益类、纯债类资产的波动率、相关性及之前基于全部历史数据区间计算出的数据完全不同，更加能够反映市场近年的情况。此外，投资者可以根据自身需要和风险承受能力，选择更加合适的 VaR 置信度，实现不同概率下对本金的保护。VaR 置信度越小，组合风险越低，则高风险的权益类资产占比 $w_{权益}$ 越小。

上述是在概率保本的情况下，为投资组合第一年设计的资产配置方案。如果采用相同的保本概率标准，在第一年配置的基础上，继续更新第二年、第三年等后续年份的方案（包括基于后续的数据，计算更新的滚动波动率和相关系数），并把这些年份的分布图叠加，就能得到代表资产分布的图形。例如，采用 1% VaR 置信度，展示在该标准下，满足 99%概率保本的资产配置调整方案，见表 10-5。

表 10-5 在 1% VaR 置信度下 VBPI 方法的建仓过程

年 度	权益仓位	纯债仓位	预期收益	组合预期累计收益
第一年	6.6%	93%	2.83%	2.83%
第二年	24%	76%	3.44%	6.37%
第三年	48%	52%	4.28%	10.91%
第四年	80%	20%	5.39%	16.89%
第五年	80%	20%	5.39%	23.2%

满足 1% VaR 置信度前提下，保本（超过 99%的概率保本）的资产配置方案在第一年配置了 6.6%的权益类资产，与图 10-14 的结果相同，第二年可以快速提升仓位至 24%，仍

可以满足 1% VaR 置信度的保本要求。依次类推，可在第四年将仓位提升至 80%或更高。基于此资产配置方案测算的组合价值分布，可以得到图 10-15[①]。注意，在第一年至第四年的建仓期内，图中 1% VaR 置信度前提下的最差的资产价值均大于初始金额 100 万元。

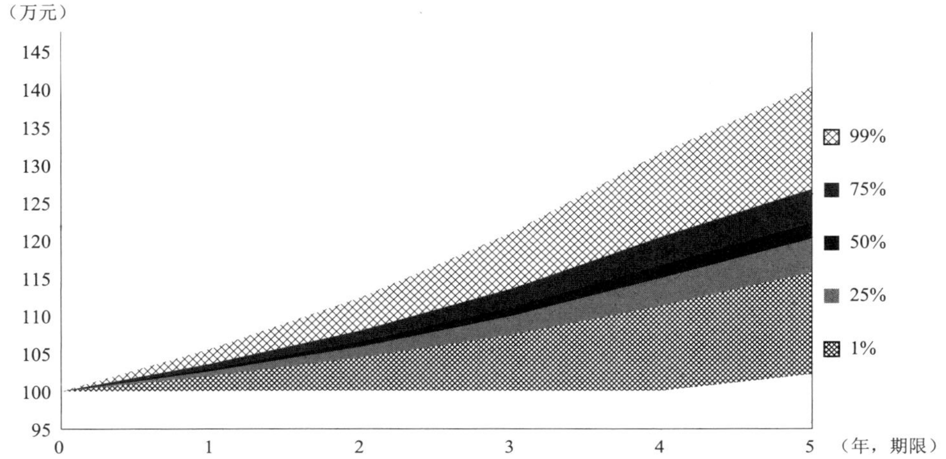

图 10-15　在 1% VaR 置信度下保本组合的资产价值分布

VBPI 方法可以在保护本金的基础上，对风险资产进行快速建仓，且提供了较为灵活的置信度调整空间，同时可以根据投资者的风险偏好进行定制化的方案设计。综合来看，其是规划场景投资方案中较为理想的方法。

三、长期投资方案的构建基础和资产调整方法

在充分了解场景投资方案的主要制定目标是提高投资者需求的实现概率，并掌握以资产价值分布走势图体现投资结果的所有可能位置，以及通过 CPPI、TIPP 和 VBPI 等组合保险方法实现前期安全稳健达到风险资产目标配置后，下面介绍一个人在完整生命周期中的投资方案构建。

虽然每个人都拥有不一样的人生规划和发展轨迹，大多数人在投资过程中所展现的风险承受能力的变化却有着明显的相似之处。这种变化与个人劳动能力的演变及由此带来的收入现金流的相应调整同步发生。关于劳动、消费与投资的相互关系，核心理论为 1954 年弗兰科·莫迪格利安首次提出的生命周期假说。该理论将个人的投资与消费行为划分为三个阶段：第一个阶段是年轻时期，一个人迈入工作的中前期，工作和生活尚未完全稳定，在这个

① 由于无法预知未来的市场波动率变化，此处测算仍沿用前文所述过往三年的数据，并通过连续数年的组合收益结合成单一变量进行分布测算的方法计算结果。在使用该模型时，读者需自行更新数据，结果可能略有差异。

阶段收入较低，而消费相对收入明显偏高，每年可节约下来用于储蓄和投资的资金较少；第二个阶段是黄金高收入时期，随着工作和生活进入正轨，虽每年消费水平有所提升，但收入提升得更多，则节约下的可投资资金也更多；第三个阶段是退休时期，收入大幅下降，主要依赖前期积攒的退休金生活。这种关系可以被生动地概括为“草帽图”，如图 10-16 所示。

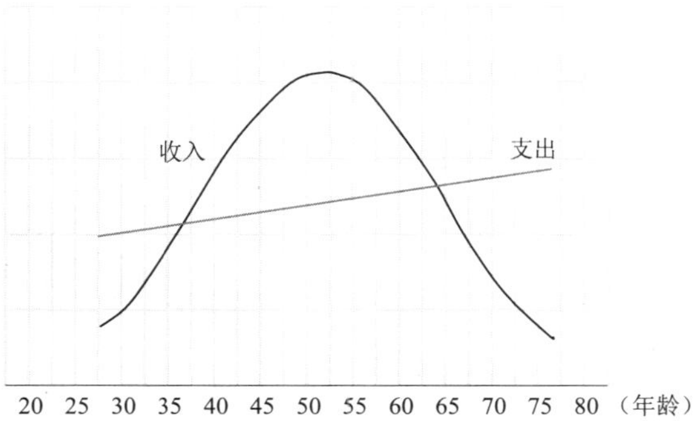

图 10-16 “草帽图”简易示意图

随后，经济学家逐步构建了一系列生命周期模型，深入探讨了投资与消费决策过程中，投资者效用与风险偏好之间的相互作用，以及个人未来收入的折现价值所蕴含的巨大“人力资本”如何增强其风险承受能力。

在某些经济学家的理论框架中，鉴于人力资本的存在，低收入的年轻人实际上拥有远超金钱资产的总人生财富，因此风险承受能力相对较强，故而应在职业生涯初期就配置较高比例的权益类风险资产。据笔者观察，这一结论在处于快速发展变化且权益市场长期波动率较大的环境应用时，或许需要进行细微的调整。尤其是许多投资者对投资初期本金亏损极为敏感，若波动过大，不仅可能因非理性操作提前斩仓致额外亏损，还可能因投资失利影响正常工作与生活心态。

因此，在投资组合建仓时，采用本书介绍的组合保险方法，可能是在长期方案构建中，更加理想的资产配置方式，如图 10-17 所示。在投资组合开始运作后的数年时间里，随着组合收益的逐年增长，为初始本金构筑了较厚的安全垫。基于这一稳固的基础，组合中的风险资产配置得以逐步增加至预定的较高仓位。此时，投资者步入了一个收入大幅超越消费的黄金高收入阶段，不仅年度节余显著增多，还拥有了充足的现金流和较高的风险承受能力，从而能够维持投资组合的高波动性，以追求较高的长期收益。然而，当投资者进入职业生涯的中后期，情况则发生了变化。家庭支出逐渐攀升，可能伴随而来的健康医疗开销增大，同时工作收入趋于稳定但增速放缓，导致每年的结余现金流减少。鉴于此，投资方案中的风险资产比例会逐步下调，直至退休时达到最低仓位。最终，投资组合转变为以纯债等低风险投资为主，旨在通过稳定的票息收入为退休生活提供可靠的财务支持。

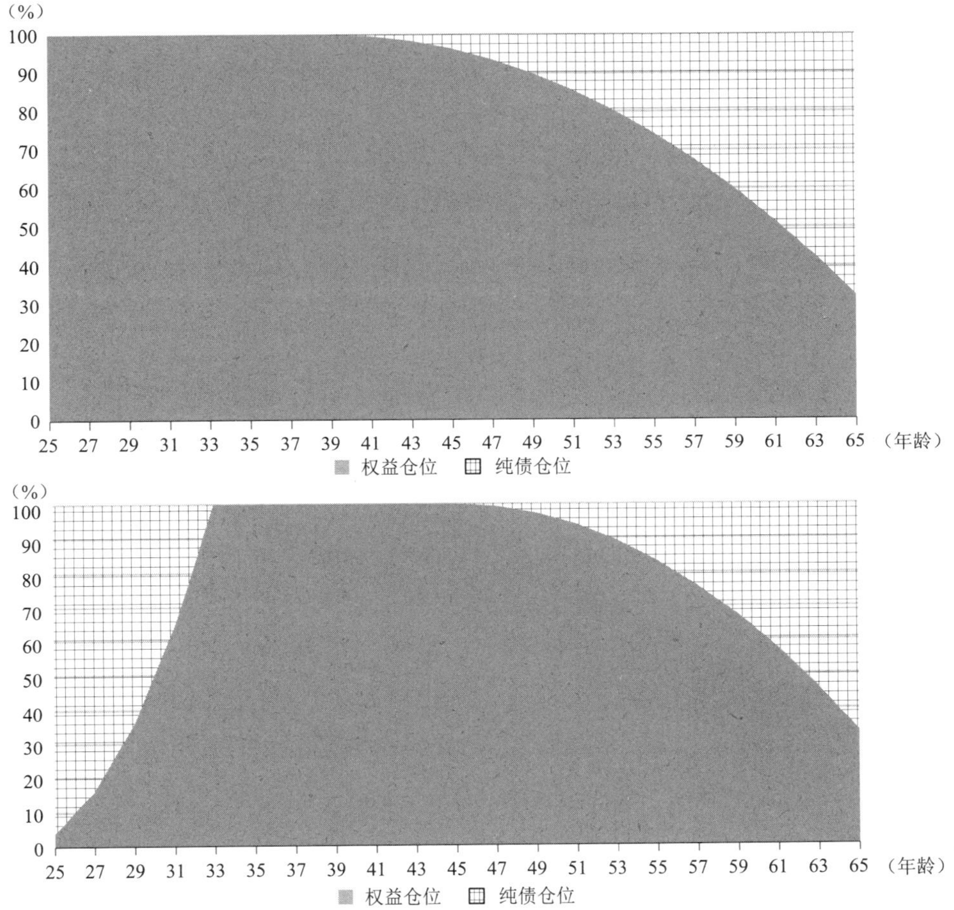

图 10-17 生命周期理论下的原始投资方案（上）和加入组合保险建仓方法的投资方案（下）

数据来源：《私人财富管理》（上），笔者测算（下）。

图 10-18 呈现了投资者在年轻时，通过组合保险的方法，对风险资产逐步建仓，并在退休前后逐渐降低仓位的投资方案。特别注意的是，在走势图的前期阶段，利用组合保险方法能在 1% VaR 置信度水平下可以实现保本效果；而在退休前后开始降低风险资产仓位，可以有效缩小投资组合潜在价值的分布范围。这样一来，整个投资过程的中后期将拥有更高的确定性，从而提高了在投资周期结束时达成预定投资目标的概率。

如何构建不同的投资方案，以应对养老、教育、医疗等各类场景的需求，是一项复杂而深远的课题。尽管学术界已对此进行了广泛而深入的研究，且资管机构及财富管理专家也积累了丰富的实战经验，但鉴于投资者在职业、年龄、个人状况等方面的多样性，要制定出普适且有效的场景化投资理财方案，仍然任重而道远。在本书中，仅选取了债券基金中的权益和纯债这两类具有代表性的资产作为示例，展示了一个典型假设下的资产构建方案。当然，在现实投资环境中，投资者完全可以根据自身情况，将保险、存款、不动产等多种资产纳入投资计划，以进一步优化投资组合的效果。但是，万变不离其宗，构建理想投资方案的核心要素始终如一，即高风险资产与低风险资产之间的配置、对投资组合收益及其波动性的衡量，以及对组合资产价值在不同时间点可能分布的把控。读者可以从这个角度出发，结合自身实际，构建满足自身需求的投资组合。

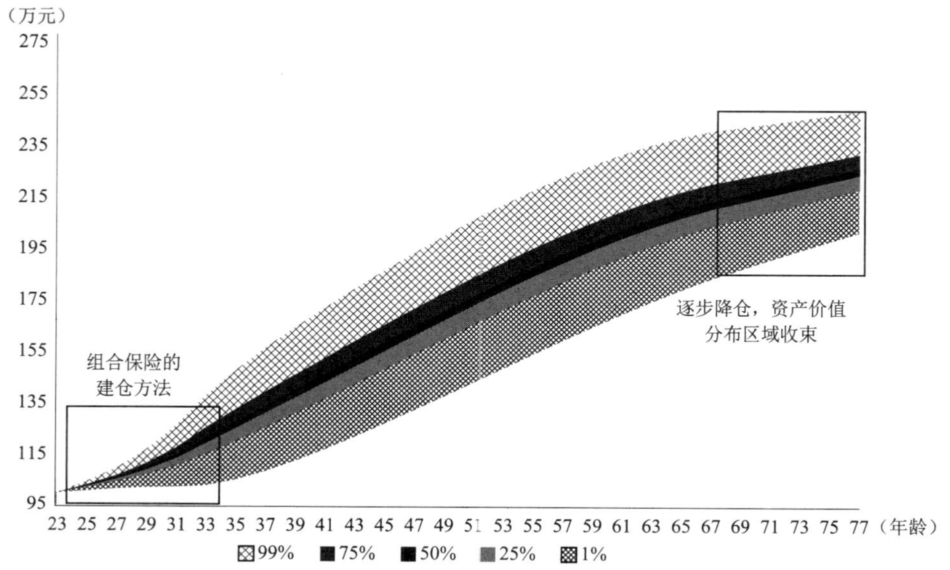

图 10-18　先加仓后降仓的投资方案中资产价值分布走势图

本章小结

本章介绍了构建低风险投资理财方案的完整流程。读者可以了解到，构建良好投资方案的出发点是对自身投资目标和风险承受能力的准确评估。其中，关于投资需求的刻画，可以帮助读者捋清自身的思路，并纠正可能的投资误区。随后，本章分别阐述了投资方案的两大主要类别：第一类是具有稳定收益和风险特征的投资方案，其构建核心在于通过资产配置来优化方案的业绩表现；而第二类则是针对特定投资目标设计的场景化方案，这类方案的特点是资产配置需随时间推移（及不同时间点投资者风险承受能力的变化）进行动态调整，核心目的在于提升达成最终投资需求的概率。本章示例仅运用权益与纯债这两类资产进行配置演示，考虑到债券基金既可投资于纯债，也能涉足股票、可转债等权益类资产，因此读者可直接应用本书前三篇中关于债券基金的相关知识，来构建上述各类方案。同时，鼓励读者依据本章思路，融入其他资产类型，进一步丰富并个性化自己的投资组合。

第十一章　基于经济和市场走势调整投资理财方案

在金融市场的实际运行中，受各种外部不确定性因素的干扰，各类资产价格时刻处于波动状态，可能在以年度为单位的中短期内显著偏离其基本面所决定的增长轨迹。此外，基于历史数据统计得出的预期风险，往往也难以准确衡量市场短期内出现的尾部风险。由于市场存在巨大的不确定性，投资管理很难不受其影响，难以按照预先制定的、基于长期假设的资产配置方案进行操作。但是，从另外一个角度讲，这种短期市场波动导致资产价格相对于其预期均衡状态的偏离，也蕴含着获取超额收益的机会。因此，总结市场波动中的规律，利用这些规律的惯性，并将其融入系统化的投资方法中，最终可以形成一年以内有效的资产配置调整策略，即战术资产配置（TAA）。

第一节　基于宏观场景的资产配置调整思路

债券、股票等金融资产，本质上反映了对企业经营收益（按不同优先次序）的分配权。这些资产的内在价值，与企业的经营状况、预期收益及获取未来收益所需的当前资金成本息息相关。例如，在经济繁荣时期，企业盈利迅速增长，市场资金充裕且融资成本较低，此时大多数股票资产的价值自然倾向于上升；而在通胀加剧、物价上扬的阶段，货币购买力下降，具有固定面值和票面利率的债券价值则可能下跌。

如何准确概括宏观经济形势，并依据其变化规律来优化股债等资产的配置，是投资领域的一个重要课题。对宏观因子的分析与归纳，不应单纯依赖历史数据，而应基于坚实的经济学理论与逻辑推导。同时，在构建宏观因子模型时，必须确保各因子的独立性，以避免因关联性或因果关系导致的市场走势影响被重复计算。

一、宏观因子的组成及其影响

本书将宏观经济对债券市场的影响涉及的因子归纳为经济增长、通胀、流动性。选取这三个因子进行宏观经济分析，不仅是对美林时钟两因子体系的拓展，同时也是考虑到国内相对独立的货币政策，以及流动性投放对资产价格的影响更为显著。

（一）经济增长因子

经济增长涵盖了社会生产与消费活动的整体水平变化情况。在我国，国内生产总值（GDP）增速是衡量经济增长最为关键且综合性很强的指标。GDP代表了一个国家或地区经济中所产出的全部最终产品和劳务的价值总和。通过对比不同时期的GDP增速，能够极为直观地展现出经济的波动与发展态势。

当经济增长加快时，企业运营状况通常会改善，盈利预期显著增强，这对基于未来现金流折现的权益类资产构成利好，可能会推动股票或可转债价格上涨。同时，随着企业扩大生产，对原材料的需求也会增加，包括为生产准备的库存上升，这会带动大宗商品价格上涨。而各类企业整体扩大产能的趋势，进一步促使企业融资活动增多，从而拉高社会整体利率中枢，对债券形成利空。

我国的GDP增速及其相关核算工作由国家统计局统一负责并发布。尽管在GDP核算过程中可采用生产法、收入法等多种方法，但由于数据发布频率较低等因素限制，对金融从业者而言，支出法成为研究GDP最常用的方法，即社会所有经济活动的产出可被用于消费、出口或投资，并转化为新的生产资料，重新投入再生产过程。因此，投资、消费和出口被视为拉动经济增长的“三驾马车”。由于GDP增速这一关键指标的发布频率较低，每季度仅发布一次，且通常需在季度末、半年末或年末结束后约20天才公布，存在明显的滞后性，因此，在实际投资管理中，研究者往往转向GDP的三个主要分项——投资、消费和出口，寻找发布频率更高且具有领先意义的指标，以预测GDP增速的潜在变化趋势。

（二）通胀因子

通胀，即货币供应量大于实际需求量，导致货币购买力整体下降，进而引起商品价格普遍上涨的现象；相反，当货币购买力上升，商品价格普遍下跌时，则称为通货紧缩（简称通缩）。衡量通胀最全面的指标是GDP平减指数，该指数反映了经济中总体价格水平的变动。

然而，与GDP指标类似，GDP平减指数同样是一个按季度发布且存在滞后性的指标。在金融领域，从业者开展投资管理运作时，往往会选用频率更高、细分程度更具体的物价变动指标，以便更敏锐地捕捉通胀的方向性变化。从居民角度来看，作为消费者，他们对处于整个生产环节最末端的消费品价格变化十分敏感。正因如此，居民消费价格指数（CPI）成为大多数人密切关注的通胀指标。而从全社会的消费构成来看，除终端居民消费品外，企业在生产活动中还会消耗半成品、原料及生产设备等各类商品。这些商品的价格发生变动，会对社会整体的货币购买力产生影响，工业生产者出厂价格指数（PPI）便是衡量这一影响的重要指标。进一步追溯到商品生产链条的最上游，像铁和铜等矿石、石油和煤炭等能源、木材棉花等农产品，以及其他各类原产品等，它们的价格变化可以用工业生产者购进价格指数（PPIRM）来衡量。这些处于最上游的材料价格一旦发生变动，将通过供应链进行传导，不过这种传导存在一定的时间滞后，最终会对下游的消费品价格变动产生作用。而上、中、下游各环节价格变动的综合情况，就构成了对全社会商品价格变动的整体描述。

当社会整体物价水平上涨时，货币的实际购买力便会随之下降，而在金融市场中进行交易的大宗商品价格则会呈现上涨趋势。对于金融市场中的资金提供方而言，他们会深切感受到资金在时间的推移过程中逐渐贬值。因此，在出借资金时，为了弥补通胀引发的贬值损失，他们往往会提出更高的利息回报要求。具体而言，在实际利率保持不变的情况下，随着通胀率的上升，依据公式“（1＋实际利率）×（1＋通胀率）＝1＋名义利率”，名义利率也会随之提升。这种全社会融资利率的升高，会进一步导致债券估值收益率上升，从而使得债券市场面临下行压力，债券价格随之下跌。与之类似，按照现金流折现模型等经典估值模型所测算出来的股票市场整体价格也会受到波及，呈现出下降的走势。

（三）流动性因子

流动性因子是用于刻画宏观场景特征的另一关键要素。近年来，在国内未曾出现大幅恶性通胀，且经济增速相对平稳的背景下，流动性的变化极有可能是对金融资产价格产生最大影响的因素。在普遍认知中，央行直接投放货币的数量多少（狭义流动性），以及投放货币的增速与经济增速的匹配程度，是影响市场中流动性（资金）规模的直接原因。然而，商业银行借助存款与贷款的循环，也能够派生货币（广义流动性）。因此，居民自发的存款和贷款需求的变化，以及在央行通过调整存款准备金率等手段调节下的银行间资金流转速度，同样对流动性具有较为显著的影响。

央行每日开展公开市场操作投放资金时，均会面向全市场进行公告，每个季度也会发布货币政策执行报告，此外还通过各类新闻发布会对外阐释其近期的货币政策思路，并且不定期公布货币政策的调整决定。鉴于此，有关其投放行为的数据具备较高的可获取性。同时，央行可以统计所有商业银行的存贷款、支付及债券投融资等活动，并借助金融市场月度统计报告公布相关信息。这种高度的信息透明度与可获得性，使得市场中对于流动性因子的方向判断分歧相对较小。就目前而言，流动性的多寡对居民消费行为的影响相对较为有限，而其对不动产、股票、债券及大宗商品等金融资产的作用或许更为显著。在相同条件下，流动性越宽松，市场里投资理财的需求便越会攀升，股票和债券市场也就更有可能呈现上涨态势。况且，宽松的流动性意味着，借出资金的需求可能超过融入资金的需求，利率（作为投融资双方的交易价格）通常会下行，这也会经由降低债券估值收益率、压缩现金流折现模型的折现率等路径，进一步推动债券市场和股票市场上扬。而流动性宽松所引发的物价上涨预期，同样可能带动大宗商品和贵金属价格的上升。

除了央行和商业银行体系所承载的内部流动性，也需要考虑外部流动性的影响。基于我国在国际贸易中的参与程度及人民币在贸易结算中的使用频率，人民币和以美元为代表的主要国家货币的汇率也是影响宏观经济场景的重要因素。在多数情形下，汇率是反映国内流动性变化的关键客观指标。然而，倘若出现国外以能源和矿产等为代表的大宗商品价格大幅上扬，且人民币汇率迅速贬值的情况，便会引发经济研究者对外部输入性通胀的担忧，进而对国内金融资产的价格产生影响。

二、宏观因子的信息整合和方向判断

在明确经济增长、通胀和流动性是对刻画宏观经济环境最为有效的三个因素后，下面对这三个因素下各个统计指标进行分析和解读，从而判断这些因素的当前状态和变化方向，进而形成对当下宏观场景的判断。

（一）信息整合

为使读者能够快速上手且以简单有效的方式了解宏观指标中的关键信息，主要借助两个途径来整合宏观信息。

1. 充分利用市场一致预期数据

诸如 GDP、CPI 这类大型综合经济指标的分析极为复杂，市场主流机构研究者或许会采用细分项结果拼装倒推、跟踪高相关性领先指标等方法进行分析，往往只能得出一个与最终数据大致相近的结果，且通常只是一个预测的“数字”。而读者在经验和精力有限的情况下，最为便捷的方式是直接借鉴这些机构的研究成果，并将多家机构的“数字”加以比较，通过选取中位数或平均数的方法，形成自己对宏观数据走向的基本判断。目前，投资者获取市场主流研究机构预测结果的主要途径有两条。

(1) 大型金融机构和国际组织官网展示的经济展望页面，或定期对外发布新闻稿形式的宏观经济展望报告

这些信息源主要提供大型综合宏观指标的预测，比如 GDP 增速、通胀率、政府赤字率等。此类机构预测数据的更新频率大多为季度或半年度（以匹配相应预测数据的频率），但也有按月度更新经济增长展望的，比如国际货币基金组织（IMF）在其官网公布

的地区经济展望及包括中国在内的国家经济数据预测。读者可自行登录其网站查阅最新数据。

（2）各类证券公司研究所的宏观研究组或宏观经济智库发布的定期预测报告

尽管这些研究所属于商业机构，其报告通常会标明“仅供付费的机构客户使用”之类的免责声明，但事实上，在过去至少20年的时间里，这些研究报告和预测结果几乎总是被研究所自身公布在自家网站上，并转载于各类互联网媒体，同时近年来还会发布在其官方微信公众号上。普通投资者在不对这些研究机构进行追责的前提下，大多能够免费使用他们的研究成果。

这些商业化的宏观研究报告发布频率更高、提供的数据支持更全、论证更详细、文章的可读性更高，且不仅覆盖大型综合宏观数据，也能够覆盖诸如社会消费品零售总额、M1、M2等细分方向的指标。读者可以自行搜索比较认同的数家研究机构，参考其的预测形成自己的数据预期判断，也可以借助金融投资软件提供的预测数据，综合整理成自己的预期。

一般认为，中国资本市场的有效性处于弱有效与半强有效之间。在债券这种机构投资者占据主体地位的市场中，其有效性或许稍强一些。这意味着宏观经济数据的主流预期结果基本已体现在市场当前的交易价格中（尤其是像10年期国债价格、股票市场大盘指数价格等标杆性资产品种）。对于密切关注宏观经济数据变化的基金投资者来说，在考虑投资组合的中短期配置调整时，需要重点关注经济数据实际公布值与前期市场一致预期值之间的差额。

2. 寻找和监控对当下市场影响较大的经济指标

当前，市场中持续发布的经济指标数以万计，然而无论是专业投资机构还是具备一定宏观经济研究基础的个人投资者，都难以做到全面跟踪和分析所有指标。从实际情况来看，市场走势在很多时候往往仅受少数核心指标的影响。这些核心指标通常具有合适的发布频率（发布频率过高则波动过大，难以辨别趋势；过低则过于滞后，无法有效指导投资）、由权威机构发布、拥有连续完整的历史数据（以便投资者进行分析），并且被市场参与者广泛认为对资产价格变动有着明显且清晰的影响等特点。虽然随着经济结构的变迁，以及统计口径和编制方法的变化，不存在一套永远固定且有效的指标体系，但在至少数年甚至超过十年的较长时间跨度内，这些经济指标的作用需要保持相对稳定。

根据经验，笔者为读者在经济增长、通胀和流动性方面各推荐4～8个指标，具体见表11-1。这些指标都能够在国家统计局、央行官网及其他公开渠道及时获取，并且在过往相当长的时间段及可预见的未来，持续对市场产生较为显著的影响。

表 11-1 各宏观因子下较为重要的跟踪指标

宏观因子	指标名称	频率	判断依据
经济增长	中采 PMI	月	荣枯线
	工业增加值：当月同比	月	市场预期
	固定资产投资：累计同比	月	市场预期
	社会消费品零售总额：当月同比	月	市场预期
	出口金额：当月同比	月	市场预期
	社会融资规模存量：同比	月	市场预期
	金融机构：各项贷款余额：同比	月	变化方向
	GDP：累计同比	季	市场预期
通胀	CPI：当月同比	月	市场预期
	PPI：当月同比	月	市场预期
	城镇储户问卷调查：未来物价预期指数	季	荣枯线
	GDP 平减指数	季	市场预期
流动性	M1：同比	月	市场预期
	M2：同比	月	市场预期
	存款准备金率变动	不定期	操作
	央行公开市场操作利率变动	不定期	操作

此处，笔者剔除了周频和日频指标（即便个别数据对市场有显著影响），保留了月频和季频指标，且总数控制在 20 个以内，以确保读者在实际投资时便于跟踪。表 11-1 的最后一列呈现了解读这些指标的方法。其中，部分指标自身具有明确的荣枯线门槛，比如 PMI 指标大于 50%表示经济增长提升，小于 50%则表示经济增长萎缩；未来物价预期指数大于 50%则预示通胀，小于 50%则预示通缩。另有部分指标需要与市场一致预期进行比较，从而判断其变化方向，如工业增加值、固定资产投资等一系列与 GDP 相关的指标，以及 CPI、M1、M2 等。这主要是因为这些指标的取值会依据经济整体潜在增速等其他锚定指标而变动，或存在年内开工、开支等进展方面的季节性特征。最后，还有一些指标需要与前一期进行对比来得出增减判断，比如央行是提升还是缩减存款准备金率，超额存款准备金率是增加还是减少等。

（二）基于打分表法判断各宏观因子的当前结果

对于债券基金这类中低风险投资品种而言，其绝大多数收益源于每日积累的票息。基于此特点，投资者在投资债券基金时需要尽可能多地投入资金并长期持有，同时尽量减少频繁进出和择时操作。因为当市场出现短期小幅波动时，只要投资者坚定持有并承受这种波动，那么债券基金的票息收入很快就会覆盖价格的波动。所以，对于债券基金的投资者来说，无须过度关注宏观经济短期的细微波动方向，只需确定长期大趋势不出现明显逆风即可。在这种不追求领先于市场，只要大趋势判断正确的思路指导下，在债券基金的投资中，可以采用打分表法这一最为简单且易于操作的方法来进行宏观判断。打分表法是一种统计方法，其操作步骤是将所有纳入考量的指标列入一张表格，然后依据每一项指标的结果（相对预期的结果或者自身的变动结果，具体可参照表 11-2）赋予相应的得分，最后将每一项下的所有得分加总，通过计算总分来描述该项的形态。

表 11-2 打分表法对宏观因子进行描述（示例）

宏观因子	指标名称	本期得分	综合得分
经济增长	中采 PMI	+1	+3/8=+0.375
	工业增加值：当月同比	+1	
	固定资产投资：累计同比	−1	
	社会消费品零售总额：当月同比	+1	
	出口金额：当月同比	−1	
	社会融资规模存量：同比	+1	
	金融机构：各项贷款余额：同比	+1	
	GDP：累计同比	0	
通胀	CPI：当月同比	−1	−2/4=−0.5
	PPI：当月同比	−1	
	城镇储户问卷调查：未来物价预期指数	+1	
	GDP 平减指数	−1	
流动性	M1：同比	0	+3/4=+0.75
	M2：同比	+1	
	存款准备金率变动（降准则+1）	+1	
	央行公开市场操作利率变动（降息则+1）	+1	

在复杂的统计模型中，能够借助过往数据分析及逻辑推导手段，对各个指标的重要程度作出判断，并给予不同的权重系数。然而，根据笔者的经验，这种调节权重的方法往往仅在解释历史数据时具备更佳的效果。而在针对当下情形进行描述或者对未来走势展开预测时，采用简单的各指标等权处理方式反而能够取得相同乃至更出色的效果。例如，在表 11-2 中，所有指标的取值均设定为−1、0、+1。当指标变动预示着经济增长呈现提升态势，或者通胀处于上行阶段，抑或流动性朝着更加宽松的方向发展时，此时取值为+1，反之则为−1，如无影响则取值为 0。最终，在经济增长、通胀及流动性这三个大项中，分别基于当期各分项所获得的总分数，占各项指标数的比例，计算出综合得分。该综合得分介于−1～1，其中−1 代表经济处于极度衰退状态、通缩程度极高，或流动性极度紧

缩；而1则代表经济处于极度繁荣状态、通胀处于极高水平，或流动性极度宽裕。

三、宏观因子不同状态下的经济场景和资产调整方向

在汇总所有指标当期变化结果，并得出经济增长、通胀和流动性三个方面的得分后，便能针对这三项的不同组合，对宏观经济和资产表现展开更为细致的划分。从理论层面来看，由于这三项中的每一项宏观因子都存在正数（0到1）和负数（−1到0）这两种取值情况，所以理论上三项相结合会产生8（2^3）种可能性。然而，在实际经济运行过程中，像经济增长放缓、通胀上行及流动性放松这种组合，仅仅出现在少数国家的恶性通胀环境之中；而经济增长回暖、通胀下行及流动性收紧这种组合，也只会在少数国家采用紧缩性去杠杆同时治理债务危机和通胀，且初显成效的时刻发生（例如，南美国家在20世纪经历的经济休克疗法阶段）。在大多数国家正常的经济周期中，通常只会经历六个宏观经济场景，见表11-3。在正常周期下，经济增长、通胀和流动性的正负取值，依次形成了宽松、复苏、过热、紧缩、滞涨、衰退这六个经济场景组合。这种场景分类方式可以称为普林格时钟。

表11-3 宏观经济的六个常见场景中各因子的取值

宏观因子	宏观经济场景					
	宽 松	复 苏	过 热	紧 缩	滞 涨	衰 退
经济增长	负	正	正	正	负	负
通胀	负	负	正	正	正	负
流动性	正	正	正	负	负	负

普林格时钟是美林时钟的发展升级版。在美林时钟的模型里，经济增长与通胀被视为经济周期的主要驱动因素，其核心逻辑在于：经济增长的“复苏”态势会推动通胀上行，当经济增长和通胀双双处于高位时，经济便会步入“过热”阶段，进而引发增长停滞的“滞涨”场景，最终走向“衰退”。普林格时钟在美林时钟划分方法的基础上，充分考量了政府和央行通过货币政策、流动性投放或收紧对经济实施的逆周期调控作用。具体而言，在经济步入衰退阶段后，央行大概率会采取宽松的货币政策进行流动性投放，从而将经济重新刺激至复苏阶段；而在经济处于过热中后期时，政府意识到当下的环境难以持续，便极有可能运用加息、提高存款准备金率等紧缩性货币政策来收紧流动性，试图刺破经济泡沫，将通胀等压制在合理区间。因此，在普林格时钟中，新衍生出宽松和紧缩这两个新阶段（注意，在表11-3中，这两个阶段分别出现在流动性由负转正、由正转负的拐点处），以此反映央行的宏观调控对经济产生的影响。

根据各个宏观因子对各类资产价格产生的影响，同时结合历史市场资产价格变化的

实际情况，可以对普林格时钟涵盖的六大经济场景下各类资产的理论最优配置状态进行经验性的总结。在经济的滞涨场景中，各类资产的收益预期均不乐观，此时应将资产配置转向现金类资产（如货币基金）。而在其余五个场景下，债券、权益和商品的收益预期呈现出较为显著的特征，即在两个阶段超配、在两个阶段低配、在其余时间中配（即标准配置），并且存在通过资产配置轮动来获取超额收益的可能性，见表 11-4。

表 11-4　普林格时钟下各场景的最优资产配置

经济场景 资产类型	宽　松	复　苏	过　热	紧　缩	滞　涨	衰　退
债券	超配	中配	低配	低配	最佳配置现金	超配
权益	中配	超配	超配	低配		低配
商品	超配	超配	中配	低配		低配

关于债券基金（含纯债债基、混合债基）和货币基金，对于低风险的投资者，可以进行更小幅度的轮动尝试，见表 11-5。

表 11-5　债券基金品种在各经济周期的最优配置

经济场景 资产类型	宽　松	复　苏	过　热	紧　缩	滞　涨	衰　退
纯债债基	超配	中配	低配	低配	超配货币基金	超配
混合债基	中配	超配	超配	中配		低配

从资产配置调节方向的角度，此处以超配、低配及中配予以标明。然而，在具体确定超配与低配的幅度（百分比）时，无法用统一固定的规则来规定。不同的投资方案在决定其战术资产配置的调节幅度时，投资者需要深入自省：在预判宏观经济场景切换方面，自身究竟有多大的置信度。这是因为经济周期的运行并非总是单向推进的，在场景切换之际，往往会出现反复与倒退的情况。很多时候，一两个孤立的宏观数据反转，事后或许会被证明只是小幅且无序的波动，又或者是由突发事件引发的短暂扰动。当投资者由于自身经验欠缺，或者经济数据的变化无法相互印证时，建议适当缩小资产配置的调整幅度。

同时，投资者还需明白，资产配置中超低配调节的幅度越大，投资方案的业绩波动也就越大。再高明的投资者，也难以精准把握在资产价格反转的最佳时机进行调仓操作。即便调整方向正确，若仅仅提前数日或延后数日，也会导致投资组合业绩在短期内面临逆风期。因此，投资者需要综合考量自身的风险承受能力，进而决定是否要对资产配置方案进行大幅度的超低配调整。

此外，在资产配置调整过程中，投资者不仅要明确正确的调整方向，还要预估超配资产可能的上升空间，或低配资产可能的下跌幅度。若预定资产价格本身已处于较高或较低水平，在进行超配或低配操作时，也需相应地缩小调整幅度。

第二节　基于估值的资产比价方法

关于债券基金和货币基金，在滞涨时期，需从“现金为王”的角度大幅增配货币基金；而在其余经济场景下，主要资产配置围绕债券基金（包含纯债债基和混合债基）所能配置的纯债类资产及权益类资产（含可转债和股票）展开。下面针对上述细分资产类别的相对性价比，分别介绍三个估值模型，用以比较其当期资产价格相对历史位置的情况。

一、股权风险溢价模型

股权风险溢价（ERP）模型是评估纯债类资产与权益类资产相对性价比时最为关键的模型。其核心理念在于比较权益类资产和纯债类资产的静态收益率，并认为这两者收益率之差具有均值回归特性。一般而言，权益类资产的收益率可以通过沪深两市所有上市公司的盈利收益率（即市盈率 PE 的倒数，它代表了每一元股权资产每年所能创造的净利润）来衡量；而纯债类资产的收益率则可用 10 年期国债的收益率来代表（鉴于 10 年期国债为免税资产，本书采用 10 年期国开债替代，以排除税收差异的干扰）。ERP 即为权益类资产收益率与纯债类资产收益率之间的差值。由于在公司的所有权结构中，股权的收益分配顺序位于债权之后，因此从全社会整体来看，股权的长期收益理应略高于债权收益。不过从历史数据观察，这种超额收益长期在一个有限的区间内波动。

当 ERP 处于区间下沿时，ERP 的吸引力较低，而债权收益的吸引力则相对较高。这表明当前权益类资产的价格被高估，而纯债类资产的价格被低估，投资者因此倾向于增配债券，减配股票。反之，则说明权益类资产的价格被低估，而纯债类资产的价格被高估，投资者会倾向于减配债券，增配股票。

从历史数据来看，无论是在国外还是在国内证券市场，ERP 指标都持续展现出对投资的指导作用。图 11-1 为基于国内股债价格计算的有数据以来全部区间的 ERP 指标走势。根据笔者的观察，当 ERP 指标运行在其取值的中间位置时，往往难以预判其后续变化。但是，该指标在图中的历次上沿拐点和下沿拐点，事后回溯来看，对资产配置调整都有很好的指导意义。例如，在 2011 年 7 月、2015 年 6 月、2018 年 1 月及 2021 年 2 月等时点，ERP 指标均处于相对低点，这表明股票市场的相对吸引力不高，而债券市场则受到利好。随后，这些时点均出现了较为明显的债券收益率方向性下行、债市走牛的行情。而股市在上述 ERP 低点之后直到下一个高点期间（分别对应为 2012 年 1 月、2016 年 2 月、2019 年 1 月和 2022 年 10 月），也基本呈现下跌趋势，业绩表现远远落后于纯债类资产。相对应的，ERP 指标的几个高点，如 2012 年 12 月、2016 年 2 月、2019 年 1 月、2022 年 10 月等时点，从这些高点之后直到下一个 ERP 下沿拐点之间，都出现了权益类资产跑赢纯债类资产的情况。

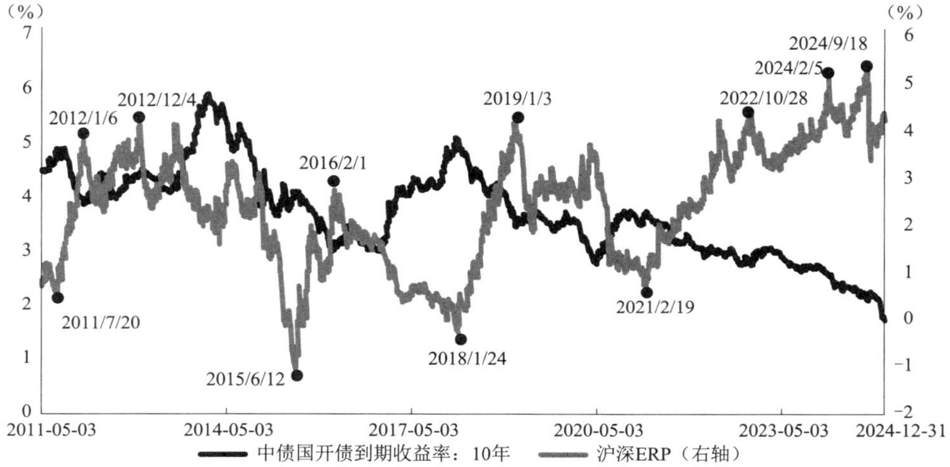

图 11-1　ERP 指标走势对股债相对性价比变化的指示效果

数据来源：WIND、中债估值中心，笔者整理。

尽管 ERP 指标的拐点对资产相对性价比变化具有很强的指示意义，但在实操中不能完全依赖该指标进行决策。原因有以下三点：一是，该指标发出调仓信号的频率较低，一轮高低配周期可能长达 3～4 年的时间，在实操中可能需要等待较长时间才能看到调节效果；二是，判断 ERP 指标的拐点较为困难，曲线走势中“毛刺”较多，在很多高点或低点出现短期调头走势时，很难判断这是短期无效波动还是趋势性拐点；三是，ERP 指标的上下沿位置并不固定，其上沿拐点屡创新高，下沿拐点则在－1％与 1％之间波动。在实操中，需要将该指标与其他指标相结合使用，并针对走势特点加入技术信号生成器、约束性判断规则等，才能制定出可直接指导调仓的资产调整策略。

二、可转债期权隐含波动率模型

在确定了纯债类资产和权益类资产的相对性价比之后，接下来需要考虑，如果预期股票市场将上涨，在权益类资产内部是直接配置股票，还是通过配置可转债来体现看好权益类资产的投资判断。这直接决定在配置含权益类资产的混合债基时，具体选择配置含股票的混合二级债基，还是仅含可转债的混合一级债基。

可转债可以被视为纯债与奇异看涨期权（包含转股期权、回售权、下修条款、赎回条款）的结合体。在奇异期权中，转股期权价格占期权价值的大部分，其价格变动与股票价格走势呈强正相关关系。当可转债对应的正股价格上涨幅度较大时，期权进入实值区间，其价格走势与股票价格走势接近 1∶1。因此，在牛市中，可转债和股票均可作为权益类资产进行配置。在考虑这两者的性价比时，需要关注它们价格差异中的定价水平，即转股溢价率。

尽管全市场各个价位区间的可转债转股溢价率存在较大差异，但期权的理论定价公式表明，期权价格与股票市场的整体价格波动水平呈正相关关系。而且，通过所有可转债的溢价率，可以共同推算出可转债类资产期权价格所隐含的全市场价格波动率。从统计学角度来看，市场价格的波动率是一个相对稳定的指标，不会因个别因素而在长期内发生趋势性变化。在市场波动率长期稳定的情况下，可转债所附带期权的隐含波动率具有均值回归的特性。当市场价格隐含的波动率处于区间下沿时，表明市场对可转债的期权价值定价过低，可转债资产整体可能处于被低估状态，此时可以提高可转债仓位；反之，则应降低可转债仓位。

例如，图 11-2 中，截取 2017 年可转债市场扩容以来的数据，在 2018 年 6 月、2024 年 8 月等可转债期权隐含波动率触及长期分位数下沿的时点，通过增配可转债，都可以获得较好的收益；而在 2022 年 2 月、2022 年 8 月等时点，隐含波动率触及上沿以后，该类资产的业绩走势均较弱。

图 11-2 可转债期权隐含波动率的市场平均值

数据来源：华西证券研究所，笔者整理。

总体而言，可转债的隐含收益率也具有很好的指导意义。然而，在实操中，需要注意以下三点：一是，信号发生频率低，操作机会少；二是，可转债类资产容量较小，且自2017年发行规则改变导致市场结构变化以来的时间并不长，经验是否长期有效尚待观察；三是，可转债的发行公司有更多的中小盘成长股，风格鲜明，与股票整体风格存在系统性差异。在应用可转债替代股票的策略时，需要考虑风格偏离对收益的影响。

三、长期国债和信贷资产比价模型

在确定了纯债类资产和权益类资产的仓位后，另一个需要考虑的问题是纯债类资产的内部结构，即哪些细分品种更具投资性价比，这将决定是否需要调整相应的纯债债基比例。对于纯债债基而言，整体久期水平是影响其业绩表现的核心变量。在评估长久期基金是否具有性价比时，以当前10年期国债为代表的长端债券利率的可能走势是一个关键指标。如果投资者判断10年期国债利率仍有下行空间，那么整个收益率曲线的长端可能会继续下移，长久期的纯债债基可能会取得较好的收益。

由于债券的主要交易场所是银行间市场，商业银行是国债、政金债等利率债的主要持有者和交易者，因此，在考虑10年期国债利率当前水平是高还是低时，可以参考商业银行在进行债券投资时的内部决策逻辑：分配多少资金用于投资国债，取决于国债收益率与商业银行可投资的其他生息资产收益率之间的相对性价比。商业银行的资金大约70%用于信贷投放，20%用于债券投资，其他投资途径不足10%，因此信贷投放和债券投资构成了主要的资金替代关系。当国债收益相对于信贷投放收益更高时，商业银行会增加国债投资量，这可能导致国债收益率下行；反之，则会减少国债投资量，增加信贷投放量，从而可能使国债收益率上行。

央行定期公布的金融机构人民币贷款加权平均利率指标代表了商业银行信贷投放的名义收益率。从历史数据来看，这一指标的变化对10年期国债收益率的变动具有很好的指示作用。然而，在比较这两者的相对吸引力时，不能简单地通过直接相减的方法进行比较。主要原因是国债是免税资产，且由于其受国家信用背书，不存在违约风险，因此，在商业银行监管体系中，国债的资本占用为0。相比之下，商业银行投放的信贷类资产在获取利息收益时，银行需要对利息部分依法缴纳企业所得税和增值税。此外，由于信贷类资产存在违约风险，在商业银行监管体系中的风险资产权重占用为100%。为了对冲这种信用风险的影响，银行需要提供注册资本等股权作为风险吸收的安全垫（可以通过一级资本充足率来衡量商业银行持有每单位信贷资产所需的股权安全垫）。额外的股权资本占用要求更高的收益补偿，这可以通过银行业在对应年份的净资产收益率（ROE）来表示。

在扣除了税收和资本占用的影响后，将贷款的平均收益率与以10年期国债为代表的长期债券收益率进行对比，二者相减形成的利差如图 11-3 所示。在 10 年期国债利率相对于信贷收益率具有较高性价比的时点，如 2008 年 10 月、2009 年 12 月、2013 年 12 月、2017 年 7 月、2020 年 7 月和 2022 年 12 月等，这些时间点均预示着 10 年期国债利率随后的下行趋势，从而使得长期债券能够获得较好的收益。相反，在 10 年期国债利率减去实际信贷收益率的利差达到极端负值后，如 2012 年 7 月、2014 年 9 月、2016 年 4 月和 2019 年 11 月等时点，10 年期国债利率随后均呈现上升趋势，导致长期债券出现价格亏损。因此，可以判断调整后的金融机构贷款加权平均利率是预判长期国债当期收益率性价比的一个较好指标。

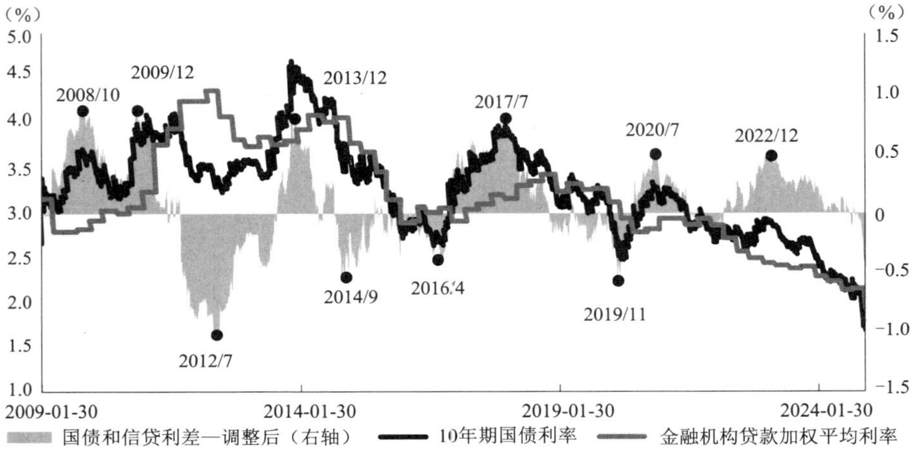

图 11-3　10 年期国债和金融机构贷款实际收益率的利差

数据来源：WIND（收益率数据）、兴业证券研究所（资本占用数据）。

在采用该方法对纯债部分进行久期调整，以判断是否需要配置长期债券时，需要注意该方法仅在长期国债相对于调整后的贷款加权平均利率的利差出现极值时，才具有较好的指示意义。根据过往数据，每次利差的极大峰值（表明长期国债极具性价比）有逐年下降的趋势，但通常在 0.5%左右；而利差的极大谷值（表明长期国债极无性价比）则变化不一，但一般在−0.5%左右的位置。在利差从−0.5%到 0.5%的变化过程中，趋势并不明显，可能会出现反复，对投资的指导意义下降。

此外，需要注意的是，该方法的核心输入参数“金融机构贷款加权平均利率”公布速度较慢，每个季度的第二个月才公布上一个季度的平均数据，属于滞后指标。尽管从 TAA 年度调仓的角度来看，这一指标具有较好的指示意义，但它并不适用于高频、信息驱动、快进快出的交易策略。而且，从历史数据来看，该方法生成的拉长或缩短久期信号的频率并不高，峰值或谷值通常每 1～3 年才会出现一次。因此，在实际的 TAA 调整中，需要与其他指标结合使用。

在金融市场中，资产的中短期定价及指导阶段性投资组合调整的模型往往基于经验。读者既可以直接应用本书介绍的模型，也可以在其他模型的基础上进行优化和改造，以构建自己的模型。此外，还可以将多个模型结合使用，形成综合性的调整方案。

第三节 基于历史场景的资产走势调整案例

在美林时钟的基础上，普林格时钟纳入了中央银行主动资金投放的影响，并考虑了流动性多寡对经济变化的影响，从而能够更准确地描绘经济变动规律。历史实证表明，流动性的变化对资产配置方案确实有显著影响。一般来说，在流动性宽松的环境下，基于经济基本面和通胀的不同组合，股债之间会出现明显的“跷跷板”效应；而在流动性收紧的情况下，股债可能会同涨同跌。近年来，由于国内通胀长期处于较低水平（自 2011 年以来，CPI 同比增长率再未连续一个季度超过 5%，且 2020 年以后基本保持在 3%以下），对经济的影响相对温和。流动性和经济基本面的结合形成了国内多个常见的经济场景，如图 11-4 所示。下面选取代表性的场景，通过案例分析的方式，探讨不同经济环境下的资产配置调整方向，供读者学习和参考。

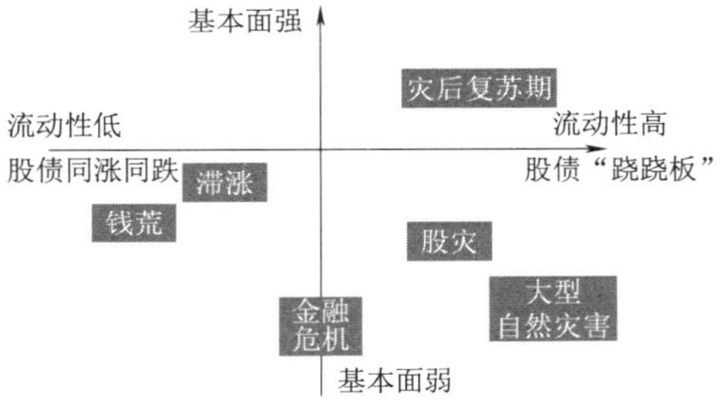

图 11-4 近年国内的经济场景和市场变化

一、2018 年股债“跷跷板”

2018 年是中国经济转型过程中经济增长因子影响最为显著的一年。在这一年，经济增长因子主导了金融市场，呈现出较为明显的股债“跷跷板”效应。

（一）事件背景

2018 年及以前的经济环境具有鲜明的投资驱动特征。国内投资的主要分项——基建投资，高度依赖债务融资和商业银行信贷来维持运转。由于利率是资金的价格，受资金融入方和借出方相对需求变化的影响较大，因此，在 2018 年及以前的经济环境下，债券的走势受到经济增长的影响更为明显。2017 年是典型的经济增长大年，供给侧结构性改革显著提升了制造业企业的盈利能力，且前期的棚改货币化等政策也推动新一轮市场行情的到来，经济增速处于高位，出现了股涨债跌①的现象。

（二）因子变化

2018年，受去杠杆、内需减弱及贸易战等内外部因素的共同影响，经济增长水平明显走弱。如图11-5所示，2018年的净出口对GDP增速的贡献是三年中唯一的负贡献年份，而国内投资增速仅为5.5%左右，不仅低于2017年的7%～8%，也低于2019年的6%左右。投资和出口也明显放缓，经济增长因子从2017年的高位拐头下行转负，这对债券资产形成了显著利好，而对权益类资产构成了利空。

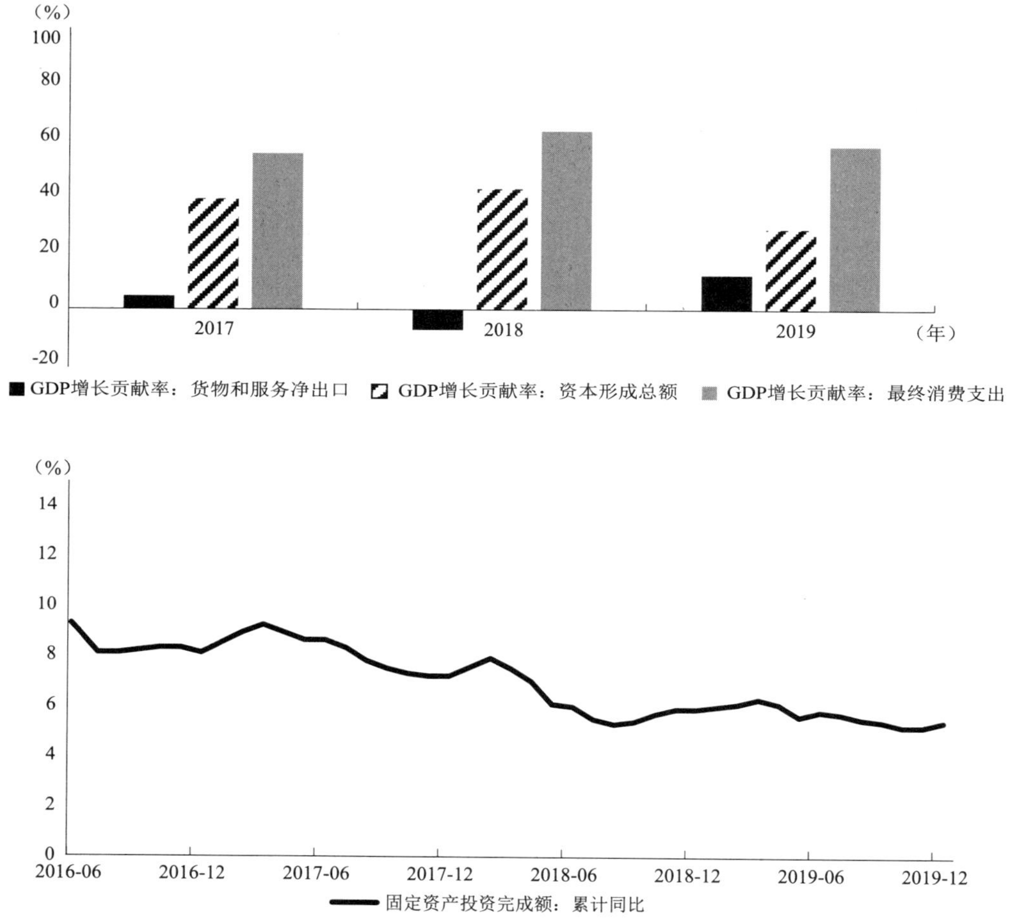

图11-5 2018年前后的净出口和固定资产投资变化

数据来源：WIND。

① 2017年，宏观经济增长较快，对债券形成了较大压力，但由于债券在当年仍有较厚的票息收益（当时中等评级、中等期限的信用债票息收益往往可以到5%以上），部分抵消了债券当年的净价亏损。虽然纯债债基整体在2017年全年仍取得了约2%的正收益，对于金融从业者而言，却无疑是债券熊市。

在通胀因子方面，2018 年全年的 CPI 在 1.5%至 2.9%间波动，中枢位于 2%左右的均衡位置，对资产价格的影响并不显著。而 PPI 则从 2017 年的约 6%下降至 2018 年前三个季度的 3%至 4%的水平，并在 2018 年 12 月最终降至 1%以内，这对权益类资产和纯债类资产均形成小幅利好。

在流动性因子方面，2017 年 12 月和 2018 年 3 月，央行连续两次上调了公开市场操作的 7 天逆回购（OMO-7 D）和 1 年期中期借贷便利（MLF-1 Y）的利率。在加息影响下，2018 年前期的市场流动性处于中性略偏紧的状态，表现为市场自发交易形成的 7 天逆回购利率（FR007）高于央行的 OMO-7 D 指导价格。然而，在经济增长因子因投资下行和贸易战等影响开始放缓后，央行进行了逆周期调节，于 2018 年 4 月、7 月和 10 月三次降低存款准备金率，市场流动性显著放松，体现为 FR007 价格中枢下降至央行 OMO-7 D 指导价格附近，如图 11-6 所示。

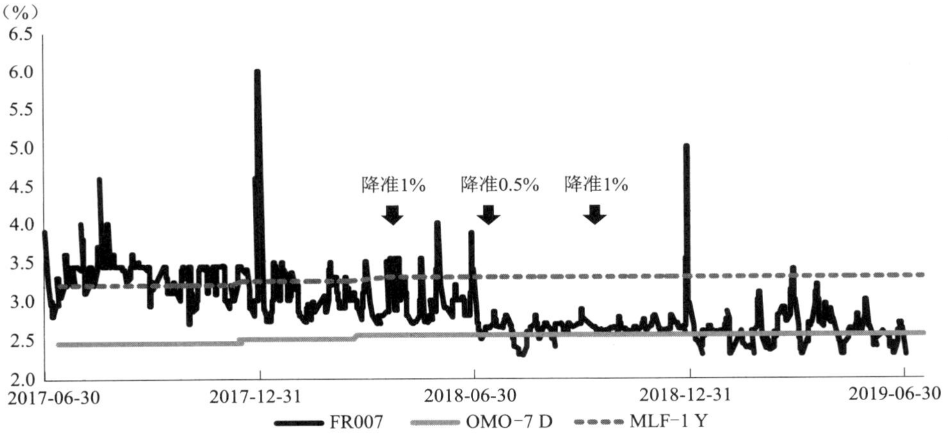

图 11-6　2018 年前后的流动性变化

数据来源：WIND。

（三）资产走势

在上述全年经济增长因子呈现下行趋势，通胀因子全年影响相对有限，年末甚至略有下降，而流动性经历了从紧张到宽松的转变的情况下，权益类资产中的股票全年呈现出持续下跌的趋势，而债券市场则迎来了整年的大牛市；可转债资产在 2018 年上半年因流动性较为紧张及经济增长放缓而跟随股票市场下跌，但在下半年随着流动性状况的改善，尽管股票市场继续走低，可转债资产却受益于流动性好转而止跌企稳，并在随后的六个月里呈现出小幅区间震荡的走势，具体如图 11-7 所示。此外，各类资产在这一背景下所呈现出的变化情况，详见表 11-6。

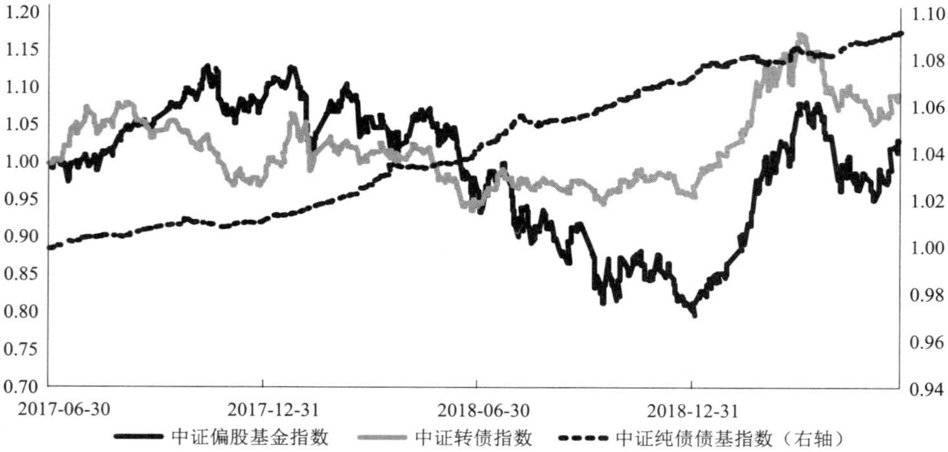

图 11-7　2018 年前后的各类资产（以对应指数代表）走势

数据来源：WIND，原始数据经过重定基处理。

表 11-6　2018 年的宏观因子变化和资产走势

数据变化 \ 时间段	1～6 月	7～10 月	10～12 月
经济增长因子	↓	↓	→
通胀因子	→	→	↓
流动性因子	↓	↑	↑
纯债	↑	↑	↑
股票	↓	↓	↓
可转债	↓	→	→

随着国内经济转型的深入推进，发展模式逐步转变为以内需和消费为核心的高质量发展模式。在此过程中，投资对 GDP 的贡献显著下降，从 2018 年的约 40%降至 2023 年的约 29%；与此同时，消费对 GDP 的贡献则稳步上升，从 55%增至约 80%。值得注意的是，消费相较于融资和借贷的依赖程度远低于投资。因此，展望未来以内需驱动、高质量发展的经济格局，经济增长因子与债券利率之间的负相关性可能会有所减弱；而流动性因子对权益类资产和纯债类资产的影响则可能会增强。这些驱动因素的细微变化，都会影响未来不同经济场景下各类资产的表现。

二、2022 年赎回潮危机

2022 年末的债券基金赎回潮危机，是投资者需要深入剖析的一个由经济基本面驱动的经典市场突变案例。在此期间，以中证纯债债基指数为代表的纯债债基遭受重创，最大回撤高达 1.3％左右，如图 11-8 所示。更甚者，许多主打中低评级信用债的中长期纯债债基，其最大回撤幅度甚至超越了 2.5％。在危机顶峰的 11 月，市场上每日都有城投债及商业银行二级资本债等流动性欠佳的债券品种被大幅折价抛售，这一幕让众多机构债券投资者刻骨铭心。

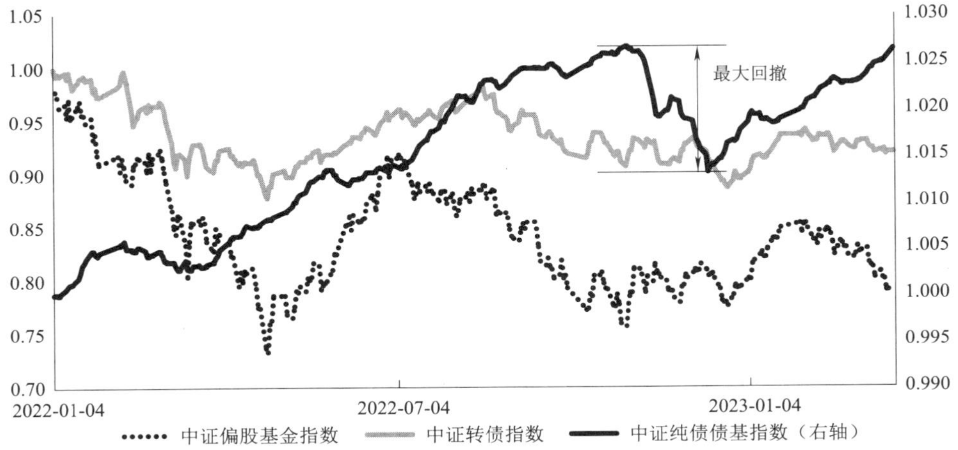

图 11-8　2022 年赎回潮前后的各类资产指数走势

数据来源：WIND，原始数据经过重定基处理。

（一）事件背景

自 2022 年上半年起，经济增长态势显著放缓，高频且敏感的中采 PMI 指数对此反应明显，无论是制造业 PMI 还是服务业 PMI，均迅速下滑至荣枯线 50％以下，如图 11-9 所示。这一变化对纯债类资产构成利好，而对权益类资产则形成利空。在流动性方面，鉴于当时稳定经济的需求，央行分别于 1 月和 8 月下调了 OMO-7 D 利率及 MLF-1 Y 利率，并在 4 月降低了商业银行的存款准备金率，从而释放了大量流动性。市场自发交易形成的 FR007 一度跌至 1.6％以下，低于央行的指导利率 0.5％，显示出当时流动性极为充裕，这进一步对纯债类资产构成利好。在这种双重利好因素的叠加影响下，以中证纯债债基指数为代表的纯债类资产出现了显著上涨。

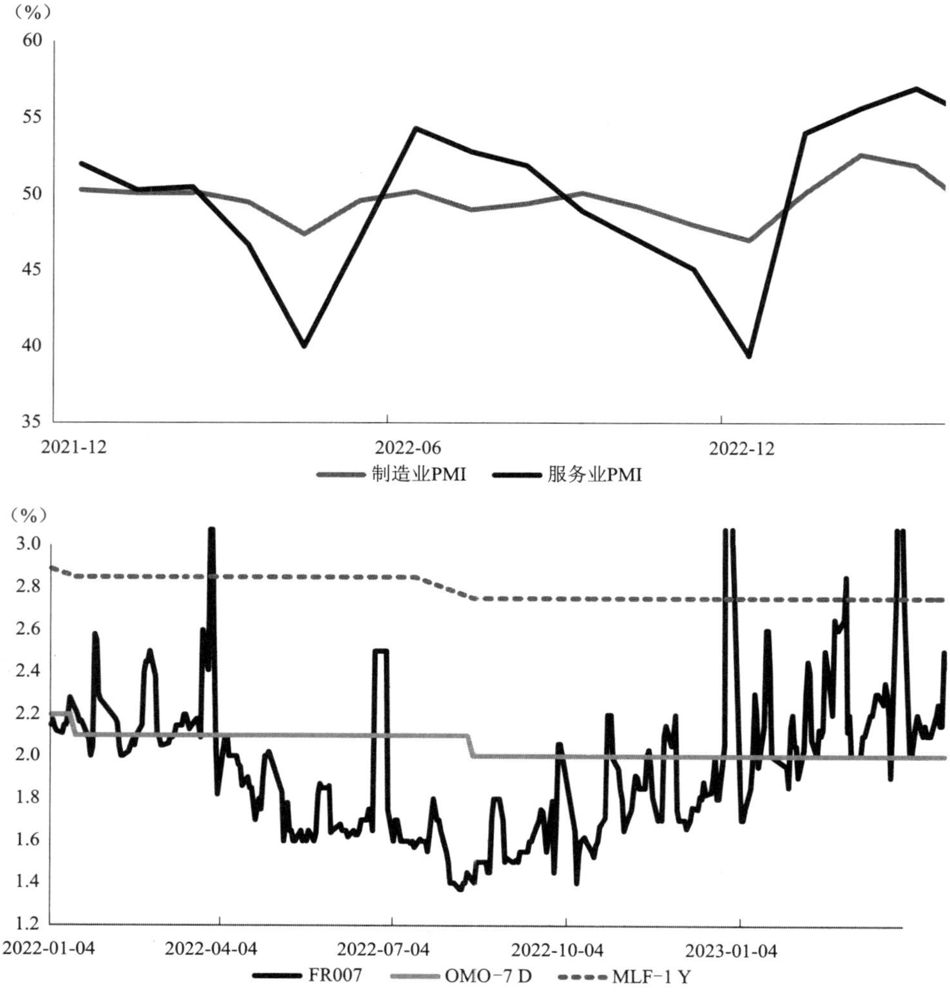

图 11-9　2022 年赎回潮前后经济基本面和流动性的变化

数据来源：WIND。

（二）因子变化

自 5 月以后，经济增速得以恢复，以服务业 PMI 为代表的景气指数重新站到荣枯线 50%之上。此时，经济增长因子对纯债类资产的影响逐渐从利好转向中性甚至利空，而对权益类资产则构成利好，偏股基金指数随之显著攀升，并在 7 月触及阶段性高点。尽管流动性依然宽松，甚至在第二次降息后，FR007 一度降至 1.4%的极低水平，但这一流动性因子对纯债类资产的利好效应被经济增长因子的利空所抵消甚至超越。尽管如此，纯债债基仍在上涨通道中，只是上涨速度（参考图 11-8 中纯债债基指数走势）有所减缓。

及至 2022 年 10 月，流动性因子的走势也出现转向。受美联储加息及全球流动性回收影响，外资流出新闻频出，国内汇率承压。其间，央行自 8 月至 11 月末再进行降息或降准操作，导致 FR007 价格中枢明显上移，至 9 月末已回升至 2%以上。流动性的收紧对股债市场均构成压力，股市出现回调并在经济增长预期的驱动下开始震荡调整；而债券市场则在经济增长复苏带来的利空与流动性收缩的双重压力下，自 10 月起遭遇大幅连续下跌。特别是那些负债端不稳定的债券基金，在投资者赎回潮的影响下，基金经理被迫在市场普遍看空债券、卖盘远多于买盘的环境中大幅折价抛售持仓债券，以满足投资者的赎回需求。直至 12 月初，央行再次宣布降准，纯债债基的净值才逐步企稳，并于 12 月中旬开始触底反弹。

在此次危机的演进过程中，国内 CPI 由最高时的 2.8%逐步降至 0 附近，而 PPI 则早在 2022 年 10 月便已跌入负值区间。因此，通胀并非当时左右市场走势的关键要素，真正引发这场危机的核心原因在于上述经济增长基本面与流动性的变化。

（三）资产走势

在 2022 年赎回潮前后，经济增长因子呈现出先疲软后强劲再平稳的走势，而流动性因子则经历了从宽松到收紧的变化。因此，纯债类资产相应地展现出先大幅上涨、再温和上涨、最终大幅下跌的趋势；股票资产则表现为先下跌、后上涨、再趋于平稳的走势；可转债资产的走势基本与股票资产保持一致。然而，根据经验来看，可转债资产受流动性影响更为显著，在流动性宽松的环境下跌幅有限。这主要是因为当可转债资产价格下跌时，其溢价率降低，股权特性减弱而债权特性增强。因此，在 7 月至 8 月，尽管流动性充裕且债券市场仍在上涨，而股票市场已开始回落的情况下，可转债资产仍然延续了大约一个月的涨势。

此外，在 2022 年赎回潮前后，纯债、股票及可转债资产走势及其背后的经济增长与流动性因子的变化一目了然，具体见表 11-7。可见，宏观因子的变化与资产走势基本契合本章第一节所述的驱动逻辑。当宏观因子发生共振时，对资产价格产生叠加效应；而当宏观因子方向相反时，则可能对资产价格产生部分抵消作用。

表 11-7　2022 年赎回潮前后宏观因子变化和资产走势

时间段 数据变化	1～4 月	7～8 月	10～12 月
经济增长因子	↓	↑	→
流动性因子	↑	↑	↓
纯债	↑	↑	↓
股票	↓	↑	→
可转债	↓	↑	→

三、2023年无效的市场学习效应

在2022年赎回潮过后，许多投资者与交易人员对每年末可能爆发的债券抛售潮仍心有余悸。关于其背后原因，除了前文所述的流动性收紧外，还有诸如年末债券市场交易盘获利了结、个人投资者为年末资金需求而集中赎回、银行理财机构年末赎回债券基金作为现金储备等多种说法。在这种既难以证实又无法证伪的归因探讨中，随着步入2023年下半年，债券市场中的投资者逐渐形成了一种学习效应：既然年末可能因获利了结或赎回等因素导致债市下跌，那么是否可以通过提前卖出的方式，抢在市场之前行动，以减少自身的亏损呢？

（一）事件背景

当群体中的学习效应足够强大，众多投资者试图通过提前卖出避免亏损时，极有可能形成自我实现的预言，反而助推了市场的下跌与亏损，该现象在2023年8月后的金融市场中就有明显体现。为提振股市，国家采取了降低印花税率等措施，短期内有效激发了股票市场的活力。在此背景下，债券市场中的许多投资者，基于股债“跷跷板”效应的固有认知，以及担忧年末债券市场可能再次大幅下挫，于是顺势在8月提前抛售债券。这一行为导致中证纯债债基指数当月最大回撤达到约0.34%，个别流动性欠佳的信用债类纯债债基跌幅更是超过了0.5%；与此同时，以中证偏股基金指数为代表的权益类资产则一度上扬4%，中证转债指数也呈现出一定的上行趋势，如图11-10所示。

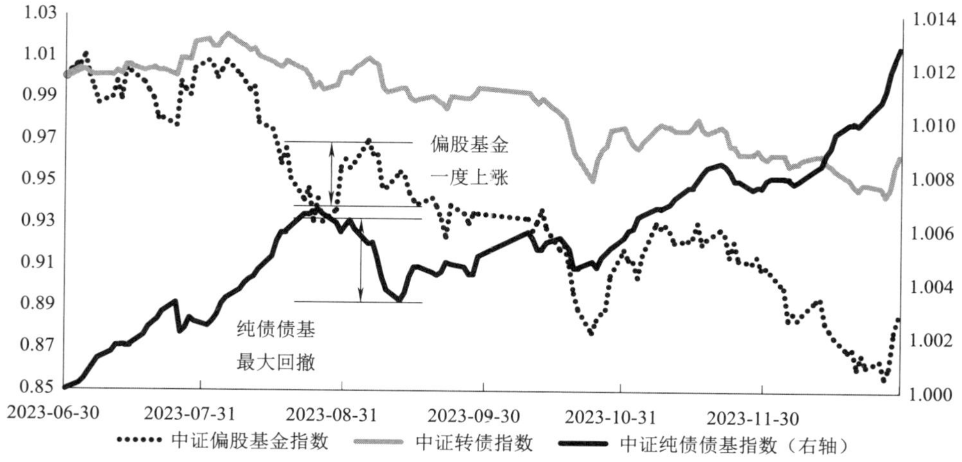

图11-10　2023年抢跑前后的各类资产指数走势

数据来源：WIND，原始数据经过重定基处理。

站在 2023 年 8 月时点，对于未来债券市场是否就此扭转前期牛市，步入熊市，这一问题令不少投资者感到困惑。然而，若依据本书所阐述的经济增长、通胀及流动性这三个因子的分析框架，实则能够得出一个相对明晰且精确的市场研判。

（二）因子变化

在经济增长方面，从当时可观测的月度数据来看，领先指标 PMI 仅呈现小幅反弹。具体而言，制造业 PMI 从 7 月的 49.3%微升至 49.7%，但仍位于荣枯线之下；服务业 PMI 则从 7 月的 51.5%降至 8 月的 50.5%。这两个主要 PMI 分项指标均难言显著改善。再来看反应稍显滞后的经济增长三大分项——投资、消费和净出口数据。8 月，这三项数据均处于筑底阶段。具体来说，固定资产投资完成额所体现的投资增速从 7 月的 3.4%回落至 8 月的 3.2%；社会消费品零售总额所代表的消费增速从 7.3%下滑至 7%；出口金额增速则从－5.21%进一步下降至－5.65%，如图 11-11 所示。因此，综合分析，当时的经济增长因子仍处于偏弱的下行区间，对债券市场难以构成下跌压力。

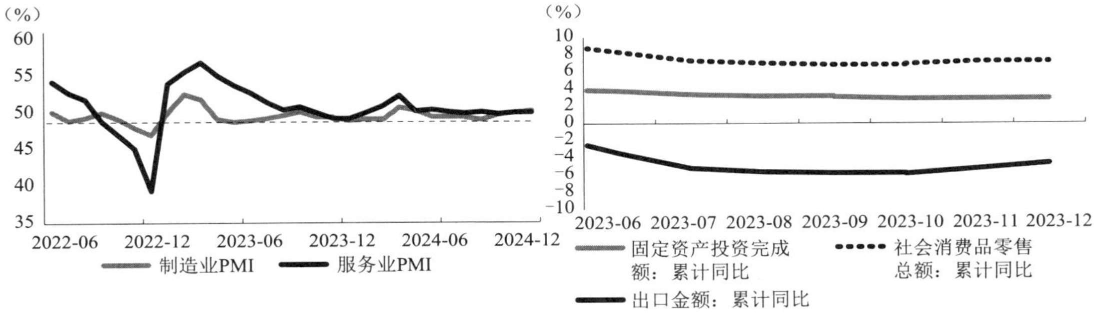

图 11-11　2023 年抢跑前后的经济基本面

数据来源：WIND。

在通胀方面，2023 年 8 月的 CPI 和 PPI 增速分别为 0.1%和－3%。相较于 7 月的－0.3%和－4.4%，二者均呈现出一定程度的上行态势。然而，需要注意的是，CPI 增速仍显著低于 2%的中性水平，而 PPI 也依旧处于负增长区间，通胀因子并不会对债券市场产生下行压力。

在流动性方面，央行于 2023 年 3 月末实施了一次降准操作。随后，在 6 月中旬及 8 月中旬，又分别两次下调了 OMO-7 D 利率和 MLF-1 Y 利率。在这一系列降息举措的影响下，市场交易形成的 OMO-7 D 利率中枢显著下行，如图 11-12 所示。当时，整体市场的流动性处于较为宽松的状态。而且，市场普遍预期央行后续仍将进一步实施宽松的货币政策（事实上，央行确实在同年 9 月中旬再度降准 0.25%）。

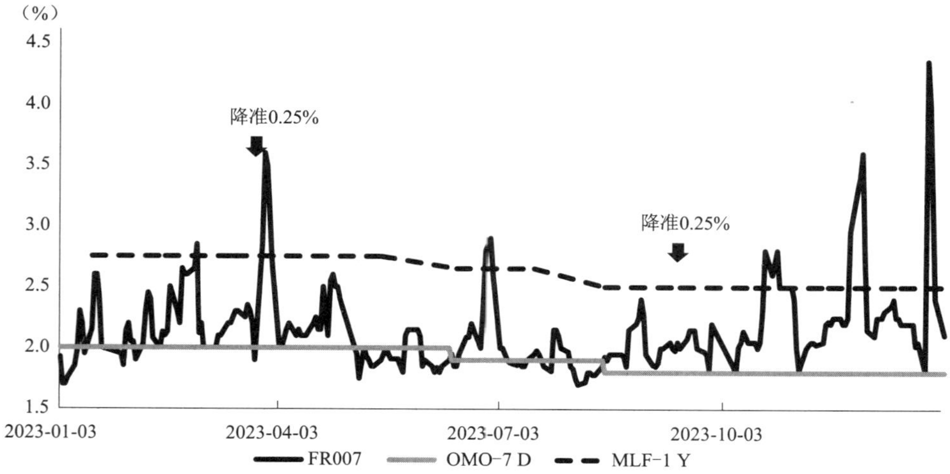

图 11-12　2023 年抢跑前后的流动性变化

数据来源：WIND。

（三）资产走势

综合来看，站在 2023 年 8 月中旬这个特定时点上，经济增长因子尚处于偏弱位置，通胀因子维持低位，而流动性因子则保持在相对充裕的水平。在这些因子的共同作用下，债券市场仍有较好的上涨推动力，对于权益类资产中的股票资产而言，却有一定程度的下跌压力。可转债资产由于受到正股的关联影响，可能会出现跟随下行的情况，不过在当前流动性较为充裕的大环境下，其下行的幅度预计会略小于股票资产。关于各因子的具体状态及不同资产走势的详细情况见表 11-8。

表 11-8　2023 年抢跑前后的主要因子状态和资产走势

时间段 / 数据变化	8 月下跌时点
经济增长因子	↓
通胀因子	→
流动性因子	↑
纯债	应当↑
股票	↓
可转债	↓

事实上，从图 11-10 也可以看出，随后的市场走势也确实走出了与经济增长、通胀和流动性因子状态相符的形态，即股票市场在小幅反弹后重新开始下行，债券市场在暂时的下跌后又重新开始反弹，可转债则在趋势上跟随股票下跌，但受到宽裕流动性的影响，跌幅相对较小。

基于上述三种场景，以及其他虽未详细列举但实际发生过的市场真实表现，可以看出，经济增长、通胀及流动性这三个因子，对于纯债、股票和可转债这三类资产的走势确实具有显著的指导作用。在决策时，投资者应当更加坚定地相信基于这些因子对资产影响的逻辑推导，从而形成坚实的资产调整方向判断，而非被短期情绪、市场传言或个人心理弱点所左右，错误地做出如在低点斩仓，或因听闻个别消息就盲目加仓等决策。即便市场会因部分人短期的集体行为，如抢跑、止盈等，出现没有基本面支撑的非理性波动，这种波动也难以形成趋势，只会对正确的投资决策产生干扰。

本章小结

本章在多年战略资产配置的基础上，阐述了债券基金及其涵盖的纯债、股票、可转债三类资产投资方案的调整方法。这种调整以坚实的宏观经济分析为基础，利用经济增长、通胀和流动性三个因子，描绘了普林格时钟模型下的六种经济场景。在不同经济场景下，纯债、股票、可转债及极端情况下的现金展现出经过验证的经验性走势规律，而这三个因子本身对各类资产变动也具有较为清晰的逻辑驱动关系。读者可以参考推荐的多个指标，独立刻画当前各因子状态，进而推断资产走势。在此之上，本章还介绍了三个比价模型，帮助读者判断各类资产可能的变化幅度。这些模型在各自的峰值、谷值时点大多能呈现较好的预测效果。读者可以结合自身对方向和幅度的判断、分析的可信度自评及自身的风险承受能力，作出更加科学的战术资产配置调整。最后，本章通过介绍近年来的三个历史场景案例，引导读者推导当时市场背后的驱动逻辑，并验证基于因子的资产调整方法的可靠性。相信通过这些案例分析，读者能够更加具象化地掌握资产调整方法，并在自己的投资方案中更好地加以应用。

第十二章　优化债券基金交易，做到“省”和“快”

尽管笔者倡导长期投资理念，且大量实践已证明频繁进行短期基金调整会对投资回报产生不利影响，但在实际投资过程中，由于各种不可预见的情况，有时投资者不得不暂时赎回所持有的基金。比如，突发的财务需求可能会迫使投资者立即套现；基金经理的突然变动或新披露报表中揭示的风险也可能促使投资者重新评估持仓；此外，市场上的重大“黑天鹅”事件或政策变化同样会影响投资者对特定资产类别的投资决策和配置结构。因此，在这类需要短期赎回的情况下，基金交易层面的优化显得尤为重要。本章将从“省”和“快”两个层面具体介绍如何优化债券基金交易。

第一节　“省”：债券基金的投资成本优化

在构建自上而下的投资策略时，投资者的首要任务是确定战略资产配置，随后依据市场动态与经济趋势进行战术资产配置的适时调整，最终从长期研究与精选的基金库中挑选合适的基金品种以契合配置需求。在挑选基金品种时，可以从基金份额和是否分红两个方面做到投资成本的最优化。

一、通过基金份额优化节约投资成本

尽管本书前述章节已对此流程进行了全面阐述，但不少初涉基金投资领域的读者在实际下单前仍常感困惑：为何即便两只基金在中文名称、基金经理及投资范围等核心特征上高度相似，其名称末尾却会出现英文字母的差异？例如，常见的有“××纯债 A”与“××纯债 C”之分，甚至还有如“××纯债 B”、“××纯债 AB”及“××纯债 D”等标识。这就涉及基金份额的概念。

（一）基金份额的由来和概念

两只基金，若其简称的中文部分完全一致，仅后缀字母有所区别，实则是同一基金

旗下的不同份额。这些份额对应的底仓资产完全相同，且基金经理在管理上也是将它们作为整体一并考量。因此，不同份额的基金在收益源头与业绩走势上高度一致（唯一细微差别可能源于费率结构）。基金公司依据认购/申购费用、赎回费用、销售服务费收取方式的不同，将同一基金的可投资份额划分为不同类别，既便于负债端管理，也能有效引导投资者行为。此外，通过为机构投资者与个人投资者设定各异的单日申购上限，基金公司还能灵活调整投资者结构，优化负债端布局。

基金份额的设置是一个历史悠久的问题，并伴随着中国基金行业的成长而不断进化。21 世纪初，中国基金业刚开始发展的时候，很多基金公司在进行基金产品设计时，把在投资者认购（申购）时收取前端认购（申购）费用、赎回时收取赎回费用的，称为 A 类基金份额；在投资者认购（申购）时不收取认购（申购）费用、赎回时收取后端认购（申购）费用和赎回费用的，称为 B 类基金份额；在投资者认购（申购）、赎回时不收取认购（申购）费用、赎回费用，而是从本类别基金资产中计提销售服务费的，称为 C 类基金份额。这也是不同基金份额最早的由来。但从 2007 年开始，由于投资者实际体验、使用频率和市场的适应度等问题，一些基金后端收费的 B 类份额逐步被取消，原有份额合并到 A 类份额中，形成诸如“××纯债 AB”这类的新份额名称，但其实它们的类型属于 A 类份额。这一历史渊源导致了目前市面上 A 类份额和 C 类份额成为大多数基金（不包含货币基金）的主要份额。

后来，货币基金这一新的基金种类逐步发展，新的货币基金不断成立，同时伴随着互联网金融和第三方代销渠道的发展，基金销售渠道更加多样化，为了满足不同投资者的申赎特点，以及不同渠道的营销需要，以货币基金为代表的很多基金也会根据销售渠道、认购（申购）起点金额和赎回费率设计的差异，开设不同的其他份额。目前，市场中份额最多的货币基金是银华活钱宝，其有 A、B、C、D、E、F 六类份额。

截至 2024 年末，全市场总共约有 12 500 只基金，其中约有 8 600 只含有不同的份额类型：8 500 多只基金含有 A 类份额，400 多只基金含有 B 类份额，8 100 多只基金含有 C 类份额，300 多只基金含有 D 类份额，约 600 只基金含有 E 类份额，其余部分基金还有 F、G、H、I 等份额。对于全部基金、本书主要覆盖的债券基金和货币基金这两个细分类别，在基金份额分布上的统计如图 12-1 所示。

在货币基金中，B 类份额的设置比例显著高于其他基金，这主要是许多货币基金为吸引大额投资者而设立的专门份额。此外，货币基金中 E 类份额的比例也相对较高，这部分多是货币基金为了能够在交易所上市交易而特别设立的份额。不过，也有部分 E 类份额属于货币基金及其他基金的低费率份额类别。

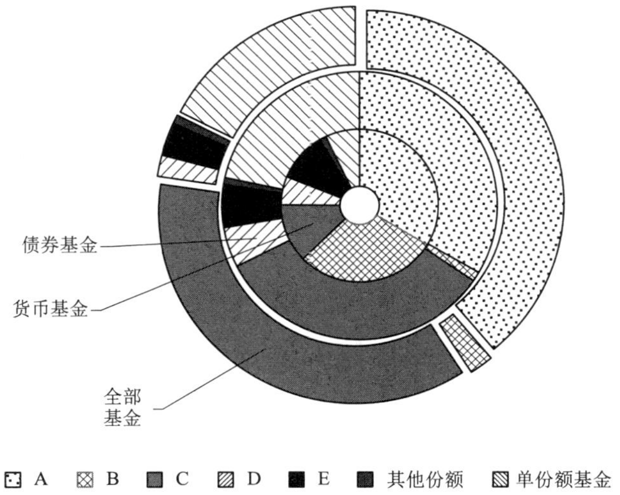

图 12-1 各类型基金的份额占比

数据来源：WIND。

（二）基金份额的差异和优选

目前，国内对于基金份额具体采用的字母及其代表含义尚未有统一规定，各基金公司的做法也存在差异。然而，上述异同点揭示了同一基金设置不同份额的核心原因：一是不同基金份额可设定不同的起购金额；二是可配置不同的费率结构。这些设定不仅便于基金管理人进行负债端管理，投资者也应该根据自身需求选择最合适的份额，以实现最佳的投资体验。

1. 起购金额的差异

起购金额通常是投资者在首次申购某基金（即申购时未持有该基金任何份额）时所需达到的最低投资额度。大多数基金的 A 类份额并不对起购金额设限，这意味着投资者能够以 0.1 元、1 元、10 元或 100 元等较低金额进行尝试性投资。然而，考虑到账户维护和管理的成本，以及为鼓励投资者加大投资力度，基金公司往往会为债券基金和货币基金设立起购金额更高但费率更低的特殊份额。由于同一基金的所有份额管理费和托管费保持一致，这种费率优势通常是通过降低销售服务费来实现的。

就债券基金而言，通常设计不同份额以满足不同投资金额投资者的需求。例如，××短债债基，其 C 类份额与 E 类份额便存在相同的起购金额与费率差异：C 类份额的起购金额高达 500 万元，销售服务费率为 0.1%；而 E 类份额的起购门槛则低至 10 元，但其销售服务费率为 0.25%，如图 12-2 所示。除费率差异外，这两只基金份额的业绩表现及其他属性均基本一致，过往业绩的差异也主要源于销售服务费率的不同（即 0.25%−0.1%=0.15%）。

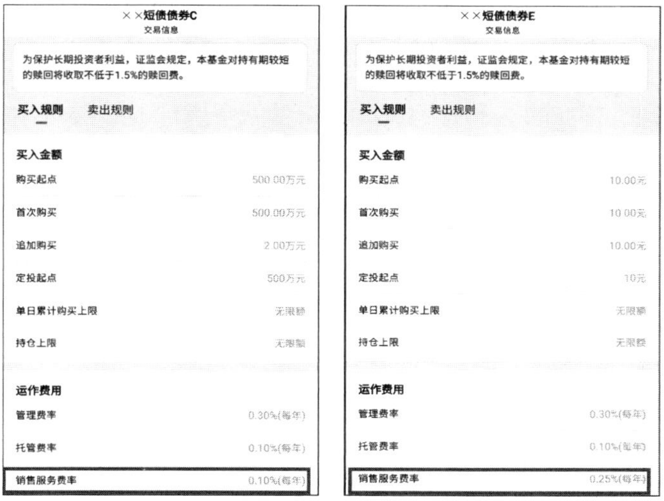

图 12-2 不同起购金额和不同费率的基金份额——债券基金

就货币基金而言，高门槛、低费率的份额通常是 B 类份额。例如，××日增利货币 A 的申购起点为 10 元，销售服务费率则为 0.25%；而××日增利货币 B 的申购起点高达 500 万元，但其销售服务费率仅为 0.01%。除申购门槛和销售服务费的差异外，这两只基金份额的其他特征完全相同，如图 12-3 所示。2021 年至 2023 年，××日增利货币 A 的收益率分别为 2.14%、1.71%和 1.84%；相比之下，××日增利货币 B 在相同年份的收益率则分别为 2.38%、1.95%和 2.08%。两者的收益之差恰好等于每年销售服务费 0.24%（即 A 类份额的 0.25%减去 B 类份额的 0.01%）的差距。实际上，若比较这两只基金份额的每日收益，它们之间的差异在每个自然日也约为 0.000 66%（0.24%÷365≈0.000 66%）。

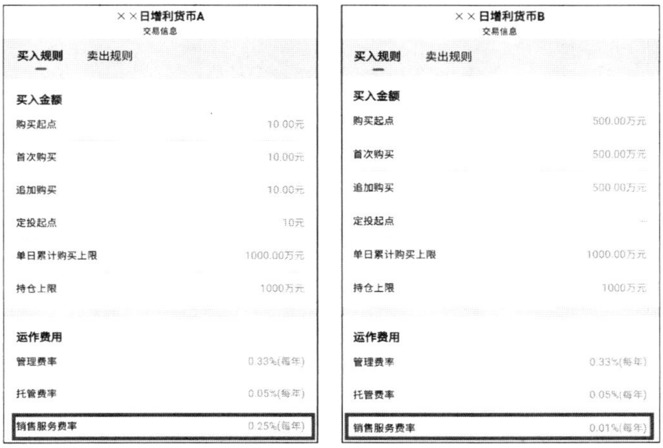

图 12-3 不同起购金额和不同费率的基金份额——货币基金

部分货币基金在其低起购金额份额与高起购金额份额之间设立了自动升降级机制。以图 12-3 中的××日增利货币基金为例，若投资者持续买入 A 类份额，直至累计持有额超过 500 万元[①]，则其持有的 A 份额将自动升级为费率更低的 B 类份额；反之，当持有的 B 类份额降至不足 500 万元时，则会自动降级为 A 类份额。

综上，在下单买入基金前，投资者应该仔细阅读关于起购金额和费率方面的说明，找到最合适的基金份额，以实现更优的投资体验。

2. 单日最大申购限额的差异

除起购金额差异外，不同基金份额的另一显著区别体现在单日最大申购金额上，部分销售渠道亦称之为单日累计购买上限。此限制代表同一投资者在单一交易日内，通过所有销售渠道对该基金份额所能申购的最大总金额。对这个限额内的所有申购，基金公司将默认其申购成功，而超过这个金额的部分，基金公司有权确认申购失败。若投资者单日内多笔申购（含定投、非定投及基金转换）总额超过此上限，基金公司将按申请金额从大到小排序并逐笔累加，直至达到申购限额，在此额度内的部分申请确认成功，而超出部分则有权确认失败。

由于债券基金的主要收益源于现有持仓债券的票息，而投资者申购的资金至少需两天才能转入基金托管账户供基金经理用于购买新债券，因此当单日申购金额过大时，新增资金可能会摊薄现有投资组合的票息收益。尤其在收益率持续下降的债券牛市中，一方面，投资者随着市场上涨不断增持债券基金；另一方面，市场上可购债券的收益率不断下滑，新购债券的票息收益总是低于先前买入的债券，这种票息摊薄的负面影响就显得尤为突出。这个时候，基金经理就会综合考虑该基金投资范围允许下可购买债券的供应量、投资和交易团队日常可应对的债券交易量，以及该基金日常的申赎规模等情况，为该基金的投资者设置单日申购上限。由于债券基金的 A 类份额通常需在申购当日支付一笔相对较大的申购费，因此多由长期持有的投资者购买；而 C 类份额则在申购当日无须支付申购费，而是在买入后按日计提销售服务费（由于按日计提，每日费用相对较少），因此更受短期持有者青睐。故一些基金公司可能为面向长期持有投资者的 A 类份额设置了较为宽松的申购上限，即 510 万元；而为短期持有投资者的 C 类份额设置了相对较紧的申购上限，即 200 万元，可参考图 12-4 中的案例。

---

① 500 万元是 A 类份额升入 B 类份额的最常见数量门槛，但各家基金公司也可以自主决定其他数字作为门槛，具体以基金公司发布的自动升降级公告为准。

****基金管理有限公司**

关于×××纯债债券型证券投资基金调整个人投资者大额申购（含转换转入、定期定额和不定额投资）**业务限额的公告**

公告送出日期：2024年10月16日

1. 公告基金信息

基金名称	×××纯债债券型证券投资基金	
基金简称	纯债	
基金主代码		
基金管理人名称	基金管理有限公司	
公告依据	《×××纯债债券型证券投资基金基金合同》 《×××纯债债券型证券投资基金招募说明书》	
暂停相关业务的起始日、金额及原因说明	暂停大额申购起始日	2024年10月16日
	暂停大额转换转入起始日	2024年10月16日
	暂停大额定期定额和不定额投资起始日	2024年10月16日
	暂停大额申购（转换转入、定期定额和不定额投资）的原因说明	保护基金份额持有人收益
下属分级基金的基金简称	纯债A	纯债C
下属分级基金的交易代码		
该分级基金是否暂停大额申购（转换转入、定期定额和不定额投资）	是	是
下属分级基金的限制申购金额（元）	5 100 000.00	2 000 000.00
下属分级基金的限制转换转入金额（元）	5 100 000.00	2 000 000.00

图 12-4 不同基金份额含有不同的单日申购上限（示例）

通过这种方式，基金公司与基金经理可以更灵活地调整投资者的结构，提高长期持有者的比例。对于其他设有复杂申购费或赎回费机制的基金份额，基金公司也常设置不同的单日申购上限，其核心目的均在于鼓励投资者长期持有，并增加长期投资者在全部投资者中的持有金额占比。

需要注意的是，对于绝大多数债券基金与货币基金而言，不同份额的单日申购上限是单独计算的。这意味着在图 12-4 案例中，投资者可同时购入 A 类份额与 C 类份额，单日累计申购额可达：510＋200＝710（万元）。但是，对于开展自动升降级业务的货币基金，不同份额的单日最大申购金额上限则是合并计算的。

3. 费率的差异

在前文中了解到目前对于所有基金及债券基金大类，A 类份额和 C 类份额是最常见的份额类型。尽管还存在 B、D、E、F 等其他份额，但各类基金份额设置的核心目的，是通过不同份额的费率配置来实现对投资者的分流与行为引导。那么，这种费率差异化引导是如何达成的呢？下面以×××纯债 A 和×××纯债 C 为例进行说明。

对于一只已经完成募集的基金，只需要考虑其在申购和赎回时的费率情况。

×××纯债 A 的申购费率规则为：

（1）当金额<100 万元时，申购费率为 0.8%；

（2）当 100 万元≤金额<200 万元时，申购费率为 0.5%；

（3）当 200 万元≤金额<500 万元时，申购费率为 0.3%；

（4）当金额≥500 万元时，申购费为 1 000 元/笔。

而其赎回费率规则为：

（1）当持有期限≤6 日时，赎回费率为 1.5%；

（2）当 7 日≤持有期限≤29 日时，赎回费率为 0.75%；

（3）当 30 日≤持有期限≤364 日时，赎回费率为 0.1%；

（4）当 365 日≤持有期限≤729 日时，赎回费率为 0.05%；

（5）当持有期限≥730 日时，赎回费率为 0。

假如一个普通基民在一个申购费率不打折的渠道申购 50 万元的×××纯债 A，并在持有半年后卖出，则其需要支付的申购费率为 0.8%，需要支付的赎回费率大约为 0.1%。合计总费率约为 0.9%。

作为对比，×××纯债 C 不需要支付申购费，但是需要支付年化 0.4%的销售服务费率（按日计提），同时×××纯债 C 的赎回费率规则为：

（1）当持有期限≤6 日时，赎回费率为 1.5%；

（2）当 7 日≤持有期限≤29 日时，赎回费率为 0.75%；

（3）当持有期限≥30 日时，赎回费率为 0。

如果该基民仍打算申购 50 万元，并在持有半年后卖出，则其需要支付的申购费为 0，赎回费为 0，销售服务费率为 0.4%×0.5=0.2%。由此可知，对于申购 50 万元并持有半年的投资者而言，申购 C 类份额更加合算。

从上述例子可以明显看出，由于申购费是在申购时（即前端）一次性支付的费用，而销售服务费则是按日计提的费用，因此持有时间越长，选择 A 类份额就越划算；反之，如果持有时间较短，则应更倾向于选择 C 类份额。同时，根据不同基金的申购规则，申购金额的大小也可能会影响不同份额的相对性价比。例如，当投资者申购金额从 50 万元增加到 500 万元时，A 类份额只需支付 1 000 元/笔的申购费，这仅相当于其申购总金额的 0.02%。在这种情况下，若持有半年，A 类份额的总费用将降至 0.02%+0.1%=0.12%，低于C份额的0.2%，从而成为更具成本效益的选择。

除了申购费，赎回费也是对总费用影响较大的因素。一般而言，尽管证监会规定所有基金（货币基金除外）在申购后7天内赎回需支付惩罚性赎回费，但A类份额（或其他需支付申购费的份额）的赎回费条款通常涵盖更长的时间区间，以鼓励投资者长期持有；而C类份额（或其他无须支付申购费，但要按日计提销售服务费的份额）的赎回费条款则覆盖更短的时间区间，以便短期持有的投资者可以低成本赎回。例如，在上述例子中，A类份额的投资者需持有至少730天才可免赎回费，而C类份额的投资者仅需持有30天即可免赎回费。

若将申购费、赎回费及销售服务费总计纳入基金份额决策机制，便能构建一套完整的基金份额优化策略，其核心在于不同份额的费率打平天数。沿用上述投资者申购50万元×××纯债债基的案例，A类份额与C类份额的总费率变化如图12-5所示。当投资者刚买入时，由于惩罚性赎回费的存在，即刻赎回成本较高。对于A类份额，7天内赎回的总费率高达0.8%+1.5%=2.3%；而对于C类份额，该费率亦高达$\frac{0.4\%\times \text{持有天数}}{365}+1.5\%$。随着持有期限的延长，超过7天、30天后，A类份额和C类份额的总费率均呈现阶梯式下降。特别是A类份额，在赎回费逐渐减少后，其总费率在持有超过365天与729天时再度出现阶梯式降低；相比之下，C类份额因按日计提的销售服务费持续累积，其总费率不断攀升，直至730天后超越A类份额的总费率。因此，可以将730天定为×××纯债债基A类份额和C类份额的费率打平天数：当投资者预期持有时间超过730天时，建议选购A类份额；反之，则推荐购买C类份额。

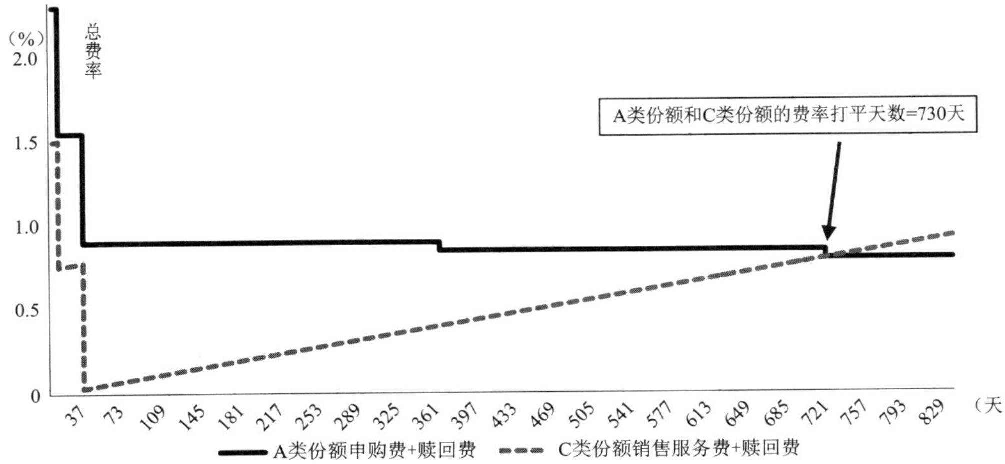

图12-5　A类份额和C类份额的费率打平天数

此外，由于 A 类份额的申购费随着申购金额的增大而减小，当投资者申购金额超过 100 万元、200 万元和 500 万元时，A 类份额的总费率也均会相应减少，导致费率打平天数依次下降至 502 天、365 天和 109 天（如投资者购买金额超过 500 万元，由于申购费金额恒定为 1 000 元，费率打平天数随着金额扩大而继续走低），读者可自行测算并验证。

除大笔申购可享申购费折扣外，不同申购渠道亦可能根据自身营销策略提供申购费优惠。以某互联网平台为例，×××纯债 A 的申购费可享一折优惠。若投资者选择此渠道购买，当申购金额为 50 万元时，若持有期短于 165 天，则选购 C 类份额更为划算；若持有期超过 165 天，则 A 类份额将成为更优选择。费率一折优惠下的费率打平天数如图 12-6 所示。

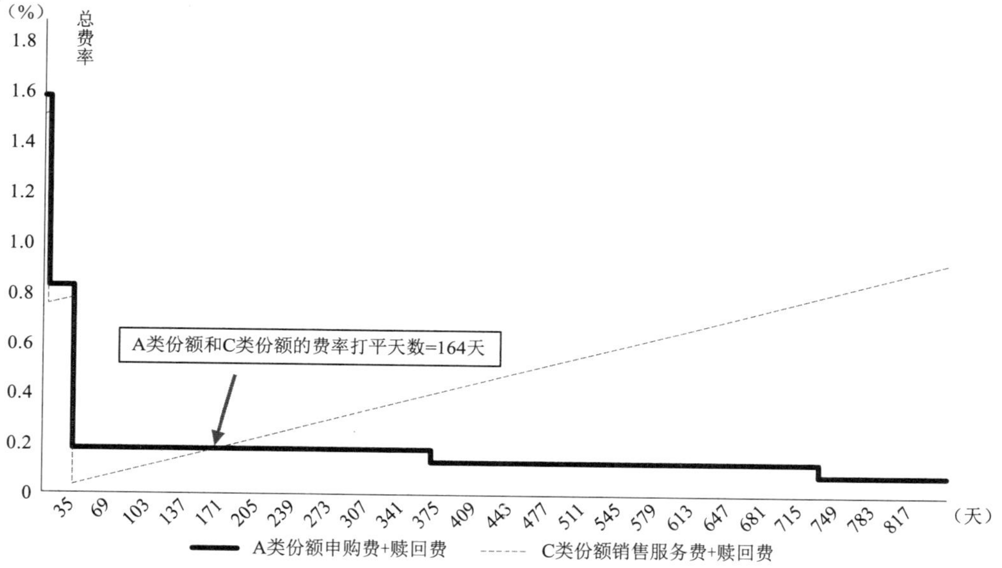

图 12-6　A 类份额和 C 类份额的费率打平天数

综上，对于同一只基金不同份额的费率差异可能超过 1%。为评估费率影响，建议投资者在申购前，仔细查阅代销渠道的交易规则与费率设置，依据自身预期投资期限和费率偏好，选择总费率最低的份额类型。此外，基金销售公司常为申购费或销售服务费提供折扣，投资者应“货比三家”，选总费率最低的渠道购买。

（三）份额优选对收益的增益

即便考虑了折扣等因素，许多基金的 A 类份额（及其他收取申购费的份额）通常也需持有超过 100 天，总费率才会低于 C 类份额（及其他不收取申购费但收取销售服务费的份额）。许多投资者首次购买基金时，往往持试探态度，对能否长期持有不确定，业绩不佳时可能提前赎回。那么，大多数情况下，购买 C 类份额是否总是更好的选择呢？

在上述案例中，A 类份额的费率打平天数较长，这主要是由于其赎回费递减至零所需的天数较多。然而，这种设计实际上是一把双刃剑，能够为真正长期持有的投资者带来增厚收益的效果。具体来说，基金的申购费和销售服务费在收取后通常归入基金销售机构的收入，对投资者个人并无直接益处。相比之下，基金的赎回费则有部分会划归基金资产，从而间接提高未赎回的投资者的收益。在上述案例中，对于持有上述基金少于30天产生的赎回费，将全部计入基金资产。而对于A类份额而言，在持有超过30天（但不足730天）的情况下产生的赎回费，其中25%将被计入基金资产，如图12-7所示。

4. 赎回费率

本基金A类基金份额赎回费率见下表：

持有时间（天）	A类基金份额赎回费率
0～6	1.5%
7～29	0.75%
30～364	0.1%
365～729	0.05%
730及以上	0

本基金C类/D类基金份额赎回费率见下表：

持有时间（天）	C类/D类基金份额赎回费率
0～6	1.5%
7～29	0.75%
30及以上	0

投资者可将其持有的全部或部分基金份额赎回。赎回费用由赎回基金份额的基金份额持有人承担，在基金份额持有人赎回基金份额时收取。对于持有期不少于30日的A类份额所收取的赎回费，在扣除用于市场推广、注册登记费和其他手续费后的余额归入基金财产，赎回费用的25%归入基金财产，对于持有期限少于30日的A类/C类/D类基金份额所收取的赎回费，全额计入基金财产。

图12-7 招募说明书中关于赎回费的分配说明（示例）

此类赎回费计入基金资产的设置，实质上是对无法长期持有的投资者的一种“惩罚”，并将这部分“惩罚”用于补偿那些能够长期持有的投资者。在上述案例中，××纯债A在2014年至2024年10年的长期年化收益比××纯债C高约0.42%，而在2017年等个别熊市年份的收益差异甚至达到0.66%。销售服务费仅能够解释每年0.4%的差异，因此××纯债A相较××纯债C收益高于0.4%的部分差异是由提前赎回产生的赎回费贡献的。在债券熊市中，这种赎回费对收益的影响尤为明显。因此，当投资者难以决定选择A类份额还是C类份额时，可以查阅基金招募说明书中关于赎回费分配方式的说明。如果该基金将更高比例的赎回费计入基金资产，那么长期持有具有相应赎回费设置的基金份额可能会获得额外的收益增厚。

二、通过基金分红节约投资成本

目前，在我国，个人在投资债券基金（及广义的其他基金）时，不论是基金增值获得的收入还是基金利润分配（即分红）获得的收入，均不需缴纳个人所得税。但对于企业投资者而言，税收的处理与个人投资者的差异就比较大了。

（一）企业投资债券基金的税务优化

对于企业而言，企业所得税是每年报税时的重要科目，且《中华人民共和国企业所得税法》第四条第一款规定，“企业所得税的税率为25%”。即企业每赚100元应纳税利润，就要缴纳25元企业所得税。如果企业想进行债券这类低风险的投资，通过债券基金投资于债券是比企业用法人账户直接投资债券的更优选择。

如果企业直接投资于债券，所有债券品种的资本利得收入都需要缴纳企业所得税，且除了国债和地方政府债的利息收入免税外，其他债券品种的利息收入均要缴纳一定的税收。相比之下，当债券基金投资于债券时，其税收条件要优惠得多——所有利息收入或资本利得均不需要缴税，具体见表12-1。

表12-1 企业直接投资于债券和债券基金投资于债券的税收处理

企业直接投资于债券的税收处理			债券基金投资于债券的税收处理		
债券类型	企业所得税		债券类型	企业所得税	
	利息收入	资本利得		利息收入	资本利得
国债	免	25%	国债	免	
地方政府债	免		地方政府债		
政金债	25%		政金债		
同业存单	25%		同业存单		
信用债	25%		信用债		

由于企业需要在每年报税时确认所持有债券当年的利息收入和资本利得收入，而企业在买入债券基金后只有在赎回基金时才需要确认收入（如果赎回时的基金净值大于申购时的净值，则记为一笔投资收益，反之则记为亏损），所以如果企业能够长期（超过一年）持有一只债券基金，则可以起到延迟缴税的效果。可以举一个理想化的例子来说明延迟缴税的好处，比如一只债券每年固定获得10%的票息收益，则企业在直接持有该债券且每年缴纳企业所得税的情况下，10年所获得的收益为：$[100\%+10\%\times(100\%-25\%)]^{10}-100\%\approx106\%$。而在企业通过债券基金作为媒介持有该债券，且在持有10年

后赎回可以获得的收益为：$[(100\%+10\%)^{10}-1]\times(100\%-25\%)\approx119\%$。可见，延迟缴税可以显著增厚投资收益。

除了延迟缴税，如果企业投资于定期分红的债券基金，还可以获得额外的税收优惠效果。为了鼓励证券投资基金的发展，《财政部、国家税务总局关于企业所得税若干优惠政策的通知》（财税〔2008〕1号）规定：“对投资者从证券投资基金分配中取得的收入，暂不征收企业所得税。”

基金分配，又称基金利润分配或基金分红，即基金将其收益的一部分派发给投资者。在基金进行分红时，会在除权日当天从基金净值中扣除每份基金份额所对应的分红金额，从而形成基金的单位净值与复权单位净值的差异。基金分红本身并不创造新的收益，而是将投资者持有的基金投资部分收益进行阶段性兑现。如果投资者需要现金，可以选择现金分红；如果投资者不急于用钱，则可以选择红利再投资，这样分配的红利便无须经过之前的申购流程和费用，直接转换为投资者新增的基金份额。

不论是现金分红还是红利再投资，只要企业投资者在基金分红时向基金销售机构索取分红确认单，均满足“从证券投资基金分配中取得的收入”的范畴，享受免征企业所得税的政策。沿用上述投资10年，每年收益10%的例子，如果企业投资者通过一个每年定期分红10%的债券基金投资于该年收益10%的债券，每年分红时选择红利再投资，则持有10年后的收益为：$(100\%+10\%\times100\%)^{10}-100\%\approx159\%$。对比之前直接持有的106%的收益和长期持有并赎回的119%的收益，持有定期分红的债券基金可以获得的长期收益是最高的。关于这三种投资方式的对比如图12-8所示。

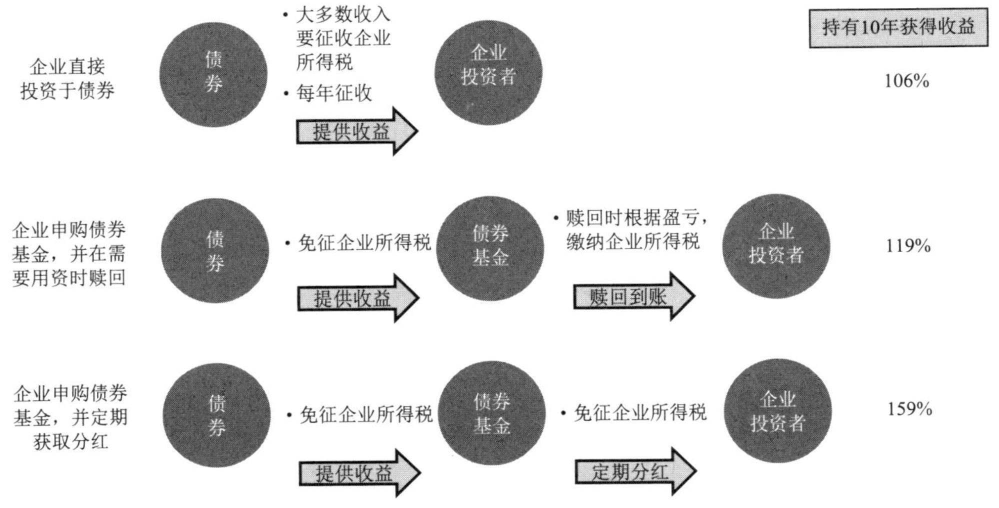

图12-8 三种投资方式的税收处理和收益差异对比

（二）寻找能够稳定分红的债券基金

截至2024年末，在全市场债券基金中，约有三分之二历史上有过分红记录，约有40%每年能够至少分红一次。那么，如何寻找能够稳定分红的债券基金呢？

《公开募集证券投资基金运作管理办法》第三十七条规定："封闭式基金的收益分配，每年不得少于一次，封闭式基金年度收益分配比例不得低于基金年度可供分配利润的百分之九十。开放式基金的收益分配，由基金合同约定。"可见，收益分配是基于基金可供分配的利润来计算的。这意味着单位净值低于1元的基金无法进行收益分配。因此，投资者在筛选时可先将单位净值小于1元的基金剔除，然后再查阅基金招募说明书或基金合同中的"基金的收益与分配"章节，并重点阅读其中的"基金收益分配原则"部分，如图12-9所示。

第十三部分　基金的收益与分配

一、基金利润的构成

基金利润指基金利息收入、投资收益、公允价值变动收益和其他收入扣除相关费用后的余额，基金已实现收益指基金利润减去公允价值变动收益后的余额。

二、基金可供分配利润

基金可供分配利润指截至收益分配基准日基金未分配利润与未分配利润中已实现收益的孰低数。

三、基金收益分配原则

1. 在符合有关基金分红条件的前提下，本基金每年收益分配次数最多为12次，若每月最后一个自然日本基金同一类别的每10份基金份额的可供分配利润不低于0.05元，则基金须进行收益分配，并以该日作为收益分配基准日，每次收益分配比例不得低于该次可供分配利润的50%，若《基金合同》生效不满3个月可不进行收益分配。

2. 本基金收益分配方式分两种：现金分红与红利再投资，投资者可选择现金红利或将现金红利自动转为相应类别的基金份额进行再投资；若投资者不选择，本基金默认的收益分配方式是现金分红。

3. 基金收益分配后各类基金份额净值不能低于面值，即基金收益分配基准日的各类基金份额净值减去每单位该类基金份额收益分配金额后不能低于面值。

4. 本基金各类基金份额在费用收取上不同，其对应的可分配收益可能有所不同。本基金同一类别的每一基金份额享有同等分配权。

5. 法律法规或监管机关另有规定的，从其规定。

四、收益分配方案

基金收益分配方案中应载明截止收益分配基准日的可供分配利润、基金收益分配对象、分配时间、分配数额及比例、分配方式等内容。

五、收益分配方案的确定、公告与实施

本基金收益分配方案由基金管理人拟定，并由基金托管人复核，在2日内在规定媒介公告。

基金红利发放日距离收益分配基准日（即可供分配利润计算截至日）的时间不得超过15个工作日。

图12-9　债券基金收益分配规则（示例）

其中，如果出现"在满足×××条件下，基金须进行收益分配"或"基金每年分配不少于×次"等表述，那么该基金大概率是会稳定分红的。而如果未使用"须进行收益分配”，而是采用“可进行收益分配”这类相对宽松的条件，投资者则需结合规则文本，并查阅该基金的历史分红记录，以此判断其未来分红的可能性。基金的历史分红记录不仅会在基金的定期报告中披露，而且不少基金销售机构 App 也会贴心地为其投资者统计过往分红情况。

图 12-10 所展示的债券基金，虽然在其合同的分红规则部分中并没有说明其一定会在何时分红，但根据其过往数年的分红记录不难看出，在一年中的每个季末月（即 3 月、6 月、9 月、12 月这四个月），该基金均会进行一次分红。这种过往分红非常规律的基金，如果其运作没有发生重大变化，一般在未来也会遵循已有的规律进行分红。

纯债A .OF 1.25 +0.03% 分红/拆分

收益分配基准日	2024-09-30	2024-06-04	2024-03-31	2023-12-31	2023-09-30	2023-06-30	2023-03-31	2022-12-31	2022-09-30
分红方案进度	实施	实施	实施	实施	实施	实施	实施	实施	实施
单位分红(元)	0.0120	0.0099	0.0117	0.0109	0.0103	0.0092	0.0072	0.0047	0.0110
基准日单位净值(元)	1.2521	1.2520	1.2485	1.2408	1.2347	1.2342	1.2217	1.2030	1.2303
分红比例(%)	0.96	0.79	0.94	0.88	0.83	0.75	0.59	0.39	0.89
权益登记日	2024-10-18	2024-06-13	2024-04-12	2024-01-11	2023-10-18	2023-07-13	2023-04-14	2023-01-13	2022-10-18
除息日	2024-10-18	2024-06-13	2024-04-12	2024-01-11	2023-10-18	2023-07-13	2023-04-14	2023-01-13	2022-10-18
除息日(场外)	–	–	–	–	–	–	–	–	–
派息日	2024-10-21	2024-06-14	2024-04-15	2024-01-12	2023-10-19	2023-07-14	2023-04-17	2023-01-16	2022-10-19
派息日(场外)	–	–	–	–	–	–	–	–	–
基准份额(份)	14,090,857,803	12,065,711,735	11,090,625,806	9,704,794,295	8,722,197,450	9,916,058,532	6,592,200,125	5,410,216,219	9,383,405,050
分红实施公告日	2024-10-16	2024-06-12	2024-04-11	2024-01-10	2023-10-17	2023-07-11	2023-04-12	2023-01-11	2022-10-15
分红公告原文									
期末可供分配利润(元)	338,180,587.25	238,901,092.35	259,520,643.85	211,564,515.64	179,677,267.46	182,455,476.97	94,927,681.79	50,856,032.45	206,434,911.09

图 12-10 基金销售软件统计的历史分红情况（示例）

数据来源：WIND。

需要注意，当前，多数债券基金的分红条款均设定了前提条件，即只有自上次分红后实现一定比例的正收益，才可以进行后续分红。不过，也有少数基金未明确此规定。投资者可查阅相关债券基金的收益状况，来进行分红预测。通常而言，在相同条件下，自上次分红后收益较高的基金，分红的可能性也相对较大。此外，大部分债券基金在进行大比例分红前，可能会发布限制大额申购的公告，以防止个别大型机构投资者在分红前后利用大资金“快进快出”，滥用分红的免税优惠政策。投资者应秉持长期投资的理念，在限制大额申购之前完成买入操作，确保在分红公告中的权益登记日持有相应基金份额，才能享受分红待遇。

第二节 “快”：债券基金的交易速度优化

在投资时，除了关注那些显而易见的开支优化，还应该重视时间成本这一隐性开销的优化。对于债券基金投资而言，这种隐性的时间成本就是在基金申购时的确认或赎回时资金到账所需要的天数。

一、基金类型带来的赎回到账速度的差异

基金投资者最迟在 T+4 日上午 10 点前收到赎回款项，而基金赎回时，仅计入发起赎回申请当日（T 日）的基金收益。这意味着在最初的交易流程下，投资者会丧失在 T+1 日、T+2 日和 T+3 日利用该笔资金获取收益或用于开支的可能性。

为了更有效地保障投资者的权益，随着业务发展与系统处理流程的加速，不少基金销售机构已实现对大多数基金在 T+3 日 15 点后将赎回资金划入投资者账户。这提前的半天为投资者提供了更大便利，使其能够更灵活地运用资金。然而，由于 15 点后当天基金申购已然截止，对于希望用赎回资金购买新基金的投资者来说，仍面临着利息损失问题，尤其是那些主要投资于债券基金或货币基金的低风险偏好者对此颇为敏感。

对于一般的债券基金和货币基金而言，其盈亏在 T 日 17 点债券市场交易结束后就基本确定。在当晚公布单位净值后，便可明确当日投资者赎回申请所对应的金额。因此，只要在 T+1 日上午由 TA 系统预先处理并确认赎回申请，随后即可直接从基金公司的注册登记账户向基金销售机构的归集账户进行划款，最终将资金划拨至投资者的银行账户。这种方式极大提高了小额投资者的赎回到账速度。由于注册登记账户中通常存有大量运作结余资金，只要基金经理在 T+1 日及时调配资金，并于 T+2 日前在基金的托管账户中备足赎回所需金额，然后划拨至注册登记账户以补足资金，即可顺利完成整个流程。

目前，许多基金公司采用了这一方法，而且多数已实现货币基金在赎回后的 T+1 日 15 点前将资金划入投资者银行账户；不少短债债基也可做到 T+1 日赎回到账；而其余短债债基和相当一部分中长期纯债债基，目前能做到在 T+2 日 15 点前到账。而对于混合一级、二级债基而言，目前主流品种可实现 T+3 日中午前到账，而小部分基金则能做到 T+2 日 15 点前到账。具体基金的实际到账速度，主要取决于基金公司与基金销售渠道的沟通情况，这一信息通常不会在基金合同或招募说明书等文件中展示。由于提前一天且能在 15 点前赎回到账，就意味着可以更早地购买下一只基金，从而多享受一天的收益。因此，在选择基金时，投资者需要查看基金销售机构提供的到账速度说明，优先选择那些到账速度快的基金。另外，如上文所述，低风险等级的基金往往具有更快的到账速度。在两只投资策略相同的基金中进行选择时，投资者也应优先挑选合同所述风险等级更低的品种，以获取更短的到账时间。例如，在中长纯债债基与采用纯债策略的混合二级债基之间做选择时，前者很可能在赎回到账方面更具优势。

二、基金销售机构提供的转换和快赎功能

尽管在赎回流程优化之后，众多债券基金的赎回速度相较于 T+4 日已有显著提升，

然而当投资组合需要进行阶段性调整时，从提交旧基金赎回到新基金开始计息这段时间内，仍存在数天的无收益期，这对投资表现产生了一定影响，导致许多投资者对此不满。那么，如何才能进一步提高基金的交易速度呢？

如前文所述，投资者在 T 日提交赎回申请后，当晚便能获知相应基金的单位净值。到了 T+1 日上午，TA 系统会对赎回申请予以确认，而在 T+1 日 15 点前，具体的赎回金额就能确定下来。就货币基金而言，其单一份额的净值始终为 1，所以在 T+1 日就能够明确前一笔债券基金的赎回金额可兑换成多少货币基金份额。鉴于此，不少基金销售机构推出了基金赎回转货币基金份额的功能。这一功能的实现方式为：基金销售机构在 T 日预估前一笔债券基金赎回大致可到账的金额，并在当天垫资为投资者提前申购对应的货币基金份额，待 T+1 日再转让给投资者。而这也是大多数基金销售机构只限定了有限的几个可转货币基金品种的缘故。以两个互联网基金销售 App 为例（如图 12-11 所示），可以看出赎回某只债券基金时，资金流回到××宝的速度明显快于流回到投资者银行卡的速度。通过这种赎回资金转货币基金份额的方式，投资者在赎回后的 T+2 日就能享受到货币基金的活期收益，从而避免了利息的亏损。

图 12-11　赎回到账速度的差异

按照类似的运作逻辑，投资者在赎回一只基金并买入另一只基金时，亦可采用转换功能。一种基金转换是由基金公司为投资者开通，仅适用于该基金公司旗下基金间的转换。投资者发起转换后，会按照 T 日的净值赎回前一基金，并按照 T 日的净值申购后一基金。在计算前一基金赎回费时，需按照 T 日当天赎回所对应的费率全额缴纳，而在支付后一基金申购费时，只需补足前一基金和后一基金的申购费差额即可，避免了重复缴费的问题。并且，许多基金公司还会对基金转换中申购费的差额再给予打折优惠。另一种基金转换则是由基金销售机构提供的，可为不同基金公司的产品之间提供转换服务。虽然也是按照 T 日计算转出基金和转入基金的净值，但往往需要正常缴纳转入基金的申购费，而非仅补差价。然而，这种转换服务在 T 日同时发起赎回和申购的特点，相较于待 T+1 日（短债债基）、T+2 日或 T+3 日（中长期纯债债基或混合债基）赎回到账后再发起申购，仍然能够提供 1 天至 3 天不等的额外基金收益，十分便捷。

近年来，不少互联网平台能够为货币基金提供 T+0 实时赎回到账的服务。这一服务是通过基金公司、基金销售机构与一家商业银行签订三方合同来实现的。当投资者点击赎回后，基金销售机构会将投资者持有的货币基金份额以非交易过户的形式转让给银行，随后银行会实时垫资支付给投资者。由于货币基金一般不会出现收益为负的情况，银行当日垫资的利息成本通常能够被当日通过非交易过户获得的货币基金收益所覆盖，从而使得这项服务得以持续、多赢运转。当投资者赎回债券基金时，也可以选择先将原基金转换至能实时赎回的货币基金，再通过快速赎回该货币基金，以此实现更快的债券基金赎回到账效果。

需要注意的是，这种由科技进步与金融创新带来的基金申赎到账速度提升并非没有限度。由于货币基金体量庞大，且作为活钱管理工具，投资者可能出现“大进大出”的情况。一般情况下，应对少数投资者的赎回或许不成问题，但在极端情况下，一旦发生投资者集中快速赎回，超出基金销售机构和银行的垫资偿付能力，便可能引发风险与不良影响。为此，证监会和央行于2018 年发布了《关于进一步规范货币市场基金互联网销售、赎回相关服务的指导意见》，对单个投资者在单个销售渠道持有的单只货币基金单个自然日的“T+0 赎回提现业务”提现金额设定不高于 1 万元的上限，并严格规范了销售结算资金的使用，以更好地保护投资者利益，降低潜在风险。

本章小结

本章介绍了在基金投资的最终环节，即基金的交易层面可以优化的途径：基于持有期限和费率结构优化基金份额，以及通过基金转换和快赎等方式提高基金交易速度。对于年化波动率达 20%以上的权益类基金投资而言，这些都是常被忽略的细枝末节；但对于收益和风险等级较低的债券基金而言，这些交易端的优化方法可以创造每年 1%～2%的超额收益，并大大提高投资者的持有体验。随着票息等基础收益的降低，债券基金的费率对其业绩的影响会愈发显著，基金公司也可能会竞相降低费率以吸引更多的投资者。通过各个途径降低投资成本，做一个聪慧的投资者，做一个明明白白的基金消费者，将使这个行业更有效率。这也是本章深入剖析基金交易优化的缘由。